서울대학교 라틴아메리카 연구총서 3

라틴아메리카의 형성: 교환과 혼종(상)

서울대학교 라틴아메리카연구소 엮음

한울
아카데미

이 저서는 2008년도 정부(교육부)의 재원으로 한국연구재단의 지원을 받아 연구되었음(NRF-2008-362- B00015).

이 도서의 국립중앙도서관 출판시도서목록(CIP)은 서지정보유통지원시스템 홈페이지(http://seoji.nl.go.kr)와 국가자료공동목록시스템(http://www.nl.go.kr/kolisnet)에서 이용하실 수 있습니다(CIP제어번호 : CIP2014015905)

책머리에

근대/식민 세계체제의 기원

　룰라가 아직 집권하고 있던 불과 2년 전까지만 해도 브라질의 미래는 장밋빛이었다. 세계열강의 반열에 오를 날이 멀지 않았다는 대내외적 찬사 속에서 다가오는 월드컵과 올림픽 개최는 이를 확인해주는 순간이 될 것 같았다. 그런데 브라질 월드컵이 얼마 안 남았는데 반갑지 않은 소식이 들려온다. 인플레, 교육, 교통 문제 등 경제적·사회적 불평등에 따른 불만이 표출되고, 심지어 세계 최고의 축구광이라는 브라질 국민들 사이에서 월드컵 개최 반대시위까지 일어났다. 이제 호사가들이 입을 놀릴 차례다. 라틴아메리카는 결국 영원한 위기의 대륙임을 브라질이 다시 입증했다고, 비슷한 시기에 독립한 미국, 심지어 훨씬 나중에 독립한 아시아 국가들 중에서도 발전가도를 달린 나라들이 있는데 라틴아메리카가 제자리를 맴돌고 있는 것은 무능력이나 부패의 소치라고.
　그러나 '영원한 위기'의 책임을 라틴아메리카에 전적으로 돌리는 일은 진실을 도외시하는 것이다. 브라질의 작금의 혼란은 가깝게는 2008년 미국 발 세계금융위기가 시차를 두고 상륙한 것이고, 크게 보아서는 지난 수십 년 동안 전 세계를 황폐화시킨 신자유주의적 세계화의 후유증이다. 그래서 '영원한 위기'를 라틴아메리카 내부만의 탓으로 돌리는 일은 무지의 소치 내지 전 지구적 자본주의 전략의 유지를 위한 책임 떠넘기기이다. 또한 멕시코의 사파티스타 민족해방군(Ejército Zapatista de Liberación Nacional: EZLN), 아르헨티나의 피케테로스운동(piqueteros), 브라질의 무토지농민운동(Movimento dos Trabalhadores Rurais Sem Terra: MST), 볼리비아와 에콰도르의 원주민운동, 세계사회포럼(World Social Forum: WSF), 라틴아메리카를 위한 볼리바르 대안(Alternativa Bolivariana para los Pueblos de Nuestra America: ALBA) 등등 다양한 전선에서 신자유주의에 맞서, 또 인간의 얼굴을 상실한 시장에 맞서 대항헤게모니를 구축해 온 역사도 간과되고 있다.

우리에게 라틴아메리카는 기회의 땅 아니면 반면교사 정도로만 여겨졌다. 우리나라가 수출이나 자원 확보에 빨간불이 켜질 때 혹은 라틴아메리카 경제가 호조를 보일 때 이 대륙은 오로지 우리의 국익을 위한 기회의 땅으로 각광받았다. 반대로 라틴아메리카가 정치적·경제적으로 혹은 사회적으로 위기를 맞으면 절대 따라하지 말아야 할 대상이었다. 그도 아니면 라틴 러버(Latin lover)와 팜므 파탈, 에메랄드 빛 바다와 고운 모래사장, 열정에 불타는 혁명가, 농염한 춤사위가 있는 매력적인 땅이라는 오리엔탈리즘적 시선으로 라틴아메리카에 접근했다. 그러나 우리가 라틴아메리카를 눈여겨보아야 하는 이유는 신자유주의의 무차별 공세 속에서도 살아남았고, 이론적 대안을 제시했고, 대항헤게모니를 구축하는 실천적 노력을 병행했고, 이를 통해 신자유주의 헤게모니에 균열을 냈다는 점이다. 이런 행보가 가능했던 이유는 아이러니하게도 라틴아메리카가 신자유주의의 첫 번째 실험장이었고, 따라서 신자유주의의 전 지구적 확산을 위한 모범 사례가 되어야만 했기에 강도 높은 희생을 강요받았고, 1980년대 대륙을 강타한 경제위기로 신자유주의의 침입이

용이했기 때문이다. 이러한 현실을 몸으로 또 피눈물로 체험했기에 라틴아메리카로부터의 성찰은 결코 공허한 것이 아니었다. 또한 신자유주의의 파상적인 공세에도 불구하고 이에 맞서 창출된 대항헤게모니 전선은 쓰레기통에서 피어난 장미꽃처럼 소중한 것이다. 그리고 무엇보다도 중요한 점은 "대안은 없다"라는 어이없을 정도로 무책임한 구호하에 신자유주의가 전 세계를 휩쓸 때, 오직 라틴아메리카만이 이론과 실천이 병행되는 투쟁이 이루어진 곳이고, 그 역동성으로 인해 사파티스타 봉기, 베네수엘라의 미션, 칠레 교육투쟁, 그리고 언론에서 혼란으로 부르는 최근의 브라질 시위까지 신자유주의 해체를 위한 지속적인 시도가 가능했다.

이에 대해 아마 동음이어적 질문이 쏟아질 것이다. 그런데도 여전히 라틴아메리카가 '영원한 위기'의 악순환을 벗어나지 못하는 이유가 무엇인지. 그들의 경험과 성과가 인류의 소중한 자산이라면 라틴아메리카 외부로 잘 확산되지 않는 이유가 무엇인지. 궁극적으로는 이런 목소리들을 바탕으로 새로운 미래를 열어갈 수 있는지.

우리는 라틴아메리카가 쌓아놓은 자산이 경시되고 그들이 열어가는 미래가 불순하거나 무의미한 노력으로 보이는 원인이 자본주의의 전 지구적 설계가 대단히 치밀하고 오랜 역사를 지니고 있어서 하루아침에 극복하기 힘들기 때문이라고 진단한다. 그리고 그 설계 속에서 라틴아메리카 같은 주변부는 실험장이나 희생양이 되기를 강요받아왔다. 신자유주의가 라틴아메리카를 해일처럼 덮치는 것을 가능하게 해준 경제위기의 원인만 해도 그렇다. 석유 무기화로 발생한 막대한 오일 달러가 서방 서진국 금융기관으로 몰려들고, 이 기관들이 투자처를 찾아 라틴아메리카로 대거 흘러들었다가 그 후 레이건(Ronald Reagan)과 대처(Margaret Thatcher)가 주도한 재정긴축 정책 때문에 급격히 다시 철수한 것이 라틴아메리카 경제위기의 기폭제였다. 칠레가 피노체트(Augusto Pinochet) 정권하에서 신자유주의 최초의 실험장이 된 것도 자본주의의 전 지구적 설계와 무관하지 않다. 1970년 칠레에 선거를 통한 사회주의 정권이 들어선 일은 냉전구도 속에서 서방 자본주의 진영에 충격적인 일이었다. 특히 오랜 세월 라틴아메리카의 대주였으며, 특정 지역에서 공산화가 일어나면 그 주변지역까지 차례로 공산화된다는 도미노 이론을 신봉하던 미국 입장에서 이는 용인할 수 없는 일이었다. 미국은 칠레에 다각도의 압력과 개입을 서슴지 않았고 마침내 사회주의 정권이 무너졌을 때, 칠레는 가장 모범적인 자본주의 국가로 재탄생할 것을 요구받았다. 그 덕분에 밀턴 프리드먼(Milton Friedman)은 처음으로 자신의 이론을 실험해 볼 기회를 잡을 수 있었다. 그런데 전 지구적 자본주의 설계는 신자유주의 이전에도 라틴아메리카에 특정 역할을 강요했다. 가령, 1929년 경제대공황이 일어나 커피 수요가 크게 줄자 브라질은 커피 가격 안정을 위해 1930년대 내내 7,800만 포대의 커피를 불에 태우거나 바다에 내버려야 했다. 이 과정에서 입은 막대한 손실로 공산품을 수입할 수 없었고, 이는 고스란히 민생에 전가되었다. 그런데 브라질이 커피에 특화된 나라가 된 것은 리카도(David Ricardo)의 비교우위론에 따라 중심부는 공업, 주변부는 농업이나 원자재 생산기지로 특화시키는 자본주의 설계에 따른 것이었다.

 이런 전례들은 세계가 국민국가 단위가 아니라 자본주의를 중심으로 한 하나의 경제 단위로 움직이며, 이 단위의 역사가 대단히 오래되었다는 명확한 증거이다. 신자유주의만이 극복의 대상이 아니라 신자유주의에 이르게 된 역사가 극복이 대상이 될 때 이는 그 기원에 대한 성찰을 요구한다. 중대한 전환의 기로에 서서 새로운 역사를 설계 중인 21세기 라틴아메리카를 위해서도 그렇고, 라틴아메리카의 역사적 경험이 우리와 결코 무관하지 않고, 따라서 오늘날과 같은 전 지구적 시대에 우리가 라틴아메리카에서 배워야 할 점이 적지 않다는 인식을 획득하기 위해서도 그렇다.

"21세기 라틴아메리카와 트랜스모더니티"라는 제목으로 인문한국사업을 통해 21세기 인류 역사에서 라틴아메리카가 차지하는 위치와 역할을 성찰하려는 연구 목표를 지닌 서울대학교 라틴아메리카연구소가 1단계에서 『라틴아메리카의 전환: 변화와 갈등』이라는 어젠다로 라틴아메리카의 현재를 진단한 다음, 2단계에서는 미래가 아닌 과거로 돌아가고 있는 이유가 바로 그 때문이다. 우리는 그 자본주의를 중심으로 한 전 지구적인 하나의 경제 단위를 월러스틴과 마찬가지로 세계체제로 인식하고, 그 기원을 16세기로 보고 있다. 그러나 월러스틴(Immanuel Wallerstein)과 달리 우리가 정립하고자 하는 중범위적 이론 틀에서는 이 체제가 장기 16세기에 유럽에서 자생적으로 태동한 것이 아니라 아르헨티나의 철학자 엔리케 두셀(Enrique Dussel)과 근대성/식민성 연구그룹이 주장하는 것처럼 1492년 콜럼버스의 아메리카 '발견'과 함께 탄생했으며, 이를 근대 세계체제가 아니라 근대/식민 세계체제로 규정할 것을 제안하고 있다.

콜럼버스(Christopher Columbus)가 바하마 제도의 어느 섬에 도달해 최초로 뭍에 올랐을 때 근처에는 원주민들이 몇 사람 있었다. 인도로 가는 신항로 개척이라는 원대한 포부로 미지의 바다, 미지의 땅에 뛰어든 그였으니 의당 자신이 도착한 곳이 어디인지 그곳 사람들에게 먼저 물어보는 것이 정상이었을 것이다. 그런데 콜럼버스는 우리로서는 선뜻 이해하기 힘든 일을 먼저 했다. 자신이 그 섬을 점유했노라 하는 내용이 담긴 공증 서류를 만든 것이었다.

이 일화는 그 후 아메리카 대륙과 카리브에 어떤 일이 일어날지 말해주는 예고편 같은 것이었다. 아주 오랫동안 우리는 콜럼버스가 아메리카에 도달한 사건을 '발견'이라고 불렀다. 그 땅에 버젓이 사람들이 살고 있었고, 그 땅의 주인이 그들이라는 사실은 무시되었다. 그래서 엔리케 두셀은 그 사건이 '발견'이 아니라 '은폐'였다고 규정한다. 아메리카 대륙이 존재했다는 사실을 은폐하고, 원주민들의 존재를 은폐하고, 이들이 아메리카의 주인이었다는 사실을 은폐했다. 이 모든 사실이 은폐되자 아메리카의 토지와 자연자원은 속칭 보는 놈이 임자였다. 물론 이를 재산으로 만들기 위해서는 개발이 필요했고, 그 일을 해야만 했던 이들은 처음에는 원주민들이었다. 서구인의 눈에 그들은 인간도 아니었기 때문에 소모품처럼 부담 없이 사용할 수 있었다. 소모품들이 빠르게 소진되자 그다음은 아프리카 흑인들을 대규모로 투입했다. 정복자들의 개발이 타자의 재산 강탈과 유노동 무임금으로 진행되었으니 부의 축적은 땅 짚고 헤엄치기였다. 소위 본원적 자본축적의 정체는 그런 것이었다. 유럽 - 아프리카 - 아메리카를 잇는 삼각 무역으로 북대서양 기축이 무역의 중심 루트로 떠오르기 시작했고, 중세 때는 귀금속 부족으로 과거 우리나라의 IMF사태 같은 유동성 위기를 만성적으로 겪던 유럽은 교역과 공업화에서 도약의 기회를 마련했고, 유럽을 통해 흘러나간 은이 오스만튀르크 제국의 화폐가치를 폭락시켜 유럽이 이슬람권을 누르는 계기가 되었고, 구매력 부족으로 그림의 떡이던 중국 상품들도 마음대로 수입할 수 있었다. 이처럼 아메리카 '발견' 이후 일련의 역사적·경제적 흐름이 고립된 경제 단위들을 묶어나가면서 세계체제가 탄생했다.

유럽 입장에서 볼 때 이는 유럽의 승리, 자본주의의 승리, 자본주의를 낳은 근대성의 승리였다. 그러나 라틴아메리카의 입장에서 볼 때 이는 제노사이드(genocide)의 발생, 식민주의의 팽배, 식민성의 기원이었다. 따라서 근대 세계체제는 승자의 관점을 일방적으로 대변하고 동시에 자본주의의 야만적 속성을 은폐한 개념일 뿐이다. 근대성과 식민성은 동전의 양면처럼 처음부터 함께했고, 아메리카 '발견'과 함께 탄생한 세계체제는 근대/식민 세계체제였던 것이다. 그리고 문명화 사명을 앞세운 제국주의, 근대화 논리를 앞세운 발전주의, 그리고 최근의 신자유주의까지 이어졌다. 식민지시대와 제국주의 시대에는 어쩔 수 없었다 해도 그 이후까지 근대/식민 세계체제가 지속된 이유는 페루 사회학자 아니발 키하노(Aníbal Quijano)가 말하는 식민적 권력 매트릭스(colonial matrix of power)가 식민주의 종식 이후에도 권력, 지식, 존재 등등 제반 영역 구석구석 침투해 있고 여전히 힘을 발휘하기 때문이다.

문제는 라틴아메리카에서 이런 기원을 더듬는 일이 결코 쉽지 않다는 점이다. 무엇보다도 라틴아메리카가 지배 식민지가 아니라 이주 식민지였다는 점이 크게 작용했다. 더구나 3세기나 식민지배가 지속되면서 지배자와 피지배자 사이의 부단한 상호영향으로 복합적이고 중층적인 사회가 탄생했다. 우리나라의 피식민지배 경험과 달리 지배 - 피지배 관계가 선명하지 않은 경우가 많은 것이다. '라틴아메리카의 형성'을 '교환과 혼종'이라는 핵심어로 접근해야 한다고 제안하는 것도 그 때문이다. 아메리카 '발견' 이후 '구세계'와 '신세계'가 서로 영향을 주고받은 것은 객관적인 사실이기 때문에 소위 '콜럼버스의 교환(Columbian exchange)' 관점에서 접근할 필요성이 분명 있고, 현대 라틴아메리카는 정복 이전의 아메리카가 아니라 유럽과 아메리카와 아프리카의 사람들과 문화가 뒤섞여 새로 탄생한 대륙이라는 점 역시 부정할 수 없는 사실이다. 이를테면 라틴아메리카가 발생 초기부터 복합적이고 중층적인 구조를 지닌 사회로 태동했으며, 여기에 역사적 지층들이 가미되면 근대/식민 세계체제의 작동방식은 쉽게 포착이 어려워진다. 가령, '교환'은 '구세계'와 '신세계'의 상호영향을 설명하는 데에는 적합한 용어이기는 하지만 그 영향 과정에서 벌어지는 권력관계는 놓치기 쉽다. '혼종'이라는 용어 역시 주의가 필요하다. 브라질 문인 마리오 지 안드라지(Mário de Andrade)는 "나는 류트를 연주하는 투피족"이라고 말했고, 페루 학자 루이스 미요네스(Luis Millones)는 "우리 페루인은 아타왈파이자 피사로이다"라고 말한 바 있다. 서구에서 전래된 악기인 류트를 연주하는 남미의 대표적인 원주민 부족이 자신이라고 정의하는 안드라지나, 페루인이 잉카 왕조의 마지막 왕과 그를 처형한 잉카 정복자 프란시스코 피사로의 후손이라고 규정하는 미요네스나 다 혼종적 현실을 받아들이고 있다. 하지만 발언의 맥락을 들여다보면 안드라지가 혼종적 현실을 예찬한 반면, 미요네스는 페루가 나아가야 할 목표로 이를 제시한 것이었다. 이를테면 미요네스는 인종 간 권력관계를 도외시하는 안드라지 식의 혼종 예찬론을 식민성의 한 징후로 파악한다고 볼 수 있다. 이러한 단순 예찬론이야말로 라틴아메리카를 '영원한 위기'의 악순환에서 벗어나지 못하게 한 주범이었으며, 따라서 중대한 전환점에 선 오늘의 라틴아메리카가 새로운 역사를 써내려 갈 수 있는가는 식민성을 똑똑히 인식하고 여기에서 탈피할 식민적 전환(giro decolonial)을 마련할 수 있는가에 달려 있다.

2단계 연구가 다루는 또 다른 주요한 시대는 독립시기와 19세기이다. 유감스럽게도 독립도 탈식민적 전환이 되지 못했다. 이는 독립의 성격에서 비롯되었다. 계몽주의와 미국 독립의 사상적 영향이 있었다지만 1808년 나폴레옹의 스페인 점령이 가져온 식민지 권력 공백이 결정적인 계기가 되어 준비되지 않은 상태에서 독립을 얻음으로써 그 이후 극도의 혼란이 있었다. 그러나 더 큰 문제는 이 독립이 본토 백인을 상대로 한 식민지 백인의 투쟁이었다는 점이다. 그래서 백인 사이의 지배자 교체만 일어난 이 사건을 두고 독립이라고 지칭할 수 있는 것인지 논란이 있기도 했다. 또한 라틴아메리카의 독립은 본국과 식민지 사이의 문제가 아니라 세계체제의 장기적인 변화라는 더 큰 맥락에서 보아야 마땅하다. 라틴아메리카 독립은 19세기에 영국에게 제일 큰 경제적 이익을 가져다주었고, 미국의 국익에 가장 큰 이익이 되었다. 따라서 라틴아메리카 독립은 근대/식민 세계체제의 패권자가 스페인과 포르투갈에서 영국과 미국으로 완전히 바뀌었음을 입증한 사건이었지 세계체제에 균열을 가져다준 사건이 결코 아니었던 것이다.

2단계 연구를 종합하는 이 책은 나름대로의 중범위 이론 틀에 입각해 사례연구를 시도했다. 이론 틀을 나름대로 정립하려고 애썼다는 점에서는 일말의 성취감을 느끼지만, 과연 사례연구들이 충분히 설득력 있는 작업이 되었는지 걱정도 크다. 무엇보다도 서울대학교 라틴아메리카연구소는 물론, 국내 라틴아메리카연구 전반적으로 16~19세기 연구자가 별로 없다는 점이 커다란 걸림돌이었다. 그럼에도 라틴아메리카의 어제를 조명하려는 시도를 한 것은 라틴아메리카의 형성 과정이 현재까지 지속적으로 영향을 끼치고 있다는 판단에서였다. 설혹 이 책의 연구 결과물이 독자들의 마음에 차지 않더라도 라틴아메리카의 현재에 식민성의 그림자가 아직도 길게 드리워져 있고, 그 그림자의 실체를 제대로 인식하고 바로잡으려는 노력이 필요하다는 사실을 일깨워주는 데 자그마한 밑거름이 되기를 바란다.

2014년 5월
서울대학교 라틴아메리카연구소

차례

책머리에 **근대/식민 세계체제의 기원** ─────────── 3

제1부 교환과 토착화: 원주민 문명과 식민체제의 형성

제1장 | **아스테카 원주민 여성의 사회적 지위와 역할은 어떠했는가**
　_김윤경 ──────────────────── 19
　　1. 서론 19
　　2. 성별 노동 분업과 '여성의 일' 22
　　3. 공적 영역에의 참여와 여성의 권리 31
　　4. 결혼생활에 대한 성 담론과 섹슈얼리티 40
　　5. 결론 45

제2장 | **태양섬의 잉카 시조 신화와 통치 정당성** _우석균 ─── 51
　　1. 들어가면서 51
　　2. 두 종류의 잉카 시조 신화 53
　　3. 혼합설과 태양섬 57
　　4. 잉카의 팽창과 통치 정당성 확보의 필요성 63
　　5. 태양섬과 잉카의 종교개혁 68
　　6. 나가면서 70

제3장 | 16세기 아스테카 제국의 정치적 식민화
변화인가 연속인가? _김윤경 ——————————— 75

1. 서론　75
2. 알테페틀(altepetl)의 식민화　78
3. 중앙집권적 통치조직의 형성　90
4. 원주민 지배계층의 지위 변화　97
5. 결론　104

제4장 | 안데스 구전에 담긴 '정복'과 식민통치 _강성식 ——————— 111

1. 서론　111
2. 본론　114
3. 결론　136

제5장 | 16세기 누에바 에스파냐 지역 선교방법에 대한 고찰
탁발수도회의 문화·예술적 선교방법을 중심으로 _조영현 —— 143

1. 들어가는 말　143
2. 탁발수도회의 특징과 선교지 분할　147
3. 탁발수도회의 문화예술적 선교방법　156
4. 맺는 말　169

제2부 식민의 질서에서 독립의 질서로

제6장 | 식민 시대 안데스의 미타 제도와 원주민 공동체 _강정원 —— 177
1. 서론   177
2. 포토시 미타와 식민 시대 노동제도   181
3. 식민 지배와 원주민 공동체   197
4. 결론   207

제7장 | 식민 시대 볼리비아 사회와 노동체계의 특징 _김달관 —— 215
1. 서론   215
2. 식민 시대 볼리비아 사회   223
3. 식민 시대 볼리비아 노동체계의 특징   234
4. 결론   250

제8장 | 라틴아메리카 독립과 네이션, 내셔널리즘: 베네딕트 앤더슨의 『상상의 공동체』 그리고 그 너머 _김은중 —— 257
1. 들어가는 말   257
2. 근대주의적 내셔널리즘과 『상상의 공동체』   262
3. 무엇이 문제인가—『상상의 공동체』에 대한 비판적 검토   273
4. 나가는 말—『상상의 공동체』 그리고 그 너머   291

제9장 | 카디스 헌법(1812)의 횡대서양적 의미
　　　　누에바 에스파냐의 수용과 독립을 중심으로 _최해성 ──── 297
1. 또 하나의 200주년 297
2. 식민지에서 '왕국'으로: 아메리카의 위상 전환 300
3. 카디스 헌법과 누에바 에스파냐 독립의 상관관계 306
4. 멕시코 제국의 수립, 독립의 완성 313
5. 결론 319

제10장 | 19세기 콜롬비아의 정당체제와 정치문화 _김달관 ──── 325
1. 서론 325
2. 독립 이후 콜롬비아 국가 형성 329
3. 콜롬비아 정당체제의 형성 333
4. 정당체제와 정치문화 342
5. 결론 352

제3부 문화적 혼종성

제11장 | 문화 혼합과 16세기 누에바 에스파냐의 조형예술 _박병규 — 359
1. 서론 359
2. 모자이크 혼합 362
3. 문화 혼합의 사회 조건 374
4. 결론 381

제12장 | 바로크와 혼혈: 빈 공간에 대한 공포의 의미 _박원복 — 385
1. 들어가면서 385
2. 어원의 문제점 388
3. 빈 공간에 대한 공포의 의미 392
4. 바로크와 혼혈 그리고 식인정신 403
5. 나가면서 409

제13장 | 칠레 국민국가 형성 시기의 논쟁에 나타난 내셔널리즘
_이성훈 ——————————————— 413
1. 들어가면서 413
2. 논쟁의 배경 416
3. 언어 논쟁과 스페인 스페인어의 유산 420
4. 낭만주의 논쟁과 식민 유산의 극복 428
5. 결론 436

제 1 부

교환과 토착화:
원주민 문명과 식민체제의 형성

제1장 | 아스테카 원주민 여성의 사회적 지위와 역할은 어떠했는가_ 김윤경
제2장 | 태양섬의 잉카 시조 신화와 통치 정당성_ 우석균
제3장 | 16세기 아스테카 제국의 정치적 식민화: 변화인가 연속인가?_ 김윤경
제4장 | 안데스 구전에 담긴 '정복'과 식민통치_ 강성식
제5장 | 16세기 누에바 에스파냐 지역 선교방법에 대한 고찰:
      탁발수도회의 문화·예술적 신교방법을 중심으로_ 조영현

제1장

아스테카 원주민 여성의 사회적 지위와 역할은 어떠했는가*

김윤경 서울대학교 라틴아메리카연구소 HK연구교수

1. 서론

최근 라틴아메리카에서 주목할 만한 현상 중의 하나는 원주민 여성의 성장이다. 그들은 시위 대중으로서뿐 아니라 원주민 운동의 지도부로서도 눈부신 활약을 벌이고 있다. 1994년 사파티스타들이 산 크리스토발 델 라스 카사스 시청사를 장악했을 때도 거기에는 원주민 여성이 사령관으로서 당당하게 모습을 드러냈다. 사파티스타 자치구역 내에서 이루어지는 여러 가지 활동에서도 원주민 여성의 참여가 두드러졌다.[1] 원주민 여성들은 아이를 들쳐 업고서도 마을 일에 적극적으로 참여했다. 이러한

---

* 이 글은 ≪서양사론≫ 114호(2012)에 발표된 필자의 기존 논문을 총서의 취지에 맞게 수정·보완한 것이다.
1) 사파티스타 원주민 여성들의 활동에 대해서는 김윤경, 「사파티스타운동과 원주민 여성: 원주민 '자율(autonomía)'의 젠더화」, ≪이베로아메리카≫, 제13권 2호, 33~70쪽 참조.

변화는 비록 그것이 상징적인 의미를 갖는다 할지라도 전에 보기 힘든 놀라운 것이며 그러기에 중요한 의미를 갖는다. 이는 이제 원주민 여성도 새로운 정치적 주체로서 우뚝 서게 되었음을 보여주는 것이다.

사실, 정복 이후 오랜 세월 동안 원주민 여성 대부분은 인종, 계급, 성이라는 3중의 억압을 받으며 가장 열악한 상황에서 비참한 삶을 살았다. '겁탈당한 여성'이라는 말린체에 대한 부정적인 이미지가 상징하듯, 원주민 여성은 백인뿐 아니라 원주민 남성에게도 무시당하면서 사회에서 아무런 권리도 주장하지 못한 채, '항상 현존하면서도 부재하는' 인간으로 살았다. 이러한 원주민 여성의 종속적 지위는 정복의 산물인 가부장적 이데올로기인 마치스모(machismo)의 지배 속에서 더욱 공고화되었다. 마치스모가 원주민 여성들에 대한 억압의 기제로서 중요한 역할을 했던 것이다.

그렇다면 최근 원주민 여성의 성장은 정복 이전 과거의 회복인가? 아니면 라틴아메리카의 역사에서 전에 없던 새로운 현상인가? 이 질문은 원주민 여성들의 종속적인 지위가 정복 이전부터 계속되었던 것인지 아니면 식민 시대의 유산인지에 대한 질문과 연관되어 있다. 이렇게 볼 때 정복 이전 시대, 특히 메소아메리카 원주민 여성의 지위에 대한 고찰이 중요하다. 이것은 원주민 여성의 종속적 지위와 비참한 삶은 과연 어디에 근원을 두고 있는 것인지를 살펴보는 작업, 더 나아가서 정복 이전과 식민지 시대, 독립 이후 시기까지 원주민 여성의 역사를 검토하는 작업의 출발점이 되기 때문이다. 따라서 이 글에서는 이러한 문제의식에서 출발하여 정복 이전의 메소아메리카, 특히 그 문명의 핵심을 이루었던 아스테카 제국에 초점을 맞추어서 원주민 여성의 지위와 역할은 어떠했는가라는 문제를 검토해보려고 한다.

정복 이전 메소아메리카 원주민 여성에 관한 연구는 크게 두 가지

해석으로 나뉜다. 첫 번째는 젠더의 계서제(hierarchy)를 강조하는 입장이다. 이러한 입장에 따르면 정복 이전의 원주민 사회는 남성과 여성이 불평등한 남성 중심의 사회로, 남성은 권력을 독점하고 있었으며, 지배자, 전사의 이미지를 가지고 있었다. 반면에 여성은 공적인 영역에서 배제된 채 남성에게 종속적인 삶을 살았다. 이렇게 보면 원주민 여성의 삶은 정복 이전이나 이후나 크게 다를 게 없다(Nash, 1978: 349~362; Nash, 1980: 134~148; Rodríguez-Shadow, 1991; McCafferty and McCafferty, 1988: 45~59). 두 번째로, 젠더의 상보성(complementarity)을 강조하는 입장은 원주민 여성과 남성 사이 권력의 균형성을 기본 전제로 삼고 있다. 주로 페미니스트 연구자들이 이러한 주장을 하는데, 그들은 '평등'보다는 성 역할의 자율성, 상호 의존성을 강조한다. 이러한 입장은 성 불평등을 주장하는 입장과 마찬가지로 남성과 여성의 노동 분업, 즉 남성과 여성의 일이 다르다는 것은 인정하지만, 그러한 분업은 생물학적인 차이에 따른 것이며, 그러한 차이는 차별이 아니라 차이일 뿐이라고 주장한다(Quirarte, 1945; Quirarte, 1991; Kellogg, 1995; Burkhart, 1997; Kellogg, 1997; Brumfiel, 1996). 이 두 입장은 남성의 일과 여성의 일이 구분되어 있었다는 것에 대해서는 동의하면서도, 그러한 구분이 갖는 의미에 대해서는 입장을 달리하고 있다.

이런 점에서 미란다 스토켓(Miranda K. Stockett)의 문제 제기가 눈길을 끈다. 그는 이 두 견해가 모두 서구적인 시각에 뿌리를 두고 있다고 비판하면서 젠더를 사회적 정체성의 범주로 파악해야 하며, 성 모호성, 양성성 같은 성의 복잡성과 다양성을 주장한다(Stockett, 2005: 566~578). 그에 따르면, 메소아메리카 사회에서는 원주민 여성과 남성의 일이 명확하게 구분되어 있지 않았으며, 생물학적인 성에 토대를 두고 있지도 않았다. 그는 생물학적인 성보다는 나이나 계급이 성 역할 결정에 더 중요하다고 주장한다. 그는 더 나아가서 당시 문헌들에서 언급되는 중성 혹은 양성의 예들을 들면서 메소아메리카의 성을 남성과 여성만으로 구분해서 보는 것에 반대하는 흥미로운 문제 제기를 하고 있다.

이 글에서는 이러한 종래의 연구에 대한 검토를 토대로 메소아메리카, 특히 아스테카 제국에 초점을 맞추어서 그 시대 원주민 여성의 지위와 역할을 살펴보고자 한다. 이와 관련하여 이 글에서는 우선 '사적인 영역'에서 이루어졌던 '여성의 일'을 살펴봄으로써 메소아메리카 원주민 '여성의 일'이 갖는 진정한 의미와 그렇게 구분하는 것이 정당한 것인지를 검토해보고자 한다. 그다음에는 흔히 남성의 영역이라고 일컬어지는 '공적인 영역'에 대한 원주민 여성의 참여를 분석함으로써 과연 그러한 구분 틀이 정당한 것인지에 대해서 문제 제기를 하고자 한다. 나아가 아스테카 제국에서 원주민 여성이 가지고 있었던 재산권과 상속권에 대한 검토를 통해서 계급에 따른 원주민 여성의 권리와 지위를 조명해보고자 한다. 마지막으로 원주민 여성의 결혼생활과 섹슈얼리티에 관한 성 담론 등을 살펴봄으로써 그 당시 남성과 여성의 역할에 대한 인식과 태도가 어떠했는지를 이해해보고자 한다.

그러면 우선 메소아메리카에서 '여성의 일'과 가정이 어떤 의미를 가지고 있었는지를 살펴보도록 하자.

2. 성별 노동 분업과 '여성의 일'

아스테카 사회에서는 기본적으로 성별에 따라 '여성의 일'과 '남성의 일'로 구분되어 있었다. 소위 사적인 영역이라고 일컬어지는 가정의 가사노동은 '여성의 일'로 규정되었고 공적인 영역에서 이루어지는 정치,

사냥, 전쟁 등은 '남성의 일'로 간주되었다. 이 당시에 대표적인 '여성의 일'에는 흔히 집안에서 이루어지는 청소, 요리, 그리고 제단에다 제물 바치기와 실 잣기와 직물 짜기가 더해졌다. 이 중에서도 실 잣기와 직물 짜기는 여성의 성 정체성을 규정짓는 가장 중요한 '진정한 여성의 일'이었다.

이러한 구분은 아이가 태어난 순간부터 성인으로 자랄 때까지 예식과 교육을 통해서 계속해서 아이들에게 주입되었다. 우선, 아이가 태어났을 때 치르는 의식을 보면, 여아의 탯줄은 집안 한쪽 구석에 있는 맷돌 옆에다 묻었으며, 산파가 여아에게 "너는 집안의 심장이 될 것이며, 어디에도 가지 않을 것이다. 너는 어디에도 가지 않는 사람이 될 것이다. 너는 재가 쌓인 불이 될 것이다"라고 하면서, 집안의 중심이자 활력을 의미하는 '집안의 심장(caliollotl)'이라는 말과 밤새 재로 뒤덮인 불을 의미하는 '재가 쌓인 불(tlacpeoalli)'이라는 말을 해주었다(Sahagún, 1950-1982c: 172). 그리고 산파는 여아에게 직물 생산에 필요한 도구들을 주었다. 반면에 남아의 탯줄은 방패와 화살에 묶어서 그 아기에게 주었다가 유능한 전사에게 주어서 전장에 묻도록 했다. 그리고 산파는 남아에게 전쟁이 그의 임무이며 전쟁에서 죽거나 신에게 제물로 희생되거나 할 것이라고 말했다(Sahagún, 1950-1982a: 3~4; 1950-1982b: 186; 1950-1982c: 171). 이처럼 아스테카 사람들은 아기들이 태어날 때부터 탄생의식을 통해서 여성과 남성의 임무를 명확히 구분하고자 했다.

이러한 성별에 따른 역할 구분은 교육을 통해서도 이루어졌다. 우선 가정에서 보면, 여아들은 어머니를 통해서, 남아들은 아버지를 통해서 여성과 남성의 일을 배웠다. 여자들은 어머니에게서 여성으로서 가장 중요한 일인 실을 잣고 직물을 짜는 법을 네 살부터 배우기 시작해서 다섯 살이 되면 어머니와 함께 실을 잣기 시작하여 열네 살이 되면 직접 직물을 짰으며 일곱 살부터는 요리하는 법을 배웠다(Berdan and Anawalt, 1992a: 58r, 60r). 베르나르디노 데 사아군(Benardino de Sahagún)에 따르면 여자 아이들은 "정말로 여성적인 일과 실을 잣는 방법을 익혀라"라는 말을 들었다(Sahagún, 1950-1982c: 18장). 남자아이들은 네 살이 되면 아버지에게서 집 울타리 밖으로 나가 물을 길어 오는 방법을 배웠으며 다섯 살이 되면 가벼운 장작더미를 나르는 것을 돕는 법을, 일곱 살이 되면 낚시하는 법을 배웠다(Berdan and Anawalt, 1992b: 120). 13~14세가 되면 남자아이들은 배를 타고 낚시를 하고 산에 가서 나무를 해오는 일을 맡았으며, 여자아이들은 부모를 위해 옥수수를 갈아 토르티야를 만들고 실을 잣고, 요리를 했다. 이렇게 되었을 때에야 비로소 여자아이들과 남자아이들은 결혼할 수 있는 처녀 총각이 된 것으로 간주되었다.

성별에 따라 다른 교육은 학교 교육에서도 마찬가지였다. 학교는 귀족학교 칼메칵(calmecac)과 평민학교 텔포치카이(telpochcalli)로 나뉘어져 있었는데, 여학생은 남학생과 따로 교육을 받았다. 텔포치카이는 실용교육을 담당하여 남학생들에게 무기 다루는 법과 벽돌 만드는 법, 도랑과 수로를 수리하는 법, 토지를 경작하는 법 등을 가르쳤다. 귀족 가문의 아들들은 칼메칵에서 사제나 군사 지도자, 재판관 등이 되기 위한 엘리트 교육을 받았다. 평민의 딸들은 학교에 가지 않고 집에서만 생활하는 경우도 있었지만 귀족 가문의 딸들은 별도의 칼메칵에서 교육을 받았다. 여학생들은 칼메칵에서 사제가 되기 위한 교육을 받기도 했지만 대부분 역사와 종교 등 남학생들이 배우는 것과 함께 정숙과 예의범절, 순결, 복종의 가치를 배우면서, 5세부터 7세까지의 여아는 물레를 자아 실을 만드는 법을 배우고, 10대 초반에 이르면 요리를 배우고 14세에 이르면 옷감 짜는 법을 배웠다(Bray, 1968: 59). 남학생과 여학생 모두 학교 교육을 받았지만 교육 내용은 확연히 달랐다.

이처럼 아스테카 사회에서는 '여성의 일'과 '남성의 일'을 명확히 구분하고, 태어나서 아직 스스로 성별 의식이 없을 때부터 여자아이에게는 '여성의 일'을 남자아이에게는 '남성의 일'을 가르쳤으며, 성장하면서도 계속 그렇게 성에 따라 다르게 부여된 일을 성실하게 수행하도록 했다.

그렇다면 이러한 성별 노동 분업을 어떻게 해석해야 할 것인가? 성에 따라 '여성의 일'과 '남성의 일'을 구분했다고 해서 남성과 여성이 평등하지 못한 것이라고 봐야 할 것인가? 그리고 성별 노동 분업이 그렇게 명확하게 구분되어 있었는가? 여기에 대한 답을 구하기 위해서는 우선 이러한 성별 노동 분업이 이루어지고 강조된 아스테카 사회의 배경을 살펴볼 필요가 있다. 1248년에 멕시코 중앙 고원에 정착한 후 아스테카족은 1521년에 멸망하기까지 계속 전쟁에 시달렸다. 1428년 테노치티틀란, 테스코코, 틀라코판의 3자 동맹으로 아스테카 제국이 성립된 이후에도 아스테카족은 제국을 확장하기 위한 전쟁을 끊임없이 해나갔다.[2] 남자들은 어릴 때부터 전사로 키워졌으며 언제든지 전장에 나가야 했다. 이러한 위험한 전시 상황 속에서 아스테카인들은 생존을 위해 남녀 간에 생물학적인 조건을 고려해서 노동 분업을 하지 않을 수 없었다. 신체적으로 강한 남성은 사냥과 전쟁 등 집 바깥에서 위험한 일을 해야 했고, 남자보다 상대적으로 힘이 약한 여성은 집에서 집안일과 아이를 낳아 기르는 일을 해야 했다. 당시 아스테카 사회에서는 이렇게 성별 노동 분업을 하는 것이 시모의 생존을 위해서 필요했던 것이다. 따라서 성별 노동 분업 자체를 차별이라고 보는 것은 역사적 맥락을 제대로 고려하지

---

2) 아스테카 제국의 팽창과정에 관해서는 김윤경, 「아스테카 제국의 몰락 원인」, ≪서양사 연구≫, 42집(2010, 5), 49~53쪽; Geoffrey W. Conrad and Arthur A. Demarest, *Religion and Empire: the Dynamics of Aztec and Inca Expansionism*(London, 1984) 참고.

않은 해석이라고 할 수 있다. 그것은 필요에 의한 선택이었던 것이지 강요 또는 족쇄가 아니었다.

이렇게 주장할 수 있는 또 하나의 이유는 '여성의 일'과 '남성의 일'의 구분이 절대적이지 않았다는 점이다. 여성이 '남성의 일'을 하기도 했고 남성이 '여성의 일'을 하기도 했다. 우선, 남성의 대표적인 일로 간주되었던 전쟁이 남성의 전유물이 아니었다. 실제로 여성이 전사로 남성과 함께 전쟁에 참여하는 경우가 종종 있었다. 예를 들어, 테노치티틀란과 틀랄텔롤코 두 도시 간에 전쟁이 벌어졌을 때, 틀랄텔롤코의 여성들은 집단적으로 전쟁에 가담했다. 그들은 적군들 앞에서 가슴과 엉덩이를 드러내고 배를 두드리면서 가슴을 쥐어짜 젖이 나오게 하는 등, 성적인 행동으로 저항의 표시를 나타냈다. 그런가 하면 테노치티틀란 전사들에게 오물과 먼지와 조각조각 낸 토르티야를 던지고, 자신들이 집에서 사용하는 빗자루, 실 잣는 도구 등, '여성의 도구'를 던지면서 신체적인 위협을 가하기도 했다(Durán, 1967: 263). 아버지를 위해서 전쟁에 가담한 한 톨텍 여성은 '전사 공주'라는 별명을 얻기도 했다(Nash, 1978: 353). 그리고 스페인인들이 테노치티틀란을 공격해 들어갔을 때 집집마다 지붕 위에 올라가 스페인인들에게 야유를 퍼부으며 공격했던 사람들도 여성들이었다(Durán, 1995: 554~555).

반대로 당시 여성의 성 정체성을 규정지었던 대표적인 '여성의 일', 직물 짜기 또한 여성만의 일이 아니었다. 애초에 직물 짜기는 모든 계층의 여성이 참여하는 가내 노동이었다. 아스테카 사회에서 직물은 화폐이자 세금이었다. 따라서 여성들의 직물 짜기가 가정 내의 소비를 위한 것이었을 뿐 아니라, 화폐와 공물 납부를 위한 것이기도 했다. 그런데 아스테카 제국이 팽창해감에 따라 공물이 증가해갔다. 이에 따라 직물에 대한 수요도 증가했다. 직물에 대한 수요 증가는 가내 경제활동에 큰

〈그림 1-1〉

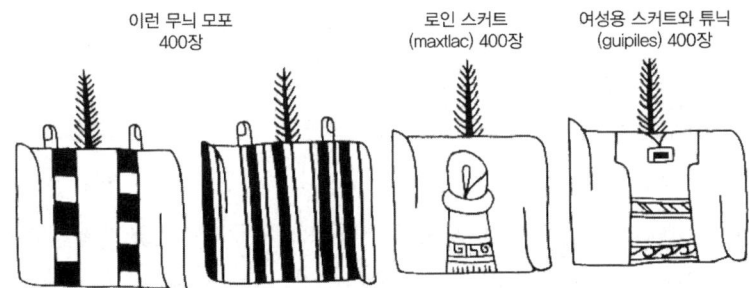

주: 코아익스틀라우아칸(Coaixtlahuacan) 지방의 직물 공물 납부에 관한 그림으로, 다양한 디자인의 모포와 블라우스와 스커트 등이 각각 400개 정도 공물로 납부되었음을 보여준다.
자료: Frances F. Berdan and Patricia Rieff Anawalt(ed.), The Codex Medoza, fol. 43r(Berdan, 1995), p. 95.

영향을 미쳤다. 여성의 영역이었던 직물 생산에 남성들도 참여하게 되었다. 예를 들어 촐룰라에서 발견된 50구가 묻혀 있는 무덤의 남성과 여성 모두의 뼈에서 물레가 같이 나왔다. 이는 직물 짜기에 남성과 여성이 모두 참여했음을 의미하는 것이다(Brumfiel, 2001: 70).

게다가 '여성의 일'이라고 하는 것이 모든 여성에게 해당되는 일은 아니었다. 아스테카 사회는 귀족(pipiltin)과 평민(macehualtin)으로 나뉘어 있었다. 토지가 없는 평민은 귀족계급이 소유하고 있는 토지를 이용하는 대가로 공물을 납부해야 했다. 평민계급의 여성들은 귀족계급의 집에 가서 집안일을 해주는 것으로 공물 납부를 대신했다. 따라서 계급에 따라 여성들은 가사 노동을 하기도 하고 하지 않을 수도 있었다. 이틀에 한 번씩 평민계급의 여성들은 귀족계급의 집에 가서 맷돌을 갈아 음식을 만들고 청소를 하는 등의 집안일을 대신 해주었다. 반면에 귀족 여성은 그 일을 감독하고 조직하는 일을 했으며, 그들의 주 임무는 신에게 봉사하고 정숙과 정절을 지키며 남편을 존중하는 것이었다(Rodríguez-Shadow,

1991: 111~113). 따라서 '여성의 일'이 모든 여성의 일이라고 상정하는 것은 계급에 따라 가사노동이 여성의 일이 아닐 수 있음을 간과하는 것이다. 젠더를 논할 때 계급을 논해야 하는 이유가 바로 여기에 있다.

그렇다면, 당시 '여성의 일'로 간주되었던 가사노동이 실제로 어떤 의미를 갖고 있었는가? 자본주의 사회에서 가사노동은 공적인 영역과 분리된 채 그것에 종속되어 노동력의 재생산을 통해서 자본에 간접적으로 기여한다. 이러한 자본주의 사회의 가사노동과 아스테카 사회의 '여성의 일'을 같은 성격의 노동으로 볼 수 있는지 따져볼 필요가 있다. 여기서는 아스테카 여성이 하루 중에 가장 먼저 했던 일인 청소와 모든 계층의 여성이 담당했던 "진정한 여성의 일", 즉 여성의 정체성을 규정지었던 직물 짜기의 예를 들어보겠다. 우선 청소는 아스테카 평민 여성들에게 아주 중요한 일이었다. 아스테카의 어른들은 아기가 태어나자마자 남자 아기의 손에는 창과 방패를 쥐여줬지만, 여자 아기의 손에는 빗자루를 쥐여줬다. 빗자루로 청소하는 것은 여자의 일이었던 것이다. 그런데 빗자루로 청소하는 것은 단순히 집 안을 깨끗이 한다는 것뿐 아니라 집 안을 정화한다는 의미도 갖고 있었다. 그것은 외부에서 들어오는 먼지와 무질서한 힘으로부터 집 안을 보호해주는 것이었다. 이것이 바로 '빗자루의 힘'이었다(Burkhart, 1997: 33). 대지와 밤과 밀접한 연관을 맺고 있다고 생각되었던 여성은 중재자로 여겨졌다. 여성은 빗자루를 가지고 무질서한 것들을 없애버림으로써 질서를 만들어내는 존재였다. 마치 여러 가지 재료들을 가지고 하나의 요리를 만들어내는 것처럼 말이다.

그런데 한 가지 흥미로운 것은 아스테카 가정에서 여성들이 했던 청소와 전쟁이 밀접하게 연관되어 있었다는 점이다. 우선, 앞서 언급했듯이 청소도구였던 빗자루는 실제로 전쟁터에서 무기로 사용되기도 했다. 그리고 집에 남아 있는 여성들은 남편들이 전쟁터에 나가 싸우게 되면

평소보다 더 부지런히 집 안을 청소했다. 우악스테족(Huaxtecs)과의 전쟁에 대한 두란(Durán)의 묘사를 보면, 멕시카 전사들의 부인은 하루에 네 번, 새벽, 정오, 해 질 녘, 자정에 청소했다(Durán, 1967: 164~165). 그것은 태양이 돌아가는 길 네 모퉁이를 의미하는 것이었다. 전쟁은 '태양'의 일이었다. 아스테카 여성들은 '태양의 길'을 따라 빗자루로 먼지를 쓸어냄으로써 전장에 있는 남편들의 칼이 적을 무찌르기를 바랐던 것이다. 따라서 가정에서의 청소는 전시에 전쟁의 승리를 비는 하나의 종교적인 행위로서, 소위 남성의 일이라고 하는 전장에서의 전투행위와 깊이 연관되어 있었다.

직물 짜기의 경우도 마찬가지였다. '여성의 일'인 직물 짜기 역시 공적인 영역인 전쟁터와 밀접한 관련이 있었고 그 밑바탕에는 종교적인 성격이 깔려 있었다. 우선 전쟁과 관련해서 보면, 여성들은 빗자루와 마찬가지로 직물을 짜는 도구들도 전쟁터에서 무기로 사용했다. 예를 들어, 테노치티틀란과의 전쟁에서 틀랄텔롤코의 여성 전사들은 빗자루뿐 아니라 직기의 널빤지나 정경기로 적군을 공격했다(Burkhart, 1997: 49). 그리고 여성들은 남편들이 전쟁에 나가면, 밤에 신전에 음식을 바쳤는데 그때 "손가락 두께만큼 꼬아놓은 두꺼운 실과 베틀의 북을 가지고 갔다. 특히 베틀의 북은 남편이나 아들이 적을 칼로 정복하리라는 것을 의미하는 징표였다"(Tezozomoc, 1975: 311). 이처럼 여성이 직물 생산에 사용하는 도구들이 실제 전생터에서 무기로 사용되는기 히면 전쟁에서의 승리익 징표로 이용되기도 했다. 여성이 사용하는 베틀의 북이나 직기의 널빤지 같은 것이 남편이나 아들들이 전쟁에서 쓰는 무기와 동일시되었던 것이다.

또한 지물 짜기는 단슈히 가사노동을 넘어서 메소아메리카인들의 우주관과도 깊은 연관성을 가지고 있다. 메소아메리카인들은 우주를 끈과 천에 비유하여 생각했다. 그들이 우주를 하나의 집이라는 개념으로 인식했던 것도 당시의 집이 기본적으로 잎으로 짜여 있었기 때문이다. 그들은 우주가 여러 실들로 짜여진 옷감이 층층을 이루고 있는 것 같은 모습이라고 보았다(Klein, 1982: 12~15). 메소아메리카인들의 우주관에 따르면, 우주는 천상세계와 지상세계와 지하세계로 이루어져 있는데, 천상세계는 잘 짜인 천같이 질서정연하게 이루어져 있는 13개의 층으로 이루어져 있고, 그 밑에 지상세계가 있으며, 그 아래에는 복잡하게 얽혀 있는 실타래 모양으로 9개의 층을 이루고 있는 지하세계가 있다(Carrasco, 1998: 44~45). 천상세계는 땅의 네 귀퉁이에 있는 나무들로 연결되어 있는데 이 나무는 직조공의 물레 가락처럼 줄기가 꼬여 있다. 메소아메리카인들은 메소아메리카의 모든 창조의 여신들과 풍요의 여신들은 위대한 직조공으로 묘사함으로써 우주의 구조뿐 아니라 탄생도 실을 잣고 직물을 짜는 행동에 비유했다. 아스테카 신화에서도 천상세계에 사는 아스테카인들의 주신인 테스카틀리포카(Tezcatlipoca)가 지상세계에 내려올 때의 이동 수단도 거미줄, 더 일반적으로 말하면 꼰 줄을 타고 내려왔다고 말한다(Brundage, 1979: 94).

이처럼 메소아메리카인들이 우주를 가느다란 실과 그것으로 짜인 천에 비유했던 것은 그만큼 실을 잣고 천을 만드는 일이 그들의 일상생활에서 아주 중요했기 때문이다. 중요도 면에서 천은 당시 사치품이었던 카카오와 금보다도 더 높은 위치를 차지하고 있었다. 화폐로 사용되기도 했지만 잘 개켜 놓은 옷감은 숭배의 대상이 되기도 했다. 실을 잣고 직물을 짜는 노동이 단순히 가사노동의 의미만이 아니라, 당시 사람들의 우주에 대한 인식에 영향을 미칠 정도로 중요한 의미를 가지고 있었던 것이다. 이것은 실을 잣고 옷감을 짜는 여성이 메소아메리카인들이 생각하는 우주 체계 안에서 중요한 위치를 차지하고 있었다는 것을 의미하는 것이기도 하다.

이상에서 살펴본 바와 같이 아스테카 사회에서 성별 노동 분업은 당시의 상황에서 필요에 의한 선택이었으며, '남성의 일'과 '여성의 일'은 각각 남성만의 일도 여성만의 일도 아니었다. 그리고 집이라는 사적인 영역에서 이루어지는 가사노동은 전쟁 같은 공적인 영역에서 이루어지는 일과 상호보완적으로 긴밀하게 연결되어 있었을 뿐 아니라, 그 당시 사람들의 세계관과 종교관과도 깊은 연관을 갖는 아주 '공적인' 일이었다. 여성들은 공간이 다르고 일의 내용만 다를 뿐 남성들과 같은 의미의 일을 수행했던 것이다. 아스테카 사회에서 '여성의 공간'으로 인식되었던 가정은 은밀한 사적인 공간이 아니라, 외부세계와 긴밀하게 연관된 소우주였다. 따라서 두 영역에서 이루어지는 일을 지배와 종속의 관계로 보는 것은 양자의 관계를 왜곡할 수 있다.

3. 공적 영역에의 참여와 여성의 권리

1) 공적 영역에의 참여

아스테카 여성의 지위와 역할을 고찰할 때 가장 눈에 띄는 것 중 하나는 여성들이 공적인 영역에서 수행했던 역할이다. 아스테카 여성은 가정의 테두리 안에만 머물러 있지 않았다. 그들은 전사로서 전쟁에 참여하거나 농사일을 하는 것 외에도, 공적이라고 말하는 정치적·경제적·종교적 영역에서 중요한 역할을 수행했다. 먼저 정치적인 영역을 보면, 여성들은 다양한 방식으로 정치 생활에 참여했다. 우선, 귀족계급의 여성에 한정되어 있었고 상당히 제한적이기는 했지만, 아스테카의 여성은 최고의 통치자라는 막중한 역할을 수행하기도 했다. 예를 들어 목테수마 1세의 딸인

아하야카틀(Axayacatl)과 아토토츠틀리(Atotoztli)는 최고 자리에서 직접 왕국을 통치했다(Gillespie, 1989: 105). 당시 아스테카 사회의 최고 통치자를 틀라토아니(tlatoani)라고 불렀는데, 여성 지도자, 통치자는 틀라토카시오아틀(tlatocacihoatl)이라 하고, "통치하고 지도하고 잘 재정비하고 평화적으로 관리하는" 귀족 여성을 시오아테쿠틀리(cioatecutli)라고 불렀다(Sahagun, 1950-1982d: 13, 46). 게다가 시우아코아틀(cihuacoatl)이라고 불리는 여성은 틀라토아니의 다음 가는 권력자로서 그의 가장 가까운 조언자 역할을 했다. 여신의 이름이기도 한 시우아코아틀은 정부의 최고 수준에 있는 '중요 여성'을 대표하는 정치적인 인물이었지만, 틀라토아니가 죽었을 경우에 그의 뒤를 잇지는 않았다(Kellogg, 1997: 131).

하지만 여성이 최고위직을 차지하는 경우는 흔치 않았다. 사실 아스테카 왕조 초기에는 왕위계승이 모계 혈통을 통해서 이루어졌으며 여성이 최고 권력을 보유했다(Soustelle, 1955: 183). 그러나 3자 동맹으로 아스테카족이 테파넥족을 물리치고 제국을 형성하면서 여성이 왕위를 계승하는 것이 어렵게 되었다. 왕실 가문에서 선출한 네 명의 인물이 왕위계승을 결정했는데, 그들은 왕의 남자 형제나 아들 중에서 왕위계승자를 골랐다. 부계혈통의 왕실을 확립하려 했던 것이다. 아스테카 제국이 중앙집권화되면서 여성이 최고위직에 오르는 것은 더 제한되었다. 여성들을 고위직에 오르지 못하게 한 이유는 한마디로 제국의 통합과 강화를 위한 것이었다. 당시에 특히 귀족계급은 정치적 동맹을 맺기 위한 정략결혼을 하는 경우가 많았다. 따라서 고위직에 있는 여성이 제국 밖의 혈통을 가지고 있는 남성과 결혼했을 경우 그 결혼이 동맹이 될 수도 있지만, 자칫 잘못하면 국가의 혼란을 가져올 수도 있다고 생각했다(Torquemada, 1975: 348).

아스테카 사회에서 여성의 정치적 참여는 바리오(barrio) 단위에서도 이루어졌다. 모든 바리오에는 쿠이카카이(cuicacalli)라고 하는 '춤 학교' 혹은 '노래 학교'가 있었는데, 그 학교는 왕궁이나 주요 신전에 속해 있는 것으로, 남녀 학생들에게 의례에 필요한 춤과 음악을 가르쳤다.[3] 이 학교에서 춤과 노래를 배울 학생들을 모집하는데, 여학생들을 모으는 책임은 나이 많은 여성이 맡았다. 이 여성은 바리오에서 임명했으며 시우아테픽스케(cihuatepixque)라고 불렸다. 그리고 쿠이카카이에는 '틀라이아칸케(tlaiacanque)'라는 직책도 있었는데, 이 직책을 맡은 여성은 어린 여학생들을 지도하고 관리하는 임무를 담당했다(Kellogg, 1997: 130).

아스테카 여성들이 중요한 역할을 담당했던 영역 중 하나는 바로 종교 영역이었다. 여성들은 신전에서 남성 사제들과 함께 사제 역할을 수행했다. 부모들은 어린 여자아이를 엘리트 학교인 칼메칵에 보내서 여성 사제가 되게 했다. 칼메칵에서 여성 사제들을 양성하는 교사도 여성 사제였다. 여성 사제에는 우선 시우아틀라마카스케(cihuatlamacazque)과 이차시우아틀(iztaccihuatl)이라는 사제가 있었는데, 이들은 하위직 여성 사제로 신전에 살면서 종교의식들을 수행하는 것을 도왔다. 특히 이차시우아틀은 종교 예식이 벌어지는 곳을 장식하고 청소하고 예식에 쓰이는 불을 붙이고 끄는 일을 담당했다. 일반적으로 남성 사제들이 고위직을 맡아서 인신공희를 담당하고, 여성 사제들은 희생제물을 준비하는 것을 도왔다. 하지만 모신인 토시(Toci) 신에게 바치는 종교 예식인 오츠파니스틀리(ochpaniztli)는 여성 사제가 집전히기도 했다(Carrasco, 1998: 115). 여성들은 고위직 사제 역할도 담당했는데, 주로 나이 든 여성으로 시우아

---

[3] 쿠이카카이에 관한 설명은 Edward Calnek, "The Calmecac and Telpochcalli in Pre-Conquest Tenochtitlán," J. Jorge Klor de Alva, H. B. Nicholson, and Eloise Quiñones Keber(ed.), *The Work of Bernardino de Sahagún: Pioneer Ethnographer of Sixteenth-Century Aztec Mexico*(Albany, 1988), p. 171 참조.

쿠아쿠일틴(cihuaquacuiltin)이라고 불리는 고위직 사제는 이차시우아틀시우아쿠아쿠이이(iztaccihuatl cihuaquacuilli)라는 특별한 직함을 가지고 있었으며, 이차시우아틀들을 감독했다. 이 여성 사제는 아텐치칼칸 신전에서 이루어지는 모든 일을 결정했다(Carrasco, 1998: 132에서 재인용).

종교영역에서 여성이 차지했던 중요성은 여신들에 대한 숭배를 통해서도 알 수 있다. 메소 아메리카인들의 주식인 옥수수의 신 치코메코아틀(Chicomecoatl), 용설란의 신 마야우엘(Mayahuel), 물의 신 찰치우틀리쿠에(Chachiuhtlicue), 불의 신 코욜하우키(Coyloxahuqui), 신들의 어머니 코아틀리쿠에(Coatlicue), 소금의 신 우이흐토시우아틀(Huixtocihuatl) 등 주요 신들이 대부분 여신이었다. 하지만 아스테카 제국이 성립하고 그 제국을 강화하는 과정에서 신에 대한 숭배에서 변화가 일어났다. 남자 신, 특히 테스카틀리포카(Tezcatlipoca)를 주신으로 하고 전쟁의 신 우이칠로포츠틀리(Huitzilopochtli), 케찰코아틀(Quetzalcoatl), 히페 토텍(Xipe Totec)을 중심으로 하는 신들의 위계질서를 수립했다. 15세기 말에 가면 우이칠로포츠틀리의 어머니인 코아틀리쿠에조차 테노치티틀란에 있는 주 신전에 같이 모시지 않았다(Nash, 1978: 359). 그럼에도 불구하고, 치코메코아틀과 찰치우틀리쿠에, 우이흐토시우아틀 같은 여신들은 여전히 사람들의 숭배의 대상이 되었다.

아스테카 원주민 여성들의 활동은 경제 영역에서도 나타났다. 아스테카 사회가 전쟁 지향적인 사회였기 때문에 전쟁터에 나간 남성들을 대신해서 여성들은 가정 내에서나 밖에서나 경제활동에 참여하지 않을 수 없었다. 여성의 생산 노동이 특별한 의미를 가질 수밖에 없었다. 앞에서 언급했듯이 무엇보다도 여성들은 당시에 화폐로서 공물로 이용되었던 직물을 생산했다. 그렇게 생산한 직물은 가족의 소비를 위한 것이기도 했지만 생계유지를 위해 시장에 내다 팔기 위한 것이기도 했다. 여성들의 가장 흔한 경제활동은 시장에서 일어났다. 이러한 시장에서의 판매활동은 특히 가족의 생계비용을 충당하기 위해서 무언가를 시장에 내다 팔아야 했던 평민 계급의 여성에게 해당되었다. 그들은 옷감뿐 아니라 농산물도 종종 시장에 내다 팔았는데, 파는 물품의 종류에 따라 음식조리사(guisanderas), 채소 장수(verduleras), 타말 장수(tamaleras), 토르티야 장수(tortilleras), 옷감 장수 등 다양했다(Rodríguez-Shadow, 1991: 121~124).

하지만 여성들은 판매자나 구매자로서만 경제활동을 한 것이 아니었다. 남성들과 마찬가지로 시장을 관리 감독하는 행정적인 역할도 수행했다. 티안키스판 틀라이아칸케(tianquizpan tlaiacanque)라고 하는 여성 관리자는 상품가격의 공정성을 유지하고 전쟁 물품의 생산을 감독하고 공물을 할당하는 일을 했다(Sahagun, 1950-1982e: 67~69; Kellogg, 1995: 97). 이들은 남성들과 똑같은 역할을 수행했는데, 주로 여성 판매자들의 활동을 감독했다. 한편, 아스테카 여성들은 수공업 생산과 관련된 길드 조직 내에서도 이러한 최고 관리직을 차지했다. 남자들이 전쟁터에 나가서 없는 상태에서 여자들이 거행했던 한 의식에 대한 두란(Durán)의 기록을 보면, 여성 수공업자들과 상인들이 중요 인물로 등장하며, 그 의식에서 어린 아기의 요람에다 돌칼을 넣어서 그것을 처음에는 '최고의 여자 보석 장수'에게 가지고 가고, 그다음에는 이 보석 장수가 그것을 시장으로 가지고 가서 '최고의 여자 상인'에게 주었다(Durán, 1967: 13). 이처럼 아스테카 여성들은 상인으로서뿐 아니라 수공업자로서도 활동했으며, 거기에는 계서제가 형성되어 있어서 최고위직에 있는 여성들은 여성들의 경제활동을 관리 감독하는 역할을 담당했다.

이처럼 아스테카 사회에서 여성들은 다양한 '공적 영역'의 활동에 참여했다. 특히 아스테카 사회 초기에는 여성이 최고 권력자 자리를 차지할 정도로 여성의 역할이 상당히 중요했다. 아스테카 제국이 성립되고 강화하는 과정에서 여성의 역할이 제한되고 약화되기는 했지만, 여전히 여성들은 정치적으로나 종교적으로나 경제적으로 적극적인 역할을 수행했다. 따라서 여성은 남성 중심의 지배체제에 완전히 종속된 존재가 아니라 여러 공간에서 남성과 함께 상호 보완적인 역할을 수행하는 어느 정도 독립적인 존재였다. 이러한 독립성의 물적 기반이 되었던 것이 바로 당시 여성의 상속권과 재산소유권이다. 이제 메소아메리카 여성들이 가지고 있었던 경제적 권리에 관해서 살펴보도록 하겠다.

2) 재산소유권과 상속권

아스테카 여성의 경제적 권리를 논하려면 먼저 당시 사람들의 친족체제에 관한 인식에 대해서 살펴볼 필요가 있다. 아스테카인들의 일상생활 전반을 지배했던 친족체제는 친족집단 구성원의 재산이나 권위 등에 대해서 권리를 주장하고 요구할 수 있는 토대를 이루면서 여성의 권리에 대한 인식에 중요한 영향을 미쳤기 때문이다.

아스테카인들의 친족체제에 대한 인식에서 주목할 만한 것은 한 개인은 어머니와 아버지와 동등하게 연결되어 있다고 하는 이데올로기에 뿌리를 두고 있었다는 점이다. 아스테카인들은 어머니 쪽과 아버지 쪽 모두에게 동등한 가치를 부여했다. 그리하여 아스테카인들의 친족체제에 대한 인식에는 아버지의 가족과 어머니의 가족이 다 중요하다는 것이 반영되어 있다. 아스테카의 친족관계를 의미하는, 인간들로 꼬인 밧줄이라는 뜻의 틀라카메카요틀(tlacamecayotl)도 친족이란 어머니 쪽과 아버지 쪽이 서로 묶여 있는 존재임을 나타내고 있다(Cline, 1986: 66). 그들은 아버지의 정액과 어머니의 피 둘 다 새로운 생명을 만드는 데 필수적인 물질이며, 그래서 새로 태어난 아기는 아버지와 어머니의 '피와 피부색과 기본 성질'을 가지고 있다고 생각했다(Sahagún, 1950-1982d: 130; 1950-1982c: 216). 새 생명은 양쪽 부모 모두에게 속한 존재였으며 양쪽 부모를 통해서 다른 친족과 연결되었다. 어머니와 아버지를 통해서 연결된 양쪽 친족 모두가 결혼식, 장례식, 출생 예식 등 모든 예식에 참여했다.

아스테카 여성들이 재산에 대해 상속권을 주장할 수 있었던 것은 바로 아스테카인들이 친족체제에 관해서 이러한 인식을 가지고 있었기 때문이다. 한 생명을 탄생시키는 데 어머니와 아버지가 동등하게 기여했다는 믿음은 여성들도 친족의 구성원으로서 동등한 지위를 가지고 권리를 주장할 수 있다는 인식으로 이어졌다. 그리하여 남성과 여성 모두 상속을 통해서 재산을 획득할 수 있었다. 아스테카의 자식들은 아들이건 딸이건 간에 부모가 소유하고 있던 재산 중에서 동등한 몫을 상속받을 수 있었다. 이러한 양방향의 유산 상속은 정복 이후의 혁신이 아니라 정복 이전 아스테카 사회의 패턴이었다(Cline, 1986: 84).

유산으로 상속되었던 재산의 종류는 크게 세 가지로 나뉘었다. 첫 번째는 주거지인 가옥이었다. 가옥의 경우 일반적으로 남성들은 남아 있는 부인이나 가까운 친척에게 물려주는 경우가 많았지만, 대부분의 여성들은 그것을 팔았다. 주로 장례비용과 미사비용을 대기 위해서였다. 두 번째 상속 재산은 토지였다. 토지에는 틀라이(tlalli)라고 하는 집 주변의 토지와 치남파(chinampa)라고 하는 집터와 연결된 물 위의 밭과 미이(milli), 우에우에틀라이(huehuetlalli)라고 하는 세습 토지, 틀랄코우아이(tlalcohualli)라고 하는 구매 토지를 포함하는 농토가 있었다(Kellogg, 1997: 139~140). 토지는 보통 배우자에게 상속되지 않고 동성의 상속인들에게 상속되었으며, 구매 토지인 경우에는 딸들도 동등한 몫을 물려받았다. 하지만 농토를 물려줄 수 있는 경우는 귀족을 제외하고는 흔치 않았다. 따라서 토지를 가지고 있다는 것은 남성과 여성 모두 부와 높은 사회경제적 지위를 가지고 있다는 것을 의미했다. 반면에 세 번째 형태인 동산의 경우에는 대부분의 사람들이 유산으로 물려주었다. 동산으로 가장 흔한 품목은 돈과 작업에 관련된 물건들과 옷, 그리고 초, 십자가, 성모상 같은 가톨릭 성물들이었다. 돈을 물려받은 경우 빚을 갚거나 미사나 장례식 등에 드는 비용을 대는 데 썼다. 작업과 관련된 물품으로는 음식을 만드는 데 쓰는 메타테(metate), 저장에 쓰는 오야스(ollas)와 테코마틀(tecomatl), 직물, 실, 남성들의 연장들이 상속되었고, 특히 여성들은 '여성의 장비', 시우아틀라트키틀(cihuatlatquitl)이라고 하는 실을 잣고 직물을 짜는 데 쓰는 도구들을 물려주기도 했으며, 종종 의류도 상속 물품에 포함되었다(Kellogg, 1997: 141~142; Cline, 1986: 113).

이처럼 남성과 여성 모두에게 동등하게 재산을 물려주었던 상속 관습에는 몇 가지 특징이 있었다. 우선, 상속을 받는 사람들의 범위가 광범위했다. 자식과 형제뿐 아니라 조카, 손자, 증손자까지 재산을 상속받았다. 상속 재산에 따라 상속인의 범위가 조금씩 달랐다. 우에우에카이(huehuecalli) 혹은 우에우에틀라이라고 하는 재산, 즉 세습된 집이나 토지는 형제자매들과 자식들이 상속받았지만, 이칼코우알친(ycalcohualtzin) 같은 유언자가 직접 구입한 재산은 형제자매나 조카에게 상속하는 경우가 드물었으며, 주로 자식과 손자들에게 물려주었다(Kellogg, 1986: 324~325).

정복 이전 아스테카 사회의 상속 패턴에서 가장 눈에 띄고 흥미로운 것은 여성들이 여성 상속자를 선호하는 경향이 있었다는 점이다. 여성들은 남편들에게 유산을 거의 물려주지 않았다. 남성들은 부인과 아들과 딸들에게 재산을 물려주었지만, 여성들은 토지를 제외하고는 재산의 대부분을 아들이 아니라, 딸들이나 손녀들에게, 심지어 자매들에게까지 물려주었다(Kellogg, 1986: 323; Cline, 1986: 75, 80). 당시에 보통 제일 큰 아들이 재산을 '관리하는' 경향이 있었기 때문에 여성들이 토지는 아니더라도 집이나 동산은 일부러 딸이나 손녀에게 물려주려고 했던 것 같다. 또 하나 이유로 추정해 볼 수 있는 것은 아스테카 사회의 남성의 높은 사망률이다. 아스테카 사회에서 남성들은 전쟁에 참여해서 죽는 경우가 많았으며, 가족 집단에서 도시에서 지역에서 남성들의 부재가 일반적인 현상이었다(Gibson, 1964: 141). 그래서 여성들이 아들들을 상속인으로 정하기를 기피했을 수도 있다. 실제로 아들들이 유난히 적게 상속을 받았다(Kellogg, 1997: 144). 어떤 이유에서건 여성들이 여성 상속자를 선호하고 그들의 재산권에 관심을 기울였다는 점은 상당히 주목할 만한 것이라고 하겠다.

이러한 점에서 볼 때, 아스테카 여성들은 경제적으로 상당히 독립적이었다고 할 수 있다. 그들은 아스테카의 화폐였던 직물을 직접 짜고 그것을 팔아서 가정경제에 이익을 가져오는 등 경제활동에 참여함으로써 남성들의 통제로부터 어느 정도 벗어날 수 있었다. 게다가 아스테카 여성들이 가지고 있었던 재산에 대한 상속권은 여성들이 남성들과 동등하게 자율적으로 살아갈 수 있는 든든한 밑천이 되었다. 여성들은 결혼할 때, 상속받은 재산과 지참금을 가지고 갔는데 결혼 후에도 그 재산을 남편과 별도로 혹은 같이 관리했으며, 이혼하면 결혼할 때 가져온 비율만큼 나눠 가졌다(Cline, 1986: 116). 그만큼 여성들은 경제적으로 남성에게 의존적인 존재가 아니었다.

아스테카 여성의 이러한 경제적 독립성을 잘 보여주는 예는 사아군의 기록에도 나와 있다. 그 기록을 보면 일 년 260일 중 첫째 날인 세 시팍틀리(Ce Cipactli), 즉 '악어의 날'에 태어난 여자와 남자는 재산을 벌 수 있는 능력을 가지고 있다고 말한다. 그 기록에 따르면 이날에 태어난 남자는 통치자나 용감한 전사가 될 것이며 여자는 부자가 될 것이며 다른 사람들을 먹여 살릴 수 있을 것이다(Sahagun, 1950-1982a: 1~2).

이상에서 아스테카 여성들이 어떠한 경제적 권한을 가지고 있었는지 살펴보았다. 남성과 동등한 재산소유권과 상속권은 아스테카 여성들에게 어느 정도 독립성을 부여해주었다. 그렇다면 당시 사회의 결혼과 이혼 등에 관한 성 담론과 성성(sexuality)에 대한 인식과 태도는 어떠했을까? 이에 관한 몇몇 자료를 살펴봄으로써 아스테카인들이 남성과 여성에 관계에 대해서 어떻게 인식하고 있었는지를 알아보고자 한다.

4. 결혼생활에 대한 성 담론과 섹슈얼리티

오늘날과 마찬가지로, 아스테카 사회에서 결혼은 남성에게나 여성에게나 아주 중요한 일이었다. 아스테카인들은 여자는 15세, 남자는 20세 정도가 되면 결혼을 할 수 있었다. 당시 남성과 여성은 모두 새로운 가정을 꾸림으로써 성인이 되었다는 것을, 그리고 성숙한 사회구성원이 되었다는 것을 인정받았다. 결혼을 하면 칼푸이(capulli)의 토지에 대한 권리를 가질 수 있었다(Soustelle, 1962: 187). 게다가 결혼은 개인과 개인이 결합되는 것이 아니라 집안과 집안이 연결되는 문제였기 때문에 결혼이 성사된다는 것은 가문끼리 새로운 유대관계를 형성하는 중대한 일이었다. 그런 만큼 결혼은 성사되는 것뿐 아니라, 그것이 잘 유지되는 것도 중요했다. 따라서 아스테카의 부모들은 결혼하는 자식들에게 남편으로서, 아내로서 어떤 책임과 의무를 다해야 하는지에 관해서 늘 가르치고 강조했다.

아스테카의 부모들이 자식들에게 결혼생활에 대해서 가장 기본적으로 가르쳤던 것은 남편과 아내로서 각자의 의무를 다하라는 것이었다. 우선 남편의 기본 의무는 부인과 가족을 부양하는 것이었다. 나우아 원주민들의 훈계들을 모아 놓은 우에우에틀라톨리(huehuetlatolli)에 보면, 아버지가 결혼한 아들에게 "부인에게 부인이 원하는 것을 구해주는 것이 너의 의무가 되었다. 그리고 너는 너의 아이들을 부양해야 한다. 너는 옥수수, 콩, 사르비아씨, 고추를 제공할 것이다. 그러한 것은 신의 말씀이다"(Anderson, 1997: 67에서 재인용) 라고 훈계하고 있다. 남편이 쉬지 않고 일하여 생계를 유지해나갈 때, 자식과 부인도 삶을 유지해나갈 수 있을 것이라는 것이다. 그만큼 가족의 생존에 남편의 역할이 중요함을 강조하고 있다.

남편의 의무와 관련해서 한 가지 흥미로운 것은 여성이 아프거나 임신했을 때 남편이 돌보아야 한다는 것을 강조했다는 것이다. 사아군의 기록에 보면, 여성이 아프거나 임신했을 때 남편들이 어떻게 해야 하는지 상세하게 나와 있다.

여성이 아프거나 임신하면, 남편은 아내를 돌보아주어서 '작은' 여성이 도움을 받도록, 일을 해서 아프게 되는 일이 없도록 할 필요가 있다. 그리고 '작은' 여성이 출산을 하면, 잘 돌봄으로써 일 때문에 병이 도지는 일이 없도록 할 필요가 있다. 마음씨 좋은 남자들은 부인을 아주 잘 대해주며, 부인들이 임신하거나 출산했을 때 잘 돌본다(Anderson, 1997: 68~69에서 재인용).

귀족의 경우 이러한 남자들의 의무를 대신해 줄 다른 여성들을 구하는 경우가 많았겠지만, 여성에 대한 이러한 대우를 남편들의 의무로 삼았다는 것은 여성의 지위와 관련하여 중요한 요소로 받아들일 수 있다. 여성의 몸과 출산을 그만큼 존중하고 중요하게 생각했다는 것을 의미하기 때문이다.

한편 아내의 의무는 가정을 돌보고 남편에게 순종하는 것이다. 어머니들은 딸들에게 기본적으로 실을 잣고 직물을 짜고 음식을 만들고 아이들을 돌보는 "여성의 일"을 잘 하고, 남편을 사랑하고 섬기며 나아가 신을 모시는 일까지 잘 함으로써 여성으로서의 미덕을 갖추기를 당부했다 (Zorita, 1963: 147~148). 특히 남편에 대한 순종을 강조했다. 소리타(Zorita)의 기록을 보면, 남편을 존중하고 그에게 순종하는 것이 성숙한 부인의 미덕임을 강조한다.

너의 부모가 너에게 남편을 구해주면 그에게 무례하게 하지 마라. 그에게 귀를 기울이고 그에게 순종하고 너에게 말한 것을 즐겁게 하도록 해라. 그에게서 얼굴을 돌리지 말고 그가 너에게 해를 좀 입히더라도 그것을 계속 떠올리지 마라. …… 남들 앞에서나 남편이 혼자 있을 때조차도 그에게 모욕을 주거나 공격적인 말을 하지 마라. 왜냐하면 그것 때문에 네가 해를 입게 될 것이며 네 남편에게도 과실이 될 것이기 때문이다(Zorita, 1963: 150).

그런데 여기서 주목해야 할 것은 이러한 순종이 아내에게만 강조되었던 것이 아니라는 점이다. 아스테카 사회에서는 남성에게도 마찬가지로 부인에 대한 순종을 강조했다. 부모들은 자식들에게 "남편과 아내는 동등하며 그들은 서로 순종해야 한다"고 가르쳤다. 사아군의 기록에 따르면, 남자는 아내에게 순종해야 했다(Anderson, 1997: 77에서 재인용). 이러한 인식의 밑바탕에는 여자의 몸은 남자에게 남자의 몸은 여자에게 속해 있다는 믿음이 깔려 있었다. 결혼을 하면 여자나 남자나 각자의 몸은 더 이상 자신의 소유가 아니라 상대방의 소유임을 깨닫고 서로를 사랑하고 존중해야 한다는 것이다. 그래서 부부는 서로 사랑하면서, 마치 한 장소에 있는 물건처럼 같이 자고 같이 먹고 같이 살아야 한다고 강조한다 (Anderson, 1997: 75~76에서 재인용).

그러기에 이러한 부부의 의무를 다하지 못했을 경우 이혼은 당연한 귀결이었다. 아내의 경우에 집안일을 제대로 안하거나 아이를 못 낳았을 때, 그리고 남편의 경우 아내를 때리거나 아내와 아이들을 제대로 부양하지 못했을 때 이혼당할 수 있었다. 그럴 경우 아이의 양육권은 엄마가 가졌다. 재산은 둘 사이에 분할되었으며, 이혼한 여성은 그가 선택하면 언제든지 자유롭게 또다시 결혼할 수 있었다(Vaillant, 1947: 112). 이처럼 이혼에 대한 인식이 자유롭고 개방적이며 여성에게 그다지 불리하지 않다는 사실이 주목할 만하다.

한편 아스테카인들의 섹슈얼리티에 대한 인식과 태도를 보면 여성과 남성이 얼마나 성적으로 동등하게 다루어졌는지 알 수 있다. 아스테카 사회에서 섹슈얼리티와 관련해서 가장 강조되었던 것 중 하나가 성적인 절제였다. 그것은 결혼 이전이나 이후 모두 강조되었다. 우선 아스테카의 부모들은 혼전의 아들들과 딸들에게 성적인 절제를 늘 가르쳤다. 우선 딸들에게는 결혼할 때까지 정절을 지킬 것을 요구했다. 혼전의 젊은 여성은 "아무도 건드리지 않고 어디도 꼬이지 않으며 더럽혀지지 않은 순수한 처녀"여야 했다(Sahagún, 1950-1982c: 96). 다시 말해서, 젊은 여성은 성적인 경험 없이 순수하고 깨끗함을 유지한 '귀중한 터키옥' 같은, 보석 같은 존재여야 했다. 이러한 성저인 절제는 혼전의 남성도 마찬가지로 지켜야 할 덕목이었다. 부모들은 아들들에게 부정한 성관계를 갖지 않도록 훈계했다. 아스테카인들에게 성범죄는 개인뿐 아니라 그를 둘러싸고 있는 모든 사람들에게 해를 입히는 부도덕한 행위였다.

이러한 성적인 절제는 결혼 후의 부부에게도 마찬가지로 강조되었다. 결혼한 부부는 서로에게 충실해야 하는 것이 의무였다. 결혼할 때 남성과 여성은 신 앞에서 남편은 오로지 아내만을, 아내는 오로지 남편만을 사랑하겠다고 다짐했기 때문에, 그러지 않으면 '죽음의 지역'으로 가게 될 것이라는 경고를 받았다. 어머니는 딸에게 어떤 순간에도 바람나서 자신의 몸을 다른 남자에게 주지 말 것을, 결코 남편을 배신하지 말 것을, 간통을 저지르지 말 것을 당부하고 훈계했다(Sahagún, 1950-1982c: 102).

여기서 주목해야 할 것은 아스테카인들이 이러한 성 이데올로기를 남녀 모두에게 똑같이 적용했다는 것이다. 그것을 가장 극적으로 보여주었던 것이 간통죄에 대한 처벌이다. 간통을 저지른 경우 남자와 여자 모두 돌에 맞아 죽었다(Soustelle, 1962: 185). 법이 너무나 엄격해서 남녀, 지위 고하를 막론하고 이 죄를 저지를 사람은 극형을 피할 수 없었다. 이렇게 간통죄에 대해서 그 죄를 저지른 남녀 모두에게 동등하게 극형을 내렸던 것은 성적인 타락이 결국에는 가정을 파괴하고 나아가 공동체를 위험에 빠뜨릴 수 있다고 생각했기 때문이다.

그러나 이처럼 엄격했던 성 윤리도 제국 말기로 가면서 전쟁이 일상화되어가는 가운데 약화되었다. 아스테카인들은 전쟁에 참가하느라 아내들과 떨어져서 지내는 아스테카 전사들의 성적인 욕구를 충족시켜주어야 할 필요성을 인식하게 되었다. 그리하여 아스테카인들은 정복한 지역의 여성들을 포로로 잡아서 아스테카 전사들의 막사에 가둬놓고 그곳을 매음굴로 사용했다(Nash, 1978: 358). 아스테카 전사들이 정복한 지역들에서 터져 나왔던 가장 큰 불만들 중 하나가 바로 이처럼 정복당한 지역의 여성 포로들을 매춘부로 사용하는 것이었다. 게다가 국가가 관리하는 '즐거움의 집(House of Joy)'이 생겨나기까지 했다. '쾌락의 소녀들(pleasure girls)'이라고 불리는 이곳의 여성들은 "자신의 몸을 팔고 자신의 몸에서 즐거움을 찾는 악의 여성들"이었다(Sahagún, 1950-1982d: 55). 이처럼 아스테카 제국 말기로 가면서는 성 이데올로기가 변했고 여성의 섹슈얼리티도 재생산의 의미보다는 성적인 쾌락의 상징으로 변질되고 남성의 소유물로 전락해갔다. 그리고 남성과 여성 간에 적대감도 형성되기 시작했다. 거리에서 남자들이 여자들을 공격하기도 하고, 소녀들이 젊은 전사들에게 야유를 퍼붓거나 조롱을 하기도 했다. 그러한 조롱을 당한 청년들은 "여자들의 말은 너무 날카롭고 잔인하다"라고 말하곤 했다(Soustelle, 1962: 184).

5. 결론

아스테카 제국은 남성이 지배적인 사회이기는 했지만 그렇다고 여성이 완전히 종속적인 사회는 아니었다. 일반적으로 아스테카 여성들은 남성과 상호 의존적이면서도 독립적인 존재였다. 적어도 아스테카 사회에서는 남성과 여성의 일을 공적인 영역과 사적인 영역이라는 틀로 나누고 사적인 영역의 여성이 공적인 영역의 남성에게 종속적이었다고 주장하는 것은 그 시대에 대한 올바른 이해라고 할 수 없다. 우선 소위 사적인 영역이라고 하는 가정에서 이루어지는 '여성의 일'이 여성만의 일이 아니었으며, 공적인 영역도 남성만의 전유물이 아니었다. 그리고 사적인 영역인 가정과 공적인 영역인 외부 세계가 분리된 것이 아니라 서로 긴밀하게 상호 연관되어 있었고 서로 의존적이고 보완적이었다. 따라서 이러한 공적인 영역과 사적인 영역이라는 구분 자체가 큰 의미가 없으며 어느 한 쪽이 다른 한 쪽에 종속적인 관계도 아니다. 제국 후반으로 가면서 여성들이 고위직에서 배제되는 경향이 있었지만, 여성들도 남성들과 마찬가지로 정치영역, 경제영역, 종교영역 같은 공적인 영역에 적극적으로 참여했다. 아스테카 여성들은 흔히 남성의 전유물이라고 생각되었던 전쟁에도 참가하여 자신들의 목소리를 냈다.

아스테카 여성들이 독립적일 수 있었던 가장 큰 이유는 경제활동을 했을 뿐 아니라, 재산소유권과 상속권을 가지고 있었기 때문이다. 여성들은 남성들과 동등하게 부모에게서 재산을 물려받을 수 있는 상속권을 가지고 있었다. 결혼한 이후에도 한 가정의 재산이 남편의 것과 아내의 것으로 나뉘었으며, 아내는 자신의 재산을 남편과 같이 혹은 따로 관리하고 통제했다. 그리고 이혼 시에도 부부는 재산을 똑같이 나눠 가졌다. 여성들은 이러한 재산권과 상속권을 가지고 있었기 때문에 남편들로부터 독립적이고 자율적인 지위를 누릴 수 있었다.

그런데 이러한 아스테카 여성의 독립적인 지위는 계급에 따라 다를 수 있었다. 소위 말하는 가사는 보통 평민계급의 여성들이 담당했으며, 재산권과 상속권을 누릴 수 있었던 것도 어느 정도 토지와 집 등 물려줄 재산이 있는 귀족계급 여성에게 한정된 것이었다. 공적인 영역에 참여할 수 있었던 것도 소수의 귀족계급 여성들이었다. 평민계급의 여성들은 법적으로 상속권이 있다 하더라도 실질적으로 그 권리를 행사할 수 있는 물적 토대가 없었기 때문에 그러한 권리가 그들에게는 큰 의미가 없었다.

아스테카 여성들의 지위를 살펴볼 수 있는 또 다른 지표는 성 담론이다. 아스테카 제국에서는 성 담론도 남성과 여성 모두에게 평등하게 적용되었다. 예를 들어 결혼생활에서 부부의 의무에 관한 담론들을 보면, 아내가 남편에게 순종해야 한다는 것뿐 아니라 남편이 아내에게 순종하고 사랑해야 한다는 것도 가르쳤다. 그것이 부부의 가장 기본적인 의무였다. 그러므로 간통죄는 가장 큰 죄악이었다. 간통을 저지른 남자와 여자 모두에게 사형이라는 극형을 내렸던 것도 그러한 이유 때문이었다. 부부가 의무를 다하지 못했을 경우 자유롭게 이혼할 수 있었던 것도 이러한 맥락에서 이해할 수 있다. 성적으로 문제를 일으켰을 경우 여자만 피해를 보는 것이 아니었다. 성적인 절제도 여자에게만 강조한 것이 아니라 남자에게도 가장 중요한 덕목으로 가르쳤다. 성적인 범죄는 한 개인뿐 아니라 가족, 나아가 공동체에까지 피해를 입히는 중죄로 인식했다.

하지만 이러한 성 담론도 아스테카 제국 말기에 이르면서 변화해갔다. 따라서 아스테카 여성의 지위도 시기에 따라 변화했다고 할 수 있다. 제국 초기에 모계로 혈통이 이어지던 것이 점차 부계로 바뀌고 고위직에서도 여성이 배제되기 시작했다. 게다가 제국 말기에 이르면 아스테카 전사들의 성 윤리도 타락하여 성희롱이 생겨나는가 하면, 그들의 성적 욕구를 충족시켜주기 위한 매음굴도 생겨나고, 국가가 관장하는 '즐거움의 집' 같은 곳도 생겨났다.

이처럼 아스테카 제국에서 여성의 지위와 역할은 기본적으로 남성의 그것과 상호보완적이면서 독립적이었지만, 계급과 시기에 따라서 조금씩 다른 모습을 보였다. 그러므로 아스테카 여성들의 지위를 사적인 영역과 공적인 영역으로 나누어서 여성은 사적인 영역에, 남성은 공적인 영역에 한정시켜 놓고, 사적인 영역의 여성들이 공적인 영역의 남성들에게 종속적이라고 단언하는 것은 아스테카 사회의 실제 복잡 다양한 모습을 지나치게 단순화하는 것이라고 하겠다.

참고문헌

Anderson, Arthur J. O. 1997. "Aztec Wives." Susan Schroeder, Stephanie Wood, and Robert Haskett(eds.). *Indian Women of Early Mexico*. Norman and London.

Berdan, Frances F. and Patricia R. Anawalt(trans. and eds.). 1992a. *The Mendoza Codex*, vol.3. folio: Berkeley, 58r, 60r.

_____. 1992b. *The Mendoza Codex*, vol. 4.

Bray, Warwick. 1968. *Everyday Life of The Aztecs*. New York.

Brumfiel, Elizabeth M. 1996. "Asking about Aztec Gender: The Historical and Archaeological Evidence." Cecelia F. Klein(ed.). *Gender in Pre-Hispanic America*. Washington D. C.

_____. 2001. "Asking about Aztec Gender: The Historical and Archaeological Evidence." Cecelia F. Klein and Jeffrey Quilter(eds.). *Gender in Pre-Hispanic America: A Symposium at Dumbarton Oaks*. Washington D. C.

Brundage, B. C. 1979. *The Fifth Sun: Aztec Gods, Aztec World*. Austin.

Burkhart, Louise M. 1997. "Mexica Women on the Home Front: Housework and Religion in Aztec Mexico," Susan Schroeder, Stephanie Wood, and Robert Haskett(eds.). *Indian Women of Early Mexico*. Norman and London.

Carrasco, Davíd. 1998. *Daily Life of the Aztecs: People of the Sun and Earth*. Westport.

Cline, S. L. 1986. *Colonial Culhuacan, 1580-1600: A Social History of an Aztec Town*. Albuquerque.

Durán, Fray Diego. 1967. *Historia de las indias de Nueva Eapaña e Islas de Tierra Firme*. vol. 2, Angel María Garibay K.(ed.). México.

_____. 1995. *The History of the Indies of New Spain*. trans. by Doris Heyden, Norman.

Gibson, Charles. 1964. *The Aztec under Spanish Rule*. Stanford.

Gillespie, Susan D. 1989. *The Aztec Kings: The Construction of Rulership in Mexica*

History. Tucson.

Kellogg, Susan. 1986. "Aztec Inheritance in Sixteenth-Century Mexico City: Colonial Patterns, Prehispanic Influences." *Ethnohistory*, vol. 33, no. 3(summer).

_____. 1995. *Law and the Transformation of Aztec Culture, 1500-1700*. Norman and London.

_____. 1997. "From Parallel and Equivalent to Separate but Unequal: Tenochca Mexica Women, 1500-1700." Susan Schroeder, Stephanie Wood, and Robert Haskett(eds.). *Indian Women of Early Mexico*. Norman and London.

Klein, Cecilia F. 1982. "Woven Heaven, Tangled Earth: A Weaver's Paradigm of the Mesoamerican Cosmos." Anthony F. Aveni and Gary Urton(ed.). *Ethnoastronomy and Archaeoastronomy in the American Tropics*. New York, pp. 12~15.

McCafferty, Sharisse D. and Geoffrey G. McCafferty. 1988. "Powerful Women and the Myth of Male Dominance in Aztec Society." *Archaeological Review from Cambridge 7*, pp. 45~59.

Nash, June. 1978. "The Aztecs and the Ideology of Male Dominance" *Signs*, vol. 4, no. 2, pp. 349~362.

_____. 1980. "Aztec Women: The Transition from Status to Class in Empire and Colony." in Mona Etienne and Eleanor Leacock(ed.), *Women and Colonization: Anthropological Perspectives*. New York, pp. 134~148.

Rodríguez-Shadow, María J. 1991. *La Mujer Azteca*. México.

Quirarte, Josefina Lomelí. 1945. "La Condición social de la Mujer." *México Prehispánico, Antología* México.

_____. 1991. *Inga Clendinnen, Aztecs: An Interpretation*. New York.

Sahagún, Fray Bernardino de. 1950-1982a. *Florentine Codex: General History of the Things of New Spain*, vol. 4. Arthur J. O. Anderson and Charles E. Dibble(ed. and trans.). Santa Fe and Salt Lake City.

_____. 1950-1982b. *Florentine Codex: General History of the Things of New Spain*, vol. 5. Arthur J. O. Anderson and Charles E. Dibble(ed. and trans.). Santa

Fe and Salt Lake City.

_____. 1950-1982c. *Florentine Codex: General History of the Things of New Spain*, vol. 6. Arthur J. O. Anderson and Charles E. Dibble(ed. and trans.). Santa Fe and Salt Lake City.

_____. 1950-1982d. *Florentine Codex: General History of the Things of New Spain*, vol. 10. Arthur J. O. Anderson and Charles E. Dibble(ed. and trans.). Santa Fe and Salt Lake City.

_____. 1950-1982e. *Florentine Codex: General History of the Things of New Spain*, vol. 8. Arthur J. O. Anderson and Charles E. Dibble(ed. and trans.). Santa Fe and Salt Lake City.

Soustelle, Jacques. 1955. *The Daily Life of The Aztecs: on the Eve of the Spanish Conquest*. Patrick O'Brian(trans.). Paris.

_____. 1962. *The Daily Life of The Aztecs: On the Eve of the Spanish Conquest*. Patrick O'Brian(trans.). New York.

Stockett, Miranda K. 2005. Dec. "On the Importance of Difference: Re-Envisioning Sex and Gender in Ancient Mesoamerica." *World Archaeology*, vol. 37, no. 4, pp. 566~578.

Tezozomoc, Fernando Alvarado. 1975. *Crónica Mexicana*. Manuel Orozco y Berra (ed.). México.

Torquemada, Juan de. 1975. *Monarquía Indiana*. vol. 2. México.

Vaillant, George C. 1947. *Aztecs of Mexico*. New York.

Zorita, Alonso de. 1963. *Life and Labor in Ancient Mexico: The Brief and Summary Relation of the Lords of New Spain*. by Benjamin Keen(ed. and trans.). New Brunswick.

제2장

태양섬의 잉카 시조 신화와 통치 정당성*

우석균 서울대학교 라틴아메리카연구소 HK교수

1. 들어가면서

잉카 창건 시점에 대해서는 존 H. 로(John H. Rowe)가 주장한 서기 1,200년경 설이(Rowe, 1946: 198) 많이 언급된다. 하지만 이는 로가 잉카 시대의 역사적 사건들에 대한 정확한 연대를 측정하려고 노력한 대표적인 학자로 인정받은 덕분에 많이 인용되다 보니 그런 것이지 연구자들 사이에 완전히 합의가 이루어진 것은 아니다. 라이너 톰 쥬데머(Reiner Tom Zuidema) 같은 경우는 정복 이후 주로 스페인인들이 뒤늦게 기록한 것을 토대로 잉카 역사의 정확한 연대를 산출하려는 시도를 무의미한 것으로 볼 정도다. 잉카의 기원에 대한 여러 가지 이야기를 신화로 받아들여야 역사적 진실로 간주해서는 곤란하다는 것이다.[1]

---

* 이 글은 ≪이베로아메리카 연구≫ 24권 1호(2013)에 발표된 필자의 기존 논문을 총서의 취지에 맞게 수정·보완한 것이다.

잉카 창건 시점도 이렇듯 의견이 엇갈리는 판이니 잉카 시조 신화 역시 이설이 많고, 이 중에서 어느 것이 역사적 진실인지 밝히는 것은 사실상 불가능하다. 다만 크게 파카릭탐보(Pacariqtambo) 기원설과 티티카카(Titicaca) 기원설로 대별되고, 파카릭탐보설이 역사적 진실과 좀 더 가까우리라는 것이 정설이다. 그럼에도 불구하고 티티카카설이 오히려 더 많이 확산되어 있다. 이는 티티카카 호수의 자연조건도 영향을 끼쳤을 것이다. 제주도의 4배에 달하는 엄청난 크기의 호수이고 일대가 다 고원지대라 하늘이 넓게 보이는데다가 하늘과 맞닿아 있는 듯한 느낌을 주고, 그 때문에 태양신 숭배를 비롯한 하늘 숭배 신앙이 일찍부터 존재했다. 하지만 티티카카 기원설은 잉카 군주들이 티티카카 일대의 통치 정당성 확보 차원에서 조장한 측면도 있다. 나아가 9대 군주 파차쿠텍(Pachacútec)은 티티카카 기원설을 군주를 신격화시키는 종교개혁에 이용하여 지배를 정당화시키기도 했다.

잉카 시조 신화를 다룰 이 글은 먼저 2절에서 두 가지 기원설에 대해, 3절에서는 두 가지 기원설의 혼합설에 대해 소개할 것이다. 그리고 4절과 5절에서는 티티카카 기원설을 통치 정당성 확보를 위해 어떻게 사용했는지 분석하고자 한다.

---

1) 로의 시도를 역사주의, 쥬데머의 관점을 구조주의라 부른다. 이 두 관점은 잉카 연구에서 상반된 주요 입장으로 오랫동안 논쟁이 있었다. 이에 대해서는 Burga (2005: 127~140)와 McEwan(2006: 195~201)을 참조하라.

⟨그림 2-1⟩ 쿠스코, 파카릭탐보와 티티카카 호수의 위치

회색 부분이 티티카카 호수이다.
자료: Urton(2004: 15).

2. 두 종류의 잉카 시조 신화

잉카 시조 신화는 크게 두 가지 종류가 있다. 첫 번째 신화는 쿠스코에서 직선거리로 26km 떨어져 있는 파카릭탐보의 탐부토코(Tambotoco) 언덕에 있는 세 개의 혈(穴)에서 세 집단이 출현했고, 이 중에서 가운데 혈에서 출현한 네 명의 아야르(Ayar) 형제와 네 명의 여인 주도로 이주를 시작하여 쿠스코에 정착해 잉카 문명을 창건하는 데 결정적인 역할을 했다는 것을 주요 내용으로 하고 있다. 이 여인들은 아야르 형제와 남매 간이라고도 하고 각각의 부인이라고도 한다. 아야르 망코는 이후 망코

카팍(Manco Cápac)[2]으로 불리고, 그의 부인 이름은 마마 오크요(Mama Ocllo)이다. 두 번째 신화는 태양신이 남매이자 부부인 망코 카팍과 마마 오크요를 창조하여 페루와 볼리비아에 걸쳐 있는 티티카카 호수로 내려 보냈고, 이들이 북쪽으로 수백 km를 이동하여 쿠스코(Cusco)에 정착했다는 것을 주요 내용으로 하고 있다.

그렇지만 전 세계의 수많은 시조 신화들이 그렇듯, 잉카 시조 신화에도 수많은 이설이 있다. 파카릭탐보설의 경우 등장인물이 8명이나 되다 보니 각자의 이름, 역할, 위상 등이 무수히 엇갈린다. 엔리케 우르바노(Henrique Urbano)에 따르면 1542년에서 1653년 사이에 기록된 것만 해도 40여 종류라고 한다(Urton, 2004: 29 재인용). 가령 아야르 망코와 마마 오크요가 아니라 아야르 망코와 아야르 아우카 두 형제가 핵심인물로 등장하는 설이 파카릭탐보설에서 대표적인 이설이다. 티티카카설도 망코 카팍과 마마 오크요가 하늘에서 내려왔다는 부류의 이야기들과 바위 혈(穴)을 통해 지상으로 나왔다는 부류의 이야기들로 대별된다.

그렇다면 파카릭탐보설과 티티카카설 중에서 어느 것이 역사적 진실일까? 확실한 것은 티티카카설은 신빙성이 현격히 떨어진다는 점이다. 이를 입증할 만한 고고학적 증거가 사실상 존재하지 않기 때문이다.

---

2) '카팍'은 '권능을 지닌 사람(el poderoso)' 혹은 '풍요로운 사람(el rico)'이라는 뜻이다. 풍요롭다고 해서 단지 물질적 부를 지닌 사람을 지칭하는 것이 아니라 덕이 넘치는 사람을 가리킨다. '망코 카팍'은 또한 '망코 잉카(Manco Inca)'로도 불린다. 잉카인들은 자신의 나라를 타완틴수유(Tawantinsuyu)라고 불렀다. '잉카'는 좁게는 타완틴수유의 군주, 넓게는 왕족을 뜻한다. 심지어 왕족을 배출한 파나카(panaca) 전체를 가리킬 때도 있다. 원래 혈연 공동체를 뜻하던 아이유(ayllu) 중에서 군주를 배출한 아이유가 파나카이다. '잉카'와 '카팍'은 타완틴수유의 군주 이름에 자주 등장한다.

〈그림 2-2〉 오늘날의 파카릭탐보 마을과 탐보토코

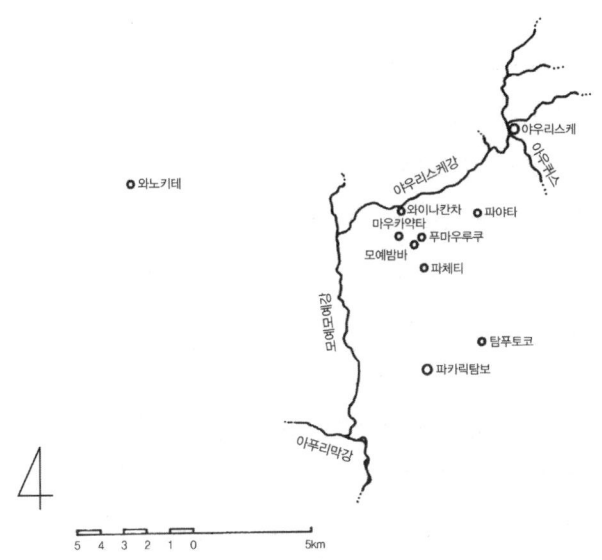

어튼은 이 두 장소가 아니라 좀 더 북쪽에 위치한 마우카약타와 푸마우르쿠가 잉카 시대의 파카릭탐보와 탐보토코라고 보고 있다.
자료: Urton(2004: 43).

비록 잉카 가르실라소(Inca Garcilaso)는 『잉카 왕실사(Comentarios Reales de los Incas)』(1609)에서 3대 군주 요케 유팡키(Lloque Yupanqui) 때부터 잉카인들이 티티카카 일대를 복속시켰다고 말하지만(Garcilaso de la Vega, 1995: 112~114), 티티카카 일대의 잉카 건축물들은 15, 16세기의 것이다. 그래서 잉카인들이 제8대 군주인 비라코차(Viracocha) 때부터 티티카카 일대를 넘보기 시작해, 9대 파차쿠텍 잉카 유팡키(Pachacútec Inca Yupanqui)와 10대 투팍 잉카 유팡키(Túpac Inca Yupanqui)를 거치면서 이 지역의 통치를 확고히 했다는 주장이(Mesa et al., 2005: 58~61) 훨씬 더 설득력 있다. 잉카 시조들이 티티카카를 떠나 쿠스코에 정착했다가 후대에 다시 티티카카를 정복한 것이 아니라면 티티카카설은 전혀 설득력이 없는 것이다.

그렇다고 파카릭탐보설이 훨씬 더 신빙성 있는 것은 아니다. 파카릭탐보설의 주요 연구자인 게리 어튼은 현재 쿠스코에서 남쪽으로 직선거리로 26km 정도 떨어진 파카릭탐보 마을을 비롯해 인근의 마우카야타(Maukallaqta), 푸마우르쿠(Pumaurqu), 탐보토코3) 유적지들을 조사한 끝에 오늘날의 파카릭탐보 마을은 1571년 만들어졌으며, 잉카 시대에는 마우카야타와 푸마우르쿠가 각각 파카릭탐보설 속의 파카릭탐보와 탐보토코와 흡사하다고 말한다(Urton, 2004: 44~50). 어튼은 파카릭탐보 마을의 유지인 로드리고 수틱 카야피냐(Rodrigo Sutiq Callapiña)가 자신이 망코 카팍의 후손이라는 증언을 1569년에 한 적이 있다는 내용을 담고 있는 1718년 서류도 발굴한다. 그리고 그와 마을 사람들 몇 사람이 페드로 사르미엔토 데 감보아(Pedro Sarmiento de Gamboa)가 톨레도(Francisco de Toledo) 부왕의 명으로 『잉카 역사(Historia de los Incas)』(1572)4)를 집필할 때 정보 제공자로 참여했다는 점도 밝힌다(Urton, 2004: 13). 아마도 이들은 사르미엔토 데 감보아에게 자신들이 망코 카팍의 후손으로 대대로 그 마을에 살았다는 이야기를 되풀이했을 것이다. 하지만 어튼은 사르미엔토 데 감보아 이전의 그 어떠한 기록에도 파카릭탐보라는 지명이 언급되지 않는다는 점도 지적한다(Urton, 2004: 13). 로드리고 수틱 카야피냐의 증언도 고작해야 사르미엔토 데 감보아의 『잉카 역사』 집필 몇 년 전 일이고, 그나마 1718년 서류에 담겨 있으니 『잉카 역사』가 잉카의 발상지를 구체적으로 지목한 가장 오랜 현존기록인 셈이다.

---

3) 게리 어튼은 탐푸토코(Tamputoco)로 표기함.

4) 사실 사르미엔토 데 감보아는 책 제목을 『인도 역사(Historia Ídica)』라고 붙였는데 현재는 『잉카 역사(Historia de los Incas)』로 통용되고 있다.

그래서 어튼은 사르미엔토 데 감보아가 이 책을 쓸 무렵에 현재의 파카릭탐보가 잉카의 발상지로 둔갑했을 가능성을 배제하지 않는다. 잉카의 발상지를 최초로 확인한 사람이 되고 싶었던 사르미엔토 데 감보아의 명예욕과 망코 카팍의 후예임을 내세워 식민 질서 속에서도 일말의 특혜를 누리고자 했던 원주민들의 이해관계가 맞아떨어졌다는 것이 어튼의 추측이었다(Urton, 2004: 44~50). 하지만 그는 파카릭탐보설이 완전히 날조된 것이라고 보지는 않는다. 파카릭탐보가 1571년 이전에 어딘가에 실제로 존재했을 가능성보다는 그저 신화 속의 지명이었을 가능성에 더 무게를 두기는 하지만, 잉카의 시조들이 쿠스코 가까운 곳에서 이동한 것은 사실이라고 본다. 그리고 정복 이전부터 자신들의 거주지를 잉카의 발상지로 믿었던 쿠스코 인근 주민들 중에서 현재의 파카릭탐보를 잉카의 발상지라고 주장한 집단이 나왔으리라는 것이다(Urton, 2004: 147~150).

3. 혼합설과 태양섬

파카릭탐보설도 티티카카설도 확실한 증거는 없는 셈이다. 하지만 학계에서는 잉카 시조들이 쿠스코 인근에서 왔을 개연성을 훨씬 더 타당하게 받아들인다. 그럼에도 티티카카설은 끈질기게 생명력을 이어왔으며, 심지어 더 선호되는 경향이 있다. 여기에는 여러 가지 원인이 작용한 것 같다. 첫째, 뒤에서 상세히 다루겠지만 페루 중부 안데스에서부터 볼리비아 안데스를 통틀어 최초의 문명인 티와나쿠(Tiwanaku) 문명이[5]

---

5) 티와나쿠 문명은 페루 중부 안데스에서 볼리비아 안데스에 이르는 지역에서는 최초의 문명이다. 안데스 지역에서, 나아가 남미에서 가장 오래된 문명으로는

태양을 숭배한 흔적이 있고 잉카에도 어느 정도 영향을 끼쳤다는 점이 잉카의 티티카카 기원설 확산을 조장했다. 둘째, 파카릭탐보는 특별한 매력이 없는 작은 마을에 불과하고 접근 가능성도 떨어진다. 그래서 항상 중요한 지역이었고 성스러운 분위기마저 감도는 티티카카 호수가 잉카의 발상지로 더 어울린다는 비합리적인 생각이 개입된 측면도 있다. 셋째, 파카릭탐보가 쿠스코에서 너무 가깝다는 점이 오히려 호소력을 경감시킨 측면이 있는 듯하다. 전 세계의 수많은 시조 신화가 그렇듯이, 잉카의 시조들도 인간 세계를 구원하러 온 문화 영웅으로 설정되어 있다. 그리고 신화 속 영웅들은 곧잘 먼 길을 떠나고, 그 길은 고난의 길이 되어야 한다(캠벨, 1992: 246). 직선거리로 쿠스코에서 26km밖에 되지 않는 파카릭탐보는 고난의 여정을 운운하기에는 너무나 가까운 거리이

기원전 900~200년 사이의 차빈(Chavín) 문명을 꼽아왔다. 전성기에는 페루 북부 안데스를 거점으로 해서 해안지대까지 다스렸다고 한다. 하지만 리마 북쪽 200km 지점에서 발견된 유적지 연구를 통해 남미 최초의 문명은 5,000년 전까지 거슬러 올라간다는 주장이 1990년대 말부터 대두되었다. 이 주장대로라면 메소아메리카 문명보다 오래 된 것이고, 소위 인류 최초의 4대 문명의 기원과 시기적으로 비슷하다. 이에 대해서는 Shady Solís(2005)를 참조하라. 현재로서는 티와나쿠 문명이 카랄과 차빈의 영향을 직접 받았다고 보지는 않는다. 티와나쿠 문명의 주요 유적지는 라파스에서 약 45km 떨어진 곳에 있으며, 티티카카 호수가 지척이다. 이 문명의 기원, 발전, 멸망 등에 대해서는 이설이 많지만, 티와나쿠 연구에 평생을 바친 카를로스 폰세 산히네스(Carlos Ponce Sanginés)에 따르면 기원전 16세기에 티티카카 일대에 촌락이 형성되고, 오늘날 남은 유적지를 중심으로 BC 2~AD 2세기 사이에 국가로 성장했으며, 4~8세기 사이에는 티티카카 호수 일대를 장악하고, 그 이후에는 제국으로 부를 수 있을 정도로 번영을 누리다가 12세기 말에 멸망했다(Ponce Sanginés, 2002: 49). 전성기 때는 페루 남부 안데스와 볼리비아 여러 지역으로 팽창하여 그 영토가 고대 이집트와 맞먹는 27만 5,000~60만km^2에 달했을 것으로 추정된다(Ponce Sanginés, 2002: 116).

다. 아마도 이런 측면 때문에 파카릭탐보설과 티티카카설이 혼합된 신화가 생겨난 듯하다. 다음은 『잉카 왕실사』에 등장하는 혼합설로 잉카 가르실라소가 친척 어른에게 들은 이야기를 적은 것이다.

    우리 아버지 태양께서는 이런 영(令)과 함께 두 자식을 이곳에서 80레구아[6] 떨어진 티티카카 호수로 내려 보냈단다. 그리고 그들에게 어느 곳이든 원하는 곳으로 가고, 마음 내키는 곳에 멈추어 먹고 잘 것이며, 증거이자 징표로 내린 1/2바라[7] 길이와 손가락 두 배 굵기의 황금 막대를 땅에 꽂아 보라고 했다. 단번에 땅에 꽂히는 곳이 바로 그들이 정착하여 조정(朝廷)을 꾸릴 곳이라는 것이었다. ……
    우리 아버지 태양께서는 두 자식에게 이렇게 자신의 뜻을 천명하시고는, 그들을 떠나보내셨단다. 그들은 티티카카에서 출발해 북쪽으로 길을 갔지. 길을 가는 내내 멈추는 곳마다 황금 막대를 땅에 꽂으려고 했지만, 결코 꽂히지 않았단다. 그리하여 어느 객주 혹은 조그만 방에 들게 되었는데, 이 도시〔쿠스코〕 남쪽으로 약 7~8레구아 떨어진 곳으로 오늘날에는 파카릭탐보〔'동이 트는 객사(客舍 혹은 잠자리'라는 의미)라고 부르는 곳이지. 동이 틀 무렵에 그 객사에서 나왔기 때문에 잉카께서 그렇게 이름을 붙이셨단다. 파카릭탐보는 군주께서 후에 마을을 세우라고 명한 여러 마을 중 하나로, 오늘날 그곳 주민들은 그 이름을 대단히 자랑스럽게 생각하는데, 우리의 잉카께서 붙인 이름이기 때문이란다.
    그와 우리의 왕비이신 부인께서는 그곳으로부터 이 쿠스코 계곡에 당도하셨는데, 당시에는 전체가 험한 산으로 이루어져 있었단다(Garcilaso de

---

6) 레구아(legua). 약 5.5km.
7) 바라(vara). 76.8~91.2cm.

<그림 2-3> 성스러운 바위의 혈

필자 사진자료.

la Vega, 1995: 41~42).[8]

잉카 가르실라소는 이 대목에서 티티카카 호수의 어느 장소에서 잉카 시조가 출현한 것인지는 말하고 있지 않다. 그러나 나중에 티티카카에 얽힌 신화, 태양섬(Isla del Sol), 이 섬에 있었다고 전해지는 태양의 신전 등에 대해서 자세히 소개하면서(Garcilaso de la Vega, 1995: 199~202) 오늘날 볼리비아 영토인 태양섬이 잉카의 시조들이 출현했다는 신화가 얽혀 있는 장소임을 언급한다.

실제로 태양섬 북쪽에는 잉카의 시조 망코 카팍과 마마 오크요가 출현했다는 신화가 깃든 '성스러운 바위(Roca Sagrada)'가 존재한다. 이 바위의 혈에서 잉카의 시조들이 출현했다는 것이다. 티티카카 일대에 많이 거주

---

[8] 번역은 우석균·강성식의 미출간 『잉카 왕실사』의 것임.

<그림 2-4> 티티카카 호수의 태양섬, 달섬, 코파카바나 위치

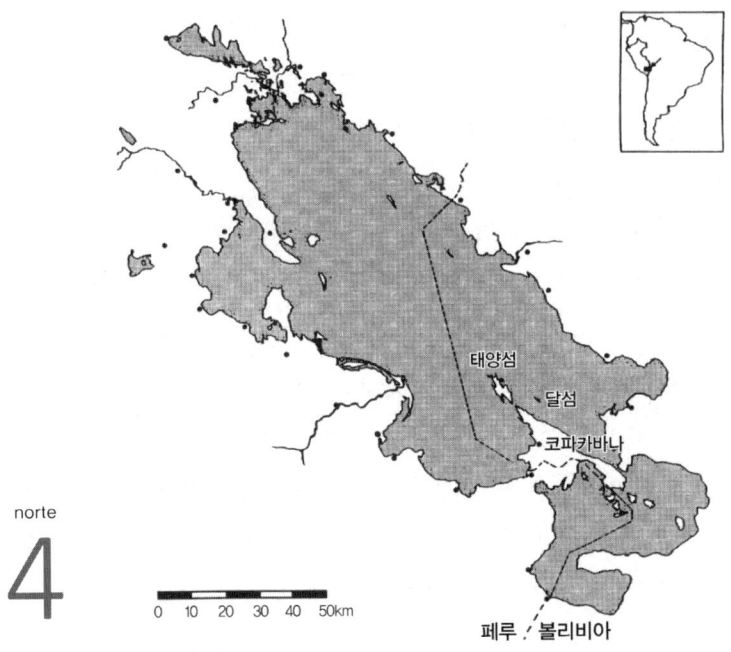

주: 점선 오른쪽이 볼리비아, 왼쪽이 페루 영토이다.
자료: Bauer and Stanish(2003: 39).

하는 아이마라인들은 이 바위를 '퓨마 바위'라는 뜻을 지닌 '티티카카'라고도 불렀다(Milligan, 2001: 60). 티티카카 호수의 명칭이 이 바위에서 유래한 셈이다. 다만 성스러운 바위에 대한 이러한 이야기는 위의 인용문과 정확히 일치하지는 않는다. 우선 잉카 가르실라소기 잉가의 시조들이 하늘에서 내려왔다고 말하고 있다는 점에서 차이가 난다. 하지만 티티카카설도 잉카의 시조들이 하늘에서 내려왔다는 종류의 이야기와 이처럼 혈에서 나왔다는 이야기 두 종류로 대별되기 때문에 심각한 불일치라고 볼 수는 없다. 또 다른 차이는 잉카 가르실라소는 '티티카카'가 '납으로 된 산맥'이라는 뜻이라고 말한다는 점이다(Garcilaso de la Vega, 1995: 199).

하지만 잉카인들과 아이마라인들의 언어가 각각 케추아어와 아이마라어이기 때문에 어원의 차이도 그러려니 받아들일 수 있는 상황이다.

아무튼 잉카인들은 태양섬에 태양의 신전(Templo del Sol)을 만들었다고 전해진다. 섬 북쪽의 몇몇 유적지가 태양의 신전터로 거론된다. 카사파타(Kasapata) 유적을 신전터로 지목하는 의견도 있고, 성스러운 바위 지척에 있는 친카나(Chincana)를 비롯한 일련의 유적지를 지목하는 의견도 있다(Bauer and Stanish, 2003: 210~211). 문제는 태양의 신전이라고 볼만한 확실한 고고학적 증거가 나온 유적은 없다는 점이다. 반면, 태양의 신전의 존재를 언급하는 역사적 기록은 많다. 1548년 티티카카 일대를 돌아본 시에사 데 레온이 그의 저서 『페루 연대기』(1553)에서 잉카인들이 아주 중요하게 여기고 금은보화가 넘쳐났다는 태양의 신전이 티티카카 호수에 존재했다는 기록을 남긴 이래(Cieza de León, 1995: 280~281) 이와 유사한 기록이 수없이 되풀이되고 있다. 심지어 잉카 가르실라소는 태양섬의 태양의 신전이 쿠스코의 태양의 신전 코리칸차(Coricancha)에 비견될 정도로 잉카인들에 아주 중요한 신전이었다고 말한다(Garcilaso de la Vega, 1995: 202). 하지만 오늘날 태양섬의 유적들을 보면 규모가 큰 신전의 흔적은 없다는 점이 문제이다. 또한 스페인인들이 태양섬에서 태양의 신전을 보고 그 규모나 화려함에 놀랐다거나 이를 약탈, 파괴했다는 구체적인 기록도 남아 있지 않다. 가령 바우어와 스태니시는 프란시스코 피사로(Francisco Pizarro)가 쿠스코를 장악한 후 정찰을 위해 파견한 두 사람의 스페인인이 돌아와 태양섬에 신전이 있고, 사람들이 신전에 금은보화를 바치고, 600명 이상의 인원이 신전에서 일한다고 보고했다는 기록에 대해서도 직접 방문해서 얻은 목격담이 아니라는 결론을 내린다(Bauer and Stanish, 2003: 72). 위에 언급한 시에사 데 레온의 기록에도 의문을 표한다. 시에사 데 레온의 『페루 연대기』의 두드러진 특징이 생생하고 자세한 묘사인데, 태양섬과 태양의 신전이 있다고 서술하면서도 이에 대한 구체적인 묘사가 전혀 없는 것으로 미루어볼 때 직접 방문했다고 보기 힘들다는 것이다(Bauer and Stanish, 2003: 75). 이런 이유로해서 태양의 신전이 태양섬에 진짜로 존재하기나 한 것인지, 그것이 사실이라 해도 신전의 규모, 호화로움, 중요성 등이 과장된 것은 아닌지 하는 의혹이 제기되어왔다.

4. 잉카의 팽창과 통치 정당성 확보의 필요성

태양의 신전의 존재 자체나 규모에 대한 의구심에도 불구하고 잉카 시대에 태양섬은 물론 인근의 달섬(Isla de la Luna)까지도 아주 중요한 장소였던 것은 틀림없는 사실로 보아야 할 것 같다. 특히 달섬에 관해서는 주목할 만한 가치가 있는 기록이 있다. 페드로 피사로(Pedro Pizarro)의 『페루 여러 왕국의 발견과 정복 보고서(Relación del descubrimiento y conquista de los reinos del Perú)』(1571)에 상반신은 금으로 되어 있고 하반신은 은으로 되어 있는 실물 크기의 여인상이 달섬에서 운반되어 카하마르카에 머물고 있던 스페인인들에게 아타왈파(Atahualpa)의 몸값 일부로 넘겨졌다는 기록이다(Bauer and Stanish, 2003: 123~124 재인용). 그렇다면 태양섬의 금은보화 역시 스페인인들이 수색하기 전에 이미 아타왈파의 몸값으로 사용되었을 가능성이 존재한다. 그렇다 해도 수색대가 태양의 신전에 대한 구체적인 기록을 남기지 않았다는 것은 여전히 의문이지만 말이다.

태양섬과 달섬의 중요성에 대해서는 티티카카 지역에 대한 가장 중요한 식민지 시대 기록을 남긴 인물로 꼽히는 알론소 라모스 가빌란(Alonso

Ramos Gavilán)과 베르나베 코보(Bernabé Cobo)[9])의 기록도 남아 있다고 한다. 이들은 태양섬과 달섬이 잉카 시대 때에 세 번째로 중요한 성소였다고 주장한다(Bauer and Stanish, 2003: 26~27). 태양섬과 달섬을 세 번째로 꼽은 것은 쿠스코의 코리칸차와 리마 인근의 파차카막(Pachacámac) 다음 가는 성지라는 뜻이다. 그리고 바로 파차카막 숭배야말로 태양섬과 달섬이 잉카 시대에 중요한 섬이었고 태양섬에 실제로 태양의 신전이 있었으리라는 중요한 단서가 될 수 있다.

파차카막은 리마에서 약 31km 남쪽 바닷가에 위치해 있다. 일종의 오아시스 지대라서 서기 2세기부터 1533년 스페인인들에 의해 약탈, 파괴될 때까지 계속해서 중요한 주거지였다.[10] 전체가 다 모래사막인 페루 해안에서 파차카막 일대는 문명이 발생할 수 있을 만한 곳이었다. 중부 해안지대 전체를 놓고 보아도 거주 조건이 좋은 편에 속했기 때문이다. 그래서 파차카막은 일찍부터 중요한 경제적·군사적 요지로 성장했다. 케추아어가 파차카막에서 사용된 언어인데 이를 잉카인들이 제국의 공용어로 삼았다는 설이 있을 정도이며, 이 도시와 동명의 신인 파차카막은 페루 중부 해안에서 대단히 중요한 신으로 이름을 떨쳤다(Rostworowski

---

[9] 페루 와망가(Huamanga, 오늘날의 아야쿠초) 출신인 라모스 가빌란은 1618년에 태양섬과 1km 거리인 코파카바나 반도의 중심지 코파카바나에 왔으며, 1621년 『코파카바나의 누에스트라 세뇨라 성전 이야기(Historia del Santuario de Nuestra Señora de Copacabana)』를 발간했다. 코보는 1616년 티티카카 일대에 와서, 적어도 스페인인들이 달섬의 황금을 다시 찾아 나선 이듬해까지는 호수 일대에 머물렀다. 그리고 1653년 『신세계 역사(Historia del Nuevo Mundo)』를 발간했다. 두 사람 모두 태양섬을 방문한 적이 있으나 이에 대한 코보의 기록은 라모스 가빌란이 남긴 기록을 상당 부분 그대로 수용했다고 한다(Bauer and Stanish, 2003: 64).

[10] 파차카막 문명에 대해서는 파차카막 박물관의 웹사이트(http://pachacamac.peru cultural.org.pe/)를 참조했다.

de Diez Canseco, 1988: 42~43). 스페인인들은 카하마르카에서 아타왈파를 생포한 후 파차카막의 엄청난 부에 대해서 듣고 급히 부대를 파견했다. 그리고 그곳에서 실제로 엄청난 규모의 신전을 발견했고 상당한 양의 금은보화를 얻었다(Cieza de León, 1995: 213~215).

이와 관련해 주목할 만한 점은 잉카인들이 파차카막을 정복한 뒤에도 파차카막 신에 대한 숭배를 없애지 않았다는 점이다. 다만 태양의 신전을 세우게 했을 뿐이다. 이에 대해 잉카 가르실라소는 파차카막 신앙이 잉카인들에게서 유래했기 때문이라고 주장한다(Garcilaso de la Vega, 1995: 392~393). 즉, 원래 잉카인들이 믿었던 신이기 때문에 굳이 근절할 필요가 없었다는 것이다. 하지만 앞서 언급했듯이 파차카막 신앙은 잉카인들이 출현하기 훨씬 이전부터 존재했으며 파차카막 신은 파차카막 일대의 지역신이었다. 그러다가 서기 650년경 페루 중남부 안데스의 와리(Wari) 인들이 파차카막을 점령했을 때 안데스에도 전파된 것으로 추정된다.[11] 따라서 잉카 가르실라소의 주장은 그 특유의 잉카중심주의에서 비롯된 것이라고 볼 수 있다. 그렇다면 잉카 시대에도 파차카막이 여전히 중요한 신으로 남아 있을 수 있었던 이유는 무엇일까? 무엇보다도 잉카가 종교에 관한 한 관용적이었기 때문에 가능한 일이었다. 태양 숭배와 같은 국가 차원의 공식종교가 존재했지만, 공식종교를 거부하지만 않는다면 지역신 숭배와의 공존도 허용했다(McEwan, 2006: 137). 그리고 이런 원칙은 피정복민에게도 동일하게 적용되었다. 특히 잉카인들은 파차카막을 정복한 뒤에 태양의 신전만 세운 것이 아니라 파차카막 신전을 새로 단장하고 규모도 키웠다고 한다. 파차카막 신은 대지모신이지만 해안지대에서는 조물주의 지위를 부여받고 있었다는 점에서 안데스 고지대의

---

11) 와리 문명에 대해서는 González Carré et al.(1997: 57~111)을 참조하라.

비라코차 신(워라코차라고도 부름)과 성격이 겹친다는 점을 감안하면 이례적인 결정이었다(McEwan, 2006: 147). 물론 '조물주'라는 개념이 지극히 서구적 시각의 산물이라 안데스의 종교체계를 설명하기 적합하지 않은 면도 있지만, 어쨌든 잉카의 신이 아니었던 파차카막이 잉카에서 때로는 태양신보다 우위에 있는 신으로 여겨지던 비라코차와 대등한 지위를 부여받았다는 것은 분명히 놀라운 일이다. 이는 잉카가 종교적 관용을 넘어 해안지대의 통치 정당성 확보를 위해 파차카막 숭배를 이용했기에 가능한 일이었다.

태양섬과 달섬의 성지화도 마찬가지로 통치 정당성 확보를 위한 방편이었을 가능성이 농후하다. 이 두 섬은 경제적·정치적·군사적으로 특별한 가치가 없었다. 당시 이 지역의 강자였던 코야인(los collas)들과 루파카인(los lupacas)들의 중심지는 각각 아툰코야(Hatun Colla)와 추쿠이토(Chucuito)였다. 따라서 잉카인들 입장에서는 태양섬과 달섬보다는 이 두 지역이 현실적으로 훨씬 더 중요했다. 그런데도 불구하고 잉카인들은 두 섬에 많은 건물을 지었고, 태양섬의 경우 도로정비에도 힘을 기울였다. 그 때문에 잉카 군주들, 특히 투팍 잉카 유팡키와 연관된 수많은 전설이 태양섬과 관련해서 생겨났다. 스페인인들이 두 섬에 탐험대를 여러 차례 파견할 정도로 성지로서의 명성이 높았던 이유는 태양섬과 달섬은 물론 호수가의 코파카바나라는 곳이 잉카인들이 지배하기 훨씬 전부터 성스러운 장소로 여겨져 순례 행렬이 끊이지 않은 곳이었기 때문이다. 특히 코파카바나는 심지어 식민지 시대에도 가톨릭 신앙과 결합되어 안데스 남부에서 가장 중요한 종교 중심지로 떠올랐을 정도로 지역 주민들에게는 의미심장한 곳이었다고 한다(Bauer and Stanish, 2003: 76). 즉, 잉카인들 입장에서 코파카바나는 파차카막 사례처럼 피정복민의 종교를 전유하여 통치기반을 확고히 하는 데 좋은 재료였을 것이다. 가령, '티티카카'라는 이름의 기원이 된 퓨마 바위, 즉 성스러운 바위는 티와나쿠 전성기인 서기 400~1,100년 사이 어느 순간부터 티티카카 일대에서 널리 숭배되기 시작했다(Bauer and Stanish, 2003: 178). 따라서 잉카가 통치 정당성 확보를 위해 태양섬에 태양의 신전을 건축했을 가능성은 충분하다. 그리고 태양의 신전이 있었다면 잉카 시조 신화에 부합되는 혈이 있는 성스러운 바위 주변에 있었을 가능성이 가장 크다. 성스러운 바위 근처의 티카니(Tikani) 봉 능선에 두 개의 구조물 흔적이 있고, 6월 동지 때 태양이 이 구조물 사이로 정확히 진다는 점도(Bauer and Stanish, 2003: 246~247) 이 가능성을 뒷받침한다. 일출을 상징하는 성스러운 바위 앞에 비교적 넓게 펼쳐진 평지에서 일몰을 보며 거행하는 태양숭배의식은 성스러운 바위숭배를 전유하여 태양숭배로 전환시킴으로써 티티카카 통치의 정당성을 확보하는 데 유효한 수단이 되었을 것이다.12) 앞서 소개한 『잉카 왕실사』의 혼합설에 대한 잉카 가르실라소의 해석도 이를 뒷받침하고 있다. 그는 그 일대 원주민들이 티티카카 호수와 태양섬을 성스러운 장소로 여기는 것을 본 망코 카팍이 이 혼합설을 만들어냈다고 말한다

---

12) 달섬에는 이냑 우유(Iñak Uyu)라는 신전이 있다. 아이마라어로 '이냑'은 '여인들(mujeres)'을 '우유'는 '울타리(cerco)'를 의미한다. 이 신전은 달 숭배와 관련이 있으며, 태양과 달을 모시기 위해 특별히 간택된 처녀들의 처소이기도 했다. 흥미로운 점은 가운데 광장을 둘러싸고 3면에 건물이 들어선 U자형 건축이 잉카 건축에는 아주 드문데, 쿠스코 남쪽에 위치해 있으며 파카릭탐보 기원설의 무대로 지목되는 마우카야타 유적이 이런 형태를 보이고 있다는 점이다(Bauer and Stanish, 2003: 154). 그렇다면 잉카인들이 태양섬의 '성스러운 바위'로 티티카카 기원설을 조작해낸 반면, 달섬의 이냑 우유를 통해서는 진짜 그들의 기원이었던 파카릭탐보를 기렸다는 가설도 성립된다. 그러나 이냑 우유가 마추픽추를 제외하면 가장 보존 상태가 좋다는 잉카 시대 신전임에도 불구하고 그 같은 가설을 입증할 만한 증거를 찾아내기 어려울 정도로 훼손되어 있고 규모도 보잘 것 없다.

〈그림 2-6〉 티와나쿠 유적지의 태양의 문

필자 사진자료.

(Garcilaso de la Vega, 1995: 200). 망코 카팍 때 이미 티티카카 일대에 대한 통치 정당성 확보 문제를 생각했다는 주장은 받아들일 수 없지만, 현지인들의 신앙과 잉카 시조 신화를 결합시키려 했다는 주장은 후대의 잉카 군주들이 실제로 시도한 것으로 추정할 수 있다.

5. 태양섬과 잉카의 종교개혁

잉카의 태양숭배는 티티카카 일대의 피지배자에게는 낯선 것이 아니었기 때문에 잉카에게 정복당한 지역 주민 입장에서도 크게 거부감을 느끼지는 않았을 것이다. 앞서 잠시 언급한 것처럼 이미 티와나쿠 문명이 태양을 대단히 중요한 신으로 여겼다. 티와나쿠 문명이 남긴 대표적인 유물인 태양의 문(La Puerta del Sol)에 그 자취가 뚜렷이 남아 있다. 현재 볼리비아의 티와나쿠 유적지에 있으며, 1794년 발견된 태양의 문은 춘분이나 추분 때 태양이 떠오르면 최초의 빛이 상인방(上引枋) 바로 아래를 통과하도록 배치되어 있다. 그리고 상인방 가운데 새겨진 인물 부조는 마치 햇살이 퍼져나가는 형상을 하고 있어서 태양신의 모습이라는 것을 쉽게 유추해낼 수 있다. 그리고 폰세 산히네스는 양손에 지배자의 홀을 들고 있다는 점을 들어 태양신인 동시에 티와나쿠의 군주를 형상화한 것이라고 말한다(Ponce Sanginés, 2002: 110). 이는 티와나쿠가 잉카처럼 태양신과 군주를 동일시하는 신정일치 사회였을 수도 있다는 것을 시사한다.

그런데 의미심장한 점은 이 군주 - 태양이 일반적으로 투누파(Tunupa)로 통했다는 점이다. 투누파는 티와나쿠 문명과 그 이후 티티카카 일대의 코야인(오늘날의 아이마라인들의 선조)들 사이에서 최고의 신성 중 하나였다(Mesa et al., 2005: 25). 앞서 언급한 비라코차의 지위를 지닌 셈이다. 그러나 비라코차와 투누파의 경계는 종종 허물어져서 같은 신으로 여겨진다. 예컨대 질 좋은 옥수수가 생산되어 잉카 군주의 직영농장이 있었던 쿠스코 인근의 오얀타이탐보(Ollantaytambo)에 사람 형상을 한 바위가 있는데 이 바위가 비라코차 혹은 투누파로 불리는 사례를 들 수 있다 (Elorrieta Salazar y Elorrieta Salazar, 2002: 83~91). 그런데 투누파 - 비라코차가 인간을 창조한 곳이 바로 티티카카였다는 주장이 어느 순간부터 안데스의 전반적인 믿음이 되었다(McEwan, 2006: 145). 그리고 잉카 군주들은 때로는 비라코차를 태양신보다 상급의 신으로 여기기도 하고, 또 때로는 태양신에게 비라코차의 지위를 부여하기도 했다(McEwan, 2006: 139). 나아가 잉카 군주는 때로는 태양신의 아들로, 때로는 태양신으로 숭배되었다. 티와나쿠 문명에서 투누파 - 태양신 - 군주가 동일시되었듯이 잉카 시대에도 비라코차 - 태양신 - 군주가 동일시된 것이다.

군주와 태양신을 동실시하는 신격화 작업이 벌어진 시기는 잉카의 급속한 팽창을 이끈 9대 군주 파차쿠텍 시대였다. 파차쿠텍은 비라코차를 태양신의 상급 신으로 숭배했다고 한다. 비라코차와 태양신을 동일시하지는 않았던 것이다. 하지만 잉카 시대에 가장 중요한 태양의 신전이었던 코리칸차의 태양 숭배 홀에 잉카 군주들의 조각상도 같이 두었다는 점에서 태양신과 잉카 군주를 동일시하는 일종의 종교개혁도 단행했다(Rostworowski, 2011: 145~146). 그런데 잉카 시조들의 티티카카 기원설은 티티카카 일대에 대한 통치 정당성 확보 차원에서도 필요했지만, 파차쿠텍이 주도한 이러한 군주의 신격화 차원에서도 필요했던 것으로 보인다. 파카릭탐보설의 경우『잉카 왕실사』에서 볼 수 있듯이 잉카의 시조들이 태양의 자손이라는 직접적인 언급은 존재하지 않는 것이 보통이다(Garcilaso de la Vega, 1995: 46~48). 즉, 파카릭탐보설에는 군주와 태양신을 동일시할 만한 근거가 결여되어 있는 것이다. 반면 티티카카 기원설의 경우는 태양섬이라는 구체적인 장소에 근거하고 있고, 태양신이 잉카의 시조들을 지상에 내려보냈다고 말하고 있으며, 태양신과 창조주의 경계가 희미하다. 게다가 '티티카카'라고 불리던 섬 이름이 세월이 지나면서 '태양섬'으로 개명되어 태양과 잉카 군주의 관계를 더욱 밀착시키는 역할을 했다. 잉카 군주를 신격화하거나 태양신과 동일시하는 작업에 더욱 좋은 재료가 티티카카설이었던 것이다.

6. 나가면서

지금까지 잉카 시조 신화에 대한 소개와 이 신화가 잉카 군주들의 통치에 어떻게 활용되었는지를 보았다. 사실 필자로서는 한계가 있는 글일 수밖에 없다. 티와나쿠, 와리, 파차카막 문명과 이들과 관련된 종교 체계까지 두루 언급하기에는 지식이 모자라는 것도 문제지만 잉카에 대한 연구 자체도 여러 가지로 한계가 많다. 아무래도 잉카 문명에 문자가 없었다는 점이 가장 큰 한계이다. 게다가 정복과 식민지 시대 초기에 전쟁, 전염병, 강제이주 등으로 원주민 인구가 1/10까지 감소되는 과정에서 잉카 왕실에 대한 기억이 상당 부분 소실되어 연구의 어려움을 가중시킨다. 또한 잉카 시조 신화를 기록한 이들이 주로 스페인인들이어서 언어 장벽, 세계관의 차이, 문화적 차이 등으로 원주민 정보 제공자들의 이야기에 대한 이해도가 떨어지는 경우가 많았으니 그들이 남긴 기록을 전적으로 신뢰하기 어렵다. 승자의 기록이라는 점만 문제가 되는 것이 아닌 것이다.

그럼에도 명백한 사실이 몇 가지가 있다. 첫째, 티티카카 기원설이 파카릭탐보 기원설보다 더 큰 호소력을 발휘했다는 점이다. 둘째, 성스러운 분위기를 풍기는 티티카카의 자연조건으로 인해 이 지역에 투누파-비라코차 숭배와 태양신 숭배가 잉카 이전부터 존재했다는 점이다. 셋째, 잉카 시대에도 이 신앙은 여전히 유지되었고, 잉카인들이 태양섬처럼 현실적으로 별로 중요하지 않은 곳도 특별히 관리했다는 점이다. 비록 전설 속 태양의 신전처럼 대규모 신전이 있었던 것으로 단정 지을 만한 확증은 없지만 말이다. 이 세 번째 사실 때문에 잉카 군주들이 그들의 시조 신화를 티티카카 일대에 대한 통치 정당성 확보 치원에서 이용했으리라는 추론이 가능하고, 나아가 태양신과 군주를 동일시하는 파차쿠텍의 종교개혁에 이용했을 개연성도 충분히 존재한다.

정복 직후 시기에 대한 연구들을 보면 잉카 군주의 죽음이 원주민들에게는 우주적 혼란이었다는 점을 강조하고 있다(Ossio A., 1973: 157; Wachtel, 1976: 71). 물론 이런 현상을 일반화시킬 수는 없다. 잉카가 14세기 중반부터 워낙 급속하게 팽창하여, 스페인인들이 정복에 착수했을 때 마음으로 복속하지 않고 있던 부족들도 많았기 때문이다. 하지만 적어도 잉카인들에게 잉카 군주의 죽음이 지배자 교체 이상의 의미를 지니고 있었던 것은 분명하다. 파차쿠텍 때 단행한 종교개혁으로 잉카 군주가 신격화되면서 천상과 지상을 잇는 유일한 매개자로 인식되기 시작했기 때문이다. 이 신격화 과정에서 티티카카 기원설을 내용으로 한 잉카 시조 신화가 어떤 식으로든 작용을 한 것으로 추론되며, 그 때문에 티티카카 기원설의 신빙성이 파카릭탐보설보다 떨어지는데도 불구하고 훨씬 더 호소력을 발휘하는 결과를 야기한 것으로 보인다.

참고문헌

캠벨, 조셉. 1992. 『신화의 힘: 빌 모이어스와의 대담』. 이윤기 옮김. 고려원.

Bauer, Brian S. and Charles Stanish. 2003. *Las Islas del Sol y de la Luna: ritual y peregrinación en el lago Titicaca*. trad. de Javier Flores Espinoza. Cuzco: Centro de Estudios Regionales Andinos Bartolomé de Las Casas.

Burga, Manuel. 2005. *La historia y los historiadores en el Perú*. Lima: Fondo Editorial Universidad Nacional Mayor de San Marcos y Fondo Editorial Universidad Inca Garcilaso de la Vega.

Cieza de León, Pedro. 1995. *Crónica del Perú*, primera parte, 3a ed., 2 tomos. Lima: Fondo Editorial de la Pontificia Universidad Católica del Perú.

Elorrieta Salazar, Fernando y Edgardo Elorrieta Salazar. 2002. *Cusco y El Valle Sagrado de los incas*. Lima y Cusco: Tanpu S.R.L.

Garcilaso de la Vega, Inca. 1995. *Comentarios Reales de los Incas*, 2 tomos, reimpresión. edición, índice analítico y glosario de Carlos Araníbar. México D.F.: Fondo de Cultura Económica.

González Carré, Enrique et al. 1997. *Ayacucho: San Juan de la Frontera de Humanga*. Lima: Banco de Crédito del Perú.

McEwan, Gordon F. 2006. *The Incas: New Perspective*. New York and London: W. W. Norton & Company.

Mesa, José de et al. 2005. *Historia de Bolivia*, 5a edición actualizada y aumentada. La Paz: Editorial Gisbert.

Milligan, Max. 2001. *Realm of the Incas*. New York: Universe Publishing.

Ossio A., Juan M.(ed.). 1973. *Ideología mesiánica del mundo andino*, 2a ed. Lima: Ignacio Prado Pastor.

Ponce Sanginés, Carlos. 2002. *Tiwanaku y su fascinante desarrollo cultural*. La Paz: CIMA.

Rostworowski de Diez Canseco, María. 1988. *Estructuras andinas del poder:*

ideología religiosa y política, 3a ed., Lima: Instituto de Estudios Peruanos.

Rostworowski, María. 2011. *Pachacutec, 1a reimpresión*. Lima: Instituto de Estudios Peruanos.

Rowe, John H. 1946. *Inca Culture at the Time of the Spanish Conquest*. Julian H. Steward(ed.), *Handbook of South American Indians*, Vol. II, Washington, D.C.: Bureau of American Ethnology.

Shady Solís, Ruth. 2005. "Caral-Supe y su entorno natural y social en los orígenes de la civilización." *Investigaciones Sociales*, Año LX, No. 14, pp. 89~120.

Urton, Gary. 2004. *Historia de un mito. Pacariqtambo y el origen de los inkas*. trad. de Alberto Miori. Cuzco: Centro de Estudios Regionales Andinos Bartolomé de Las Casas.

Wachtel, Nathan. 1976. *Los vencidos: los indios del Perú frente a la conquista española(1530-1570)*, trad. Antonio Escobotado. Madrid: Alianza Editorial, 1976.

파차카막 박물관, http://pachacamac.perucultural.org.pe/

제3장

16세기 아스테카 제국의 정치적 식민화*
변화인가 연속인가?

김윤경 서울대학교 라틴아메리카연구소 HK연구교수

1. 서론

　1492년 콜럼버스가 아메리카를 '발견'한 후 30여 년이 지난 1521년 에르난 코르테스(Hernán Cortés)는 메소아메리카의 거대한 제국 아스테카를 정복했다. 1519년 2월 18일 쿠바를 떠난 코르테스 원정대는 아스테카 제국의 동쪽 해안 베라크루스항에 도착했다. 그 후 수백 명에 지나지 않았던 이 원정대가 내륙으로 계속 진군하여 5만 명에서 10만 명에 이르는 전사가 버티고 있는 아스테카 제국의 수도 테노치티틀란을 점령하는 데는 그리 긴 시간이 걸리지 않았다. 코르테스 일행이 아스테카 제국의 땅에 발을 내디딘 지 불과 3년 만에 신적인 존재였던 목테수마(Moctezma)가 유럽인 코르테스에게 굴복하고 말았다. 이것은 '두 세계의 만남'이

---

* 이 글은 ≪이베로아메리카 연구≫ 24권 3호(2013)에 발표된 필자의 기존 논문을 총서의 취지에 맞게 수정·보완한 것이다.

아니라 한 세계에 의한 다른 한 세계의 '정복'이었다. 이로써 아메리카는 유럽의 '최초의 식민지'이자 '최초의 주변부'가 되었다.[1]

정복 이후 유럽인들은 새로운 땅 아메리카를 식민화하기 시작했다. 정복자 유럽인들은 정치, 경제, 문화, 제도 등 다양한 면에서 피정복민을 지배하기 위해 그들의 오랜 삶의 방식을 이용하거나 변화시키면서 제도를 정착시키고 구조화해나갔다. 그것은 유럽이 '타자'인 아메리카를 소외시키고 문명화하고 근대화하는 과정이었다(두셀, 2011: 66). 그 과정은 폭력적이었다. 유럽인들과 함께 아메리카 땅에 도착한 전염병은 거기에 대한 면역력이 없는 원주민들을 강타하여 엄청난 수의 원주민을 죽음으로 몰아넣었다. 그뿐 아니라 정복자들은 원주민을 사탄의 유혹에 빠진 야만인으로 규정짓고 기독교도화하면서 '영혼을 정복'해나갔다. 식민지 아메리카의 원주민들은 유럽인의 생활방식과 사고체계를 강요당했다.

이러한 식민화 과정을 놓고 역사가들은 정복이 아스테카 사회에 미친 영향이 무엇인가라는 문제를 중심으로 논쟁을 벌였다. 과연 아스테카 제국은 정복 이전과 얼마나 달라졌는가, 어떠한 변화를 겪었는가라는 것이다. 이 문제에 관한 논쟁은 크게 변화인가 연속인가라는 두 가지 입장으로 나뉜다. 첫 번째로, 변화의 관점에서 식민지 시대 아스테카 사회를 보는 논자들은 정복이 아스테카 사회, 특히 멕시코 중부 나우아족이 거주하는 지역을 노동조직에서 종교와 계급 구조에 이르기까지 스페인의 제도와 조직을 근간으로 삼으면서 심각하게 변화시켰다고 주장한다.[2] 두 번째로, 연속성을 주장하는 학자들은 주로 문화적인 측면에 초점

---

[1] 월러스틴(1999)이 제시한 명제이다.
[2] 이러한 해석으로는 Chevalier(1963); Kubler(1948); Foster(1960); Richard(1966); Borah(1951; 1983) 참조.

을 맞춘다. 그들은 정복으로 아스테카 사회가 구조적인 변화를 광범위하게 겪기는 했지만, 원주민은 특히 자신들의 문화를 지키는 데 성공했다고 주장하면서 문화적인 연속성을 강조한다.3) 반면에 수전 켈로그(Kellogg, 1995) 같은 학자는 문화에 초점을 맞추면서도 문화적인 연속성보다는 변화 과정에 주목하고, 식민지 시대에 법이 문화적 변화와 적응에 중요한 역할을 했음을 강조한다. 이러한 종래의 해석은 둘 다 기본적으로 변화의 측면을 인정하고 있다. 다만 변화 속에서도 연속의 측면을 강조하느냐 그렇지 않느냐에 따라 해석이 달라지는 것일 뿐이다. 문제는 변화든 연속이든 그것이 갖는 본질적인 의미가 무엇인가라는 점이다.

따라서 이 글에서는 이러한 문제의식을 바탕으로 정복 이후 아스테카 사회가 어떤 과정을 거쳤는지 정치 지배질서를 중심으로 살펴보고 그 의미가 무엇이었는지를 분석해보고자 한다. 변화가 있었다면 어떠한 변화였는지 연속성이 있었다면 어떤 의미에서 연속성이었는지를 꼼꼼히 따져보고자 한다. 다만 이 글은 아스테카 제국의 식민화라는 커다란 틀 속에서 그 과정을 살펴보고자 한다. 시기는 정복 직후부터 시작해서 16세기를 다루고, 연구 대상 지역은 멕시코 계곡(Valle de México)이라 불리는 지역으로 한정하고자 한다. 이 지역은 아스테카 제국의 심장부로서 아스테카 문명이 번영했던 곳이며, 정복 이후 아스테카 제국의 역사를 검토하기에 가장 적절한 지역이기 때문이다.

---

3) 이러한 해석으로는 Gibson(1964); Cline(1986); Gosner(1984); Haskett(1991); Lockhart(1992) 참조.

2. 알테페틀(altepetl)의 식민화

1) 카베세라(cabecera)-수헤토(sujeto) 체제의 성립

1521년 코르테스 일행이 테노치티틀란을 함락시키고 난 후, 스페인인들이 당면한 문제는 몰락한 아스테카 제국의 원주민들을 어떻게 하면 가장 효율적으로 통치할 것인가라는 것이었다. 광대한 영토에 여기저기 분산되어 있는 원주민들을 스페인 왕의 신민으로 받아들이고 통제하는 것이 무엇보다도 시급한 문제였다. 정복 당시 아스테카 제국은 '도시들의 모자이크'라고 할 정도로 독특하고 이국적인 다양한 원주민 도시들로 이루어져 있었다. 정복자들은 이러한 원주민 도시들을 스페인 방식의 도시들로 재조직하여 식민지로 만드는 작업에 착수하려 했다. 그것이 바로 '정치적 식민화' 과정의 시작이었다.

그런데 이러한 과정은 아메리카의 원주민을 어떻게 다루어야 할 것인가라는 문제에 관한 이념적 논쟁을 수반했다. 원주민이 살고 있는 지역을 정치적으로 재편하려면 원주민의 문화와 제도에 대해 어떤 식으로 접근해야 하는가라는 문제가 우선 해결되어야 했다. 이 문제에 관해서 스페인인들의 입장은 크게 세 가지로 나뉘었다(Borah, 1983: 266~267). 첫 번째는 프란시스코 데 비토리아(Francisco de Vitoria)로 대변되는 입장으로, 원주민들은 그들의 제도와 법을 가질 자격이 있다고 보면서, 기독교 도입을 위해 할 수 있는 최소한의 변화만을 허용하고 스페인인들은 원주민의 기존 제도와 법을 지지하고 보호해야 한다고 주장했다. 두 번째는 헤로니모 데 멘디에타(Jerónimo de Medieta)가 적극적으로 주장한 입장인데, 그는 두 개의 공화국 개념을 설파했다. 그의 입장에 따르면, 스페인인들과 원주민들은 각각의 공화국을 이루고 있으며, 각 공화국은 자체의 제도와 법을 가지고 있다. 스페인인들은 타락했기 때문에 원주민들은 가능한 한 고립되어 있어야 한다. 원주민들의 제도와 법은 기독교에 순응해야 하기는 하지만 가능한 한 자신들의 오래된 법과 제도를 가지고 있으면서 스페인인들의 세계와는 다른 새로운 세계로 나아가야 한다(Leddy Phelan, 1970: 41~91). 세 번째 입장은 스페인 왕의 법률가들과 식민자들(colonists) 대부분이 지지했던 입장으로, '하나의 공화국'이라는 이념을 바탕으로 했다. 다시 말해서 원주민들은 유럽의 체제에 가능한 한 빨리 동화되어야 하며, 따라서 스페인의 제도와 법으로 옮겨가야 한다는 것이다. 이러한 세 가지 입장 중에서 당시에 가장 강력한 힘을 발휘했던 것은 바로 이러한 '하나의 공화국'이라는 입장이었다. 식민지 시대 법적 기구나 행정 조직의 많은 부분에서 이러한 입장이 지배적이었다.

하지만 스페인 왕은 이러한 입장들 중에서 어느 한 쪽을 분명하게 택하지는 않았다. 스페인 왕은 기본적으로 하나의 공화국이라는 이념을 지지하기는 했지만, 절충적인 입장을 취했다. 그는 원주민의 조직과 관습이 기독교적인 개념이나 스페인적인 이성에 반대되지 않는다면 그것을 유지할 만한 가치가 있다고 보았다. 그리하여 1530년에 스페인 왕은 누에바 에스파냐(Nueva España)의 지방 통치자들을 위한 포괄적인 규정을 처음으로 선포했는데, 그 규정에서 왕은 원주민의 관습들 중에서 좋은 것은 계속 유지하도록 명령했다. 더 나아가 왕은 원주민 통치자들과 귀족과 평민의 권리들을 존중하도록 했다. 왕은 원주민들을 자신에게 종속된 신민이라고 생각했다. 원주민 통치자들은 더 이상 주권자가 아니었지만, 종래에 누리던 경제적인 수입을 어느 정도 누릴 수 있었다.

이러한 생각을 바탕으로 스페인 왕은 먼저 도시를 식민화했다. 그러기 위해 먼저 한 일은 정복 이전의 원주민 정치조직인 알테페틀을 카베세라(cabecera)와 수헤토(sujeto)로 재편하는 것이었다. 이것은 원주민 사회를 정치적으로 식민화하는 첫 번째 단계였다. 이 단계에서 스페인인들은 알테페틀을 완전히 제거하지 않고 그 조직을 바탕으로 스페인식의 카베세라를 만들었다. 이것은 정복 이전 원주민 사회의 정치조직을 그대로 활용한 것이었다. 원주민 사회가 가지고 있는 것들 중에서 유지할 만한 가치가 있는 것들은 그대로 활용하겠다는 기본 생각이 여기에 깔려 있었다. 정복 이후 스페인인들은 아메리카에서 무에서 유를 창조한 것이 아니라, 정복 이전 원주민 사회의 제도들을 바탕으로 해서 식민 지배구조를 건설했다.

그렇다면 알테페틀이란 무엇인가? 나우아어로 atl은 물을, tepetl은 산을 의미한다. 따라서 이 단어는 영토를 언급하는 것이다. 하지만 이 말이 의미하는 것은 주로 주어진 영토에 대한 지배권을 가진 사람들의 조직이다. 알테페틀은 나우아 세계의 핵심적인 지배조직이었으며, 그 조직의 최소 요건은 영역, 주민, 통치자였다.[4] 좀 더 구체적으로 말하면, 알테페틀의 지위를 획득하려면 기본적으로 신들과 그와 관련된 종교적인 구조를 가지고 있어야 하며, 지배자 틀라토아니의 궁전, 시장, 토지 등을 갖추어야 했다. 사실상 아스테카 제국은 이러한 알테페틀이 여러 개 모여 이루어진 것이었다. 그리고 알테페틀은 친족집단인 몇 개의 칼푸이(calpulli)로 구성되어 있었다. 알테페틀의 전형적인 형태는 알테페틀의 중심 도시가 있고 그 주변을 여러 개의 칼푸이 또는 틀라힐라카이(tlaxilacalli)가 둘러싸고 있었다. <그림 3-1>의 예를 보면 한 알테페틀이 중심 쪽에 네 개의 칼푸이, 외곽에 네 개의 칼푸이, 총 8개의 칼푸이로 구성되어 있다.

---

[4] 틀라토아니가 여러 명인 알테페틀도 있었다. 알테페틀에 대한 자세한 설명은 Lockhart(1992: 1장) 참조.

알테페틀을 구성하고 있었던 칼푸이는 알테페틀 내에서 일정하게 정해진 영역을 차지하고 있었으며, 거기에는 자체 신전과 지도자 테욱틀리(teuctli), 학교 텔포치카이(telpochcalli), 칼메칵(calmecac) 등이 있었다. 각각의 칼푸이는 서로 동등한 지위를 누리면서 순번제로 알테페틀에 대한 공물납부와 노동부역 같은 의무들을 수행했다. 알테페틀의 틀라토아니가 거주하는 칼푸이라고 하더라도 아무런 특권을 가지지 않았다. 틀라토아니는 알테페틀 전체의 지배자였지만 하나의 칼푸이의 지배자로서 다른 칼푸이의 지배자들과 같은 지위를 누렸다.

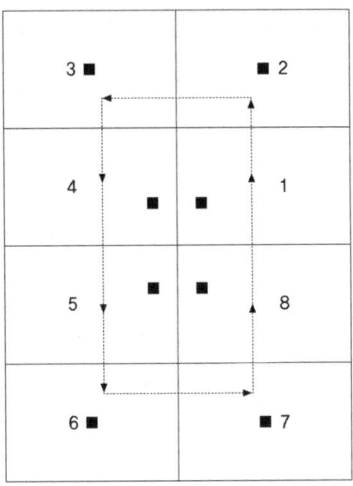

〈그림 3-1〉 알테페틀

자료: Lockhart(1964, 19).

스페인인들은 알테페틀에 있는 칼푸이들에 위계질서를 부여했다. 스페인인들은 원주민 사회 조직에서 칼푸이들이 동등한 자격을 가지고 있다는 사실을 이해하지 못했다. 그리하여 알테페틀의 중심지에 있는 칼푸이들은 카베세라로, 외곽에 있는 칼푸이들은 틀라토아니에 종속된 수헤토로 규정지었다. 카베세라는 원주민 지배자가 있는 주요 도시였으며, 중심에는 바리오들(barrios)을, 좀 떨어진 외곽에는 에스탄시아들(estancias)로 이루어져 있었다. 이러한 카베세라는 스페인 식민 당국의 중심지 기능을 하며 공물과 노동을 징수했다. 이러한 카베세라와 수헤토는 이후 식민지의 정치경제조직의 기본이 되었다.

알테페틀을 카베세라로 재편하는 과정을 좀 더 자세히 보면, 우선 카베세라를 선정하는 기준이 있었다. 그것은 틀라토아니 자격을 가진 원주민

통치자가 있느냐 하는 것이었다. 틀라토아니의 전통이 있는 중심 도시가 카베세라가 되었고, 일반적으로 원주민이 거주하는 칼푸이는 스페인식 수헤토가 되었다.5) 정복 이후 식민 시대에도 틀라토아니 혈통은 계속 유지되었다. 요컨대 16세기에 카베세라는 원주민 정부의 중심지였던 곳이며 최고위 원주민 귀족의 거주지였고 공물 징수와 노동 동원을 위한 중심지였다. 수헤토는 보통 하나의 칼푸이였으며 카베세라에 공물, 노동 부역, 그 외의 의무들을 바치는 공동체였다. 예를 들면, 테노치티틀란과 틀랄텔롤코는 멕시코 계곡 지역에서 틀라토아니 전통을 가지고 있는 주요 지역으로, 식민지 시대 초기에 양쪽 다 카베세라로 인정받았다. 이처럼 스페인인들은 식민지의 카베세라 조직을 만드는 데 아스테카 제국의 틀라토아니 전통을 토대로 삼았다.

그런데 흥미로운 것은 이렇게 성립된 카베세라와 수헤토의 관계가 고정불변의 것이 아니었다는 점이다. 이 관계를 변화시키는 데 주된 요인으로 작용했던 것은 스페인인들이 아니라 주로 원주민들이었다. 우선 원주민 카시케(cacique)6)들은 테노치티틀란, 테스코코, 타쿠바와 함께 삼각동맹 체제의 패턴을 재확립하려고 했다. 이 세 도시가 다른 카베세라들에 대한 통제권을 계속 행사하려고 했던 것이다. 반면에 수헤토의 원주

---

5) 예외적인 경우도 있었다. 틀랄네파틀라(Tlalnepantla), 테오칼우에야칸(Teocalhue-yacan), 티사유카(Tizayuca), 테카마(Tecama), 치코로아파(Chicoloapa)는 정복 이전에 틀라토아니의 거주지가 아닌데도 카베세라가 되었다. 틀라네판틀라는 종교적인 이유로 원주민을 모아 놓은 집단화(congregation)의 결과이며, 나머지 지역은 엔코미엔다(encomienda)가 된 결과로 볼 수 있다. 반대로 소치밀코(Xochimilco)처럼 틀라토아니가 여러 명인 경우에는 틀라토아니가 있는 지역이 카베세라가 되기도 하고 수헤토가 되기도 했다.
6) 카시케는 아라왁 말로 스페인인들이 서인도제도에서 도입한 용어이다.

민 지도자들은 카베세라의 지배에서 벗어나고 그들의 공동체들을 카베세라의 지위로 승격시키려고 했다. 인구 감소도 카베세라와 수헤토의 관계를 변화시키는 데 영향을 미쳤다. 인구의 소멸로 완전히 사라지는 수헤토도 있었고, 종교적인 집단화(congregación)로 카베세라에서 수헤토의 지위로 떨어지기도 했다. 이러한 갈등은 식민지 시대 내내 지속되었다.

2) 엔코미엔다[7]와 교구(doctrina)의 형성

이러한 카베세라-수헤토 체제는 사적인 통치제도인 엔코미엔다를 형성하는 과정과 병행되었다. 스페인인들은 정복 과정에서 수행한 역할에 대한 대가로 정복자들에게 엔코미엔다를 수여했다. 이 작업은 정복 직후인 1520년대에 바로 시작되었다. 엔코미엔다는 원주민을 식민화하기 위한 아주 좋은 수단이었다. 정복 직후 코르테스는 멕시코 계곡에서 엔코미엔다들을 수여했으며, 따라서 1523년에는 이미 이 제도가 확립된 상태였다. 코르테스 자신도 스스로에게 테스코코(Texcoco) 찰코(Chalco), 오툼바(Otumba), 코요아칸(Coyoacan) 같은 엔코미엔다를 수여했으며, 테노치티틀란을 왕의 수중으로 떨어지지 않게 하고 자신의 사유지로 만들려고 많은 노력을 기울였다. 그 결과 실제로 코르테스에게 공물을 납부하는 사람들의 수가 2만 3,000명을 넘었다. 그리하여 식민지 시대 초기에 멕시코 계곡은 엔코멘데로들(encomenderos)[8]이 기반이 되는 중심 지역이

---

[7] 이 제도는 원래 스페인의 제도로, 스페인 왕은 이 제도를 서인도 제도에서 이미 원주민에 대한 통제 수단으로 이용했으며, 코르테스가 아스테카 제국을 정복한 후 이 지역에도 도입했다.

[8] 엔코미엔다의 주인들로서 정복자들은 스페인 왕에게서 원주민을 엔코미엔다의 형태로 위탁 할당받았다.

되었다. 1530년대 중반 멕시코 계곡의 엔코미엔다의 수는 30개 정도로 공물납부 원주민 수는 18만 명가량 되었다. 평균적인 엔코미엔다는 약 6,000명 정도의 원주민을 포함하고 있었다. 그 중 가장 큰 엔코미엔다는 소치밀코(Xochimilco)로 약 2만 명의 원주민을 가지고 있었으며, 가장 작은 것은 테키시스틀란(Tequicistlan)으로 약 450명의 원주민을 포함하고 있었다(Gibson, 1964: 60~61).

이 제도의 기본적인 특징은 특권적인 스페인 정복자들에게 원주민 집단을 공식적으로 할당하는 것이었다. 정복 초기 스페인 왕은 일정 집단의 원주민을 정복자들에게 위탁하여 원주민에게 스페인어와 가톨릭을 전파하는 책임을 부여했다. 그 대신 정복자 엔코멘데로들은 원주민들에게서 노동이나 생산물의 형태로 공물을 받을 수 있는 자격을 부여받았다. 하지만 실제로 엔코미엔다는 스페인 식민자들에게 부와 특권의 상징이 되면서 그들의 권한을 강화하는 수단이 되었고 그에 비례해서 원주민에게는 공포와 억압의 원천이 되었다. 1530년대 내내 엔코멘데로들은 스페인 사회와 원주민 사회 양쪽에 대해서 강력한 영향력을 행사하는 계급이었다.

여기서도 한 가지 주목해야 할 것은 이러한 엔코미엔다의 형성이 원주민 사회의 기본 정치단위였던 알테페틀을 토대로 했다는 점이다. 스페인 왕은 원주민 사회의 알테페틀을 엔코미엔다로 재조직했다. 보통 하나의 알테페틀이 하나의 엔코미엔다가 되는 경우가 일반적이었다. 하지만 경우에 따라 규모가 큰 알테페틀은 두 개의 엔코미엔다로 나뉘기도 하고 아주 큰 알테페틀들은 그것이 가지고 있는 정치적 가치 때문에 그대로 왕의 직속 관할지역으로 남아 있거나, 잠깐 동안만 엔코미엔다가 되었다가 왕의 관할구역이 되기도 했다. 따라서 여러 명의 틀라토아니를 가지고 있는 엔코미엔다들은 수명이 짧았다. 예를 들어 툴란싱고(Tulancingo)의

〈표 3-1〉 대표적인 엔코미엔다들

엔코미엔다	지위(구성)	1560년경 공물납부자 수
테스코코 등	5개의 카베세라 그 중 4개는 분쟁 중	16,015
찰코	4개의 카베세라	14,842
테노치티틀란	1개의 카베세라	12,971
소치밀코	3개의 카베세라	10,583
틀랄텔롤코	1개의 카베세라	8,665
오툼바	1개의 카베세라	5,550
쿠아우티틀란 등	3개의 카베세라와 분쟁 중인 카베세라 1개	5,020
테포스틀란	1개의 카베세라	2,971
타쿠바	1개의 카베세라	2,700
코요아칸	1개의 카베세라와 분쟁 중이거나 새로운 카베세라 1개	2,130

자료: Gibson(1964, 64)의 표를 토대로 작성.

경우, 두 개의 엔코미엔다로 분리되었지만, 세 명의 틀라토아니가 있었던 소치밀코(Xochimilco)는 잠시 엔코미엔다가 되었다가 1541년에 왕에게 귀속되었다.

그렇다면 엔코미엔다와 카베세라/수헤토의 관계는 어떠했는가? 일반적으로 말하면, 하나의 엔코미엔다가 몇 개의 수헤토를 가지고 있는 하나의 카베세라인 경우가 일반적이었다. 다시 말해서 한 명의 엔코멘데로에게 하나의 카베세라와 한 명의 카시케가 수여되는 경우가 전형적인 형태였던 것이다. 보통 하나의 엔코미엔다가 하나의 알테페틀을 토대로 형성되었다는 점을 감안하면 이것은 자연스러운 현상이었다고 할 수 있다. 하지만 이 경우에도 마찬가지로 한 엔코미엔다가 여러 명의 틀라토아니가 있는 여러 개의 카베세라인 경우도 있었고, 틀라토아니 전통이 없는 새로운 카베세라인 경우도 있었다. <표 3-1>에서 보는 바와 같이,

예를 들어 테노치티틀란은 하나의 카베세라를 가지고 있는 엔코미엔다였던 반면, 테스코코는 다섯 개의 카베세라를 가진 엔코미엔다였다.

하지만 여기서 반드시 언급해야 할 것은 엔코미엔다가 원주민들에게 어떤 영향을 미쳤는가라는 점이다. 엔코미엔다는 정복 초기 원주민들을 통제하기 위한 수단이었으며, 공포의 근원이었다. 엔코멘데로들은 원주민에게 노동과 공물 납부를 강제했을 뿐 아니라, 원주민들을 정복 사업에 필요한 군 병력으로 이용하기도 했다. 예를 들어 소치밀코 엔코멘데로였던 페드로 데 알바라도(Pedro de Alvarado)는 과테말라, 온두라스, 파누코(Panuco)를 정복하러 가는 데 수천 명의 원주민을 군대로 이끌고 갔다(Gibson 1964: 77). 그리고 대부분의 엔코멘데로들이 아스카 제국의 수도에 거주했기 때문에 멕시코 계곡의 엔코미엔다 원주민들은 수도에 엔코멘데로들의 집을 짓는 데 노동력으로 동원되기도 했다. 코르테스는 자신의 궁전을 짓는 데 코요아칸의 원주민들을 동원했다. 사실상 엔코미엔다는 노예제와 별반 다를 게 없었다. 원칙상 엔코미엔다의 원주민들을 노예처럼 엔코멘데로가 사적으로 소유하고 있는 재산은 아니었지만, 실제로 원주민들은 다른 사람에게 임대되거나 노예로 팔려나갔다. 엔코멘데로들은 원주민들이 그들의 지배를 회복하기 위해서 반란을 일으킬지도 모른다고 주장하면서 원주민에 대한 불법적이고 억압적인 수단들을 정당화했다.

이러한 엔코멘데로들의 원주민에 대한 착취를 잘 보여주는 예가 바로 테스코코 북동쪽 아콜우아(Acolhua)에 있는 카베세라인 테페틀라오스톡(Tepetlaoztoc) 엔코미엔다의 경우이다(Gibson, 1964: 78~79). 맨 처음에는 코르테스가 이 엔코미엔다의 주인이었는데, 코르테스의 심복 디에고 데 오캄포(Diego de Ocampo)와 미겔 디아스 데 아우흐(Miguel Díaz de Aux)에게 넘어갔다가, 결국 코르테스의 가장 악명 높은 적이었던 곤살로 데 살라사르(Gonzalo de Salazar)에게로 넘어갔다. 살라사르 수중에 있을 때, 원주민 상층 계급은 공물 수입 중에서 더 많은 부분을 엔코멘데로에게 빼앗겼다. 옷, 음식, 금, 연료, 원주민 노동 등이 수중에 들어오기도 전에 다 없어져 버렸으며 엔코미엔다의 원주민 전체가 멕시코 시에 있는 살라사르와 그의 부인과 집사들이 살 집을 짓는 데 동원되었다. 1530년에는 살라사르가 스페인으로 여행을 가게 되었는데, 거기에 필요한 비용을 충당하기 위해 원주민들에게 더 많은 공물을 요구했다. 게다가 배에 싣기 위해서 베라크루스로 살라사르의 물건들을 운반하느라 200명이 넘는 원주민이 죽었다. 살라사르는 스페인 여행에서 돌아오자 원주민 틀라토아니들을 때리면서 더 많은 공물을 요구했다. 그는 엔코미엔다에 대한 비난이 거세지는 상황에도 성공리에 그것을 잘 유지해서 아들에게까지 넘겨주었다.

이처럼 정복 직후인 1520년대부터 스페인 식민 당국은 원주민 사회의 알테페틀을 엔코미엔다와 카베세라로 재편하고 정복자들에게 엔코미엔다를 할당했다. 여기에 덧붙여 스페인인들은 이렇게 재편된 조직에 종교적인 성격까지 부여했다. 알테페틀 - 엔코미엔다 - 카베세라 체제에 교구를 추가한 것이다. 스페인인들은 엔코미엔다들의 건설과 더불어 독트리나(doctrinas)라고 하는 원주민 교구들을 설정해나갔다. 엔코미엔다인 각각의 알테페틀은 독립적인 교구 역할을 수행했다. 그리고 각각의 카베세라는 교구의 중심지라는 의미의 독트리나 데 카베세라(cabecera de doctrina)라는 명칭을 부여받았다. 사제들은 교구 중심지 카베세라에 거주하면서 신부가 상주하지 않는 비시타스 데 독트리나(visitas de doctrina)를 정기적으로 방문하여 종교적인 업무를 감독했다(Horn, 1997: 25).

이렇게 설정된 교구들은 엔코미엔다와 밀접한 관계가 있었다. 엔코미엔다들이 한 개 이상의 교구들로 분할되거나, 어떤 경우에는 한 교구가 두 개의 엔코미엔다를 포함하기도 했다. 하지만 이 경우에도 마찬가지로 하나의 교구는 하나의 엔코미엔다인 경우가 일반적이었다. 따라서 교구는 재정이나 다른 지원들을 엔코미엔다에 의존하고, 엔코미엔다에 포함되어 있는 바로 그 원주민 공동체와 당국들을 토대로 기능했다(Lockhart, 1992: 28).

이러한 교구 설정 작업은 식민화의 자연스러운 과정이었다. 엔코미엔다와 카베세라 제도 자체가 기독교적인 제도였기 때문이다. 이것들은 기독교 사회를 유지하기 위한 제도였다. 정복과 식민화는 기독교화와 떼려야 뗄 수 없는 관계였다. 코르테스가 '그리스도의 이름으로' 아스테카 제국을 정복한 후 식민화하는 과정에서 선교사들은 원주민의 기독교도화를 위해 활발한 선교활동을 벌였다. 1524년에 처음으로 12명의 프란치스코회 신부가 멕시코에 도착한 이후 1526년에는 도미니코회, 1533년에는 아우구스티노회가 도착했다. 이 중에서 선교활동의 주도권을 가지고 있었던 집단은 프란치스코파였다. 종파별로 지역이 다르기도 했지만, 어떤 지역은 프란치스코회가 먼저 선교활동을 벌이다 나중에 아우구스티노회나 도미니코회가 들어가서 선교활동을 벌이기도 했다.9) 그리고 원주민 집단이 어느 종파를 지지하는가에 따라 종파 간 갈등도 빚어졌는데, 1530~1540년 동안 프란치스코파와 도미니코파는 원주민에 대한 선교활동을 놓고 치열한 경쟁을 벌였다.

그러는 가운데, 1540년대부터 엔코미엔다 체제가 약화되기 시작했다. 스페인 왕은 엔코멘데로의 권한을 적극적으로 제한했다. 엔코멘데로의 힘이 강력해지고 원주민에 대한 엔코멘데로의 착취와 억압이 심해지자,

---

9) 16세기 가톨릭 선교사들의 선교활동에 관한 자세한 설명은 Lockhart and Schwartz (1983); Richard(1966); Cline(1993) 참조.

바르톨로메 데 라스 카사스(Bartolomé de Las Casas) 신부 같은 사람들이 엔코미엔다 제도의 문제점들을 비판했으며, 왕도 엔코멘데로의 영향력이 커지는 것을 견제했다. 1542~1543년에 식민지 관리들이 엔코미엔다를 보유하는 것을 금지하는 법이 제정되었으며, 그리하여 엔코미엔다가 몰수되기 시작했다. 더군다나 1545년 전염병으로 원주민 인구가 1/3 이상 감소하면서 엔코미엔다의 소득도 상당한 정도로 줄어들었다. 결국 1549년에 왕이 엔코멘데로에게 할당된 원주민에게서 공물은 계속 받을 수 있지만, 그들의 노동은 더 이상 지배할 수 없도록 하는 규정을 발표했다. 이로써 엔코멘데로와 원주민들의 종속적인 관계는 공식적으로 끝나게 되었으며, 이러한 조치들로 인하여 1550~1560년대에 들어서서 엔코멘데로의 권한이 대폭 축소되었다. 그러자 1560년대에는 엔코멘데로의 음모까지 발생했다. 이 음모의 주도자였던 코르테스의 아들이 투옥되고, 멕시코 계곡 지역의 다른 엔코멘데로들은 체포되었다. 두 형제인 알론소 데 아빌라(Alonso de Avila)와 힐 곤살레스 데 베나비데스(Gil González de Benavides)가 교수형에 처해졌으며, 멕시코 계곡 지역에서 가장 부유한 엔코미엔다인 쿠아우티틀란(Cuauhtitlan)이 즉각 왕에게 귀속되었다(Gibson, 1964: 63). 멕시코 계곡 지역에 있었던 36개의 엔코미엔다 중에서 11개가 1570년대 이전에 왕에게 돌아갔으며, 1570년대에 이르면 왕이 엔코멘데로들을 상대로 완전한 승리를 거두면서 엔코미엔다가 거의 유명무실한 제도가 되어버렸다.10)

이러한 엔코미엔다 체제의 쇠퇴는 왕의 권한 강화와 병행해서 이루어졌다. 엔코멘데로들의 모의들은 바로 이러한 상황을 극적으로 보여주는 것이었다. 스페인 왕은 엔코미엔다를 약화시킴과 동시에 왕의 권한을

---

10) 이 제도가 공식적으로 폐지된 것은 1720년이다.

강화하고 왕의 권한하에 있는 정부를 강화하는 정책을 펴나가기 시작했다. 이미 1530년대부터 스페인 식민 당국은 원주민 공동체들을 본격적으로 스페인식 행정조직으로 정비하기 시작했다. 이제 그 과정을 좀 더 상세하게 살펴보도록 하자.

3. 중앙집권적 통치조직의 형성

1) 카빌도(cabildo)의 조직

1530년대부터 스페인 왕은 중앙집권화 정책의 일환으로 스페인 방식의 시 지방자치체(municipios)를 모델로 하여 원주민 마을들을 무니시피오로 재편하고 시 정부를 구성했다. 이로써 아스테카 제국은 정치적 식민화의 두 번째 단계에 들어갔다. 멕시코 중부에서 스페인식의 시 정부들을 수립하려는 이러한 운동은 16세기 중반에 걸쳐 상당기간 동안 진행되었다. 이 과정에서 가장 중요한 작업은 카빌도(cabildo) 혹은 시 위원회(council)를 설치하는 일이었다. 스페인 정복자들은 카빌도를 설치하여 그것을 토대로 식민도시를 건설하기 시작했다. 이러한 활동은 스페인 국가가 식민지 시대에 멕시코뿐 아니라 아메리카에서 이룩한 가장 주목할 만한 성과 중의 하나였다.

우선 카빌도는 공동체의 정치·행정을 담당하는 기구로서 매년 정기적 혹은 비정기적인 회의를 열고 시 행정에 관한 제반 사항들을 논의했다. 카빌도 관리들의 가장 중요한 임무 중 하나는 공물을 징수하고 그것을 스페인 왕에게 바치는 일이었다. 공물은 정복 이전에 바치던 것과 같은 물품들, 예를 들면, 천막, 모포, 면화, 닭, 물고기, 달걀 등이었다(Haskett,

1987: 211). 게다가 카빌도는 입법 기능도 있어서 노동 시장, 공공건물, 물 공급, 도로 건설 등에 관한 규정들을 제정하는 일도 담당했다. 그리고 카빌도는 작은 범죄나 음주에 관한 재판을 하는 법정의 역할도 수행했으며, 이와 관련된 범죄자들을 수감하는 감옥도 가지고 있었다(Gibson, 1952: 179). 이렇듯 카빌도는 정치, 행정, 입법, 사법을 모두 담당하는 지방정부의 가장 핵심적인 지배기구였다.

이러한 카빌도를 운영하기 위한 주요 직책에는 두 가지가 있었는데, 하나는 알칼데(alcalde)이고 다른 하나는 레히도르(regidor)이다. 주로 귀족 출신들로 이루어진 이 직책의 담당자들은 보통 6명에서 12명까지로 모두 선출된 의원들이었다. 하지만 이들은 맡은 임무가 달랐다. 알칼데의 경우에는 지방법정에서 민사·형사소송에서 재판관 역할을 겸하고 있었기 때문에 레히도르들보다 더 많은 권위와 위엄을 가지고 있었다. 알칼데들은 보통 '돈(don)'이라는 호칭을 가지고 있었지만, 레히도르들은 그런 경우가 많지 않았다. 그래서 레히도르들은 경험을 쌓거나 인맥을 통해서 알칼데로 승진하려고 했다. 이처럼 두 직책 사이에도 신분의 차이가 있었다. 더군다나 16세기 말경에 이르면 레히도르 직책의 중요성이 약화되면서 많은 지방에서 사라져갔다. 예를 들어 16세기 말경에 틀락스칼라(Tlaxcala)는 4명의 알칼데를 증원했지만, 4명의 레히도르는 없애버렸으며, 1560년 테노치티틀란의 관리 명부를 보면, 2명의 알칼데와 12명의 레히도르가 있었는데, 1600년에는 알칼데의 수는 2배가 된 반면, 레히도르들의 이름은 더 이상 보이지 않았다(Lockhart, 1992: 39~40). 이들의 임기는 보통 1년으로 순번제로 이루어졌는데, 종종 그 기간을 연장해서 계속 그 자리를 차지했다. 알칼데들이나 레히도르들은 재산을 가지고 있거나 도시 생활의 전반에 걸쳐 영향력을 행사하는 귀족 가문 출신들로서 그 가문을 대표하는 성격을 가지고 있는 경우가 많았다.

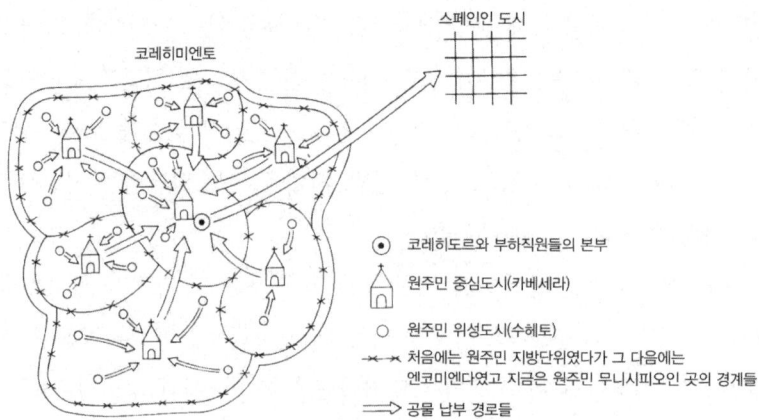

〈그림 3-2〉 코레히미엔토

자료: Lockhart and Schwartz(1983: 170)

그렇다면 카빌도는 식민지 아스테카 제국에 새로운 것이었는가? 정복 이전에는 이러한 형태의 제도가 없었는가? 아스테카 제국에도 '위원회'라는 것이 있었다. 예를 들어 테노치티틀란과 테스코코의 경우 법적·군사적 기능을 수행하는 관리들로 구성된 최고 위원회가 있었다. 스페인인들에게 정복되기 직전인 1520년에 쿠이틀라우악(Cuitlahuac)[11]을 보조할 사람들을 네 명 선출한 것이 정복 이전에 테노치티틀란에서 보여준 위원회의 마지막 모습이었다. 정복 이후 1523년 말 혹은 1524년 초 테노치티틀란의 식민 정부 초기에 코르테스는 공식적으로 '위원회' 직책 중 하나였던 시우아코아틀을 재조직했다. 하지만 아직은 스페인의 카빌도 체제 같은 위원회 형태는 아니었다. 그러한 위원회들이 법적인 기구였는지

---

11) 테노치티틀란의 열 번째 틀라토아니로서 목테수마 황제의 동생 아하야카틀(Axayacatl)의 아들이다. 정복 당시 단 80일만 통치하고 유럽인들의 전염병인 천연두에 걸려 죽었다. 그가 죽고 난 후 쿠아우테목이 그의 뒤를 이어 틀라토아니가 되었다.

최고 통치자 개인이 임시로 만든 것인지는 분명하지 않지만, 협의기구였던 아스테카 '위원회'가 테노치티틀란의 통치자 틀라토아니 개인 지배에 완전히 종속되어 있었다는 것은 분명하다(Gibson, 1964: 172). 식민 시대의 카빌도와는 다른 기구였던 것이다.

테노치티틀란에 알칼데와 레히도르들을 완전히 갖춘 카빌도 체제가 만들어지려면 25년 정도 더 지나야 했다. 카빌도는 멕시코 중부 모든 지역에서 동시에 완전한 모습으로 형성된 것이 아니었다. 처음에는 높은 직책부터 자리가 채워지고 그다음에 순차적으로 낮은 직책까지 채워졌다. 1550년까지도 완전한 형태의 카빌도가 모든 카베세라에서 운영되고 있었던 것은 아니다. 테노치티틀란의 경우에도 1555년 초에야 카빌도가 형성되어 한 명의 알칼데가 2년 임기로 정복 이전부터 담당했던 네 곳의 관할구역인 산타 마리아 쿠에포판(Santa María Cuepopan), 산 세바스티안 아차쿠알코(San Sebastián Atzacualco), 산 파블로 테오판(San Pablo Teopan), 산 후안 모요틀란(San Juan Moyotlan)을 대표했다. 그리고 카빌도의 관직들은 정복 이전의 정치 생활에서는 알려지지 않았던 것들이다. 특히 레히도르 같은 관직은 정복 이전에는 그 예를 찾아보기 힘든 것이었다. 이처럼 카빌도는 스페인인들이 일부러 식민지에 도입한 완전히 새로운 제도였으며, 정복 이전의 정부에서는 선례가 없는 것이었다.

2) 코레히미엔토(corregimiento)의 형성

이러한 중앙집권적 통치체제의 확립 차원에서 스페인 왕이 수행한 또 하나의 작업은 코레히미엔토의 구성이었다. 스페인 왕은 원주민 정부를 식민화하기 위해서 지방을 일련의 몇 개의 커다란 구역, 즉 코레히미엔토로 나누었다. 코레히미엔토는 공물을 징수하는 지배체제로서, 그때까지 지방을 지배하고 있었던 엔코미엔다를 대신하는 것이었다. 이미 엔코미엔다에 속하지 않는 모든 공동체는 왕의 엔코미엔다에 속하는 것으로 간주되고 있었다. 16세기 중엽 이후 엔코미엔다에 대한 비난도 거세지고 왕도 엔코멘데로들을 견제하고 왕권을 강화하고자 하는 정책들을 펴나가면서, 엔코미엔다는 점점 약화되어갔다. 왕은 아메리카 식민지 통치를 위해 주요 지역을 부왕령으로 나누고 각 부왕령의 부왕 밑에 최고 통치기관인 아우디엔시아(Audiencia)를 설치했으며, 아우디엔시아의 관할 지역을 코레히미엔토로 나누었다. 이러한 계서제적인 통치제도는 1520년대 말에서 1530년대에 확립되었다.

하지만 코레히미엔토가 처음부터 멕시코 계곡 전체에 대한 지배권을 장악한 것은 아니었다. 1530년대 초에는 멕시코 시티에만 한정되어 있었다. 그러다가 1550년대에 이르러서야 코레히미엔토가 엔코미엔다 지역에 대한 완전한 정치적 통제권을 획득할 수 있었다. 1550년경 멕시코 계곡에는 코레히미엔토가 9개였다가 1570년대에는 15개로 늘어났다. 그리고 코레히미엔토의 권위가 엔코미엔다에 있는 원주민들까지 포함하는 것으로까지 확대되었다. 엔코미엔다의 힘이 최고 절정에 이른 지 20년 만에 코레히미엔토가 왕의 권위를 완전하게 행사할 수 있는 제도가 된 것이다. 16세기 중엽 이후 엔코미엔다는 점점 힘을 상실해갔지만, 코레히미엔토는 멕시코 계곡 전 지역에서 지방정부를 수용하게 되었다. 1570년대에 코레히미엔토의 경계가 확립되었는데, 이 경계는 17세기, 18세기까지 계속 유지되었다. 이처럼 코레히미엔토는 외부에서 왕의 대리인인 고급관리를 보냄으로써 식민지 지방의 통치체제를 좀 더 강화하려는 것이었다.

여기서도 지적해야 할 것은 스페인인들이 엔코미엔다와 마찬가지로 코레히미엔토도 정복 이전의 알테페틀을 토대로 했다는 점이다. 코레히미엔토는 알테페틀과 반드시 일대일 대응 관계를 이루었던 것은 아니지만, 적지 않은 경우에 알테페틀 전체가 하나의 코레히미엔토가 되었는데, 소치밀코, 코요아칸, 틀락스칼라, 툴란싱고 등이 그 예이다. 많은 경우에 알테페틀이었던 무니시피오가 여러 개 모여서 하나의 코레히미엔토를 형성했다. 찰코 코레히미엔토는 네 개의 무니시피오가 모여서 이루어졌다(Lockhart, 1992: 46~47).

이렇게 형성된 코레히미엔토에 왕은 스페인인 최고 책임자인 코레히도르(corregidor)를 임명했다. 코레히도르는 식민지 원주민들에게 가장 가까이에서 영향을 미쳤던 스페인 정부의 최하위 지방관리였다.[12] 원래 코레히도르의 임명은 부왕이 하게 되어 있었지만, 실제로는 스페인 왕이 임명하는 경우가 많았다. 그리고 코레히도르의 임기는 보통 1년이었지만 종종 기간이 연장되곤 했다. 그는 기록 담당관(escribano), 통역 담당관(intérprete), 경찰 업무 담당관(alguacil) 등을 거느린 채 코레히미엔토의 카베세라들 중 하나에 거주하면서 지방행정을 관리했다(Lockhart and Schwartz, 1983: 171).

1530년대 초에 곧바로 몇몇 코레히도르들이 임명되었지만, 처음에 임명받은 코레히도르들은 멕시코 시에만 제한되었고, 허락을 받아야만 관할지역을 방문할 수 있었다. 그것은 엔코멘데로와 코레히도르의 마찰을 피하게 하려는 목적이었다. 초기의 코레히도르들은 봉급을 받았지만 스스로를 왕의 엔코미엔다를 관리하는 사람, 즉 일시적인 엔코멘데로로 생각했으며, 실제로 엔코멘데로가 코레히도르인 경우도 종종 있었다.

---

12) 이 스페인 관리들은 식민지 시대 내내 시기에 따라 후에세스(jueces), 후스티시아스(justicias), 알칼데스 마요레스(alcaldes mayores), 코레히도레스(corregidores) 등 다양한 이름으로 불렸다. 하지만 16세기에 멕시코 계곡 지역에서 가장 일반적으로 사용되었던 말은 코레히도르였다.

테페틀라오스톡(Tepetlaoztoc)의 엔코멘데로였던 후안 벨라스케스 데 살라사르가 테스코코와 쿠아우티틀란의 코레히도르였듯이, 16세기 코레히도르 임명자 명단에 보면 엔코멘데로들의 이름이 있었다(Gibson, 1964: 83). 하지만 코레히미엔토의 권한이 엔코미엔다에 있는 원주민을 포함하는 것으로 확대되면서 1550년대에 이르러서는 코레히도르들의 권한도 확대되었다.

여기서 특히 주목해야 할 것은 코레히도르가 원주민들에게 끼친 영향이다. 코레히도르의 가장 중요한 임무는 재판과 세금징수의 임무였다. 그는 왕이 외부에서 임명한 스페인인 관리로 지방정부뿐 아니라 중앙정부의 이해관계를 대변했다. 그리하여 코레히도르는 카빌도를 관리 감독하는 일뿐 아니라, 원주민과 스페인인 관련 민사·형사소송 관련 재판을 담당하고 세금을 징수하는 일을 담당했다. 문제는 코레히도르가 자신의 경제적 이득을 위해서 원주민에 대한 착취를 서슴지 않았다는 점이다. 이를테면, 특히 초기의 코레히도르는 월급의 일부를 원주민에게서 직접 받았다. 예를 들어 1540년대에 찰코의 경우, 코레히도르와 그의 부하직원들은 관할지역의 원주민에게서 닭, 옥수수, 고추 같은 식품과 목재, 심지어 8명의 원주민 하인들까지 월급의 일부로 받았다.

더욱 더 심각한 것은 코레히도르들이 원주민을 보호하라는 공식적인 지침에도 불구하고, 직분을 이용하여 비공식적으로 원주민 공동체를 대상으로 자신의 이익을 취하려 했다는 것이다. 코레히도르들은 엔코멘데로들보다 훨씬 더 가혹하게 원주민을 다루었다. 1560년대 찰코의 경우를 보면 당시 코레히도르들의 원주민에 대한 착취가 어떠했는지를 잘 알 수 있다. 이 지역의 코레히도르 호르헤 세론 이 카르바할(Jorge Cerón y Carbajal)은 자신의 집을 짓고 말들을 돌보는 데 원주민의 노동력을 아무런 보수 없이 이용했으며, 물을 길어 나르고 음식을 준비하는 데도 아무런 대가 없이 원주민 하인을 썼으며, 그 외에도 매트리스, 침대, 땔감, 기타 물품들 모두를 공짜로 요구했다. 따라서 코레히도르로 임명되었다는 것은 부자가 될 수 있는 좋은 기회였다. 코레히도르들은 공식적인 공물 징수 외에 이처럼 비공식적인 공물을 징수하거나 원주민 노동력을 착취함으로써 원주민들에게 부담을 더 가중시켰다. 그들은 식민지에서 왕의 최말단 대리인으로서 활동하면서 원주민들을 가장 직접적으로 착취했던 사람들이었다. 원주민운동의 가장 직접적인 공격 대상이 그들이었던 이유도 여기에 있다.

이처럼 아스테카의 정치·행정조직이 식민통치에 맞게 재편되는 과정은 변화와 연속의 과정이었다. 이러한 정치적 재편 과정은 정복 이전의 원주민 지배계층의 지위에도 자연스럽게 영향을 미쳤다. 그러면 이 과정에서 원주민 지배계층의 지위에는 어떤 변화가 일어났는지 살펴보도록 하자.

4. 원주민 지배계층의 지위 변화

1) 원주민 지배계층의 죽음

정복 이전 아스테카 제국은 귀족과 평민으로 이루어져 있었는데, 귀족으로 이루어진 상층계급은 원주민 통치자인 틀라토아니와 원주민 귀족인 피필틴(pipiltin)으로 나뉘어 있었다. 이들은 대부분 목테수마 같은 왕과 왕의 신하, 각 알테페틀의 지배자, 독립 왕국의 왕, 군 장교, 세금 징수자, 성직자, 재판관 등이었으며, 그 지위가 세습되었다. 이들 귀족은 토지를 소유하고 공동체에서 공물과 노동력을 제공받을 수 있는 특권을 가지고 있었다.

정복은 이러한 원주민 지배계급의 지위에 변화를 가져왔다. 무엇보다도 원주민 지배계층은 스페인인들의 종속민으로 강등되었다. 외부에서 온 새로운 지배계층에게 아스테카 제국의 지배계층이 종속된 신분이 된 것이다. 원주민 지배계층은 정치적·행정적 재편 과정에서 중앙 정부에 대한 통제권과 권위와 군사적·종교적인 힘을 상당 부분 상실했으며, 그 힘을 여전히 가지고 있다 해도 지방적 수준을 넘지 못했다. 예를 들어, 코르테스 가문이 테파네카(Tepaneca)에 대한 통제권을 갖게 되자, 그곳에 대한 원주민 지배자의 통제권이 약화되었다. 삼각동맹으로 이루어진 아스테카 제국은 분열되고 그 힘 또한 상당히 제한적이었다. 스페인인들은 틀라토아니와 피필틴이 갖고 있는 지위와 특권을 많이 빼앗았다.

이러한 변화에 원주민 지배계층의 일부는 저항했다. 스페인인들은 원주민 지배계층의 저항을 처벌과 강제로 대응했다. 스페인인들은 그들의 토지를 강제로 빼앗고 그들의 권한도 축소시켰다. 하지만 가장 극단적인 경우는 죽음이었다. 원주민 지배계층은 저항에 대한 대가로 죽어갔다. 이러한 죽음은 바로 원주민의 통제권의 상실을 의미했다. 테노치티틀란에서는 1520년 원주민 봉기 과정에서 목테수마 2세가 죽었으며, 1525년에는 테노치티틀란, 테스코코, 타쿠바의 저항하는 틀라토아니들, 즉 쿠아우테목(Cuahutemoc), 코아나코치친(Coanacochtzin), 테노판케차친(Tenopanquetzatzin)이 스페인인들에게 살해당했다.

원주민 지배계층의 죽음을 불러온 것은 이러한 저항으로 인한 것뿐이 아니었다. 원주민들은 스페인인들과 함께한 정복 활동에서 죽기도 했다. 쿠아우테목의 뒤를 이은 돈 후안 벨라스케스 틀라코친(Don Juan Velásquez Tlacotzin)은 과테말라 원정길에 스페인인들과 함께 동행했다가 사망했다. 원주민을 죽음으로 몰아넣은 가장 큰 요인 중 하나는 전염병이었는데,

원주민 지배계층도 예외는 아니었다. 1520년에 목테수마의 후임이었던 쿠이틀라우악도 천연두에 걸려 사망했다.

이렇듯 스페인인들의 정복에 일부 원주민 지배계층은 저항했으며 비참한 죽음으로 그들의 생을 마감했다. 하지만 지배계층의 상당수는 스페인인들의 식민화 작업에 협력하며 생존의 기회를 모색했다. 스페인인들이 협력하는 원주민 귀족들을 어떻게 활용했는지 그것이 그들에게 어떤 변화를 가져왔는지 살펴보도록 하자.

2) 원주민 지배계층의 정치적 식민화: 틀라토아니에서 고베르나도르 (Gobernador)로

아메리카를 정복한 스페인인들은 거기에 살고 있는 원주민 지배계층의 가치를 충분히 인식했다. 그들은 아스테카 제국을 식민화하는 데 원주민 지배계층을 적절히 이용하고 활용하는 것이 필수라고 생각했다. 원주민 지배계층은 원주민과 스페인 식민 당국을 연결시켜줄 수 있는 매개체로서 중요한 역할을 할 수 있는 존재들이었다. 아메리카에 대한 지식이 없는 스페인인들보다는 그곳에 친숙한 원주민 지배계층이 식민 지배체제를 수립하는 데 훨씬 더 효율적이었던 것이다. 그리하여 스페인인들은 원주민을 스페인식으로 분류하고 명명했다. 원주민 상층계급 중에서 틀라토아니 혹은 틀라토케(tlatoque)를 카시케라 하고, 피필틴을 일괄적으로 프린시팔레스(principales)라고 했다. 그리고 원주민 인구의 대다수를 이루었던 집단은 마세구알레스(maceguales)라고 불렀다. 카시케들은 프린시팔레스보다 높은 지위에 있으며, 이 두 계층은 마세구알레스보다는 우위에 있었다.

우선 스페인인들은 자신들에게 협력하는 원주민 지배계층에게는 지위

를 보장해주고 토지와 가신들의 소유를 인정해주었다. 그들은 틀라토아니 혹은 카시케들을 '자연적인 우두머리들(señores naturales)'이라고 부르며 존중해주었다. 또한 스페인인들은 원주민 지배계층에게 칼이나 총을 찰 수 있고 스페인식 복장을 입을 수 있는 특권을 부여했으며, 말이나 노새를 탈 수 있는 권리, 기타 여러 가지 방식으로 원주민 지배계층이 가지고 있는 지위를 드러낼 수 있는 권리를 인정해주었다(Gibson, 1964: 155).

정복 후 아메리카를 식민화하는 과정에서 스페인인들이 원주민의 협력을 가장 절실히 필요로 했고 또 그러한 협력이 가장 두드러지게 나타났던 분야는 바로 정치·행정 영역이다. 아스테카 제국의 기본적인 정치 단위인 알테페틀을 엔코미엔다, 카베세라, 코레히미엔토로 재편하는 과정에서 스페인인들은 원주민 지배계층의 인력을 적극적으로 활용하여 그들을 관리로 임명했다. 먼저 1535년 누에바 에스파냐의 부왕인 멘도사(Mendoza)는 원주민 무니시피오에 고베르나도르 직을 만들었다. 스페인인들은 아스테카 제국의 틀라토아니들을 그 자리에 앉혔다. 스페인인들은 아스테카 제국의 틀라토아니 정부를 식민지의 고베르나도르 지배체제(gobernadoryotl)로 바꾸면서 종래의 틀라토아니를 그대로 고베르나도르 자리에 앉힌 것이다. 그래서 고베르나도르를 '카시케와 고베르나도르 (cacique y gobernador)'라고 부르기도 했다.

틀라토아니에서 고베르나도르로 원주민 지배계층이 존속되는 과정을 가장 잘 보여주는 경우는 아스테카 제국의 최상층이었던 목테수마 왕족의 경우이다. 1520년 목테수마가 죽은 다음에 그의 동생 쿠아틀라우악이 테노치티틀란의 틀라토아니로 선출되었다. 몇 달 안 가 전염병으로 그가 죽자 목테수마의 조카 쿠아우테목이 뒤를 이었는데 그도 1525년 과테말라 원정에서 코르테스에게 죽임을 당했다. 그 후에 여러 명의 틀라토아니가 선출되었다가 죽고 나서, 디에고 우아니친(Diego Huanitzin)이 공식적으로는 최초의 고베르나도르로 선출되었다. 그 뒤를 이어 목테수마의 삼촌인 디에고 테우에츠키(Diego Tehuetzqui)가 1540년대에서 1550년대 초까지 두 번째 고베르나도르로 임무를 수행했다. 왕족 출신으로 마지막 고베르나도르 역할을 수행한 인물은 루이스 데 산타 마리아 시팍(Luis de Santa María Cipac)이었다. 1565년에 그가 죽음으로써 왕족 출신의 고베르나도르의 시대는 끝났다.

하지만 왕족 이외에도 다양한 귀족 가문의 틀라토아니들이 고베르나도르로 선출되었다. 예를 들어 테스코코의 피멘텔(Pimentel) 가문, 익스타팔라파(Ixtapalapa)의 알롱소 아하야카(Axayaca) 가문, 그 외 여러 도시의 원주민 왕족들이 카시케이면서 고베르나도르에 선출되었다. 게다가 틀라토아니가 아닌 사람이 고베르나도르에 임명되는 경우도 있었는데, 그 경우에는 두 직책을 맡고 있는 사람이 서로 다른 사람이었다. 이처럼 정복 이전의 원주민 지배계층, 특히 틀라토아니가 정복 이후에도 계속해서 정치·행정체제의 지배층으로 유지되었다.

식민화 과정에서 원주민 지배계층이 정치적 행정적으로 수행했던 또 하나의 중요한 역할은 시의회 카빌도의 의원직이었다. 스페인인들은 카빌도의 알칼데와 레히도르직에 원주민 귀족들을 선출했다. 이 외에도 기록관인 에스크리바노(escribanos), 공동체의 재산을 관리하는 마요르도모(mayordomos), 경찰 업무를 담당하는 토필레스(topiles) 혹은 알구아실레스(alguaciles), 공물 징수를 담당하는 테키틀라토케(Tequitlatoque) 등 원주민 지방 정부의 관리들을 원주민 귀족 출신들로 채웠다(Aguirre Beltrán, 1953: 31~32). 식민지의 지배체제에서 최하층에서 이루어지는 정치·행정의 담당자들을 아스테카 제국의 원주민 지배계층으로 충원한 것이다.

그런데 여기서 한 가지 지적해야 할 것은 1530년대 말까지도 원주민 출신 알칼데는 없었다는 사실이다. 1550년 이후에야 원주민 알칼데와 레히도르들이 있는 카빌도 체제가 보편적으로 자리를 잡았다. 1530년에 푸에블라에서는 원주민이 섞인 카빌도 체제를 시도했지만, 멕시코 시에서는 원주민들이 카빌도의 의원이 되는 것을 결코 받아들이지 않았다. 그리고 이러한 관리들의 자격 요건도 처음에는 순수한 원주민이 아닌 사람으로 한정되었다. 하지만 이러한 기준을 충족시키는 것이 어렵게 되자 기준이 완화될 수밖에 없었다. 이처럼 아스테카 제국의 귀족 계급은 카빌도들이 완전히 확립되기 전까지는 오랜 기간 관직을 보유하지 못한 채 있어야 했다. 분명히 원주민 귀족계급의 관직 보유에 단절이 있었던 것이다.

또 한 가지 사실은 원주민 지배계층의 지위가 정복 이전에 비해서 많이 약해졌다는 점이다. 스페인인들이 지배층이 되면서 아스테카의 원주민 지배계층은 귀족의 최하층으로 흡수되었다. 목테수마 왕족의 경우에는 토지를 받고 카시케 역할을 했지만 그 권한이 지방 수준으로 제한되었다. 틀라토아니들은 고베르나도르가 되면서 사적인 공물 징수를 할 수 없게 되고, 공동체에 대한 통제권을 가지고 있는 지위에서도 제거되었다. 그 자리를 스페인 관리 코레히도르가 차지했다. 원주민 지배계층은 봉급을 받는 관리에 지나지 않게 된 것이다. 그렇게 되면서 자연히 원주민 지배계층의 소득도 감소했다. 고베르나도르들은 봉급 외에 기껏해야 몇 명의 하인들 정도의 제한된 서비스만을 공동체에게서 받을 수 있었다. 보상이 너무 제한적이고 의무와 책임은 컸기 때문에 원주민 지배계층은 관직의 보유를 그리 달가워하지 않게 되었다. 17세기에 가면 고베르나도르나 알칼데가 되고 싶어 하는 원주민이 거의 없다고 말할 정도가 되었다.

여기서 흥미로운 것은 정복 초기 원주민 지배계층의 대응이다. 정복 과정부터 코르테스에게 협력한 원주민 지배계층은 정복 후 코르테스에게 여러 가지 혜택을 얻어내려고 했으며, 그것이 충족되지 않았을 경우에는 스페인 왕에게 직접 호소하기도 했다. 사실 이러한 행동은 아스테카 제국 시절 원주민 귀족들이 목테수마 왕에게 청하던 방식을 그대로 따른 것이었다(Díaz del Castillo, 1976: 183~184). 정복 초기부터 상층계급 원주민들은 스페인 왕을 방문하기 시작했는데, 1527~1528년에 코르테스가 스페인으로 돌아갈 때 40명의 원주민 지배계층이 동행해서 왕을 알현했다. 당시에 원주민 지배계층이 왕에게 호소하고자 했던 것은 주로 자신이나 공동체에 특권을 보장해달라는 것이었다. 스페인 왕 카를로스 1세는 원주민 방문자들에게 특권을 보장해주면서 연금을 지급하고 스페인식 옷을 주고 정복 이전부터 물려받은 재산을 소유할 수 있도록 해주었다(Gibson, 1960: 176~177). 하지만 안타깝게도 왕의 이러한 약속은 식민지에서 종종 무시되기 일쑤였다. 그렇게 되면서 급기야 16세기 중엽 이후에는 원주민 지배계층의 왕 알현 빈도수도 확연히 줄어들었다. 어쨌든 정복 초기 원주민 지배계층이 스페인인들에 대한 협력의 대가를 요구하면서 자신들의 특권을 보장받으려고 스페인 왕을 알현했던 이러한 적극적인 행동들은 스페인인들이 협력적인 원주민 지배계층의 요구를 어느 정도 수용하려 했음을 보여준 예라고 할 수 있다. 하지만 그보다는 오히려 그러한 행동들은 원주민 지배계층이 약화된 권위와 특권과 실추된 지위를 만회하려는 절박한 행동이었다고 보는 것이 더 나을 것이다.

그럼에도, 원주민 지배계층의 대다수는 정복 이후 식민화 과정에서 계속 그들의 지위를 유지했다. 그러기 위해서 원주민 지배계층은 필사적인 노력을 기울였다. 그중에서도 눈에 띄는 것은 문화적으로 철저하게 식민화하려 했던 점이다. 그것은 그들의 생존전략이었다. 카시케와 프린시팔레스들은 자신들의 문화까지도 철저하게 식민화하려고 했다. 평민인 마세구알레스와는 달리,13) 그들은 집도 스페인식으로 짓고 집안 가구나 살림살이들도 스페인식의 것을 구입했다(Gibson, 1964: 156). 이들 중에 소수는 후아레스(Juárez), 가르시아(García) 같은 스페인 성을 사용하며 상층 계급으로 들어가는 데 성공했다.

5. 결론

이상에서 살펴본 바와 같이 정복 후 아스테카 제국의 정치적 식민화 과정은 연속의 과정이자 동시에 변화의 과정이었다. 우선 연속의 측면에서 보자면, 두 가지를 지적할 수 있다. 하나는 아스테카 제국의 가장 기본적인 정치조직인 알테페틀이 식민지의 정치 지배 질서의 토대가 되었다는 점이다. 스페인인들은 정복 이전 원주민 사회의 제도나 전통 중에서 식민화에 이용할 만한 것은 계속 유지했다. <표 3-2>의 도식에서 보는 바와 같이, 스페인인들은 알테페틀을 토대로 엔코미엔다, 무니시피오, 코레히미엔토 같은 정치 행정 조직들을 만들어나갔다. 따라서 식민지의 정치적 질서는 아스테카 제국의 알테페틀을 근간으로 거기에 명칭과 형식만 조금 바꾼 채 스페인식 정치행정질서를 만든 것이었다.

연속의 과정이라고 할 수 있는 또 한 가지는 원주민 지배계층의 존속이다. 스페인인들은 정복과 정복 이후 식민화 과정에 저항하는 원주민들은 가차 없이 죽였다. 하지만 그들에게 협력하는 원주민들은 정복 이전의 지위와 부를 어느 정도 유지할 수 있도록 해주었다. 게다가 식민지의 정치·행정을 담당하는 인력을 원주민으로 충원했다. 그럴 수밖에 없었던

---

13) 마세구알레스 중에는 부와 권력을 얻어서 프린시팔레스가 되려고 노력하는 사람들도 있었다. 그리하여 그들은 프린시팔레스가 되기도 하고 반대의 경우에는 노예로 전락하는 경우도 있었다.

〈표 3-2〉 16세기 정치 행정 조직의 변화

알테페틀 → 엔코미엔다 → 코레히미엔토(무니시피오)

칼푸이 → 카베세라 - 수헤토

것이 스페인인이 턱없이 부족했을 뿐 아니라, 식민지 현실에 낯선 스페인인들보다는 그곳에 익숙한 원주민들을 이용하는 것이 훨씬 효율적이었기 때문이다. 그리하여 원주민 지배계층의 상당수가 식민지 지배질서의 관리들로 계속 살아남았다. 특히 무니시피오의 우두머리였던 고베르나도르는 아스테카 제국의 틀라토아니였다. 역할과 권한은 좀 달랐지만 원주민 지배계층은 여전히 식민지 정치질서의 요직에 자리 잡고 있었던 것이다. 그 외에 지방의 행정관리들이었던 알칼데, 레히도르, 에스크리바도르, 마요르도모 등의 역할도 원주민 지배계층이 담당했다.

하지만 식민화 과정은 연속의 과정만은 아니었다. 알테페틀의 틀을 유지하기는 했지만, 그것을 토대로 엔코미엔다, 카베세라, 코레히미엔토 등으로 재편하는 과정은 변화의 과정이었다. 그 과정에서 스페인인들은 아메리카에 새로운 요소를 도입함으로써 정치적 변화를 가져왔다. 그 중 가장 대표적인 것은 지방의 무니시피오에 설립된 카빌도이다. 이 카빌도는 아스테카 제국에는 없던 새로운 종류의 정치제도였다. 틀라토아니 개인에게 완전히 종속되어 자문기구 역할을 했던 아스테카 제국의 최고 위원회와는 달리, 카빌도는 식민지 시대에 일종의 협의기구로서 지방의 정치, 행정을 담당하며 시 행정에 관한 제반 사항을 논의했다. 코레히미엔도의 우두머리였던 코레히도르도 식민지 아메리카에 새롭게 도입된 관직이었다. 코레히도르는 스페인 왕이 부왕을 통해서 임명한 식민 정부의 최하위 지방 관리로서 지방 행정을 담당했다. 그들은 원주민들을 가장 가까이에서 접촉하면서 영향을 미쳤다.

그런데 여기서 다시금 강조해야 할 것은 이러한 변화와 연속의 과정이 식민화 과정이었다는 점이다. 그것이 변화와 연속이 갖는 진정한 의미이다. 이 글에서 살펴본 바와 같이, 정치적 과정만 놓고 보더라도 스페인인들의 정책들과 활동들은 아스테카 제국을 스페인의 식민지로 만들기 위한 것이었다. 스페인인들은 정복 후 식민지의 정치조직을 아스테카 제국의 정치조직 알테페틀을 바탕으로 재편했는데, 그것은 스페인인들이 식민화 과정에서 아스테카 제국이 가지고 있었던 효율적인 제도를 활용한 것일 뿐이었다. 더구나 스페인인들은 거기에 동원된 원주민 지배계층의 기득권을 상당 부분 빼앗으면서 스페인인들의 종속민으로 전락시키고 식민지배의 하수인으로 만들었다. 원주민 지배계층의 영향력도 카베세라라는 극히 지방적인 수준을 넘지 못하도록 제한했다. 스페인인들과 원주민 지배계층 간에 지배와 종속의 관계가 형성되었던 것이다. 그러므로 정복 이후 아스테카 제국의 연속과 변화의 과정을 논할 때, 그러한 과정들이 식민화라는 거대한 흐름 속에서 이루어진 것임을 분명히 지적할 필요가 있다.

참고문헌

두셀, 엔리케. 2011. 『1492년 타자의 은폐: '근대성 신화'의 기원을 찾아서』. 박병규 옮김. 그린비.
월러스틴, 이매뉴얼. 1999. 『근대세계체제 1』. 나종일 외 옮김. 까치.
최영수. 1995. 『라틴아메리카 식민사』. 대한교과서.
코르테스, 에르난. 2009. 『코르테스의 멕시코제국 정복기』 1, 2. 앙헬 고메스 엮음. 김원중 옮김. 나남.

Aguirre Beltran, Gonzalo. 1953. *Formas de gobierno indigena*. Mexico: Imprenta Universitaria.
Altman, Ida, and James Lockhart(eds.). 1976. *Provinces of Early Mexico: Variants of Spanish American Regional Evolution*. Los Angeles: UCLA Latin American Center.
Altman, Ida, Sarah Cline and Juan Javier Pescador. 2003. *The Early History of Greater Mexico*. Upper Saddle River, NJ: Prentice Hall.
Borah, Woodrow. 1951. *New Spain's Century of Depression. Ibero-Americana*, vol. 35, Berkeley: University of California Press.
_____. 1983. *Justice by Insurance: The General Indian Court of Colonial Mexico and the Legal Aides of the Half-Real*. Berkeley, Los Angeles, and London: University of California Press.
Chance, John K. 1989. *Conquest of the Sierra: Spaniards and Indians in Colonial Oaxaca*. Norman: University of Oklahoma Press.
Chevalier, François. 1963. *Land and Society in Colonial Mexico: The Great Hacienda*. Alvin Eustis(trans.). Berkeley and Los Angeles: University of California Press.
Cline, S. L. 1986. *Colonial Culhuacan, 1580-1600: A Social History of an Aztec Town*. Alubquerque: University of New Mexico Press.
_____. 1993. "The Spiritual Conquest Reexamined: Baptism and Christian Marriage

in Early Sixteenth-Century Mexico," *The Hispanic American Historical Review*, vol. 73, No. 3, pp. 453~480.

Collier, Jane F. 1973. *Law and Social Change in Zinacantan*. Stanford: Stanford University Press.

Cosío Villegas, Daniel. 1976. *Historia General de México*(tomo 1. 2.). México: El Colegio de México.

Díaz del Castillo, Bernal. 1976. *Historia verdadera de la conquista de la Nueva España*. México: Editorial Porrúa.

Foster, George M. 1960. *Culture and Conquest: America's Spanish Heritage*. Chicago: Quadrangle Books.

Gibson, Charles. 1952. *Tlaxcala in the Sixteenth Century*. New Haven: Yale Histoical Publications,Miscelany, LVI.

_____. 1960. "The Aztec Aristocracy in Colonial Mexico." *Comparative Studies in Society and History*, 2(2), pp. 169~196.

_____. 1964. *The Aztecs Under Spanish Rule: A History of the Indians of the Valley of Mexico, 1519-1810*. Stanford Calif.: Stanford University Press.

Gosner, Kevin. 1984. "Las elites indígenas en los altos de Chiapas(1524-1714)," *Historia Mexicana*, 33, pp. 405~423.

Gruzinski, Serge. 1989. *Man-Gods in the Mexican Highlands: Indian Power and Colonial Society, 1520-1800*. Stanford, Calif.: Stanford University Press.

_____. 1992. *Painting the Conquest: The Mexican Indians and the European Renaissance*. Deke Dusinberre(trans.). Paris: UNESCO and Flammarion.

Harvey, H. R., and Hanns J. Prem(eds.). 1984. *Explorations in Ethnohistory: Indians of Central Mexico in the Sixteenth Century*. Albuquerque: University of New Mexico Press.

Harvey, H. R.(ed.). 1991. *Land and Politics in the Valley of Mexico*. Albuquerque: University of New Mexico.

Haskett, Robert. 1987. "Indian Town Government in Colonial Cuernavaca: Persistence, Adaptation, and Change." *Hispanic American Historical Review* vol. 67. no. 2, pp. 203~231.

_____. 1991. *Indigenous Rulers: An Ethnohistory of Town Government in Colonial Cuernavaca*. Albuquerque: University of New Mexico Press.

Horn, Rebecca. 1997. *Postconquest Coyoacan: Nahua-Spanish Relations in Central Mexico, 1519-1650*, Standford University Press.

Kellogg, Susan. 1984. "Kinship and Social Organization in Early Colonial Tenochititlán." *Supplement to the Handbook of Middle American Indians*, gen. ed. Victoria Reifler Bricker. Austin: University of Texas Press.

_____. 1986. "Aztec Inheritance in Sixteenth-Century Meixco City: Colonial Patterns, Prehispanic Influence." *Ethnohistory*, 33(3), pp. 313~330.

_____. 1993. "The Social Organization of Households Among the Mexica Before and After Conquest." *Prehispanic Domestic Units in Western Mesoamerica: Studies of the Household, Compound, and Residence*. Robert S. Santley and Kenneth G. Hirth(ed.), Boca Raton: CRC Press, pp. 207~224.

_____. 1995. *Law and the Transformation of Aztec Culture, 1500-1700*. Norman and London: University of Oklahoma Press.

Kubler, George. 1948. *Mexican Architecture of the Sixteenth Century*. New Haven: Yale University Press.

León-Portilla, Miguel. 1984. *Bernal Días del Castillo, Historia verdadera de la Conquista de la Nueva España*(tomo A. B.). México: Historia 16.

Lockhart, James. 1991. *Nahuas and Spaniards: Postconquest Central Mexican History and Philology*(N&S). Stanford, Calif. and Los Angeles: Stanford University Press.

_____. 1992. *The Nahuas after the Conquest: A Social and Cultural History of the Indians of Centural Mexico, Sixteenth through Eighteenth Centuries*. Stanford: Stanford University Press.

Lockhart, James and Stuart B. Schwartz. 1983. *Early Latin America: A History of Colonial Spanish America and Brazil*. Cambridge: Cambridge University Press.

Owensby, Brian P. 2008. *Empire of Law and Indian Justice in Colonial Mexico*. Stanford: Stanford University Press.

Richard, Robert. 1966. *The Spiritual Conquest of Mexico: An Essay on the Apostolate and the Evangelizing Methods of the Mendicant Orders in New Spain, 1523-1572*. Lesley Byrd Simpson(trans.). Berkeley: Univ. of California Press.

Sahagún, fray Bernardino de. 1989. *Conquest of New Spain, 1585 Revision*. Howard F. Cline(trans.). S. L. Cline(ed.). Salt Lake City: University of Utah Press.

Wood, Stephanie. 2003. *Transcending Conquest: Nahuas Views of Spanish Colonial Mexico*. Norman: University of Oklahoma Press.

제4장

안데스 구전에 담긴 '정복'과 식민통치*

강성식 서울대학교 서어서문학과 강의교수

1. 서론

이 연구는 '정복'과 식민통치라는 대재앙을 겪은 안데스인들이 그 사건을 어떻게 이해하고 받아들여 왔는지에 대한 고찰, 즉 패자의 시각 연구의 일환이다. '정복'에 대한 원주민의 시각을 살피기 위해서는 안데스인의 당시 기록을 보는 것이 제일 좋을 것이다. 하지만 잉카 제국에는 문자가 없었기 때문에 일반인에 의한 폭넓은 기록을 기대하기는 힘들다. 그나마 우선적으로 연대기를 떠올릴 수 있겠지만, 연대기 문제와 관련해서는 관점에 대한 논란이 빠지지 않는다. 먼저 당시의 연대기는 스페인인들의 기록이 대부분이기 때문에 사건을 객관적으로 기술하기보다는 스페인의 입장을 상당 부분 대변하고 있다. 실제로 잉카 부흥운동이 한창이

---

* 이 글은 ≪이베로아메리카 연구≫ 22권 1호(2011)에 발표된 필자의 기존 논문을 총서의 취지에 맞게 수정·보완한 것이다.

던 시기에 부왕으로 부임한 톨레도는 잉카 왕 시해 구실을 찾기 위해 잉카의 부정적 면모들을 부각시킨다. 또한 연대기 기록자들은 전혀 다른 세계관을 가진 안데스인의 정치, 사회, 종교, 문화, 경제 등을 유럽식 용어나 개념을 이용해서 기술하고 있다. 이런 이유 때문에 우르바노(Urbano)는 식민 초기 안데스에 대한 스페인인들의 기록은 일종의 허구며, 유럽의 이데올로기로 해석된 안데스 신화는 그 본래 의미를 상실하고 스페인식 의미로 치환되었다고 한다(Urbano, 1993: 24~28). 예컨대 안데스 지역의 각종 기록과 민담에는 스페인인들이 아메리카에 도착하기 직전에 잉카 왕이 악몽을 꾸고 자연재해가 빈발하는 등 불길한 징조들이 나타났다거나, '낯선 이들'의 등장을 보고받은 후 급사한 잉카 와이나 카팍(Huayna Capac)이 임종 당시 위라코차(Wiracocha)인 스페인인들에게 복종하라는 유언을 남겼다는 이야기가 있지만, 아스테카 지역에서도 유사한 사례가 나타나는 것으로 보아 유럽인의 의도에 따라 후대에 확대 재생산된 해석일 가능성이 농후해 보인다.[1]

한편 연대기 중에는 잉카 가르실라소나 와망 포마(Guaman Poma), 산타크루스 파차쿠티(Santacruz Pachacuti) 등의 경우처럼 원주민의 입장을 엿볼 수 있는 연대기도 존재한다. 그런데 식민 초기 당시 스페인이 내세운 대표적인 우상 타파 수단의 하나가 학교였고(Flores Galindo, 1994: 75),

---

[1] 메튜 레스톨(Matthew Restall)은 아스테카 지역의 여러 징조 신화가 날조되었을 가능성이 있다고 지적하는데(Restall, 2004: 108~114), 안데스 지역에도 적용될 수 있는 견해로 판단된다. 한편 와이나 카팍의 유언과 관련해서는 로마의 창건자 로물로스가 12마리의 독수리를 본 일 때문에 로마인들이 종말관에 시달렸다는 사실을 떠올려볼 필요가 있다. 12번째 왕의 시대가 지나면 잉카 제국이 멸망한다는 와이나 카팍의 유언이 후대에 여론 조작에 의해 창조된 것이라면 로마 신화가 변형되어 안데스 역사에 덧씌워졌을 가능성이 커 보인다.

1570~1580년 사이에 부왕, 톨레도가 페루에 학교를 창설해서 강압적으로 교육시켰던 것은 일종의 세뇌였다.[2] 따라서 스페인어 구사 능력을 갖춘 문화적 메스티소의 연대기 역시 패자의 시각이란 과제 앞에서는 그 한계를 드러내게 된다. 이상의 사실들과 관련해 라울 포라스(Raul Porras)는 연대기 기술 시기를 톨레도 이전(1551~1568), 톨레도 기(1569~1581), 톨레도 이후로 구분하면서 첫째 시기에는 정확한 정보에 근거해 원주민에 대한 연민을 기록한 것이 주를 이루는 반면, 톨레도 시기에는 잉카 정부를 폄훼하여 독재, 폭정, 전쟁, 인신공희, 근친상간 등의 부정적인 면을 부각시킨 것이 다수를 이루고, 그 이후에는 반톨레도적이면서 원주민에 우호적이고 '정복'과 식민지배를 비판하며 사건을 전설적이고 우화적으로 표현하여 신화화하는 연대기가 많다고 지적하고 있다(Burga, 2005: 319~320). 패자의 시각 연구에서 연대기가 중요한 자료임에는 틀림이 없으나, 이상에서 보았듯이 연대기는 작가 개인의 시각이나 입장, 당시 스페인 측의 정치적 의도에 상당 부분 영향을 받았다는 분명한 한계 역시 가지고 있다.

연대기의 이런 약점을 보완할 수 있는 한 방법이 바로 원주민 사이에 구전으로 내려오는 민담이나 신화를 살피는 일이다. 사실상 당시의 사건들과 관계된 원주민 대중의 입장은 연대기보다는 신화나 민담에 더 깊숙이 스며들었다고 보아야 한다. 이와 관련해 또 하나 주목해야 할 사실은 시기적으로 주로 식민 초기에 한정된 기록인 연대기는 기록 문화의 특성상 그 이후의 상황을 전혀 반영하지 못하는 박제된 자료인 반면, 대중들 사이에서 끊임없이 맥동하면서 집단의식을 담아온 구전문화는 살아 있

---

[2] 강제로 이루어진 교육이었기 때문에 17세기 초가 되면 학생 수가 감소한다. 학생 수가 감소한 또 다른 이유는 본문에서 언급할 문자 문제와 관계있다.

는 자료라는 점이다.

안데스 패자의 시각 연구가 특히 구전신화, 민담 등에 주목했던 것도 그 때문이다. 이 글에서도 '정복' 이후에 형성된 구전문화를 주된 연구 대상으로 선택했다. 식민 시대의 각종 안데스 구전문화는 '정복'이나 식민체제와 관련된 안데스 원주민들의 의식과 저항정신을 오롯이 담고 있어 안데스인들의 시각을 추적할 여지를 폭넓게 열어준다. 그런데 흔히 말하듯 서구식 합리주의적 사고뿐만 아니라 또 다른 방식의 사고들도 나름대로 충분히 논리적인 것이라면, 안데스 지역의 경우 종교관이나 우주관과 연관된 요인이 구전을 비롯한 모든 분야의 논리 전개에 복합적으로 작용한다.3) 가령 타키 옹고이(Taki Ongoy) 운동이나 와망 포마 연대기 기저에는 주기적 대 혼란설이나 전통적 공간 상징과 같은 안데스의 시간관이나 우주관에 근거한 신화적 해석이 자리하고 있다. 안데스 원주민의 이 같은 인식 방식과 관련해서 한 가지 중요한 점은 그 같은 설명이 실제로 맞는가의 문제가 아니라 그들이 그 논리적 설명에 기대 세상을 바라보고, 해석하고, 행동한다는 사실이다.

2. 본론

1) 문자와 언어, 마력을 품은 도구

고마라(Gomara)의 연대기에는 스페인인들과 아타왈파의 첫 만남에 얽

---

3) 이런 의미에서 안데스의 경우 상당수 민담이나 구전도 넓은 의미의 신화라는 범주에 포함된다고 할 수 있다.

힌 이른바 '말하지 않는 성경' 테마, 즉 진정한 신인 하나님의 말씀이 들어 있다는 책을 받아든 아타왈파가 아무 말도 들리지 않는다고 성경을 땅바닥에 내동댕이친다는 내용이 등장한다(Gomara, 1977: 210). 사실 여부와는 별개로 차라리 희극적이기까지 한 이 테마는 일부 연대기를 비롯해 각종 구전에 다양한 양상으로 빈번히 등장한다. 연극의 예만 보아도 「아타왈파 최후에 대한 비극(Tragedia del fin de Atawallpa)」에는 문자와 종이를 마주한 잉카인들의 혼란과 '말하지 않는 성경' 이야기의 일부가, 「잉카 아타왈파의 생포와 죽음(La captura y muerte del Inca Atahualpa)」에는 '성경 내동댕이치기' 일화가 등장한다. 그리고 잉카의 죽음이라는 유사한 내용을 담고 있는 한 민담에서는 스페인인들의 모든 지혜의 근원이 종이라고 언급하고 있다(Millones, 2000: 41). 이런 사실들은 난생처음으로 접한 문자, 종이, 책 등 문자 문화와 관련된 대상들이 안데스인들에게 얼마나 깊은 인상을 남겼는지 짐작하게 해준다. 이와 관련해서 중요한 시사점을 전해주는 신화가 1971년 아야쿠초 출신의 한 노인에게서 채집된 「학교 신화(Mito de la escuela)」다.4) "우리는 왜 학교 가기를 싫어하는가?"라는 자문으로 시작하는 그 신화에 따르면 신의 두 아들 잉카와 예수가 있었는데, 잉카의 권능을 시기한 동생 예수가 형에게 글자가 적힌 종이를 보여주자, 처음 보는 문자에 놀라 도망친 잉카는 결국 굶어죽고 만다. 이후 잉카의 두 아들이 아버지를 찾아 헤매는데 학교에 오면 잉카가 어디 있는지 가르쳐주겠다는 냐우파 마추(Ñaupa Machu, 잉키의 적)의 꼬임에 학교로 갔더니 그가 두 아이를 잡아먹으려고 한다. 이때부

---

4) 신화나 민담의 구술자나 채집자가 붙인 제목은 「 」로 표시했고, 제목이 따로 없어 이 글에서 임의로 붙인 제목은 < >로 표시했다. 그리고 같은 종류의 여러 신화에 대한 통칭일 경우에는 특별한 표시를 하지 않았다.

터 아이들이 학교 가기를 두려워했다는 것이다.5)

알레한드로 오르티스 레스카니에레(Alejandro Ortiz Rescaniere)는「학교 신화」속 잉카와 예수의 대립을 문화, 낮, 밝음, 태양과 야만, 밤, 어둠, 달 등의 대립으로 파악하며(Ossio, 1973: 245~246) 유럽의 것인 문자나 책을 뜻밖에도 문명이 아닌 야만의 산물로 규정하고 있다. 안데스의 중심지 쿠스코를 창건하고 사람들에게 언어와 농사법 등을 가르쳐준 문화 영웅인 잉카를 놀라게 하려고 예수가 암흑의 시기로 막 접어드는 어스름 녘 들판에서 반문화인 글자를 보여준다는 것이다. 그러므로「학교 신화」에서 잉카의 죽음은 행복, 밝음의 시간에서 고통과 어둠의 시간으로 접어드는 것을 의미하고, 문자와 학교는 현 세상, 예수의 세상, 어둠의 세상과 연결된 실체가 된다. 잉카의 죽음을 다루는 여러 연극에서도 잉카 처형 시간을 비슷한 시간대로 설정하는 경우가 많다는 사실은 이러한 주장의 설득력을 더해준다. 그런데 문자로 인해 잉카가 죽었다는 인식은 안데스인들이 문자를 '정복' 과정에서 신비한 마력을 발휘한 마술적인 도구로 받아들이고 있다는 의미가 된다.6) 알레한드로 오르티스 레스카니에레는 또한「학교 신화」의 학교가 안데스 문화와 유럽 문화 간의 대립을 부정하는 것으로 본다(Ossio, 1973: 247). 이 경우 아이들이

---

5)「학교 신화」는 보호자를 잃은 후 잡아먹힐 위기에 처했던 형제와 관련된 '정복' 이전 신화인「와콘 신화(Wa-Qon)」와「아치키 신화(Achikee)」를 통해 형성된 것으로 보인다. 또한「학교 신화」의 두 아들은 투팍 아마루(Tupac Amaru) 처형 후 리마로 유배되었다가 2년 후에 사망한 투팍 아마루의 두 아들도 연상시킨다.
6) 문자나 종이를 마술적인 힘이 담긴 대상으로 보는 이러한 관점은 무(無)문자 사회에서 심심찮게 나타난다. 남태평양 섬들의 '카고 컬트(Cargo Cult)'에서도 마찬가지인데, 읽고 쓸 줄 모르는 그곳 원주민들에게 문자가 적힌, 주문서, 송장, 영수증 등 거래 서류는 배와 하물(荷物)이 바다를 건너 찾아오도록 하는 마술적 도구에 해당한다(옹, 1995: 145).

학교를 두려워한다는 말은 자신의 문화 정체성 파괴에 대한 우려로 이해된다.

마누엘 부르가(Manuel Burga)도 주요 우상숭배자들로 지목되곤 하던 쿠라카(curaca, 부족장 정도에 해당함)들의 자녀를 위한 학교를 열어 스페인어를 가르쳤던 일을 인종 정체성 말살 의도로 보고 있다(Burga, 2005: 196~197).7) 이처럼 '정복'의 마법적 도구였고 안데스인 문화 정체성 파괴의 원흉이었던 문자는 회피 대상이 된다.

'정복'에서부터 비롯된 원주민들의 문자에 대한 두려움과 기피는 스페인어에도 부정적인 의미의 불가사의한 힘을 부여하는 상황을 낳는다. 마누엘 마르살(Manuel Marzal)이 우르코스에서 채집한「세 시대에 관한 신화(Mito de las tres edades)」는 '정복' 이후 페루 역사에서 이 문자와 언어 능력이 어떤 의미를 가지는지 보여준다. 신화에 의하면 현재는 예수 그리스도의 세상인데 신이 인간을 세 종류로 나누어 창조했다. 그중 두 번째 종류의 인간은 쿠스코에 사는 잉카로 크게 권능 있는 존재지만 읽는 능력을 부여받지는 못했고, 세 번째 부류의 인간은 신의 아들이자 읽는 능력을 가진 미스티(misti)들이다. 그런데 잉카는 미스티들이 오면 그들을 피해 높은 산으로 숨어버리는 반면, 미스티는 하고 싶은

---

7)「학교 신화」는 페루를 대지모신 마마파차(Mama Pacha)의 육체로 묘사한다. 그 음부가 티티카카 호수, 그 심장이 쿠스코, 이마가 키토, 입이 리마에 해당한다는 것이다. 여기서 음부와 심장은 잉기 청긴 신화와 연관되어 있음을 짐작할 수 있고 키토가 이마라는 말은 그곳이 잉카 영토의 끝이라는 의미로 보인다. 그런데 알레한드로 오르티스 레스카니에레는 리마가 입이라고 한 것을 두고 그곳이 원주민을 삼키는 도시라는 의미로 받아들인다(Ortiz Rescaniere, 1973: 168). 이는 유럽인들의 도시 리마가 원주민들의 정체성을 위협하는 공간이라는 사실의 표현으로 볼 수 있어 원주민 정체성 보존을 위해 원주민과 스페인인은 서로 격리되어 살아야 한다는 와망 포마의 생각과도 맞닿아 있다고 할 수 있다.

대로 행동하지만 신도 그들의 잘못은 용서해준다고 한다. 이 신화는 '주인'인 미스티가 되느냐 지배를 받는 대중이 되느냐를 결정하는 요인이 언어 능력에 있다고 말하고 있다. 그런데 미스티가 꼭 유럽인이나 그 후손을 의미하는 말이 아니라 '지배자'라는 점에서 유럽의 산물인 읽을 수 있는 능력을 받아들였느냐 그렇지 못했느냐가 사람들의 처지를 가른다는 인식이 드러난다. 1971년 아야쿠초의 한 지방에서 채집된 「스페인어의 대가는 비싸다(Hablar castellano cuesta caro)」는 스페인어를 모르는 안데스인들이 스페인어 구사 능력 자체를 힘이나 권력과 직결시키고 있음을 단적으로 드러낸다. 그 구전의 내용을 요약하면 다음과 같다.

대 농장주가 원주민 공유지를 빼앗으려 하는데, 농장주가 스페인어를 할 줄 알기 때문에 원주민들은 자신들이 재판에서 이길 수 없다고 생각한다. 그래서 농장주에 맞서기 위해 원주민 세 명이 리마로 스페인어를 사러 간다. 돈이 없어 각자 한 마디씩 딱 세 마디, '우리가', '우리가 원하니까요', '그게 바로 우리가 바라는 바요'를 사기로 한다. 리마에서 마침 같은 마을 공동체 출신 인물을 만나 스페인어를 구입하기로 하는데, 한 마디당 50솔이라는 그의 말에 세 사람은 값을 깎아달라고 한다. 그러자 그가 '그럼(entonces)' 60솔이라고 오히려 값을 올려버린다. 할 수 없이 오른 가격에 스페인어를 산 그들은 돌아오던 도중에 웬 죽은 사람을 만난다. 경찰이 나타나 범인이 누구냐고 스페인어로 다그치자, 경찰이 스페인어를 사용한다는 이유로 자신들을 겁박한다고 생각한 그들은 자신들도 스페인어를 가지고 있다는 것을 보여주기로 한다.

"누가 죽였나?" / "우리가(nosotors)."
"왜?" / "우리가 원하니까요(porque queremos)."
"그럼 징역 25년에 처한다." / "그게 바로 우리가 바라는 바요(eso es lo

que queremos).")[8]

땅을 빼앗으려는 대 농장주와 자신들을 살해범으로 몰아가려는 경찰의 힘이 스페인어에 있다는 생각에 자신들도 역시 스페인어로 맞서려는 원주민의 시도에서 보듯, 원주민들은 스페인어를 못한다는 사실 때문에 부당한 대우를 받고 있다고 생각한다. 그리고 그들은 결국 바로 그 스페인어 때문에 돌이킬 수 없는 상황에 처하고 만다. 이처럼 안데스인들은 '정복'이 이루어진 지 500년 가까이 흐른 20세기까지도 억압받고 수탈당하는 한 원인을 넓은 의미의 문자 문제와 연관시켜 파악하고 있다. 요컨대 안데스에서 문자는 처음에는 '정복'의 도구, 식민 초기에는 정체성 말살의 도구로 인식되었고, 식민 시대로부터 현대에 이르기까지는 원주민들이 핍박받는 한 원인으로 받아들여지고 있다. 전통적으로 안데스 지역 원주민들의 문맹률이 높은 이유가 단순히 교육에서 소외되었기 때문만이 아니라 학교나 문자에 대한 뿌리 깊은 반감 때문이기도 함을 알 수 있다. 여기서 이 언어 문제를 안데스인들 정체성의 근간까지 위협했던 종교 문제와 관련된 논의로 일부 확장시켜보기로 하자.

잉카 제국이 그렇게 허망하게 패망한 원인 중 하나는 전쟁관 차이였다. 안데스에서는 전통적으로 패자에게 공물만 받고 대부분의 풍습은 유지하도록 허용했다. 잉카인들이 패배를 쉽게 수용했던 일도 공물을 바치는 대신 고유의 것들을 지키기 위함이었다. 하지만 스페인의 통치는 문화, 사회, 정치 체제를 뒤흔들어 놓았으며 동물이나 식생을 변화시킨 것은

---

8) 마지막 부분인 경찰과의 대화를 제외하고는 케추아어로 되어 있는 것을 알레한드로 오르티스 레스카니에레가 스페인어로 옮긴 것이다. 중간에 나오는 스페인어 단어 하나를 따로 병기했다. 그리고 이 이야기는 실제 있었던 일로 보이는데, 이야기의 당사자들은 여전히 감옥에 있다는 말이 덧붙여져 있다.

물론 정신세계의 근간이 되는 종교법까지 파괴하는 대 참극을 불러왔다. 그 결과 안데스는 전통 종교와 기독교가 혼란스럽게 공존하는 상황에 놓인다. 어느 사회나 그렇듯, 시간이 지나면서 외형적으로는 안데스 종교와 기독교가 혼합되는 듯한 양상을 보였다. 하지만 교회가 원주민을 형식적으로 개종시키는 데에는 큰 성공을 거두었으나 내면까지 바꾸어 놓는 데에는 실패해서 사실상 전통 신앙이 지배적이었다. 예컨대 회화에서도 성모를 안데스의 산신 아푸(Apu)의 형태로 그림으로써 기독교를 이용해 실제로는 전통 신을 기리는 모습이 흔하게 관찰된다. 그런데 안데스 전통 신화들은 과거 질서와 상반되는 새로운 질서 창조에 무질서의 시기가 필요하다고 본다. 식민 시대 비코스의 하인 신화인 「아단에바 신화(Adaneva)」에서도 '정복' 이후의 시기를 무질서의 시기로 간주하면서 새로운 창조를 염원하고 있다. 하지만 새로운 신 그리스도는 새 세상을 열어줄 신이 아니라 오히려 그 무질서를 불러온 신이었다. 게다가 안데스의 신은 먹을 것, 농장, 삶, 건강 등 필요한 모든 것을 주었던 반면 스페인의 신은 원주민들에게 아무것도 주지 않았다(Burga, 2005: 202).

그 때문에 찬카라이에서 채집된 잉카리(Incarrí) 신화는 기독교 신이 원주민과 떨어져 있다고 언급하며 예수나 기독교 신을 원주민에게 전혀 도움이 되지 않는 존재로 판단하고 있다.

기독교 신이 안데스 전통과 무관한 신, 스페인인들만 돌보는 신이고 자신들을 지켜주는 존재는 전통신인 와마니(Wamani)라는 인식은 '악마 숭배'라는 역설적인 현상까지 낳는다. 오늘날의 볼리비아에 해당하는 알토 페루(Alto Perú) 안데스 지역의 오루로 카니발에서는 '악마의 춤(Diablada)'이 전해오고 포토시 광산에서는 지금도 티오(Tío)라는 악마 형상의 신을 숭배하고 있다. 이는 기독교가 원주민 우상을 악마로 간주하자 원주민이 악마를 긍정적으로 보기 시작했던 사실(Flores Galindo, 1994:

78)과 무관하지 않은 것으로 보아야 한다. 이처럼 유럽 문화에 대한 반감에서 출발해 전통적인 것에 애착을 보이는 경향은 원주민들이 자신들의 문화나 종교는 물론 구전이나 심지어는 자연까지도 일종의 비전(秘傳)으로 발전시키는 원인이 된다. 자신들의 숭배 대상인 와카(huaca) 같은 것들에도 문자나 성경에 맞설 힘을 부여하는 것이다. 그런데 문제는 현대 원주민 사회에서 안데스 전통문화와 종교를 미화하며 재현하는 양상이 주로 못사는 지역인 케추아어 사용 지역에서 많이 나타난다는 사실이다(Flores Galindo, 1994: 20).9) 가령 잉카 왕 귀환 신화인 잉카리 신화가 가장 완전하게 나타나는 푸키오 지역은 케추아어 단일 언어 지역으로 문화혼합이 가장 늦게 나타난 지역에 해당한다(López-Baralt, 1998: 24~25). 문자에 대한 거부감이 바로 성경, 즉 종교 문제에서 비롯되었다는 사실에서 짐작되겠지만, 언어 문제가 안데스 전통 신앙의 보존과 이상화에도 상당한 영향을 끼쳤음을 알 수 있다. 이상에서 보았듯 언어의 벽을 넘지 못했거나 스페인어 자체를 기피하는 지역 주민들일수록 학교나 교육, 기독교는 물론 나아가 유럽 문화가 중심인 현대 사회로부터도 스스로를 소외시키는 성향이 특히 강하게 나타난다. 그 결과 안데스의 과거인 잉카 시대에 대한 짙은 향수에 젖어드는 양상을 보이는 것이다.

---

9) 1980년도부터 농민과 노동자들의 권력 쟁취를 주장하며 급진적인 게릴라 운동을 벌인 '빛나는 길(Sendero Luminoso)'이 아야쿠초의 와망가 지역을 활동 요람으로 삼았던 것도 동일한 맥락으로 파악할 수 있다. 「스페인어의 대가는 미싸다」에서도 나타나지만 아야쿠초 원주민 상당수는 스페인어를 구사하지 못해 장기간 소외와 배제를 겪으며 가난에 시달렸다. 박구병(2010: 175~177) 참고.

2) 「아푸 잉카 아타왈파망」과 안데스의 무지개

사람들은 참기 어려운 고통이나 비극에 직면하면 어떤 식으로든 그 사실을 설명해낼 만한 근거를 찾아야만 한다. 그런데 그러한 '고통과 고뇌의 정당화'는 짧은 시간, 특정 개인에 의해 이루어지는 것이 아니다.10) 안데스 원주민 역시 '정복'이라는 '파차쿠티(pachacuti)', 즉 세상의 뒤집힘이 왜 일어났는지, 그것이 어떤 의미를 갖는지, 현실의 온갖 문제는 어디에 기인하는지 끝없이 물음을 던져야 했고 의식 내면에서 끊임없이 되새김질하며 그 답을 찾아야 했다. 그래서 나탕 바흐텔(Nathan Wachtel)은 식민 시기 내내 계속된 전통사회 해체 과정에서 안데스인들이 잉카 왕의 죽음이라는 단절로 인한 혼란과 트라우마를 지속적으로 경험하며 되살리고 있었다고 말한다(Wachtel, 1976: 209). 그런데 식민 초기 당시 안데스인들은 그런 답변을 구하는 과정에서 새로운 것을 인식하는 대신 '재인식'하려고 했다(Burga, 2005: 263). 주이드마(Zuidema)도 잉카 역사는 진짜 역사를 기억하는 데 관심을 두기보다는 사건을 기존 사고의 틀 안에서 설명하려는 시도라고 지적하고 있다(Burga, 2005: 323). 이런 경향은 신화나 민담의 형성과도 밀접한 연관이 있는데, 식민 시대의 안데스 연극에서도 나름의 해석에 따른 역사 인식이 덧붙여져 가는 것을 확인할 수 있다. 이는 바로 '정복' 이후의 불행을 설명하고 감내하며 살아내려는 모습의 반영인 것이다. 그러므로 안데스인들에게는 실제 사

---

10) 힌두교의 업(Karma)이 대표적인 고통과 고뇌의 정당화 기제라고 할 수 있다. 기제가 부정적으로 이용되면 일반 민중을 체념시켜 현실을 수용하게 만드는 통치 논리로 작용하지만, 안데스 신화의 경우는 현실의 고통과 고뇌를 정당화하는 데에만 머무르지 않고 새로운 내일을 열망하게 만드는 기제로도 작용하고 있다.

건보다 그런 사건을 설명하는 신화나 민담이 비극적 운명의 참모습을 더 명확히 드러내주며 더욱 깊고 풍부한 의미를 제공해주는 참 현실이라고 해도 과언이 아닐 것이다.

아타왈파의 생포와 처형이라는 1532~1533년 카하마르카 사건은 '정복'이라는 대 비극의 출발점이었다. 이 때문에 그 사건은 페루나 볼리비아에서 많은 시적 테마가 되는데, 연극「아타왈파 최후에 대한 비극」과 시「아푸 잉카 아타왈파망(Apu Inka Atawallpaman)」이 그 대표적 예가 된다. 헤수스 라라(Jesús Lara)가 세 개의 대본을 대조해 재구성한「아타왈파 최후에 대한 비극」은 스페인인들의 도착 직전에 아타왈파가 꾼 태양이 가려지는 꿈이라는 불길한 징조로 시작한다. 마침내 아타왈파가 피사로(Pizarro)와 만나고 죽음을 맞게 된 이후에는 모든 안데스인들의 보호자였던 그의 죽음을 슬퍼하는 공주들, 왕자, 측근들의 비탄이 이어지는데, 안데스의 빛이었던 그가 죽음으로써 꿈에서 예언된 대로 모든 것이 암울하게 변하고 구름처럼 어두워져 간다고 표현한다. 이처럼 그 연극은 잉카 왕의 죽음에 얽힌 역사를 통해 안데스의 침울한 현실이 '정복'에서 비롯되었다는 사실을 압축적으로 드러내고 있다.

그 같은 연극들의 기원은 상당히 이른 시기까지 거슬러 올라가는데, 1555년 포토시에서 아타왈파의 투옥과 사망에 관한「잉카 제국의 파멸(La ruina del Imperio Inca)」이 공연되었다는 기록이 있다(Merino de Zela, 1999: 123~124). '정복'의 잔상이 너무나 또렷하게 남아 있던 식민 초기부터 스페인인들이 그 같은 공연을 허용했던 것은, 주로 가톨릭 축제에서 공연이 이루어졌다는 사실에서 알 수 있듯, 아타왈파의 개종 사례를 통해 원주민들의 가톨릭 개종을 독려하기 위함이었다. 하지만 그런 종교 축제는 17세기에 접어들면서 안데스 유토피아에 대한 대중적 축제로 변화되게 된다(Burga, 2005: 423). 그런데「아타왈파 최후에 대한 비극」과 유사한 연극이 안데스 여러 지역으로 광범위하게 번져나가 대중문화가 될 수 있었던 것은 아타왈파의 죽음이 갖는 상징성 때문이었다. 그 사건이 갖는 상징적 의미와 밀접한 관련이 있는 구전이 「아푸 잉카 아타왈파망」이다.

아타왈파의 죽음을 애도하는 작자 미상의 애가 「아푸 잉카 아타왈파망」에는 '검은 무지개'라는 인상적인 메타포가 등장한다.[11] 안데스에서 무지개는 그들의 신인 태양과 관련된 신령스런 대상이다. 사르미엔토 (Sarmiento, 1572), 카베요 발보아(Cabello Valboa, 1589), 산타크루스 파차쿠티(1613) 연대기에 따르면 잉카의 시조 망코 카팍(Manco Capac)이 쿠스코를 창건할 당시 무지개가 나타났으며 망코 카팍은 이를 길조로 여겼다고 한다. 또한 잉카 가르실라소는 잉카 왕들이 무지개를 태양에서 나온 것으로 여기고 그 형상을 문장이나 기장으로 사용했다고 한다(Vega, 1995: 192). 그래서 안데스인들은 무지개가 곧 잉카 힘의 상징이고 잉카는 무지개를 통해 아버지인 태양과 소통한다고 믿었다. 그런데 많은 구전에서는 '정복'이 그렇게 쉽게 이루어진 또 하나의 이유를 원주민들이 위라코차로 받아들인 진정한 신, 즉 백인이 오자 안데스의 신들이 입을 닫았기 때문이라고 한다.[12] 이 말은 곧 원주민과 신들의 의사소통 단절을 의미한다(Burga, 2005: 316~317). 1975년 쿠스코에서 채집된 잉카리 신화에서

---

11) 이 시가 지어진 시기에 대해서는 이견이 있다. 아르게다스(Arguedas)는 식민 초기인 16세기에 지어졌다고 하는 반면 로페스 바랄트는 투팍 아마루 2세 봉기나 19세기 초의 저항운동과 이데올로기적으로 연결되어 있다는 점을 들어 18세기 말~19세기 초 작품이라고 한다(López-Baralt, 1998: 38).
12) 메튜 레스톨은 아스테카나 잉카 지역에서 유럽인들을 신으로 칭한 일을 두고 일종의 수사법이거나 스페인인들의 오해와 바람이 투영된 결과로 본다(Restall. 2004: 97, 117).

도 잉카리가 신의 도움 제의를 거부한 반면 스페인은 온갖 요구사항을 말했기 때문에 스페인의 세상이 도래했다고 말하는데, 그 같은 설명 역시 안데스인과 신 간의 소통 단절을 보여준다. 그러므로 '검은 무지개'라는 표현은 신과 연결시켜주는 가교인 잉카가 죽음으로써 무지개도 그 본래 역할을 상실했고 결과적으로 안데스인들은 신을 잃은 고아 상태에 빠졌다는 공허감을 상징한다. 로페스 바랄트는 이를 안데스의 문화적 탈구, 잉카와 그 추종자들의 관계 단절, 태양과 땅 간 역동적 관계의 단절 그리고 잉카리 신화의 중요한 내용인 잉카 몸과 머리의 분리를 표현하는 다중 메타포로 읽고 있다(López-Baralt, 1998: 60). 동시에 그 시에는 검은 무지개 외에도 천둥, 번개, 우박, 일식, 월식 등 다양한 우주적 재앙이 나타나고 있는데, 작자 미상의 또 다른 애가 「아타왈파의 죽음(La muerte de Atawallpa)」에도 우박, 태양의 소실, 밤의 시작 등의 테마가 등장한다. 결국 그 시는 잉카의 죽음, 즉 '정복'을 안데스 우주관의 파멸로 받아들이면서 그 무한한 절망감을 '검은 무지개'라는 메타포로 표현하고 있는 것이다. 하지만 안데스인들은 전통 신앙에 의탁해 '검은 무지개'로 상징되는 단절의 극복을 추구하고 있다.

비스카스의 연극에서는 피사로가 잉카를 사로잡으려고 하자, 원주민들이 돌팔매로 막고, 잉카는 나무로 만든 뱀을 들고 저항한다. 그런데 뱀, 즉 아마루(Amaru)는 무지개를 상징한다(López-Baralt, 1998: 44).[13] 잉카왕 유팡키(Yupanqui)가 만난 태양신이 등 뒤에 뱀을 매달아 늘어뜨린 형태로 나타났다는 전설(Krickeberg, 1999: 199)도 무지개와 뱀 간의 연관성 때문이다. 그런데 이 뱀은 안데스의 토속 부활 모티브를 담고 있는 「간치

---

13) 잉카리 신화에서 아타왈파 대신 잉카리로 등장하기도 하는 투팍 아마루의 이름을 떠올려볼 필요가 있다.

스코차 신화(Ganchiskocha)」와 연결된다(Merino de Zela, 1999: 130). 몸은 죽고 머리만 살아 있는 뱀에게 새로운 몸이 자라나고 있다는 그 신화는 잉카리 신화에 나타나는 부활 사상의 한 원천이 된다.14) 그렇다면 연극에서 잉카가 뱀으로 저항하는 행위는 하늘과 땅을 다시 이어줄 매개자이자 스페인에 대한 심판자인 잉카 왕의 재생을 열망하는 상징적 몸짓이 된다. 마누엘 부르가는 '정복'과 관련된 안데스 연극들에서 또 다른 방식의 저항정신을 읽어내고 있다(Burga, 2005: 428). 그런 연극들에서는 원주민 귀족이나 엘리트는 스페인 왕, 평민이나 메스티소는 스페인인, 쿠라카는 잉카나 승자, 스페인인은 하층민으로 출연해서 사회적 역할 전복이라는 일종의 상징적 전복이 일어나고 있다는 것이다. 안데스 연극들도, 소와 콘도르를 이용한 안데스식 투우인 야와르 피에스타(Yawar Fiesta)처럼, 문화혼합으로 보이는 겉모습의 이면에 현실을 되뒤집어야 한다는 저항정신을 담고 있음을 알 수 있다.

아르게다스가 쿠스코 키스피칸치스 지방 공동체의 한 교육 위원에게서 채집한 「머슴의 꿈(El sueño del pongo)」이라는 민담은 현실의 변화에 대한 안데스인들의 바람을 극적으로 그려내고 있다.15) 한 머슴이 주인의 농장에 가서 노역을 하는데, 인간이 아닌 개 취급을 당한다. 그러던 어느 날 머슴은 다음과 같은 자신의 꿈 이야기를 주인에게 들려준다. "프란시스코 성인이 가장 아름다운 천사에게 황금 잔에 꿀을 채워와 주인의 몸에 바르게 하고 가장 늙고 추한 천사에게는 항아리에 똥을 담아와 머슴의 몸에 바르라고 시킨다. 그다음 두 천사 본인들 몸에도 각자 가져

---

14) 잉카리 신화에 대해서는 강성식(2008: 139~164) 참고.
15) 주로 못사는 지역 주민, 케추아어 단일 언어 사용자들에게서 잉카에 대한 이상화가 나타난다는 앞의 언급과 관련해서 지적해두자면, 그 교육 위원은 케추아어만 할 줄 알았다고 한다.

온 것을 바르라 이르고는 다음 순간 서로 상대를 핥도록 지시한다. 그 순간 늙은 천사는 다시 젊어지고, 그의 날개는 본래의 힘을 회복한다." 천국에서는 원주민들이 현재의 주인들에게 채찍질을 가하며 일을 시키고 부자와 가난뱅이 관계도 역전될 것이라는 「아단에바 신화」와 마찬가지로 이 「머슴의 꿈」도 현재의 주종 관계가 종국에는 역전되리라는 안데스인들의 희망과 믿음을 드러내고 있다. 안데스 무지개가 과거의 그 오색영롱함을 되찾기를 바라는 염원, 즉 또 한 번의 천지개벽을 바라는 마음이 안데스 신화적 세계관의 핵심 개념인 파차쿠티라는 반전 형식을 통해 표현되고 있는 것이다.

「아타왈파 최후에 대한 비극」에서는 이러한 바람이 '정복'이라는 대참변을 불러온 스페인인에 대한 일종의 보복이라는 적극적인 방식으로 표현된다. 그 연극에서는 스페인 왕이 잉카는 온화하고 인자한 왕이었고 안데스는 유쾌하고 즐거운 곳이었다고 미화하면서 아타왈파를 죽인 피사로는 도리를 벗어난 반역자라고 질책한다. 그 결과 스페인 왕의 명령으로 피사로는 알마그로(Almagro)에 의해 죽임을 당한다. 그다음 스페인 왕은 피사로의 시신을 그 가솔과 함께 태우고 집도 부숴버려 그와 관련된 흔적을 일체 남기지 말라고 명하는데, 그런 처벌은 잉카 시대 중죄인들에게 내리던 형벌이었다. 살리나스 전투에서 승리한 피사로가 알마그로를 죽였던 역사적 사실을 거꾸로 뒤집어 알마그로로 하여금 피사로를 처형하게 만드는 방식을 통해 '정복'에 대한 안데스시 복수를 하고 있음을 알 수 있다. 그 같은 복수는 스페인인들에게 최후의 심판이 내려지고야 말 것이라는 잉카리 신화의 모티브와도 일맥상통한다. 이상에서 보았지만, 시 「아푸 잉카 아타왈파망」의 구조에는 우주적 단절이라는 잉카리 신화의 핵심 요소가 그대로 드러나고 있고(López-Baralt, 1998: 61), 연극 「아타왈파 최후에 대한 비극」은 잠재적 메시아니즘을 담고 있다(Ossio,

1973: 45). 이런 의미에서 두 구전은 안데스 메시아인 잉카의 귀환을 희구하는 잉카리 신화의 대중적이고 문학적인 표현이라고 하겠다. 그런데 두 구전의 핵심적 사고의 단초는 와망 포마의 연대기에 그려진 삽화들과 여러 구전, 회화 등에서도 폭넓게 확인할 수 있다. '정복'이라는 극단적 재난에 얽힌 안데스인의 시각이 이런 신화적인 연극이나 시를 포함한 여러 경로를 통해 대중의 집단기억 속에서 공감대를 형성해가고 있었음을 의미한다. 그런 집단의식이 궁극적으로 잉카리 신화와 같은 문화적 저항의 결정체로 재구성되었던 것이다. 그런데 스페인인들에 대한 응분의 앙갚음을 바라며 새로운 천년왕국을 갈망하는 이런 마음은 '정복'과 식민통치로 인해 페루 사회가 이원화되고 계층화된 사실과 밀접한 관련이 있다.

3) 수탈의 땅 안데스와 「냐칵 신화」

안데스 문명은 전통적으로 이원론적 세계관에 의해 조직되어 있었다. 이 이원론적 세계관이 안데스 전통 신화에는 대립이나 대칭이라는 모습으로 반영된다. 로페스 바랄트가 안데스 신화를 형제나 부자간의 대립, 옛 시대와 새 시대의 대립 등의 관점에서 분석하고 있는 이유도 그 때문이다. 그런데 현실을 대립 혹은 대칭으로 파악하는 관점은 안데스 문화 전통과도 관련이 있지만 페루의 사회 현실에 기인하는 바도 크다. 한 민담에서는 백인들이 도착해서 잉카를 죽이고 난 이후 사람들은 위쪽에서만 살고 골짜기에 대해 두려움을 가지게 되었다고 표현한다. 안데스 지역 중심의 과거 원주민 문화와 식민 시대 이래 새로 유입된 유럽 문화가 서로 융합되지 못한 채 공존하고 있다는 페루 사회의 뿌리 깊은 이원성을 지적하고 있음을 알 수 있다. 그러므로 과거인 잉카 시대가 미래의 씨앗 형태로 현재인 이방인 영웅 시대 속에 살아 있는 것으로 묘사하는 잉카리 신화는 이 사회 현상의 대표적인 표현인 셈이다. 페루 사회의 그러한 이원적 분열은 유럽과 안데스가 처음 만났을 당시에 빚어졌던 단절에서부터 예고되었다. 「아타왈파 최후에 대한 비극」에서는 아타왈파를 만난 스페인인들이 말을 하지 않고 입술만 움직이는 방법을 이용함으로써 스페인과 안데스의 의사소통 단절을 효과적으로 표현하고 있다. 그런데 여러 구전들에서는 잉카와 스페인의 상호 몰이해에서 출발한 페루 사회의 내적 상이함이 쿠스코로 대표되는 아난(Hanan 안데스, 고지대)과 리마로 대표되는 우린(Hurin 해안, 저지대)의 대립, 더 나아가 원주민과 지배층인 미스티, 안데스와 자본주의 세계 간의 대립으로 확대되어 나타난다.

1560년대에 식민체제가 위기를 맞자, 1570년 무렵 톨레도는 안데스를 효율적으로 통제하기 위한 개혁을 추진했다. 그의 개혁은 전략적 소읍 조성을 통한 원주민 재배치, 조세제도의 조직화, 은광 노동력 확보를 위한 강제노동체제 확립이라는 세 가지 핵심 문제 해결이 목표였다. 그런데 그의 정책은 원주민 공동체인 아이유를 파괴하고 조세부담을 가중시키는 부작용을 수반한다. 더구나 강제부역인 미타(mita) 제도 등을 통한 원주민 노동력 착취는 결국 원주민의 유랑민화까지 야기한다. 원주민들이 스페인인들의 소읍이나 다른 아이유로 도망가면 미타와 세금을 면제받았기 때문이었다. 원주민의 유랑민화 현상은 특히 안데스 지역에서 심했는데, 유랑민의 증가는 남은 사람들의 부담 가중이라는 악순환의 고리가 되었다. 떠난 자와 남은 자 모두에게 고달픈 현실은 과거 잉카의 시대를 풍요의 시대로 미화하며 그리워하는 결과를 낳는다. <파이티티 신화(Paititi)>에 따르면 한 목동이 빵 반죽을 잃어버리는데, 그 반죽이 잉카의 찬란한 도시 파이티티로 목동을 인도한다. 그곳에서 빵 반죽을 되찾은 것은 물론 금과 은까지 얻은 목동이 농장에 돌아와 주인에게 사실을 이야기하자, 주인이 그곳으로 데려다 달라고 한다. 하지만 길의 흔적이 사라지고 마는데, 잉카인들이 미스티들을 좋아하지 않기 때문이다. 그 구전은 만약 목동이 주인에게 그 이야기를 하지 않았으면 사람들이 과거처럼 부유했을 것이라고 끝을 맺는다. 신화는 잉카의 숨어버린 도시 파이티티를 빵 반죽, 즉 먹을 것과 금, 은 등이 존재하는 풍요의 도시로 묘사하는 반면 현재 일을 하고 있는 농장은 빈한한 곳이라고 함으로써 식민지배로 형성된 사회 질서가 원주민 빈곤의 원인임을 명확히 드러내고 있다. 즉, 현재의 권력층인 미스티들이 과거에 존재했던 이상향과 원주민들 사이를 단절시키는 절대적인 원인이라는 것이다. 이 때문에 일부 원주민들은 미스티를 와마니와 동일한 권력 범주의 존재, 원주민의 생사여탈권을 쥐고 있는 존재로 간주한다(Ossio, 1973: 399~400). 이처럼 원주민들이 지배층을 신과 동급으로 간주하고 있다는 사실은 그들이 사회 지배층과 원주민 계층 간의 간극을 얼마나 크고 극심하게 느끼고 있는지 능히 짐작케 해준다. 페루인들은 페루라는 한 나라에 살지만 계층에 따라 착취하는 세상과 착취당하는 세상이라는 전혀 다른 세상에 살고 있으며, 그 두 세상은 조화를 이룰 수 없다고 안데스인들이 인식한다는 말이다. 현재와는 완전히 반대되는 또 다른 세상을 바라는 「아단에바 신화」나 「머슴의 꿈」과 같은 구전이 등장하는 한 원인이 바로 페루 사회의 이 같은 이원성에 있다.

   식민통치를 거치는 동안 사회 계층화가 진행되면서 대다수 원주민들이 혼혈인들은 물론 흑인보다도 못한 신세로 전락한다. 주인 입장에서 돈으로 구매한 아프리카 흑인 노예는 상대적으로 '소중한 재산'이었다. 하지만 원주민은 그렇지 않았기에 주인들은 원주민의 처지에 전혀 관심을 두지 않았다.

게다가 흑인 노예에게는 자유인 신분을 획득할 수 있는 길도 여러 가지로 열려 있었지만, 원주민들에게는 신분 상승 가능성이 상대적으로 적었다. 또한 유럽인들이 메스티소나 물라토를 백인과 원주민의 중간집단으로 이용해 그들에게 중간관리자 역할을 맡기는 경우도 많았다. 그러자 혼혈인들은 자신들의 지위 하락을 우려해서 원주민과의 유대관계를 거부했다(Brown, 2005: 247). 오히려 그들 중간집단은 사회적 구별과 법적 차별의 강력한 지지자가 되었고, 이는 소수 백인이 다수 원주민을 지배하던 식민사회가 견고할 수 있었던 한 이유가 된다. 특히 쿠스코 같은 원주민 밀집 거주 지역에는 다른 곳보다 백인이 훨씬 적었기 때문에 물라토나 메스티소가 상대적 특권층이 될 기회도 그만큼 많았고, 어느 정도의 사회적 지위를 획득한 혼혈인들은 백인 상류층 흉내를 내며 거만하게 행동했다. 그래서 각종 민담에서는 메스티소 입장이냐, 미스티 입장이냐, 일반 원주민 입장이냐에 따라, 또 유럽인들과의 관계에 따라 '정복'이나 식민통치에 대한 관점이 다소 다르게 나타나기도 한다. 원주민들은 자신들을 천대하고 멸시하는 태도에 지극히 경멸적인 시선을 던진다. 「머슴의 꿈」과 더불어 「돼지 박사들(Los cerdos doctores)」에 그 같은 원주민의 조롱이 잘 나타난다. 그 구전에서는 한 나그네가 잠자리를 찾아 대저택에 갔는데 그곳에 있던 살찐 박사들이 인사조차 받지 않고 무시하더니 자고 일어난 이튿날 박사들은 간 곳이 없고 돼지들만 꿀꿀거리고 있었다며 지배층을 풍자하고 있다. 반면 앙카쉬 지방의 한 축제에서 잉카와 피사로는 적대관계가 아닌 서로 포옹하며 춤추는 관계로 묘사된다. 목축업이 발전한 그 지역은 해안 지역에 육류를 공급하면서 백인과의 접촉이 잦았고 그 결과 스페인인들의 문화에 친숙했기 때문이다. 그런데 사회 계층화는 상대적 하층민인 원주민 사이에서도 진행된다. 유럽과 안데스의 만남 초기부터 쿠라카 계층을 중심으로 문화혼합에 적극적인 원주민들도 일부 있었다.

특히 스페인 문자와 언어 더 나아가 생활 방식을 수용한 원주민들은 후에 소위 '백인(유럽)화된 원주민'인 촐로(cholo) 혹은 라디노(ladino)로 발전해 일반 원주민들과는 차별화된 존재가 된다.「스페인어의 대가는 비싸다」에서 값을 깎아 달라는 말에 같은 마을 공동체 출신이면서도 스페인어를 할 줄 안다는 이유로 스페인어 단어 하나를 섞어 말하며 오히려 값을 올리는 일에서 그들과 일반 원주민의 차이가 드러나고 있다.

한편 그 민담은 원주민 간의 이질화 문제뿐만 아니라 또 하나의 중요한 사실을 보여주고 있다. 바로 유럽식 상업 경제 도입으로 인한 폐해다. '정복'이 안데스에 가져온 큰 변화 중의 하나는 안데스인들에게는 생소할 수밖에 없는 시장체제의 도입이었다. 식민통치가 공고해지면서 부과되기 시작한 인두세와 상품 구매 필요성으로 인해 화폐 경제가 확산되자 일부 원주민들이 노동 시장에 뛰어들지만, 공동체 내 재분배와 상호의존성에 토대한 경제체제를 중시하고 상업을 천시했던 안데스 원주민들은 여타 지역 원주민에 비해 시장경제에 상대적으로 둔감할 수밖에 없었다.「스페인어의 대가는 비싸다」에서도 드러나듯, 새로이 도입된 상업경제는 결과적으로 또 하나의 안데스인 착취기제로 작용한다. 게다가 스페인식 경제제도는 노동과 관련한 성의 범주까지도 변화시켜놓는다. 예를 들어 과거에는 실 잣고 베 짜는 일이 여성들만의 활동이었으나 상업화된 직물 작업장에서는 관련 기계를 남성이 맡아 다루어야 했다. 그런 낯설고 거북살스런 사회 현상들은 당연히 가치관 혼란으로 이어졌다. 유럽식 삶의 방식에 적응하지 못한 원주민들은 사회에서 가장 열악한 환경에서 가장 부당한 대우를 받은 것은 물론이고 '정복'과는 또 다른 차원의 사회 파괴와 혼란마저 겪은 것이다. 사회의 계층이 분화되면서 안데스 원주민들이 페루 내에서 최하층민으로 전락해 참담한 삶을 이어가고 있다는 생각은 한 걸음 더 나아가 원주민들이 또 다른 수탈에도 시달리고 있음을 깨닫는 단계로까지 발전한다.

찬카라이의 잉카리 신화에 따르면 잉카의 잘린 머리에서 수염이 자라는데 잉카가 되돌아오는 것이 두려운 피사로의 후예들이 한 달에 한 번씩 수염을 밀어버린다고 한다. 이처럼 스페인인들이 잉카 귀환을 가로막고 있다는 생각이 번진 계기는 '정복' 30~40년 후부터 원주민들에게서 생겨나고 있던 안데스 전통문화에 대한 강력한 향수를 경계하려는 스페인인들의 의도 때문이었다.16) 실제로 잉카의 몸이 타버리면 돌아오지 못할 것이라는 원주민들 생각을 알아차린 정복자들이 잉카 부활에 대한 원주민의 희망을 없애기 위해 잉카를 처형한 후 그 시신을 태워버렸다는 소문을 퍼트린 일도 있었다(Chang-Rodríguez, 1991: 67). 하지만 스페인 측의 의도에도 불구하고 안데스인들 사이에는 잉카리 신화와 연관된 새로운 신화와 민담이 형성되어간다. 또 다른 잉카리 신화는 태양의 아들인 에스파냐리가 형제인 잉카리의 강력함을 시기하여 글자를 보여줌으로써 잉카리를 죽인 다음 그 머리를 숨긴 이후에 '목 따는 자'들이 생겼다고 언급하고 있다. 그런데 이 목 따는 자들을 다룬 신화가 바로 「냐각 신화(Ñakaq)」다.

「냐각 신화」는 목 따는 자인 냐각들이 지나가는 안데스인들을 급습해

---

16) 이 시기는 안데스 역사에서 새로운 국면이 전개되는 중요한 시기였다. 우선 안데스의 신화적 역사관에 따르면 또 한 번의 파차쿠티가 일어나는 변혁기여서 원주민 저항운동이 활발했던 시기였다. 하지만 투팍 아마루의 처형(1572)으로 잉카 부흥운동이 일단락되는 시기가 바로 이 시기고, 본문에서 언급했지만, 톨레도 부왕이 부임한 시기(1567~1581, 안데스에 긴 깃은 1569) 역시 바로 이 시기다. 그리고 좀 더 일반적으로는 '정복'을 직접 경험한 세대가 소멸하는 시기에 해당한다(Wachtel, 1976: 95).

목을 딴 다음 잉카리 신화와 마찬가지로 털을 밀어버리고는 그 시신에서 기름을 짜낸다고 한다. 그리고 그 기름을 외국에 가져가서 약으로 만들어 병 치료에 이용한다는 것이다. 그런데 몰리나(Molina)에 따르면 1560년대 초 스페인인들 병 치료에 원주민 기름이 필요하다는 소문이 실제로 퍼졌다고 한다(Burga, 2005: 155). 백인들이 안데스인의 피땀을 쥐어짜는 현실에 대한 인식이 기름을 짠다는 적나라한 표현으로 나타났던 것으로 볼 수 있다. 그리고 식민 시대부터 교회 종소리를 좋게 하기 위해 인간의 기름을 사용했다는 오랜 믿음도 있었는데(Millones, 2000: 42), 이 역시 교회가 사회의 부를 빨아들이고 있었기 때문이다. 16세기부터 대부업에 진출해 상인과 함께 식민 시대 내내 은행 역할을 대신한 대출의 핵심 주체가 되었던 교회는 18세기경이면 막대한 재산가가 되어 있었다. 더구나 교회는 소수 유럽인이 다수 비유럽인을 지배하는 식민지 사회의 필수불가결한 일부였다. 때문에 원주민들 시각에서는 교회 역시 약탈자에 지나지 않았다. 수탈자로서의 교회라는 인식은 「아타왈파 최후에 대한 비극」에서도 나타난다. 알마그로가 자신들은 금과 은을 찾아 왔다고 하자 발베르데(Valverde) 신부가 그게 아니라 진정한 신을 알리러 왔다고 재빨리 말을 고치는 장면이 바로 그것이다. 교회가 스페인의 착취에 동조하면서도 그 사실을 은폐하는 역할을 하는 일종의 방패막이에 지나지 않는다는 사실의 폭로라고 볼 수 있다. 「냐칵 신화」는 그 첫 착취가 바로 잉카리 신화의 주요 테마인 첫 목 자름, 즉 '정복'에서 시작되었음을 단적으로 지적하고 있다. 이상의 사실들을 종합해보면 잉카리 신화의 참수 모티브가 현대화된 신화이자 식민 시대의 핍박이 만들어낸 신화가 바로 「냐칵 신화」임을 알 수 있다. 하지만 「냐칵 신화」는 잉카리 신화에서 한 걸음 더 나아가 안데스인들을 고통에 빠뜨리는 주체를 스페인에서 여타 자본주의 국가들로 확장시켜놓고 있다.

「냐칵 신화」 속의 냐칵들은 영어나 스페인어를 사용하는 사람들이라고 하고, 신화에는 독일과 미국이라는 나라도 등장한다. 그러므로 냐칵들이 안데스인을 죽이고 그 기름을 짜 간다는 표현은 스페인의 착취뿐만이 아니라 모든 외국인의 안데스인 착취와 수탈에 대한 극단적 표현이 아닐 수 없다. 또한 외국인이 그 기름으로 만든 약을 먹고 생명을 연장한다는 말은 현대 자본주의가 약자에 대한 가혹한 수탈로 유지되는 체제라는 인식의 표현이라고 하겠다. 이처럼 외국인으로 인해 안데스인들의 삶이 피폐해지고 있다는 생각은 과거의 인간 신화 중 하나에서도 나타난다. 그 신화에 의하면 과거는 풍요로웠으나 요즘 사람들은 일만 하며 고통 속에서 산다. 그런데 그런 현실이 도래한 이유는 바로 미국과 러시아가 비를 감추는 기술을 익혔기 때문이다. 그 결과 물이 말라버리는 바람에 자신들은 농사일을 못 하고 죽을 때까지 일자리를 찾아다닌다는 것이다. 두 신화는 식민지배로 자신들의 공동체를 잃고 세금과 강제노역에 시달리며 때로는 유랑자 신세로 전락했던 안데스인들이 지금에 와서는 앞선 과학기술과 자본력을 통한 외국의 수탈에까지 시달리는 처지가 되었다는 자각을 표현하고 있다. 이처럼 '정복' 전에는 잉카였던 안데스인들의 증오 대상이 식민 시대 구전에서는 '정복' 직후의 스페인인, 식민 시기 및 근대의 미스티들, 현대의 모든 기득권층 그리고 자본으로 대표되는 수탈자로서의 외국인을 포괄하며 그 범위를 넓혀가고 있다. 결과적으로 안데스인들은 페루 내에서는 지배층에 수탈당하고 또 국제적으로는 외국 자본에 수탈당하는 존재, 이중의 착취를 당하는 존재들이라고 여러 구전들이 고발하고 있다.

3. 결론

　'정복'과 식민통치가 불러온 고통은 안데스인들의 시선을 과거로 향하게 만들었다. 뒤집혀버린 세상, 금지와 박해가 따르는 세상 속에서도 그들은 그 상처에 끊임없이 맞서면서 나름의 방식으로 그 사건을 설명하고 새로운 정체성을 구성해왔다. 새로 도래한 세상에 대한 부정적 인식과 안데스의 과거에 대한 향수가 그 과정에서 공감대를 형성했고, 그런 집단의식은 식민 시대부터 오늘날에 이르기까지 연극이나 신화, 민담 등을 통해 전승되고 있다. 안데스인들은 「학교 신화」 등을 통해 '정복'을 설명하고 잉카의 마지막 왕을 다루는 「아타왈파 최후에 대한 비극」이나 「아푸 잉카 아타왈파망」 같은 구전을 통해 '정복'에 대한 집단 기억을 보존하고 계승해왔다. 또한 「냐칵 신화」는 식민지배와 현대 자본주의 사회의 비인간적인 면모를 고스란히 드러내고 있고, 「돼지 박사들」은 현실의 울분을 조롱이라는 방법으로 달래고 있다. 그런가 하면 <파이티티 신화>에서 과거를 이상화하면서 「머슴의 꿈」이나 「아단에바 신화」에서는 세상이 다시 뒤집히기를 염원하고 있다. 그리고 잉카리 신화와 「아타왈파 최후에 대한 비극」을 비롯한 많은 구전들에서는 자신들이 가난해진 이유를 잉카의 죽음으로 금과 은이 사라졌기 때문이라고 설명하면서도 잉카리가 되돌아오는 최후의 심판 날에 금과 은이 다시 나타날 것이라고 말하며 지금과는 다른 미래에 대한 희망의 끈을 놓지 않고 있다. 이런 의미에서 '정복'과 식민통치를 증언하는 안데스의 신화와 민담은 과거에 대한 이해의 노력이면서 현재의 대안 제시이자 미래를 밝히려는 3차원적인 시도의 결과물이라고 하겠다.

　식민 시대 이래의 안데스 신화나 민담이 차후 어떤 양상으로 남고 또 변화해가게 될지는 알 수 없다. 그리스-로마 신화처럼 의례의 맥락을 상실하고 세속화되어 한낱 이야깃거리, 오락 거리로 전락하는 상황이 될 수도 있고 또 어쩌면 박제되고 화석화된 문화로 변해 문헌 속에서나 찾아볼 수 있는 비관적인 상황에 놓일 수도 있다. 하지만 그리스-로마 신화와는 달리 '정복'의 충격과 식민통치의 고통을 담은 신화, 전설, 연극, 축제, 문학, 회화, 춤 등 여러 형태의 안데스 대중문화들은 사회적 실천들과 서로 영향을 주고받으며 의례적인 맥락을 유지해오고 있다. 안데스인들 내면에 한 켜 한 켜 쌓여오던 저항정신이 표층으로 분출되어 대대적인 정치적·사회적 실천으로 이어진 사건이 바로 투팍 카타리(Tupac Catari)나 투팍 아마루 2세 봉기 같은 사건이었기 때문이다. 사실상 식민 시대의 수많은 저항운동들은 곧 신화와 하나 되는 의례, 안데스 신화나 민담이 담고 있는 원주민들의 염원을 실천적 행동으로 옮기는 일종의 제의였다고 볼 수 있다. 스페인인 추방, 잉카제국 재건, 경제구조 재편이라는 3대 혁신 강령을 내세웠던 투팍 아마루 2세의 경우는 물론이고 1742년에 자신을 아푸 잉카(Apu Inca)라 칭했던 봉기군 지도자 후안 산토스 아타왈파(Juan Santos Atahualpa)의 경우에도 나타나듯, 식민 시기의 여러 사회 변혁운동은 안데스의 신화나 전통 사상에 대한 믿음에 기반을 둔 운동이었다. 그리고 투팍 아마루 2세 봉기가 송영복(2005)이 말하듯 반외세, 반기득권적인 성격을 가지고 있다면, 반외세적 성격의 「냐칵 신화」와 반기득권적인 성격의 「머슴의 꿈」은 식민 시대 최고의 사회 운동이 내세웠던 기치를 온건하지만 효과적인 방법으로 두루두루 전파해가고 있다. 그런 구전문화가 앞으로 그들의 의식을 더욱 결집시켜간다면 장차 제2, 제3의 투팍 아마루 운동을 불러올 가능성도 배제할 수는 없다. 신화나 민담에 담긴 의식들을 내면 깊숙한 곳에 간직하는 한 그런 실천적 의례는 그 근본은 같되 양상은 다양하게 지속적으로 반복되는 것이 일반적인 현상이기 때문이다. 이와 관련해 한 가지 주목해야 할 점은 최근까지도 새로운 민담과 신화들이 형성되고 있고, 전통에 기반을 둔 그 구전들이 변화해가는 세상에 대한 나름의 해석을 담아가고 있다는 사실이다. 적어도 지금까지는 안데스 전통 사상이 '정복'으로 야기된 안데스 지역의 정치, 사회, 경제, 문화, 종교 영역의 제 문제에 그 그림자를 드리우고 있다는 말이다. 군부 쿠데타가 일어났던 1969년 이후 페루에서 투팍 아마루가 신정부의 상징으로 받아들여져서 그의 모습이 동전, 깃발 등에 나타났다거나 대통령이 투팍 아마루 3세로 자처했던 일은 안데스 구전문화의 현재성과 그 파급력, 영향력을 확인시켜주고 있다. 지금처럼 안데스인들이 식민 시대 이래의 구전을 가슴 깊이 새기며 곱씹는 한 그들에게 '정복'과 식민통치로 인한 정신적·물리적 통증은 현재진행형을 넘어 미래 진행형이 될 것이고 그들은 그 아픔에서 벗어나기 위해 의식 내면에서 참담하지만 처절하게 계속 싸워나갈 것이다.

참고문헌

강성식. 2008. 「잉카리신화, 안데스의염원」, ≪라틴아메리카연구≫, Vol.21, No.4, 139~164쪽.
박구병. 2010. 「진실·화해위원회 이후: 아르헨티나와 페루의 배·보상과 추모 정책」, ≪이베로아메리카연구≫, Vol. 21, No. 1, 167~191쪽.
송영복. 2005. 「투팍 아마루 혁명: 반외세와 반기득권을 통한 원주민 사회의 지향」, ≪라틴아메리카연구≫, Vol.18, No.4, 193~216쪽.
우석균. 2005. 「안데스유토피아」, ≪이베로아메리카논문집,≫ Vol.7, No.2, 1~30쪽.
____. 2008. 『잉카 In 안데스』. 랜덤하우스.
황선명. 1981. 『민중종교운동사』, 2판. 종로서적.
엘리아데. 1985. 『신화와현실』. 이은봉 옮김. 성균관대학교출판부.
옹, 월터 J. 1995. 『구술문화와 문자문화』. 이기우·임명진 옮김. 문예출판사.

Aibar, Edmundo Bendezú. 2003. *Literatura Quechua*, 2a ed. Lima: Universidad Ricardo Palma Editorial Universitaria.
Andrien, Kenneth J. and Rolena Adorno(eds.). 1991. *Transatlantic Encounters: Europeans and Andeans in the Sixteenth Century*. Oxford: University of California Press.
Arguedas, José María. 1983. *Obras completas*, Tomo I. Lima: Editorial Horizonte.
Brown, Jonathan C. 2005. *Latin America: A Social History of the Colonial Period*, 2nd ed. U.S.A.: Wadsworth.
Burga, Manuel. 2005. *Nacimiento de una utopía: muerte y resurrección de los Incas*, 2a ed. Lima: Editorial de la UNMSM.
Chang-Rodríguez, Raquel. 1991. *El discurso disidente: ensayos de literatura colonial peruana*. Lima: Editorial de la Pontificia Universidad.
Elliott, J. H. 2006. *Empires of the Atlantic World: Britain and Spain and America 1492-1830*, U.S.A.: Yale University Press.
Flores Galindo, Alberto. 1994. *Buscando un Inca: Identidad y utopía en los Andes*.

4a ed. Lima: Editorial Horizonte.

Gomara, López de. 1977. *Historia general de las Indias*. Lima: Editorial Universo.

Gow, David D. 1980. "The Roles of Christ and Inkarrí in Andean Religion." *Journal of Latin American Lore*, Vol.6, No.2, pp. 279~296.

Gow, Rosalind C. 1982. "Inkarri and Revolutionary Leadership in the Southern Andes." *Journal of Latin American Lore*, Vol.8, No.2, pp. 197~221.

Krickeberg, Walter. 1999. *Mitos y leyendas de los Aztecas, Incas, Mayas y Múiscas*. México: Fondo de Cultura Económica.

Lara, Jesús(ed.). 1989. *Tragedia del fin de Atawllpa*. Buenos Aires: Ediciones del Sol.

León-Portilla, Miguel. 1992. *The Broken Spears*. Boston: Beacon Press.

López-Baralt, Mercedes. 1998. *El retorno del Inca rey: mito y profecía en el mundo andino*. Madrid: Editorial Plaza Mayor.

Meneses, Gregorina. 1992. *Tradición oral en el imperio de los Incas: historia, religión, teatro*. Costarica: Varitec.

Merino de Zela, Mildred(comp.). 1999. *Ensayos sobre folklore peruano*. Lima: Universidad Ricardo Palma Editorial Universitaria.

Millones, Luis. 2000. *Dioses familiares*. Lima: Fondo Editorial del Congreso del Perú.

Ortiz Rescaniere, Alejandro. 1973. *De Adaneva a Inkarrí: una visión indígena del Perú*. Lima: Retablo de Papel.

Ossio A., Juan M.(ed.). 1973. *Ideología mesiánica del mundo andino*, 2a ed. Lima: Ignacio Prado Pastor.

Restall, Matthew. 2004. *Seven Myths of the Spanish Conquest*. New York: Oxford University Press.

Urbano, Enrique(comp.). 1993. *Mito y simbolismo en los Andes: La figura y la palabra*. Cusco: Centro de Estudios Regionales Andinos "Bartolomé de las Casas."

Vázquez, Juan Adolfo. 1986. "The Reconstruction of the Myth of Inkarri." Richard

N. Luxton(trans.). *Latin American Indian Literatures Journal: A Review of American Indian Texts and Studies*, Vol.2, No.2, pp. 92~109.

Vega, Inca Garcilaso de la. 1977. *Historia general del Perú*, tomo III, 2a ed. Lima: Editorial Universo S.A.

Vega, Inca Garcilaso de la. 1995. *Comentarios reales de los Incas*, tomo I, Edición, índice analítico y glosario de Carlos Araníbar. México: Fondo de Cultura Económica.

Wachtel, Nathan. 1976. *Los vencidos: los indios del Perú frente a la conquista española(1530-1570)*. Antonio Escobotado(trans.). Madrid: Alianza Editorial.

제5장

16세기 누에바 에스파냐 지역 선교방법에 대한 고찰*
탁발수도회의 문화·예술적 선교방법을 중심으로

조영현 서울대학교 라틴아메리카연구소 HK연구교수

1. 들어가는 말

라틴아메리카에서 선교는 크게 두 가지 방식으로 전개되었다. 하나는 월등한 군사력을 앞세워 폭력과 강제를 통해 개종을 요구하는 강압적 선교 방식이고, 다른 하나는 문화와 예술 등 비군사적 접근을 통한 부드러운 선교 방식이다. 후자는 한마디로 군사적 정복보다는 덜 폭력적이었다는 점에서 상대적으로 '평화적 선교'라고 불린다. 군사적 선교 방식은 스페인 사람들이 자국에서 사용하던 방식을 그대로 누에바 에스파냐(Nueva España)에 적용한 것이었다. 수백 년간 스페인은 유럽에서 이슬람 세력의 확장을 저지하고 이교도들이 장악한 영토를 회복하기 위한 재정복(reconquista) 전쟁을 치른 경험이 있었다. 새로운 이스라엘, 즉 신국

---

* 이 글은 ≪중남미연구≫ 33권 1호(2014)에 발표된 필자의 기존 논문을 총서의 취지에 맞게 수정·보완한 것이다.

건설과 확장을 위해 이교도들이 거주하는 사탄의 도시를 청소하고 제거하는 것도 선교의 한 방식이었다. 이러한 군사적 방법의 적용은 적어도 단시일 내에 외형적 개종의 효과를 확인할 수 있는 장점이 있었다. 반면, 문화와 예술을 이용한 평화적 선교는 오랜 시일이 소요되는 선교방법이었다. 라틴아메리카에서는 군사적 정복과 문화·예술적 선교가 함께 시도되었다. 원주민들의 개종을 목적으로 정복자들은 주로 폭력을 사용한 반면 탁발수도회1) 수사들은 문화와 예술을 통한 선교방법을 고안해내고 적극 활용했다.

로베르 리카르드(Robert Ricard)는 선교를 물리적 정복을 의미한 군사적 정복과는 다른 방식의 정복과정으로 이해하고 '영혼의 정복'이라고 명명했다.2) 그는 원주민 입장에서 보면 칼과 십자가는 다른 방식으로 작동했지만 모두 식민지배의 도구로 사용되었다는 점을 강조했다. 이 영혼의 정복 과정은 이 지역 사회 전체를 근본적으로 바꾸어놓았다는 점에서 군사적 정복보다 더 지속적이고 포괄적이며, 더 복잡한 과정이었다. 선교 문제를 단순히 종교적 개종이나 사회의 복음화 등 종교적 영역으로만 이해하면 그 실체를 제대로 파악할 수 없다. 16세기의 선교는 문화와 예술을 포함한 식민 시기 삶의 모든 영역과 관련된 중요한 기획이었다.

---

1) 탁발수도회는 부유하고 타락한 중세 교회에 반발해 재산을 소유하지 않고 가난한 생활을 실천하려 했던 프란치스코회와 도미니코회 같은 수도회를 말한다. 엄격한 규율을 준수했으며, 탁발승들처럼 구걸하면서 생계를 유지했기 때문에 탁발수도회로 불렸다. 공주(共住)수도회처럼 한 곳에 머물지 않고 돌아다니며 포교했다. 특히 이교도들의 개종을 위해 선교에 앞장섰다. 13세기 초반에 등장했으며 중세 교회를 개혁하는 데 핵심적인 역할을 수행했다.
2) 이 용어는 모톨리니아가 처음 만들어 낸 용어이다. 그러나 1947년 로베르 리카르드의 저서 『영혼의 정복(Conquista espritual)』이 스페인어로 발간된 후 다시 부활했고 광범위하게 사용되었다.

라틴아메리카를 연구하는 사학자, 신학자, 성직자, 그리고 신도들 사이에도 초기 선교를 바라보는 상이한 시각이 존재한다. 우선 고메스 카네도(Gómez Canedo)나 마리아노 쿠에바스(Mariano Cuevas)처럼 이 지역 선교나 복음화가 완전한 것은 아니지만, 그렇다고 실패한 것도 아니라는 시각이 있다(Gómez Canedo, 1993: 43; Cuevas, 1992). 주로 교회 친화적인 인물들이 여기에 속한다. 그러나 엔리케 두셀(Enrique Dussel)처럼 원주민 시각을 두둔하며 초기 선교의 문제를 지적하는 사학자와 신학자도 있다(Dussel, 1992). 특히 라틴아메리카교회사위원회(CEHILA) 소속 사학자들이 이 후자의 그룹을 선도하고 있다. 그러나 역사적 현상과 사실에 대한 해석에 있어 흑백논리나 유럽이든 원주민이든 한쪽의 시각을 보편화하는 것은 위험한 일이다. 선교와 복음화 과정이 모두 폭력적 방법과 강압적 과정을 통해서 이루어졌다고 단순화시키는 것은 역사를 바라보는 균형적 시각을 갖는 데 도움이 되지 않는다.

누에바 에스파냐 지역 16세기 선교방법에 대한 기존 연구를 살펴보자면, 이 부분 연구의 고전인 로베르 리카르드의 『영혼의 정복』을 피해 갈 수 없다. 다양한 사료에 근거한 그의 연구는 식민 초기 선교를 이해하는 데 크게 기여했다. 하지만 선교를 지나치게 정복의 입장에서 이해했다는 비판을 받았다. '영혼의 정복'이란 용어 자체가 갖는 일방적 혹은 부정적 측면 때문이었다. 오늘날 멕시코에 주민의 대다수가 가톨릭 신도이고 메스티소라는 현실을 감안할 때 중립적 입장에서 현상을 볼 필요가 있다는 비판이 제기되었다. 그러나 과연 선교사들은 식민 지배를 위한 단순한 도구에 불과했을까? 원주민들은 선교과정에서 항상 수동적으로만 그리스도교를 받아들였을까?

리카르드의 입장과는 달리 고메스 카네도는 앞의 비판을 수용해 『복음화와 정복(Evangelización y conquista)』을 통해 16세기 선교과정 속에는 강압적 방법뿐 아니라 평화적 측면도 있었음을 강조한다. 크리스티앙 드베르제르(Christian Duverger)도 『누에바 에스파냐에서 원주민의 개종 (La conversión de los indios de Nueva España)』이라는 연구를 통해 프란치스코회 수사들의 선교가 넓은 의미에서 볼 때 문화혼합과 적응과정의 일부였다는 점을 지적한다. 따라서 정통적 가톨릭의 색채는 띠지 못했지만 종교혼합적이고 민중적 가톨릭으로 발전할 수 있었다고 강조한다. 원주민들이 그리스도교화된 측면이 있지만 동시에 그리스도교가 원주민화한 측면도 있다는 것이 그의 핵심 주장이다. 그에 따르면 빠른 개종이 이루어진 것은 단순히 강압의 결과 때문만이 아니라 일정부분 선교사들이 누에바 에스파냐 환경과 원주민 문화에 적응을 시도한 측면이 있었기 때문이다. 이 글은 고메스 카네도와 크리스티앙 드베르제르의 시각을 많이 반영하고 있다.

모든 과거사가 그렇듯이 선교과정 자체도 그림자뿐 아니라 빛의 측면도 존재한다. 21세기를 맞이해서 이 둘 사이의 균형을 찾아보려는 시도가 증가하고 있다. 따라서 두 측면을 다 고려할 필요가 있다. 따라서 이 글은 선교의 폭력적·군사적 측면이 있었음을 부정하지 않으면서, 균형을 잡는다는 차원에서 문화·예술적 선교의 측면을 강조하려고 한다. 또한 이 글의 연구 대상 지역을 누에바 에스파냐로 한정할 것이다. 따라서 현재의 멕시코가 중심이 될 것이다. 연구 시기도 모든 식민 시기를 다루지 않고 정복 직후 가장 역동적인 선교가 이루어졌던 16세기로 제한할 것이다. 정복 이후 누에바 에스파냐 지역에 가장 큰 영향을 미쳤던 기관은 가톨릭교회였고 그 중심에 탁발수도회가 있었다. 그중에서도 프란치스코회, 도미니코회, 아우구스티노회가 선교를 주도했다. 따라서 이 수도회들을 중심으로 다룰 것이다. 1572년 누에바 에스파냐에 도착해 선교를 시작한 예수회는 이 연구에서 제외될 것이다. 선교 공동체 레둑시온(Reducción)을 만들고 교육 사업에 뛰어들어 중요한 업적을 남겼음에도 불구하고 여기서는 다루지 않는 이유는 예수회가 탁발수도회와는 다른 성격의 수도 단체이기 때문이다.

평화적 선교에 중심에 섰던 탁발수도회의 특징과 누에바 에스파냐에서 선교지 분할 문제를 먼저 다루고, 이 단체들이 전개한 문화·예술적 선교방법에 대해 분석할 것이다. 여기에는 그림과 벽화, 음악과 노래, 그리고 선교극(Teatro misionero)이 주로 다루어질 것이다.

2. 탁발수도회의 특징과 선교지 분할

정복자들은 군사적 정복, 폭력만으로 원주민들을 지배하는 것은 한계가 있음을 깨달았다. 에르난 코르테스는 오아하카 지역의 자작으로 임명된 직후 스페인 왕실에 선교사 파송을 요청했다(Ricard, 1995: 83). 그는 원주민의 영혼을 구원하기 위해서뿐만 아니라 스페인 사람들의 정신적 안정과 위로를 위해 프란치스코회와 도미니코회의 파견이 필요하다고 여겼다. 스페인 왕들은 아메리카 원주민들을 개종하여 그리스도교도로 만드는 것을 하늘의 뜻으로 생각했다. 스페인의 이사벨 여왕은 "영토에 대한 정복의 유일한 정당성은 거주자들에 대한 복음화이다"라고 천명했다(Armella de Aspe, 1995: 22). 그 목적을 달성하기 위해 모범적이고 학식이 뛰어난 수도사들과 신부들 중에서 선교사를 선발하여 파견하는 일을 후원했다. 특별히 프란치스코회의 경우처럼 개혁 정신이 충만했던 수도자들이 많이 파견되었다.

13세기 중세 유럽에서는 교회 권력이 정점을 찍고 있었고, 가장 부유한 시절이었다. 그러나 부유하고 타락한 교회를 개혁하려는 세력이 등장했다. 프란치스코와 도미니코는 탁발수도회를 창설하면서 교회의 개혁에 앞장섰다. 이들은 자신이 설립한 수도회 회원들에게 재산을 소유하는 것을 금지하고, 순명, 정결과 함께 청빈을 서약하도록 요구했다. 생존에 필요한 최소한의 것들만 소유하고 포교에 앞장섰기 때문에 교회 내에서 많은 존경을 받았다. 도시 선교와 이교도들을 위한 포교와 개종에 앞장섰다. 이들은 전쟁에 임하듯 선교에 임했다. 열악하고 위험한 지역의 선교도 마다하지 않았다. 탁발수도회의 이러한 선교 열정은 라틴아메리카에서 세례와 개종을 위한 사업에 투신하면서 다시금 드러났다. 교회 내 개혁 정신을 반영한 이러한 탁발수도회들의 실천과 노력은 새롭게 형성되던 식민 시기 초기 막대한 영향을 미쳤다. 선교사로 파견된 수사들은 각 수도회 창립자의 정신을 따라 순수한 종교적 열성으로 초기 교회의 모습을 재현하려 했다. 그러나 탁발수도회도 각기 선교 과업에 대한 인식이 달랐으며, 고유한 특성들을 가지고 있었다. 도미니코회의 수사인 도밍고 데 베탄소스(Domingo de Betanzos)는 "구원을 제안하지만, 그들에게 그것을 강요하지는 않겠다"라고 한 반면, 프란치스코회의 모톨리니아(Motolinía)는 "이들(원주민들)을 천국에 데려갈 것이다"라고 선언했다(Armella de Aspe, 1995: 40). 인류의 종말이 얼마 남지 않았다는 '천년왕국설'[3])과 같은 종말론적 사상에 영향을 받은 프란치스코회 수사들은 원주민들을 개종시켜 구원시켜야 그들이 지옥에 떨어지지 않는다고 생각했다. 이들 두 수사의 선언은 두 수도회의 차이를 극명하게 보여준다. 이 차이에 대해 리카르드(Robert Ricard)는 도미니코회 수사인 라스 카사스와 프란치스코회 수사들을 비교하면서 다음과 같은 견해를 밝혔다.

---

3) 프란치스코회의 천년왕국설에 대해서는 Brading(1991) 참고.

도미니코회 수사 라스 카사스와 프란치스코회 수사들 사이의 차이는 특별히 다음과 같은 점에 기인한다. 도미니코회 신학자들은 신학적 성찰을 통해 결론을 도출하는 반면, 프란치스코회 회원들은 덜 이론적이고 덜 신학적이라는 점이다. 그들은 구체적인 경험과 형제애적인 사랑을 통해 도미니코회 회원들과 유사한 생각에 도달한다(Ricard, 1995: 83).

다른 말로 하자면, 도미니코회 수사들이 더 사색적이고 정통성(Ortodoxia) 문제에 집착하는 반면, 프란치스코회는 현실 문제나 선교에 있어서도 좀 더 유연한 태도를 보였다고 하겠다.

초기 탁발수도회들은 원주민 인구가 밀집된 지역, 즉 기존 원주민 부족들의 정치·행정 중심지, 금과 은 등 천연자원이 풍부한 광산지역을 주요 선교 대상지로 선정하고 싶어 했다. 선교 여건을 고려할 때 인구의 밀집도가 가장 중요한 고려사항이었다. 그러나 원주민 인구뿐 아니라 기후, 토질, 재정사항 등이 중요한 판단의 근거가 되었다. 선교지 주변의 원주민들이 유순한지 아니면 호전적인지도 영향을 미쳤다(Ricard, 1995: 138~163).

선교지 배정 문제에서는 수도회가 가진 영향력, 특히 권력 당국과의 관계가 중요하게 작용했다. 프란치스코회는 카스티야 왕국뿐 아니라, 같은 수도회 출신의 고위성직자인 히메네스 데 시스네로스(Jiménez de Cisneros) 추기경의 지원으로 미지의 대륙에 가장 먼저 진출하는 영예를 누렸다(Rubial García, 2010: 216). 이 수도회는 아메리카 대륙으로 들어오기 전인 1493년 안티야스에 먼저 선교한 경험이 있었다. 아스테카 제국이 발견되자 1523년 플랑드르 지역에서 온 페드로 데 간테(Pedro de Gante) 수사를 포함한 세 명의 수사가 누에바 에스파냐로 들어왔다. 그다음 해에는 마르틴 데 발렌시아(Martín de Valencia)를 필두로 일명 '12사도'로 불리는 열두 명의 수사들이 누에바 에스파냐에 도착했다. 살라망카 대학이나 파리 대학에서 교육받은 교회법과 신학에 능통한 수사들이 포함되어 있었다.

스페인 왕실과 밀접한 관계를 유지했던 프란치스코회는 누에바 에스파냐 지역에서 주요 선교지를 우선 배당받는 특권을 누렸다(Kubler, 1982: 37). 이 수도회는 아스테카 제국의 수도였던 테노치티틀란 지역과 그 인근 도시의 푸에블라, 틀라스칼라, 톨루카, 파추쿠아로 호수 주변 등 누에바 에스파냐의 중앙 고원지역의 주요 도시를 차지했다. 멕시코, 테스코코, 틀라스칼라, 우에호칭고 네 개의 도시를 선정하고 그곳을 누에바 에스파냐 선교를 위한 베이스캠프로 삼았다. 틀라스칼라와 우에호칭고는 아스테카 제국에 복속되지 않고 저항한 부족이 살던 곳으로 인구가 많은 지역이라는 점과 스페인 군대와 좋은 관계를 맺고 있었다는 외교적 이유로 거점 지역으로 선정되었다(Duverger, 1996: 111). 프란치스코회는 중앙 고원지역의 선교에 머물지 않고 현재의 미국-멕시코 국경지역에 거주하는 치치메카족과 주변의 유목민들이 사는 지역까지 선교지를 확대했다. 가장 넓은 선교지를 확보했고, 여러 지역으로 분산되어 선교 사업을 펼쳤다. 그러나 오아하카와 게레로에서처럼 다른 수도회와 선교지가 겹치는 지역에서는 과감히 선교를 포기하고 철수하는 모습을 보이기도 했다.

도미니코회는 프란치스코회의 뒤를 따라 1526년 두 번째로 누에바 아스파냐에 들어왔다.4) 한발 늦게 선교 대열에 합류한 도미니코회는 프란치스코회가 미리 장악하지 못한 지역이나 그 수도회가 양보해주는 지역을 중심으로 선교할 수밖에 없었다. 도미니코회도 이미 1510년경부

---

4) 도미니코회의 누에바 에스파냐와 아메리카 선교에 대한 연구를 위해서는 다음 책들이 유용하다. Fernández Rodríguez(1994); Ángel Medina(1992).

터 안티야스 지역에서 활발히 선교활동을 전개한 경험이 있었다. 도밍고 데 베탄소스 수사의 지도하에 테노치티틀란에 수도원을 설립했지만, 선교사의 부족과 정치적 문제들로 인해 본격적인 선교는 1528년 이후에나 가능했다(Rubial García, 2010: 216). 처음에 도착한 12명의 수사들 중 다수가 사망하거나 병들어 본국으로 돌아가는 사태가 발생했기 때문이다. 따라서 선교 초반에는 큰 성과를 내지 못하고 오히려 먼저 자리를 잡은 프란치스코회 수사들의 도움을 받아야 했다. 그러나 도움과 함께 선교지 경쟁에서 많은 견제를 받았다. 당시에도 다른 수도회가 선교하는 곳을 침범하는 것은 비윤리적인 행위였다. 따라서 이 규칙을 존중하다 보니 도미니코회는 계획적이고 일관성 있게 선교지를 확정짓지 못했다. 따라서 도미니코회의 선교지는 프란치스코회의 것보다 더 무질서한 양상을 보였다(Ricard, 1995: 146~147).

도미니코회 수사들은 주로 몇몇 거점지역에 초점을 맞추는 집중적인 선교를 펼쳤다. '통합적 복음화'라는 모토하에 선교뿐 아니라 인간의 발전과 문화의 성숙이란 측면도 고려하며 접근했다. 따라서 스페인에서 들여온 각종 종자들을 이식시켰고, 원주민들에게도 보급했다. 원주민들에게 목축업을 권장했고 누에고치 양식까지 보급하려 노력했다. 프란치스코회의 양보 덕에 코요아칸과 테노치티틀란 주변의 아메카메카, 아스카포찰코 등에 거주지를 마련했다. 도미니코회도 멕시코시, 푸에블라, 모렐로스, 오아하카를 베이스캠프로 삼았다. 태평양 연안의 테완테펙까지 진출했고, 유카탄 지역, 치아파스, 과테말라, 코스타리카까지 선교지로 삼았다. 주로 누에바 에스파냐의 남동부지역을 중심으로 선교했다(Ricard, 1995: 138~163). 이 지역에서 미스테카족(Mixteca)과 사포테카족(Zapoteca), 초칠족(Tzotziles)과 첼탈족(Tzeltales) 등 다양한 원주민 부족을 상대했다. 그리고 17세기에 들어서면서 과달라하라, 바하칼리포르니아

등 북쪽 지역으로 선교지를 확장했다.

도미니코회는 각각의 수도원이나 성당 간 거리를 계산했다. 선교사가 하루 걸을 수 있는 거리인 약 35km마다 수도원이나 숙소를 겸한 거처를 만들었다. 1년 중 6달 정도 장기 선교에 나서면 나머지 6달은 수도원에 머물며 기도와 공부에 열중하는 면모를 보였다. 창립자였던 도미니코 성인이 그랬듯이 엘리트 출신들이 많았던 이 수도회 소속 수사들은 이단들과의 싸움에 앞장섰고, 후일 종교재판관으로 많이 활동했다. 그들은 누에바 에스파냐에서도 학술적인 특징이 강한 수도회의 면모를 그대로 유지했다.

아우구스티노회는 1533년이 되서야 누에바 에스파냐에 발을 디딜 수 있었다.[5] 프란시스코 데 라 크루즈(Francisco de la Cruz)를 포함해 7명의 수사들은 기존 탁발수도회들이 진출하지 않은 지역을 찾아 정착했다. 이 수도회는 제2차 아우디엔시아[6]와 초기 식민화에 중요한 영향을 끼친 부왕 안토니오 멘도사(virrey Antonio de Mendoza)의 지지와 도움을 받았다 (Rubial García, 2010: 217).

세 번째로 도착한 탁발수도회인 아우구스티노회는 프란치스코회처럼 여러 지역에 분산되어 선교하는 방식을 택했다. 단지 차이가 있다면,

---

5) 아우구스티노회의 선교활동에 대해서는 다음 연구서가 유용하다. Rubial García (1989).
6) 아우디엔시아는 식민지 고등법원으로서 사법 분야 최고 기관이다. 누에바 에스파냐에 첫 아우디엔시아는 부왕체제가 시작되기 전인 1527년부터 1531년까지 운영되었다. 그러나 담당자들의 권력남용으로 많은 폐단을 낳았다. 부왕체제가 시작된 후 제2차 아우디엔시아가 1531년부터 1535년까지 누에바 에스파냐에 설치되었다. 제1차 때와는 달리 모범적이었다는 평가를 받았다. 후일 미초아칸의 주교가 된 바스코 데 키로가(Vasco de Quiroga)도 제2차 아우디엔시아에서 법률적으로 중요한 업무를 수행했다.

주로 도시가 아닌 시골, 비옥한 토지가 집중된 지역이 아닌 덜 비옥한 지역에 뿌리를 내렸다는 점이다. 이곳은 원주민 인구밀집도가 낮은 지역이었다. 현재의 모렐로스 주, 게레로 주와 미초아칸 주 일부가 포함된 곳이 그들의 주요 선교 무대였다. 높은 산간지역이나 가시나무들이 무성한 숲, 황무지를 지나야 하는 어려움이 따랐다(Duverger, 1996: 116~117). 그들이 포교를 위해 어렵게 배운 오토미족(Otomí)과 우아스테카족(Huasteca)의 언어는 광범위한 지역에서 많은 인구가 사용하던 나우아어에 비해 높은 선교효과를 거두기 힘든 단점이 있었다.

현재의 멕시코시 주변과 미초아칸처럼 선교지가 겹쳐 여러 수도회가 선교 영역을 공유할 수밖에 없는 지역도 있었다. 점차 제도교회가 정비되어가면서 각 지역에 교구가 설립되자 주교들과 탁발수도회 간 충돌이 발생하기도 했다. 광산촌과 도시들이 형성된 지역인 타스코, 술테펙, 테마스칼테펙, 톨루카와 베라크루스 일부 지역에서는 주로 재속 사제들이 활동했다. 상대적으로 뒤늦게 도착한 아우구스티노회 수사들과 재속 사제들이 선교적 측면에서 보면 더 어려운 지역에서 활동했다고 볼 수 있다.[7]

선교 사명을 실천하는 데 탁발수도회는 공통의 어려움에 직면하기도 하고 수도회마다 고유한 어려움에 봉착하기도 했다. 먼저 스페인과 지리적으로 너무 멀리 떨어져 있던 누에바 에스파냐의 탁발수도회들은 이베리아 반도에 있는 본부와 소통하는 데 어려움을 겪었다. 선교에 무엇보다 큰 장애는 다양한 원주민 언어였다. 낯선 기후, 질병, 호전적 원주민들의

---

[7] 탁발수도회는 아니지만 1572년 뒤 늦게 누에바 에스파냐 복음화 사업에 합류한 예수회는 이 지역 문화와 역사에서 중요한 위치를 차지한다. 예수회가 산간오시나 인구가 적은 북부지역에서 주로 선교활동을 할 수밖에 없었던 이유는 이미 선교지역이 분할되고, 어느 정도 정착 단계에 들어선 16세기 후반에 합류했기 때문이다.

공격 등도 그들을 괴롭혔다.

그러나 이런 장애들이 그들의 확장을 저지하지는 못했다. 1559년 이후 1607년까지는 누에바 에스파냐 탁발수도회의 규모가 급속도로 성장하는 시기였다. 프란치스코회는 성복음 관구를 시작으로 총 다섯 개의 관구로 성장했다.[8] 광활한 선교지, 독립된 관구, 수도원과 수사들의 규모로 볼 때 가장 활동적인 선교를 펼친 것은 프란치스코회였다.

상대적으로 도미니코회는 독립적인 관구 설립이 활발하지 않았다. 16세기 동안 단지 두 개의 관구가 증가하는 데 그쳤다. 치아파스와 과테말라 지역의 성 비센테 관구와 오아하카 지역의 성 이폴리토 관구에는 90개의 수도원과 약 400명의 수사들이 활동했다(Duverger, 1996: 114~116; Rubial García, 2010: 221). 두 개의 관구밖에 없었다는 것은 도미니코회가 특정 지역에 집중해서 선교했음을 보여준다. 이 점에서는 아우구스티노회도 도미니코회와 유사했다. 1602년 미초아칸에 독립된 관구가 설립되었다. 당시에 77개의 수도원에서 380명의 수사들이 활동했다(Rubial García, 2010: 221). 여러 수도회가 행정적 측면에서는 어느 정도 독립을 획득했지만 16세기 동안 교회 인력의 수급은 많은 경우 스페인 본국과 유럽에 의존해야 했다.[9] 16세기 내내 선교사의 부족은 모든 수도회가

---

8) 유카탄의 산호세 관구, 과테말라의 예수의 사랑스러운 이름 관구, 미초아칸의 성 베드로와 바오로 관구, 사카테카스의 성 프란치스코 관구, 할리스코의 산티아고 관구가 여기에 해당한다. 이 시기 이미 200여 개의 수도원에서 800여 명의 프란치스코회 소속 수사들이 활동하고 있었다(Rubial García, 2010: 221).
9) 그러나 누에바 에스파냐 지역 내에서 수사들이 모집되는 경우도 있었다. 코르테스의 동료이자 정복자의 일원이었던 디에고 데 올아르테(Diego de Olarte)는 프란치스코회에 입회해서 후일 관구장과 총참사직까지 올라가 원주민 선교에 크게 기여했다. 특히 그는 나우아어 전문가였다. 하신토 데 산 프란치스코(Jacinto de San Francisco)도 비슷한 길을 갔다. 정복자로서 광대한 토지와 500명의 노예들을

겪는 공통적인 어려움이었다(Ricard, 1995: 159).

누에바 에스파냐는 선교사들이 부족했던 탁발수도회가 감당하기에 너무나 거대한 영토였다. 따라서 각 수도회가 맡은 선교지의 특성에 따라 선교도 특성화해야 했다. 부족의 문화와 언어, 지형에 따라 선교의 전략들이 달라졌다. 따라서 선교사들은 전체 원주민을 대상으로 개종을 시도한 것이 아니라 특정 지역의 원주민들을 개종시키는 전략을 세워야 했다(Duverger, 1996: 118).

선교 무대가 확대될수록 탁발수도회들은 스페인 사람들이 많이 거주하던 멕시코, 푸에블라, 오아하카, 메리다 등 중요한 도시들을 중심으로 수련원과 사제 양성과 교육을 위한 학교, 의무실 등을 갖추고 수도원 간 네트워크를 구성했다. 지역의 거점 수도원은 여러 곳에 산재한 수도원을 관할하고 통제하는 데 효과적이었다.

선교적 측면에서 보았을 때 초기 50년간의 선교는 누에바 에스파냐 사회를 급격히 바꾸어놓았다. 종교적 측면에서 보면 식민화를 위한 토대가 확고하게 구축된 것이다. 사람이 많이 거주하지 않은 일부 북부지역이나 원주민의 저항이 계속되던 유카탄 지역의 마야 문명권을 제외하고는 거의 모든 지역에 수도회가 정착할 수 있었다. 광활한 영토를 고려할 때 이 지역 선교는 빠른 속도로 전개되었다는 특징이 있다. 여기에는 그림과 벽화, 음악과 노래, 선교극 등 문화적 선교가 복음화 효과를 배가시키는 데 중요한 역할을 수행했다.

하사받았으나 모두 포기하고 프란치스코회에 들어가 치치메카족을 위한 선교에 전념했다(Duverger, 1996: 112~113).

3. 탁발수도회의 문화예술적 선교방법

1) 그림과 벽화

누에바 에스파냐에 도착한 선교사들은 가장 먼저 문화적 장벽에 부딪혔다. 언어적 장벽은 선교를 어렵게 하는 가장 큰 요인이었다. 초기 선교에서는 통역자들의 역할도 제한적이었다. 다양한 부족들이 구사하는 언어를 일일이 통역을 통해 해결하는 것도 한계가 있었다(Gómez Ganedo, 1988: 154~162). 따라서 가장 먼저 효과적인 소통 방법을 찾는 것이 급선무였다.

그림과 부조, 조각 등은 교리, 상징, 역사를 가르치는 과정에서 겪는 소통의 어려움을 효과적으로 보완해주었다. 초기 탁발수도회 회원들은 아스테카와 마야 등 다양한 문화권에서 사용되던 그림문자(Pictografi)의 가치에 주목했다. 선교시대 초기에는 테오티우아칸, 톨테카, 마야 문화권의 유적이 보여주듯이 오랜 벽화 전통이 남아 있었다. 후안 데 오반도(Juan de Ovando) 수사는 수도자들이 원주민들에게 교리를 가르치고 설교하는 데 그림을 이용했다고 증언한다. 유럽에서 사용되는 알파벳이 없는 대신 그림문자를 통해 의사소통하던 그들의 전통을 그대로 이용한 것이다(Oropeza, 1996: 20; Mendieta, 2002: Tomo II). 이런 방식은 원주민들이 이해하기 쉬운 방식이었고, 교육적 효과가 뛰어났다. 이들에게 가장 좋은 방법은 그림을 통해 가르치는 것이었다(Codices Franciscano, 1941: 59).

주로 성서의 내용, 판화, 책 등에 등장하는 그림들을 그대로 베낀 복사본을 사용했고, 성당이나 수도원의 회랑 벽면에 벽화를 그렸다. 특히 원주민들이 자주 출입하고 볼 수 있는 곳을 이용했다. 구약과 신약 성서에 나오는 일화, 예수 그리스도의 고난과 부활, 수도회 창립자의 일대기와 일화, 복음사가들의 모습, 교회의 교부들, 성모 마리아 등의 모습을 그렸다. 술독에 빠진 사람, 우상숭배자, 음란한 사람들이 단죄 받아 가는 곳인 지옥과 그곳에서의 형벌을 묘사해 포교에 이용하기도 했다. 이달고 주에 있는 익스밀킬판 성당의 예에서 볼 수 있듯이 선과 악의 투쟁 장면은 자주 애용되는 주제였다.

아마포(lienzos)에 그린 그림을 오늘날의 차트처럼 사용했다(Schuessler, 2009: 106). 신의 존재, 예수 그리스도의 삶, 성서의 일화, 죄, 천국과 지옥, 성사, 십계명 등에 대한 내용이 포교를 위해 그려졌다. 그러나 그림은 선교뿐 아니라 원주민 언어를 배우고 스페인어나 라틴어를 가르치고, 고백성사를 집도하는 데도 유용했다. 사제들은 원주민들에게 자신의 죄를 그림으로 그려와 고백성사 때 보여주도록 했다(Oropeza, 1996: 21). 하코보 데 테스테라(Jacobo de Testera) 수사의 예에서처럼 선교사들은 아마포나 원주민들이 종이처럼 사용하던 아마테(amate)에 그려진 그림책과 같은 작은 규모의 그림 모음집을 들고 다니며 포교했다. 이것은 이 지역 회화 문화를 적극적으로 활용해 그리스도교 교리 내용을 담는 수단으로 삼았다는 점에서 매우 효과적인 것이었다(Schuessler, 2009: 105). 그러나 회화나 조각은 단순히 선교를 위한 목적에서만 사용한 것은 아니었다. 이런 그림책 모음집은 16세기 중반 이후 이교도를 설득하기 위한 선교의 목적뿐 아니라, 유아영세자나 개종한 신도들의 재교육에도 그 활용 가치가 높았다.

성당이나 수도원의 입구, 제단 뒤 벽면, 성당 내부 벽면과 수도원 회랑, 야외 예배당(capillas abiertas) 벽면에는 그림뿐 아니라 입체적인 부조(浮彫) 형식을 이용해 장식하기도 했다. 원주민들이 자주 접하는 세례반과 설교대의 표면에도 양각기법이 자주 이용되었다. 설교나 세례 예식 때 시선이 집중되는 곳이었기 때문이다. 제단 뒤의 벽면은 수도회의 성인이나 성모 마리아, 예수 그리스도의 상을 모셔두었다. 성당 앞마당에 세워둔 십자가 상에는 고난 받는 예수의 모습과 여러 가지 교회의 상징들을 새겨놓았다.

이처럼 수많은 상징, 장식, 메시지를 담고 있던 성당, 공소, 수도원의 건물들은 가장 대표적인 선교의 무대이자 도구이며, 동시에 서구 문물의 우월성과 위대함을 보여주는 기념비 역할을 했다. 이곳에서 수많은 예배와 성사, 기도, 신심 활동들이 거행되었고 교리교육이 이루어지는 장소로도 활용되었다. 성당의 내·외부 벽면과 천정은 벽화가 그려지고, 부조가 새겨지고, 종교화가 걸리는 장소로 활용되었다는 점에서 성당과 수도원 건축물은 그 자체로 그리스도교를 상징하는 가장 효과적인 수단이었다. 모든 종교적 건축물, 성당, 수도원, 야외예배당, 회랑 등은 원주민 개종을 위한 공간으로 이용되었다. 특히 이교도들이 대부분인 누에바 에스파냐 지역에서 종교 건축물은 유럽과 달리 선교적 수단으로서의 역할을 충실히 수행했다. 수사들이 가장 많은 노력을 기울인 것도 바로 성당, 공소, 수도원 등 종교 관련 건축물을 짓는 것이었다. 조지 커블러(George Kubler)에 의하면 1520년대에서 1600년까지 3대 탁발수도회에 의해 이루어진 크고 작은 건축이 총 297건이었다. 프란치스코회는 성복음 관구에서 115건, 미초아칸 지역에서 26건, 할리스코 지역에서 33건의 종교 건물을 신축했다. 도미니코회는 42건, 아우구스티노회는 81건의 종교 건물을 지었다(Kubler, 1982: 66~70). 이 통계는 전체 지역을 다 계산한 것이 아니므로 실제 건축은 더 많았을 것으로 추정된다.

수사들은 종교 건축물을 재정이 허락하는 한 장엄하고 아름답게 지으려고 했다. 이런 건축물 자체가 원주민들에게 호기심과 관심을 촉발시키고 동시에 경외심을 자극했기 때문이었다. 특히 제단 주위를 화려하게 장식했고 16세기 후반에는 금과 은 등 고가의 장식재들이 사용되었다. 종교 건축물이나 장식, 그림, 조형 예술 분야에 개종한 원주민 장인

(tlacuilos)들이 투입되었다. 예술이나 선교 분야에서 원주민들의 참여는 무시할 수 없는 것이었다. 이들의 기여도는 대도시보다 백인들의 거주지가 적었던 지방에서 높았다. 특히 유럽의 장인과 기술자가 부족한 곳에서 주로 원주민 장인들이 활동했다(Kubler, 1982: 129~135). 아우구스티노회의 산 니콜라스 악토판 수도원(San Nicolas Actopan)에 속한 야외 예배당의 '최후의 심판' 벽화와 우에호칭고 수도원의 벽화는 원주민 예술가(미장공, 조각가, 화가)들의 참여를 보여주는 좋은 예이다. 이 벽화는 유럽의 지배적 비전과는 다른 스페인 정복 이전 메소아메리카의 전통 기술, 재료, 이미지 등을 잘 보여준다(Kubler, 1982: 16).

라스 카사스나 베르날 디아스 델 카스티요(Bernal Díaz del Castillo) 같은 연대기 작가들은 원주민 화가와 조각가들의 뛰어난 능력에 대해 언급했다. 사아군에 따르면, 원주민들은 기계적이고 단순한 작업에 능통했다. 그 능력에서 스페인 사람과 전혀 차이가 없었다. 예술적 능력도 뛰어나 모든 종류의 악기, 그림, 건축, 예술, 다양한 기술 분야에서 두각을 나타냈다(Sahagún, 1989: 626~627). 사아군이나 페드로 데 간테 수사 등은 원주민들의 조형 예술이나 그와 관련된 활동들을 허용했다. 이것은 결국 종교 혼합적 양식이 탄생하는 배경이 되었다. 야외 예배당 같은 경우는 특별히 정복 이전 시기 원주민의 성전(Teocalli) 축조 기술이나 전통과 연결되어 있어 원주민의 영향을 받은 측면이 있었다(Schuessller, 2009: 118).

2) 음악과 노래

현대에도 마찬가지지만 예배와 전례에서 음악과 노래는 예식의 핵심적 구성요소 중 하나이다. 음악은 전례에 집중하도록 도와주고 신비감을 고취시킬 뿐 아니라 신성과의 접촉이나 종교적 만족감을 증가시키는 역할을 한다. 아스테카 제국을 비롯한 여러 부족들에게도 음악은 예배와 전례에 빠질 수 없는 요소였다. 멘디에타는 『인디아 교회사(Historia eclesiástica indiana)』에서 춤과 노래가 원주민 문화의 핵심 요소임을 증언하고 있다. 원주민들은 자신들의 신을 기념하는 축제에서 그 행사를 더 장엄하게 만들기 위해 시의 형식을 갖춘 노래를 불렀다. 전문적으로 노래하는 사람도 있었다. 무용과 춤, 노래는 그들의 신에게 바치는 주된 기도였던 것이다(Mendieta, 2002: Tomo I). 그들은 노래를 통해 위대한 영웅들과 전사들의 역사를 보전하고 후세에 전수했다. 노래와 춤은 결혼예식, 새 통치자의 착좌식, 군사적 승리 등 중요한 행사에도 빠지지 않았다. 따라서 노래는 종교적 역할뿐만 아니라 일반인들에게 기쁨과 위로를 제공하는 중요한 역할을 수행했다. '노래하는 집'을 뜻하는 쿠이카칼리(cuicacalli)라는 학교에서 가수와 무용수, 음악가들이 양성되었다. 작곡까지 하는 쿠야피케(cuyapique)라는 전문 음악가도 존재했다. 아스테카 사람들은 비의 신 틀랄록 축제에 20일간 쿠이카칼리에서 신을 찬양하며 보내기도 했다(Chávez, 1949: 11).

누에바 에스파냐에서도 일상의 예배와 주요한 의식에는 음악과 노래가 빠지지 않았다. 원주민 음악에 대한 것은 지금까지 많이 알려지지 않았지만, 주로 타악기와 관악기가 많이 사용되었다. 현악기는 찾아보기 어려웠고, 피리, 오카리나, 소라고둥 트럼펫, 여러 종류의 북 등이 의식이나 축제에 사용되었다. 가톨릭 선교에서도 음악과 노래는 원주민들의 적극적 참여를 유도하고 개종시키는 데 가장 효과적 수단 중 하나였다(Béhague, 1972: 2; Palacios, 2005). 일부 원주민들은 자신들이 설교보다 음악 때문에 개종하게 되었다고 고백했다(Cuevas, 1975: 99).

식민 초기부터 주요 종교의식에 성가대와 같은 합창단이 등장했고, 다양한 악기들이 사용되었다. 오케스트라도 조직되었다. 리카르드는 식민 시기부터 음악이 중요했음을 다음과 같이 강조했다.

예배의식에는 항상 음악과 노래가 동반되었다. 원주민들은 일반적으로 기교가 필요 없는 평범한 억양의 노래(canto llano)를 불렀고, 오르간과 다양한 악기들의 반주도 따라왔다. 그리고 합창단이 뒤에서 받쳐주었다. 연대기 작가들은 스페인 교회와 경쟁해도 뒤지지 않을 것이라고 기록했다. 오케스트라는 아주 훌륭했다. 다음에 기술하는 다양한 악기 종류가 우리를 놀라게 한다. 플롯, 클라리넷, 소형 코넷, 트럼펫, 피리, 트롬본, 하베라, 목재로 된 피리의 일종인 치리미아, 둘사이나, 오보에, 삼현금, 비우엘라, 마지막으로 작은 북 등(Ricard, 1995: 283).

이런 음악과 다양한 악기, 새로운 양식의 노래는 많은 원주민들을 모으는 역할을 했다. 음악을 들으려 산간지역에 사는 원주민들이 도시로 내려오곤 했다. 그들은 수도원을 찾아가 악기를 연주하는 법을 가르쳐 달라고 청원하기도 했다(Ricard, 1995: 283~284). 음악, 악기, 노래가 동반된 종교의식과 모임을 통해 원주민들은 자연스럽게 예식에 참여할 수 있었다. 이렇게 그들은 직간접적인 교리교육과 문화적 선교에 노출되었다. 특히 아스테카 제국 시대부터 음악에 관심이 많았던 원주민들은 자연스럽게 새로운 서구 음악에도 관심을 보였다.

프란치스코회의 페드로 데 가테 수사는 동료 수사들과 함께 멕시코에 음악과 노래를 공부할 수 있는 학교를 설립했다. 여기서 음악은 정식 과목이었다. 원주민들, 특히 어린 학생들은 의사소통의 어려움에도 불구하고 짧은 시간 내에 노래와 악기를 배웠다. 미초아칸에서 선교했던 페드로 데 산 헤로니모(Pedro de San Jerónimo) 수사의 작품을 언급하며 리카르드는 다음과 같이 진술했다.

실례(ejemplo)들을 여러 번 반복해서 말하지 않기 위해, 우리는 페드로 데 산 헤로니모 수사의 작품 속에서 언급한 미초아칸 주 차로(Charo) 지역의 경우를 언급하는 것으로 만족하고자 한다. 거기에 사는 원주민들은 그들의 언어로 테 데움(Te Deum)과 모든 종류의 찬송가를 불렀을 뿐 아니라, 라틴어로 된 미사곡, 주요한 축제 때 사용하던 곡, 성서 구절에서 취합해 만든 탄원기도인 연도(連禱), '자비를 베푸소서(Miserere)', 성무일도 때의 찬송가들도 원주민들은 정확한 발음으로 훌륭하게 불렀다. 그들은 일반적으로 노래를 암송해서 불렀다(Ricard, 1995: 285 재인용).

앞에서 확인했듯이 수사들이 음악과 노래를 단순히 원주민들의 관심을 끌기 위해서만 사용한 것은 아니다. 노래와 음악을 그리스도교의 가르침과 교리를 담아서 가르치는 도구로 사용했음을 알 수 있다. 수사들은 '주의 기도', '성모송', '삼종기도', '사도신경' 등과 같은 기본적인 기도문과 십계명 등 중요한 교리를 나우아어로 번역해서 노래나 음악으로 만들어 가르쳤다. 이것은 교리 교육을 더 쉽고 즐겁게 하기 위한 것이었다. 음악과 노래는 원주민들을 더 오랜 시간 성당이나 수도원에 붙들어두는 매력이 있었다.

멕시코 교구의 주교인 후안 데 수마라가(Juan de Zumáraga)는 일찍이 성가대의 필요성을 인식하고 1540년 카를로스 5세에게 성가대를 위한 자금을 지원해줄 것을 요청했다. 당시 유럽에서는 교회가 음악과 예술, 문화의 중심지로서의 위상을 강화하던 때였으므로 교회가 음악을 지원하는 것은 자연스러운 것이었다. 프란치스코회의 사아군, 푸엔살리다(Fuensalida), 히메네스(Ximénez), 도미니코회의 루이스 데 칸세르(Luis de Cáncer), 베니토 페르난데스(Benito Fernández) 수사는 전례와 성서의 내용을 전달하기 위해 원주민들이 쉽게 받아들일 수 있는 스타일로 작곡했다

(Saldívar, 1987: 134). 특히 프란치스코회의 수사들은 음악이 평화적 선교에 중요한 도구임을 간파하고 적극적으로 이용했다.

카를로스 5세는 1540년 누에바 에스파냐에서 얻어진 성과를 토대로 다른 지역 선교사들에게도 선교에 효과적인 노래와 음악을 원주민들에게 가르칠 것을 권고했다. 누에바 에스파냐 지역공의회도 선교지에서 주민들에게 쉽게 다가갈 수 있는 환경을 조성하는 데 유리하기 때문에 음악을 활용해야 한다고 강조했다(Palacios, 2005: 2~3). 복음을 전파하기 전 원주민을 순화시키는 데도 음악과 노래는 효과적이었다. 음악은 복음화 사업에서 가장 평화적 수단이었다.

3) 선교극

16세기 탁발수도회 수사들이 사용한 선교방법에서 고유한 특징은 연극적 요소를 복음전파 수단으로 사용한 것이다. 복음화 과정, 즉 개종 과정에서 선교극(teatro misionero)은 이념전파의 수단이었고, 당시로서는 독특한 현상이었다. 선교극은 교육학적 측면에서 보았을 때 대중에게 시청각적 효과를 발휘하기 때문에 매우 효과적인 수단이었다. 중요한 것은 이런 연극이 예술적 이유로 공연된 것이 아니라 개종과 교리교육을 목적으로 한 선교적 측면 때문에 기획되었다는 점이다.

연극 자체는 그리스-로마적 전통에서 기원했으므로 그 시초부터 이교적 색체를 띠고 있었다. 그러나 점차 연극에서 이교적 요소와의 연계성이 약화되고 성서적 측면들이 강화되자 교회는 가톨릭 믿음을 강화시키기 위해 이것을 사용했다. 중세 유럽에서는 이런 종류의 연극들이 이교도들의 개종을 위해서가 아니라 신자 재교육을 위해 이용되었다. 따라서 이교도 개종을 위해 연극을 사용한 것은 누에바 에스파냐에서 처음 시작되었다(Schuessler, 2009: 70).

선교극은 프란치스코회의 '12 사도'가 도착한 지 9년 후인 1533년부터 공연되었다. 가장 먼저 공연된 <최후의 심판>은 프란치스코회의 안드레스 데 올모스(Andrés de Olmos) 신부가 만들었다. 그러나 소수의 작품을 제외하면 대부분의 작품은 작가를 알 수 없다. 원주민들이 공연을 위해 참고한 대본은 나우아어로 씌어졌다. 번역 작업은 프란치스코회가 설립한 산티아고 데 틀랄텔롤코 학교의 학생들의 도움으로 가능했다(Schuessler, 2009: 78). 이처럼 선교를 위한 연극의 극본은 유럽에서 온 선교사들이 썼지만, 원주민들이 직접 배우가 되어 공연했다(Schuessler, 2009: 22).

<최후의 심판> 같은 종말 관련 테마는 프란치스코 선교사들이 선호하는 주제였다. 할리스코 지역에서는 '최후의 심판'과 관련된 선교극에서 개나 고양이 혹은 다른 짐승들을 불구덩이에 넣고 태움으로써 극적 효과를 증폭시켰다. 짐승의 울부짖는 소리로 인해 심판에 대한 두려움이 배가되었다. 이것은 새 종교를 수용하지 않았을 때 사후에 당하게 되는 심판을 분명하게 보여주는 효과가 있었다(Schuessler, 2009: 136). 원주민들은 이 공연을 본 후 놀라움과 경탄을 금치 못했다. 여기에는 여러 요소들이 작용했지만, 화약, 소리, 추를 사용해 천사들이 하늘에서 내려오도록 하는 것, 지옥에서 단죄받은 자들을 나락으로 떨어지게 하는 무대 장치, 하늘, 땅, 지옥 등 3차원적으로 설계된 무대 등이 원주민들을 놀라게 했다(Arróniz, 1979: 20).

선교사들은 자신들이 만든 선교극이 틀라스칼라, 촐룰라, 틀라텔롤코 등 스페인 정복 이전부터 원주민들에게 중요한 지역에서 공연되도록 기획했다. 주로 상연된 작품들은 <최후의 심판>, <성모 마리아와 성 가브리엘 천사의 대화>, <고난극>, <삼왕(三王)>, <동방박사의 선물>,

<세례자 요한의 탄생 예고>, <성모 마리아의 성 이사벨 방문>, <야만인들의 전투>, <예루살렘의 정복>, <시험에 든 예수>, <이사악의 제물>, <새들을 향한 성 프란치스코의 설교>, <성 미카엘과 루시페의 싸움> 등이며, 성서에 나오는 사건이나 그 내용이 중심이 되었다. 선교사들은 여러 장애와 한계에도 불구하고 서구 종교의 내용을 문화적으로 새로운 현실에 부합하도록 옮기려 노력했다. 이런 점에서 베아트리스 아라실 바론(Beatriz Aracil Varón)은 선교극을 분석한 후, 선교사들이 신앙의 내용을 전파하는 데 원주민들의 문화를 고려하고 그들이 쉽게 이해할 수 있게 '문화 번역(traducción cultrual)'을 시도했다는 점을 강조한다(Aracil Varón, 2012: 2).

누에바 에스파냐 첫 교구가 들어섰던 틀라스칼라는 가장 많은 선교극이 공연된 곳이다. 1538년 한 해만 해도 <세례자 성 요한의 탄생에 대한 고지>, <성녀 이사벨을 방문하신 성모 마리아>, <세례자 성 요한의 탄생>, <첫 조상들의 타락>, <성모 마리아의 승천> 등이 이 지역에서 공연되었다. 이듬해 모톨리니아가 썼을 것으로 추정되는 <예루살렘의 정복>을 시작으로 틀라스칼라 지역에서만 같은 해 다섯 차례의 공연이 이루어졌다. 선교극은 단순히 중앙고원 지역에서만 이루어진 것이 아니라 멀리 북부 시날로아와 남부 미스테카 지역에서도 공연되었다(Azar, 1974: 49).

아라실 바론과 크리스티앙 드베르제르는 선교극이 종교적 목적뿐 아니라 교육적이고 도덕적인 메시지를 전달할 의도를 담고 있었다고 주장한다(Aracil Varon, 2012: 15; Duverger, 1996: 166). 탁발수도회 수사들은 원주민들의 개종과 함께 도덕적 교화도 염두에 두고 있었다. 선교극을 통해 인신공희와 일부다처제 등 그리스도교적 전통에서 보았을 때 문제가 되는 것을 교정하려 했다. 크리스티앙 드베르제르는 선교극 속에 포함된 도덕적 교화의 목적에 대해 다음과 같이 강조한다.

만일 우리 손에 들어온 작품들을 분석한다면, 본질적으로 작품의 줄거리가 갖는 교육학적 측면을 확인할 수 있다: <이사악의 희생>은 인신공희에 반대하는 우화이고, <최후의 심판>은 일부다처제의 죄를 드러내고 있으며, <예루살렘의 정복>은 무어인에 대한 세례와 그리스도교도들의 승리를 드러낸다. 중요한 것은 원주민에 대한 도덕적·종교적 교육을 위한 목적을 가지고 있다는 것이다(Duverger, 1996: 166).

선교극은 주로 야외에서 공연되었고 항상 음악이 동반되었다. 공연 장소로는 야외 예배당이 주로 이용되었다. 선교극은 당시에 최고의 구경거리이자 쇼였다. 부활절, 성탄절, 성모 무염시태 축일, 사도들의 축일, 성인 기념일 등 선교극은 중요한 교회 축일에 재현되었다. 많은 사람들이 운집하는 시기였기 때문에 관람자들을 확보하기에 용이했기 때문이다. 따라서 그 효과가 컸지만 일상 선교에서 활용할 수 있는 수단은 아니었다는 한계가 있다. 그러나 이달고의 아우구스티노회 소속 악토판 야외 예배당의 경우처럼 선교극은 다시 야외 예배당 벽면에 벽화로 새겨져 계속적으로 기억되는 효과를 냈다(Schuessler, 2009: 83).

프란치스코회 수사들이 처음 시작했으나 도미니코회와 아우구스티노회도 선교극을 이 지역 복음화를 위해 적극적으로 활용했다. 이미 중세를 거치며 유럽과 스페인에서 종교극이 성황을 이루고 있었다. 그러나 신세계에 건너온 중세 유럽의 연극은 원주민적인 것들의 결합으로 변형되었다. 이미 발전된 형태의 제국이었던 아스테카에도 연극과 유사한 구경거리들이 존재했다. 종교 예배와 축제 때 추는 춤이나 공연들을 좋아하던 원주민들의 취향은 선교극을 만들어 공연하도록 탁발수도회 수사들의 영감을 자극했다. 연극이 가톨릭 신앙의 주제와 신비를 원주민에게 전파시키는 수단이 된 것이다. 프란치스코회 수사들은 원주민 사이에 존재하던 연극적 재현 요소들을 배재하지 않고 어느 정도 묵인하에 수용했으며, 그리스도교 교리와 결합시켰다. 그들은 아스테카와 다른 주변 부족들의 중요한 문화 요소들, 즉 언어와 의례적 특성을 가진 축제뿐 아니라, 의복, 화장술, 안무, 제스처, 무대들도 이용했다. 장식, 안무, 무용, 리듬 등 사소하고 무의미한 것처럼 보이는 요소들 속에 원주민적인 것들을 숨길 수 있었다. 원주민들의 전통적 믿음을 반영하는 것들이 종교혼합적 요소를 통해 살아남을 수 있었다(Ruiz Bañuls, 2011: 2; Toriz, ?: 10~11).

<자녀에 대한 교육>이란 선교극 극본을 분석한 후 루이스 바눌스(Mónica Ruiz Bañuls)는 프란치스코회 수사들이 누에바 에스파냐라는 새로운 환경에 적응하려고 노력한 흔적을 확인할 수 있다고 주장한다.

결국, 16세기 동안 멕시코에서 프란치스코회 수사들에 의해 공연된 연극들이 모든 것이 새로운 상황에서 어떻게 그리스도교를 적응시키려는 목적에 충실했는지 <자녀에 대한 교육>은 분명히 보여준다. 그리고 이 작품은 수도자들의 복음화에 대한 염려를 잘 드러내고 있다. 아메리카의 상황에 적응하려는 노력에서 수도자들은 우리가 이미 확인한 것처럼 원주민 문화 속에 존재하던 연극적인 요소와 선교극을 좋은 의도에서 연결시켰음이 분명하다. 문체나 주제적 측면에서 우에우에틀라톨리[10]의 출현은 복음 전도를 위해 적절하고 효과적인 수단으로 보인다(Ruiz Bañuls, 2011: 5).

유럽과 원주민 문화의 결합에 대한 진술은 페드로 데 간테 수사가

---

10) 우에우에틀라톨리는 나우아어로 '고대인들의 격언'을 의미한다. 나우아족의 신념과 의례, 행실 규범, 도덕관 등에 대해 다루며 이야기 형식을 취하고 있다. 나우아족 젊은이들을 자신들의 종교와 전통으로 인도하기 위한 목적을 가지고 있었다. 올모스와 사아군 등이 채록해 엮었다.

펠리페 2세에게 보낸 서한 속에도 잘 드러난다. 아래의 인용문은 나우아어의 전통 속에 담겨진 수사(retórica), 표현방식, 그리고 극적 전통이 16세기 선교극 속에 반영되어 있다는 점과 수사들이 원주민들의 전통적 표현양식을 선교극에 이용했다는 것을 암시하고 있다.

…… 그러나 하느님의 은총으로 그들을 알고, 그들의 상황과 성질을 이해하게 되었습니다. 그리고 어떻게 그들을 우리 쪽으로 끌어들일 수 있는지 알게 되었습니다. 그들이 그들의 신에게 하는 모든 경배행위는 그 신들 앞에서 노래하고 춤추는 것으로 이루어집니다. …… 그리고 제가 본 대로 그들의 노래들은 모두 그들의 신에게 향해 있습니다. 저도 하느님이 인류를 구원하기 위해 어떻게 인간이 되셨는지, 어떻게 순결함과 영원성을 간직한 채 동정녀 마리아에게서 나셨는지를 노래로 표현했습니다. 그리고 신앙과 하느님의 법칙이 노래로 장엄하게 표현되도록 기획했습니다(Ruiz Bañuls, 2011: 2 재인용).

앞서 보았듯이 선교극에는 스페인으로 대표되는 일방적인 서구 유럽의 모습만 나타난 것이 아니라 '원주민적인 요소'와 문화도 포함되어 있었다. 수사들이 직접 극본을 만들고 각색하고, 공연을 지도했다. 그러나 공연에 참여하는 원주민들에게는 자신들만의 색깔을 낼 수 있는 어느 정도의 자유도 허락되어 있었다. 특히 프란치스코회의 수사들은 원주민 문화요소들을 수용하는 것을 두려워하지 않았다. 결국 이런 관용적 자세는 선교극에 유럽적 색깔만이 아니라 원주민적 특색도 포함될 수 있는 여지를 제공했다. 이 점에 대해 크리스티앙 드베르제르는 프란치스코회 수사들이 원주민 문화나 이교적 요소들이 유입되는 것을 몰랐다기보다 그리스도교 메시지를 자신들의 방식으로 표현하는 한에서 어느 정도

묵인했다라고 주장한다(Duverger, 1996: 165~167).

16세기 중요한 복음화의 수단이던 선교극은 1572년경부터 점차 사라져가기 시작했다. 탁발수도회와 주교 사이의 갈등, 1571년 종교재판소의 설치, 1576년 전염병의 창궐, 다양한 축제와 오락거리의 증가 때문에 점차 공연 횟수가 줄고, 그 중요성도 감소했다(Toriz, ? : 11~12).

5. 맺는 말

예술과 문화, 구체적으로 음악과 미술, 선교극, 건축 등은 가장 효과적인 선교의 보조 수단이었다. 즐거움과 감탄을 주는 음악과 미술, 현실감과 재미를 주는 연극, 웅장한 건축물과 조각상을 통해 부드러운 선교가 이루어졌다. 이처럼 선교는 문화 전체를 변형시키려는 시도와 함께 총체적으로 이루어졌다. 그러나 유럽 선교사들의 노력과 문화적 우월성만 중요하게 평가하는 것은 잘못이다. 문화의 흐름은 일방적이지 않고 항상 쌍방적인 측면이 있기 때문이다. '평화적 선교'도 일방적으로 이루어지지 않았다. 유럽의 선교사들과 원주민 예술가들의 공동 노력의 산물이었다. 선교를 주도한 것은 탁발수도회였지만 여기에 호응하고 보조를 맞춘 개종한 원주민들이 역할도 주요했다. 문화예술적 측면에서는 원주민 장인들과 예술가들이 선교사업을 지원하며 의미 있는 역할을 수행했다. 선교사들은 피라미드 위에 성당을 건립하는 것을 통해 원주민들의 종교적 공간, 즉 성지를 선교에 이용했다. 그러나 동시에 원주민들의 탁월한 예술적 능력과 지식도 활용했다.

선교사들은 원주민들이 활동할 수 있는 일정한 무대를 제공했고 어느 정도의 자유도 허락했다. 원주민들은 벽화나 그림, 또는 다른 여러 예술

작품 속에 자신의 아이디어를 반영하여 작품도 남겼다. 또한 직접 악기를 연주하거나, 노래를 부르고 춤을 추면서, 그리고 그림을 그리고 배우로 연기하면서 적극적으로 서구 문화와 종교를 수용하는 모습을 보였다. 종교나 문화 측면에서 볼 때 두 세계는 상호 영향을 주고받았다. 원주민들의 노력과 능력도 중요한 요소로 작용했다. 따라서 두 문화와 두 종교의 만남은 어느 정도 이질적이지만 종교혼합적 양상을 띨 수밖에 없었다.

 이 연구는 16세기 누에바 에스파냐 지역의 선교문제를 다루며 문화예술적 선교에 초점을 맞추었다. 따라서 그 밖에 다른 중요한 부분들인 선교 전략과 선교 내용에 대해서는 다루지 못했다. 선교의 구체적인 내용과 함께 우상파괴 전략, 학교와 병원 운영과 같은 교육과 사회사업을 통한 선교 전략, 원주민 지도층과 그들의 자녀에 집중한 개종 전략, 그리고 현지어와 민속지학 연구를 통한 선교 전략 등이 중요한데 이것들에 대한 연구는 차후 후속 연구를 통해 보강될 것이다.

참고문헌

Ángel Medina, Miguel. 1992. *Los dominicos en America*. Madrid: MAPFRE.

Aracil Varón, Beatriz. 2012. "Las sagradas escrituras en el teatro evangelizador franciscano de la Nueva España: Hacia una traducción cultural." in http://www.traduccion-franciscanos.uva.es/archivos/9-Aracil.pdf

Armella de Aspe, Virginia. 1995. *Testimonios artísticos de la evangelización*. México: Grupo Gutsa.

Arróniz, Othón. 1979. *Teatro de evangelización en Nueva España*. México: UNAM.

Azar, Hector(Coord.). 1974. *Teatro de evangelización en Nahuatl*. México: CONACULTA.

Béhague, Gerard. 1972. *Music in Latin America: an Introduction*. Englewood Cliffs: Prestice-Hall.

Brading, David. 1991. *Orbe indiana: De la monarquía católica a la república criolla 1492-1867*. México: FCE.

Chávez, Carlos. 1949. *La música mexicana*. Mexico: SEP.

Codices Franciscano. Siglo XVI. 1941. México: Chávez Hayhoe.

Cuevas, Mariano. 1975. *Documentos Inéditos del Siglo XVI para la historia de México*. México: Porrúa.

_____. 1992. *Historia de la Iglesia en México*. Tomo I. México: Porrúa.

Dussel, Enrique. 1992. *Historia de la Iglesia en América Latina. Medio milenio de coloniaje y liberación(1492-1992)*. Madrid: Mundo Negrao-Esquila Misional.

Duverger, Christian. 1996. *La conversión de los indios de Nueva España*. México: FCE.

Fernández Rodríguez, Pedro. 1994. *Los dominicos en la primera evangelización de México*. Salamanca: SANESTENAN.

Gómez Canedo, Lino. 1988. *Evangelización y conquista. Experiencia franciscana en Hispanoamerica*. México: Porrúa.

_____. 1993. *Evangelización, cultura y promoción social. Ensayos y estudios críticos sobre la contribusión franciscana a los origenes cristianos de México(Siglo XVI-XVIII)*. México: Porrúa.

Kubler, George. 1982. *Arquitectura mexicana del siglo XVI*. México: FCE.

Mendieta, Fray Gerónimo de. 2002. *Historia Eclesiástica Indiana*. Vol. I y II. México: Cien de México.

Oropeza, Deborah. 1996. *The franciscans in Sixteenth-Century Mexico. Painting, Music, and Theater as instruments of evangelization*. Thesis for the degree of Master of Arts. The University of Texas at Austin.

Palacios, Mariantonia. 2005. "La palabra cantada como herramienta evangelizadora en la América colonial." *Extramuros*. Vol 10. n. 23.

Ricard, Robert. 1995. *La conquista espiritual de México: ensayo sobre el apostolado y los métodos misioneros de las órdenes mendicantes en la Nueva España de 1523-1524 a 1572*. México: Fondo de Cultura Económica.

Rubial García, Antonio. 1989. *El convento agustino y la sociedad novohispana (1533-1630)*. México: UNAM.

_____. 2010. "Las órdenes mendicantes evangelizadoras en Nueva España y sus cambios estructurales durante los siglos virreinales." in Martinez-Lopez Cono y Maria del Pilar(coord.). *La Iglesia en Nueva España. Problemas y perspectivas de investigación*. México: UNAM. 215-236.

Ruiz Bañuls, Mónica. 2011. "El drama didáctico en el teatro evangelizador novohispano: La educación de los hijos." in *Espéctaculo. Revista de estudios literarios*. Núm. 47. http://pendientedemigracion.ucm.es/info/especulo/numero47/teatevan.html

Sahagún, Bernardino de. 1989. *Historia general de las cosas de la Nueva España*. México: Alianza Editorial Mexicana/ CONACULTA.

Saldívar, Gabriel. 1987. *Historia de la música en México*. México: SEP,

Schuessler, Michael K. 2009. *Artes de fundación. Teatro evangelizador y printura mural en la Nueva Esapaña*. México: UNAM.

Toriz, Martha. ?. "El teatro de evangelización". in http://www.hemisphericinstitute. org/cuaderno/censura/html/t_evan/tevan_info.htm

제2부
식민의 질서에서 독립의 질서로

제6장 | 식민 시대 안데스의 미타 제도와 원주민 공동체_ 강정원
제7장 | 식민 시대 볼리비아 사회와 노동체계의 특징_ 김달관
제8장 | 라틴아메리카 독립과 네이션, 내셔널리즘:
　　　 베네딕트 앤더슨의 『상상의 공동체』 그리고 그 너머_ 김은중
제9장 | 카디스 헌법(1812)의 횡대서양적 의미: 누에바 에스파냐의 수용과 독립을 중심으로_ 최해성
제10장 | 19세기 콜롬비아의 정당체제와 정치문화_ 김달관

제6장

식민 시대 안데스의 미타 제도와 원주민 공동체*

강정원 서울대학교 라틴아메리카연구소 HK연구교수

1. 서론

스페인이 아메리카 대륙을 식민 통치하던 당시 포토시 은광은 스페인 정복 세력에게 가장 안정되고도 중요한 수입원 가운데 하나였다. 포토시 은광은 특히 스페인 식민통치의 초반부터 중반에 이르는 시기에 중요성을 지녔으며, 1545년 은광이 발견된 이후 약 150여 년에 걸쳐 포토시 은광은 누에바 에스파냐(현재의 멕시코와 중앙아메리카 지역에 해당) 전역의 총생산량을 능가하는 은 생산량을 기록했다. 16세기 후반 포토시가 전성기를 맞이하던 시기에 전 세계 은의 74%가 포토시 은광에서 생산되기도 했다(Moore, 2010: 59). 포토시 은광의 번성은 다양한 요인에 근거했는데, 수은을 사용해서 은을 추출하는 기법인 아말감법의 도입과 같은 기술

---

* 이 글은 ≪이베로아메리카 연구≫ 24권 1호(2013)에 발표된 필자의 기존 논문을 총서의 취지에 맞게 수정·보완한 것이다.

발전, 세로 리코(Cerro Rico) 산에 은광들이 밀집되어 있었던 지리적 상황, 안데스 고산지대의 생태적·인구학적 조건, 미타라고 불리던 강제노동 징집제도의 시행 등을 예로 들 수 있다.1) 이와 관련해 1570년대 페루 부왕령의 다섯 번째 부왕을 지냈던 프란시스코 데 톨레도가 주도했던 급진적인 개혁은 어떻게 이 요인들을 혁신적으로 결합하여 포토시 광산의 생산성과 수익성 향상을 이끌어냈는가를 명확하게 드러낸다. 톨레도의 개혁은 안데스의 지역과 지방의 미시적 단위들에 대한 식민 정부의 통제력을 극대화하고, 미타 제도를 통해 그 주요 사업이었던 포토시 광산업으로 토착민들을 효율적으로 흡수하기 위해 안데스 원주민 사회와 경제를 포괄적이고도 전면적으로 변형시켰다.

다시 말해 톨레도의 개혁은 스페인 식민 정부가 안데스에서 제국주의적 개입을 수행하기 시작했음을 드러낸다. 구체적으로 톨레도 개혁은 대부분 농민이었던 토착 인구들을 현물, 물품, 노동력 등의 형태로 공물을 납부해야 하는 식민 통치의 속민으로 규정하는 작업이었다. 식민 권력의 개입이 안데스 사회구조에 미친 영향력은 포괄적이고도 지속적이었다. 특히 강제 이주 정책으로 알려진 레둑시온(reduccion)은 안데스 고산지대의 지리적 공간이 총체적으로 재편되게 했으며, 정복 이전에 존재하던 친족 집단인 아이유는 스페인 방식의 마을 형태에 따라 원주민 공동체로 변형되었다(Glave, 1999: 505; Saignes, 1999: 89; Stavig, 2000: 534).

---

1) 포토시 은광은 당시 비야 임페리알 데 포토시(Villa Imperial de Potosi)라고 불리던 포토시 도(department)의 수도에 위치했다. 18세기 후반까지 포토시는 페루 부왕령에 속했으며, 티티카카 호수 남단에 위치한 아우디엔시아 데 차르카스(Audiencia de Charcas) 또는 알토 페루(현재의 볼리비아)의 일부를 구성했다. 1776년 부에노스아이레스의 부왕이 알토 페루와 차르카스를 통제하게 됨에 따라 포토시는 새롭게 설립된 리오 데 라플라타(Rio de la Plata) 부왕령으로 이전되었다.

아이유의 변형은 존 무라(John V. Murra)가 '수직적 제도(vertical archipelago)'(Murra, 2002)라고 부르던 안데스의 수직성(상이한 고도에 존재하는 이질적인 생태구역들이 호혜성의 원리로 결합된 상태로서 안데스의 자급자족 생산에 기본적인 원리로 작용한다)의 해체를 의미했다. 레둑시온으로 사회구조가 변화함에 따라 수직적인 구조는 수평적이고도 중앙집중화된 체계로 변형되었다. 이와 마찬가지로 도심지가 조성되었고, 도심지에는 스페인 사람들과 메스티소 엘리트들이 집중적으로 거주하면서 주변부의 대규모 원주민 인구를 통제했다(Moore, 2010: 79~80). 안데스 주변부 지역을 중앙집중적인 권력 체계에 편입함에 따라 토착민들의 경제적·사회적 삶에도 중요한 변화가 생겨나기 시작했다. 무엇보다도 수직적인 호혜관계가 해체됨에 따라 자급자족 농업 생산기반이 파괴되었고, 그 결과 농민들은 '광산 위주의 상품 경제'(Moore, 2010: 81)에 급속히 편입되기 시작했다.

하지만 톨레도의 개혁이 수반한 가장 즉각적이고도 파괴적인 파급력은 강제노동 징집제도인 미타의 시행에서 비롯됐다. 잉카 시대의 상호호혜적인 노동력 순환제도인 미타(mit'a)에서 유래했던 미타 제도는 원주민 공동체의 남성들과 자원을 고갈시키는 결과로 이어졌으며, 그 영향력은 집단적인, 그리고 개별적인 차원에서 동시에 나타났다(Saignes, 1985; Saignes, 1999; Stavig, 2000). 예를 들어 그 착취적인 속성으로 악명 높았던 미타 제도는 강제 징집을 피하기 위해 수많은 남성 농민들과 그 가족들이 원주민 공동체를 버리고 외부로 도주하는 주된 원인으로 작용했다. 나투랄(natural)이라고도 불리던 공동체 구성원들인 오리히나리오(originario)들이 원주민이라는 신분을 버리고 이주 원주민인 포라스테로(forastero)로 전환하는 사례가 급증함에 따라 할당된 미타요(mitayo, 미타 노동자)의 숫자를 채워야 하는 원주민 공동체들의 경제적·인구학적 압박은 더욱 심화되었다. 따라서 개별 원주민 공동체들은 그 구성원들이 미타 의무를 방기하거나 거부하지 않도록 관리하고 규제하는 책임을 지게 되었다. 미타요들을 모집하고 관리해야 하는 가장 근본적인 책임이 부과되었던 사회 단위로서 원주민 공동체는 이 같은 새로운 요구에 부응하기 위해 그 문화적·제도적 구조를 재편해야 했다. 이런 측면에서 전통적인 엘리트 지도자였던 카시케들의 역할이 특히 중요해졌다. 수많은 역사학자들이 주목하듯이 식민 시대 안데스의 카시케는 원주민 사회와 식민 정부가 상호 관계를 맺는 데 독특하고도 절대적인 역할을 수행했다(Gisbert, 1992; Monteiro, 2006; Murra, 2002; Saignes, 1999; Serulnikov, 2003; Spalding, 1973). 그들은 한편으로는 자신들이 속한 공동체의 대변인으로서 식민 통치자들에 맞서 원주민 전통과 사회규범을 옹호하고, 이를 방어하는 역할을 담당했다. 하지만 동시에 그들은 스페인의 제국주의적 이익을 위해 복무해야 책임을 지녔으며, 자신들이 소속된 공동체가 식민 정부가 부과하는 자원을 충실히 제공하도록 관리하는 임무를 수행해야 했다. 따라서 대립하는 두 집단들의 중간 지점에 자리하며, 카시케는 원주민 사회와 식민 정부의 상충된 이해관계를 매개해야 했다.

포토시 은광의 규모와 매장량은 포토시 광산이 스페인 식민 체제의 주축이 될 것임을 예고했다. 이와 동시에 광물 생산의 주된 노동력을 제공하게 될 안데스 토착민들에 대한 식민 정부의 통제가 강화되기 시작했다. 16세기 톨레도의 개혁은 그 시발점이었으며, 식민 정부의 개입으로 인해 농촌의 원주민 사회가 극단적인 변화를 맞이하게 될 것을 예고했다. 식민 통치를 위한 자원의 가장 중요한 근원으로서, 특히 미타 노동력의 제공자로서 농촌의 원주민 사회는 식민 통치자들에게 착취의 대상인 동시에 보호해야 하는 자산이기도 했다. 그렇다면 식민 정부는 원주민 사회를 착취하는 동시에 보호해야 한다는 모순된 상황에 어떻게 대처했을까? 노동 착취로 악명 높았던 미타 제도에도 불구하고 원주민 공동체는 어떻게 전통적이고도 독자적인 사회제도를 보존할 수 있었을까? 안데스의 원주민들은 그들이 소속된 공동체가 식민 권력이 가장 첨예하게 작동하는 공간으로 전락했던 상황에도 어째서 계속해서 원주민으로서의 정체성을 유지하며 공동체에 남아 있기로 선택했을까? 어째서 안데스의 농민들은 미타 제도의 악명을 익히 알고 있었음에도 그 제도를 철저히 거부하지 못했을까? 미타 제도를 통한 강제노동 징집의 수행으로 식민 정부의 압력이 증가함에 따라 안데스의 원주민들은 이에 어떻게 대응했을까? 이 질문들을 통해 우리는 식민통치 권력의 변화와 이에 대응하는 안데스 원주민들의 전략의 복합적인 관계를 살펴볼 수 있다. 이 글에서는 스페인 식민 세력의 압력이 증가함에 따라 안데스 원주민들이 이에 어떻게 대응했는지를 살펴볼 것이며, 특히 이 같은 원주민들의 대응 전략에서 아이유나 카시케와 같은 안데스의 전통적인 제도들이 어떠한 역할을 수행했는지를 논의할 것이다. 이를 위해 먼저 포토시 미타 제도와 포토시 광산의 노동 구조를 살펴볼 것이다. 그다음 미타 제도가 원주민 공동체에 어떠한 영향을 미쳤고, 어떠한 변화를 초래했는지 살펴볼 것이다. 그다음 원주민 여성과 카시케 지도자들의 역할을 중심으로 공동체 단위의 대응 전략을 논의할 것이다. 결론 부분에서는 식민 세력에 맞서는 안데스 원주민들의 전략과 그 과정에서 전통적인 제도가 수행했던 역할을 살펴볼 것이다.

2. 포토시 미타와 식민 시대 노동제도

2) 포토시 미타 제도와 안데스 토착 인구

아메리카에서 대부분의 광상(鑛床)들은 스페인 정복 이전부터 토착민들에 의해 채굴되고 있었다. 하지만 이와는 달리 포토시 은광은 프란시스코 피사로와 그 부대가 잉카 제국과 그 일대(현재 페루, 볼리비아, 에콰도르에 해당하는 지역)를 폭력적으로 점령한 지 약 10년이 경과한 시점인 1545년에야 그 존재를 세상에 드러냈다. 광상이 발견된 이후 포토시는 신세계에서 가장 중요한 광산 가운데 하나가 되었고, 16세기 후반 전성기에는 전 세계 광물의 2/3 가량을 생산했으며(Moore, 2010: 59), 17세기 초반에는 식민화된 아메리카에서 생산되는 은의 절반 이상이 포토시 광산에서 공급되었다(Klein, 1992: 54).[2] 따라서 스페인은 포토시 광산의 경영을 통해 신세계 정복뿐만 아니라 세계무대에서 제국으로서의 주도적인 위상을 유지하기 위해 절실히 필요로 했던 광물 소득을 창출할 수 있었다. 하지만 이러한 중요성에도 불구하고 포토시 광산의 생산량에는 시기에 따라 확연한 기복이 있었다. 카르멘 살라사르 솔레르(Carmen Salazar-Soler)는 식민 시대 포토시의 은 생산을 다음의 네 단계로 구분한다(Salazar-Soler, 2009: 84). 1단계는 잉카의 광물 채취 기술을 활용하여 생산량의 급속한 증대를 가져왔던 시기이다(1545~1550). 2단계는 광물 고갈로 생산이 침체되었던 시기(1551~1570)이다. 3단계는 수은을 이용한 아말감법과 미타 제도의 도입에 근거한 황금시대이다(1571~1674). 4단계는 만성적인 침체기로서 1615년부터 18세기 초반에 해당한다.

포토시 광산의 놀라운 성장을 가져왔던 미타 제도는 1570년대 톨레도에 의해 시행되었으며, 이는 당시 알토 페루라고 불리던 아우디엔시아 데 차르카스(Audiencia de Charcas) 일대의 전면적인 변형을 동반했다.[3]

---

2) 예를 들어, 1592년 포토시의 은 생산을 통한 수익은 1593년부터 1597년까지 스페인의 연간 국가예산 평균의 약 44%에 해당했다(Bakewell and Holler, 2010: 225).
3) 1558년에 설립된 아우디엔시아 데 차르카스는 당시 신세계에 설립된 대부분의 아우디엔시아들과 달리 사법권과 행정권을 보유하고 있었다(Klein, 1992: 44).

무엇보다도 톨레도의 개혁은 알토 페루 지역에 대한 식민 통제를 강화하고 이 일대의 조세제도를 향상시키는 것을 목적으로 했으며, 이 같은 취지에서 콜럼버스 이전 시대에 잉카에 존재하던 친족 집단인 아이유를 원주민 공동체로 재편하는 레둑시온 정책이 시행되었다. 케추아와 아이마라 집단은 개혁 이후에도 아이유의 전통적인 관행과 가치를 대부분 유지했으며, 구체적으로 공유토지권, 친족관계의 중요성, 양계혈통제에 근거한 승계 등을 지속적으로 실천했다. 하지만 톨레도의 재이주 정책은 기존에 약 900개에 이르던 공동체들이 44개의 행정 구역으로 집중되게 하여 극단적인 변화를 가져왔다(Klein, 1992: 39).

개혁 정책으로 식민 시대의 아이유(또는 원주민 공동체)는 영구적이고도 인접한 거주 구획들로 재편되었고, 상이한 생태 지역들을 연계해주던 아이유 구성원들 간의 의존성이나 호혜적 교환 관계가 급속히 파괴되었다(Klein, 1993: 58).4) 이러한 재이주 정책은 상이한 생태 구역의 원주민들

그 영토는 지속적으로 변화했지만, 대체적으로 티티카카 남쪽 지역을 의미하며, 알티플라노 지역의 주(province)들을 포함하며, 차르카스, 로스카랑가스, 라파스, 추쿠이토, 엘코야오, 로스카나스이칸체스 등이 이에 해당한다(Saignes, 1985: 66).
4) 세르히오 세룰니코브(Sergio Serulnikov)는 톨레도의 재이주 정책이 식민 정부의 정책들 가운데 대표적인 실패 사례라고 평가한다. 식민 정부의 새로운 행정 단위들은 정복 이전부터 존재하던 안데스의 사회 단위들을 대부분 포함했으며, 따라서 식민주의에 따라 사회가 재건되는 상황에서도 전통적인 종족·사회적 집단들은 유지될 수 있었다. 하지만 농민들 가운데 상당수는 수직적으로 분산된 그들의 전통적인 농경지에서 계속해서 거주했으며, 레둑시온으로 설립된 시가지는 대부분 메스티소나 스페인 관리들이 거주하기도 했다(Serulnikov, 2003: 10). 세룰니코브의 주장은 전통적인 종족적 결합에 근거하는 사회조직과 연속적인 거주지로 특징지어지는 사회조직이라는 두 상이한 조직들이 공존하고 있었음을 의미하며, 스페인 식민주의가 전개됨에 따라 이 상이한 조직들은 새로운 사회적·정치적 동력을 형성해냈을 것임을 의미한다.

간의 유동성을 줄여, 원주민들을 중앙집권적인 식민 통치권하에 복속시키고, 더불어 당시 스페인 식민통치자들이 접근하기 힘들었던 지역인 푸나(puna, 원주민이 거주하는 생태 지역 가운데 가장 고지대에 자리한 목축지대)가 원주민들의 자급자족 생산에서 차지하던 비중을 축소하는 것을 목적으로 했다. 하지만 식민 시대의 미타 제도는 사실상 기존의 호혜성의 원리에 근거하고 있었으며, 스페인 정복 이전에는 안데스 농민들이 그들의 공동토지권과 공동체 자율권을 보장해주는 대가로 잉카의 황제에게 복무했다면, 식민 시대에는 스페인 국왕이 잉카 황제의 자리를 대체했다는 차이점이 있었다. 이러한 유사성에도 불구하고 식민 시대의 미타 제도는 잉카 시대의 미타와는 근본적이 차별성을 갖기도 했다. 가장 주목할 차이는 식민 시대 이전의 미타는 강제노동 징집제도인 동시에 국가의 자원을 그 구성원들에게 재분배하는 매개로 기능했던 반면에 식민 시대의 미타 제도는 분배의 기능은 생략한 채 강제노동 징집제도의 기능만을 부각시켰기 때문이다. 다시 말해 잉카 제국의 미타는 농촌 지역의 잉여 노동력을 흡수하는 동시에 노동력을 제공하는 대가로 그 구성원들에게 현물을 분배해 잉카 통치자들에 대한 구성원들의 충성심과 소속감을 강화하고 호혜적인 관계를 재생산하는 기능을 수행했던 반면에, 스페인 정복 시대의 미타는 전적으로 경제적인 논리만으로 작동하는 제도였다. 이러한 차이는 식민 시대 미타가 매우 착취적이고도 남용적인 제도로 인식되게 했다.

　포토시의 미타는 알토 페루의 16개 주(province)에 거주하는 18세 이상 50세 이하의 모든 원주민 남성들을 대상으로 했다. 매년 각 주의 남성들은 7명 중 1명 비율로 미타 노동에 참여해야 했다. 제도가 시행된 초반에 미타요들은 1주 근무 후 2주간의 휴식이 허용되었다. 기존의 제도와 달리 식민 시대 미타는 혼인 여부와 관련 없이 모든 성인 남성이 징집의 대상이 되도록 규정했고, 또한 노동 환경은 매우 혹독했다. 그뿐만 아니라 잉카 시대와는 달리 식민 시대 미타요들은 그들이 미타에 복무하는 과정에서 발생하는 일체의 비용에 대한 지원을 거의 받지 못했다. 비록 일당 4헤알(real)이라는 임금이 책정되었지만, 이는 미타요들의 기본적인 생계를 해결하기에도 턱없이 부족했다(Zulawski, 1987: 406). 게다가 미타요들은 포토시 광산으로 이동하는 여정에 필요한 일체의 비용을 개인적으로, 또는 소속된 공동체의 도움으로 지불해야 했다. 형식적으로 미타요들은 포토시에 여행하는 기간 임금의 절반에 해당하는 비용을 보상받을 권리가 있었다. 하지만 보상이 이루어진다고 해도 여행 구간의 일부분만이 인정되기 마련이었고, 광산주들이 여행 기간에 대해 보상할 것을 거부할 경우 이를 강제할 방법이 거의 없었다(Tandeter, 1981: 119). 따라서 포토시에서 멀리 떨어진 지역에 거주하던 이들에게 광산으로의 이동은 특히나 고단하고 힘겨운 여정을 의미했으며, 이들은 때로는 2개월에서 3개월에 이르는 기간을 도보로 이동하며, 노숙과 배고픔을 견디고, 춥고 험난한 환경과 싸워야 했다.

미타 제도는 미타요들뿐만 아니라 그 가족 구성원들과 소속된 원주민 공동체의 희생을 요구하기도 했다. 하지만 식민 통치가 지속됨에 따라 미타 제도는 다양한 원주민 구성원들에게 상이한 방식으로 영향을 미치게 된다. 무엇보다도 원주민 인구의 감소는 공동체에 남아 있던 원주민들에게 극도의 부담을 지우게 되었고, 이는 18세기 중반 원주민 인구가 다시 증가세를 보이기 시작할 때까지 지속되었다.5) 미타 징집 대상이었

---

5) 한 세기 동안 지속된 인구 감소로 인해 18세기 중반에 오루로(Oruro)와 포토시는 인구가 절반 수준으로 축소되었다. 이에 따라 미타요들의 숫자도 급감했다. 1570년대에 포토시에는 매년 1만 5,300명의 원주민들이 미타요로 복무했다. 하지만 1690년대에 그 숫자는 불과 2,000여 명으로 집계되었다(Klein, 1992: 65).

던 공동체의 남성 원주민인 오리히나리오들은 인구 감소로 인해 부족한 노동력을 대체하기 위해 광산에서 복무하는 기간을 연장하거나, 또는 순환 근무 주기를 단축하여 노동시간을 늘려야 했다(Tandeter, 1981). 노동력의 이탈이나 감소로 인해 할당된 미타 노동력을 공급해야 하는 공동체의 나머지 구성원들의 부담 역시 증가했다. 이처럼 인구 감소로 인해 미타 제도는 원주민 인구 전반에 더 큰 부담으로 다가왔지만, 반면 17세기 초반 이후 포토시 은광의 생산량 감소는 원주민 인구에 다소 상반된 방식으로 영향을 미치게 된다.[6] 포토시 은광의 생산 위기는 매장량이 집중되어 있고 쉽게 채굴이 가능했던 광상들이 고갈됨에 따라 발생하기 시작했다(Bakewell and Holler, 2010: 231; Klein, 1992: 71). 이는 포토시 은광 채굴의 수익성 감소로 이어졌고, 누에바 에스파냐의 멕시코 광산들이 상대적인 우위를 점하게 되는 상황을 가져왔다. 17세기 중반 이후로 멕시코 광산들은 은 생산량을 급속하고도 지속적으로 증대시켰고, 몇십 년이 지나지 않아 페루의 은 생산을 넘어서게 된다(Bakewell and Holler, 2010: 298~300, 353). 포토시 은광의 낮은 생산성은 안데스 지역의 은 생산에 대한 식민 정부의 기대치를 낮추는 결과로 이어졌다. 그럼에도 이같은 변화가 만성적인 인구 감소로 인해 포토시 미타 제도가 추가적으로 원주민 사회에 부과했던 책임이나 부담을 감소시키는 효과로 이어지지는 못했던 것으로 보인다(Zulawski, 1987: 418).

---

6) 포토시의 은 생산은 18세기 중반부터 다시 증가하기 시작했다. 하지만 여전히 총생산량은 16세기 후반의 절반 수준에 머물렀다(Klein, 1992: 68~69).

2) 농민들의 광산 노동자로의 전환: 포토시의 오리히나리오, 포라스테로, 야나코나

16세기와 17세기 안데스 토착 인구의 감소는 매우 심각했다. 1981년 출판된 데이비드 쿡(David Cook)의 식민 시대 안데스의 인구학적 조사에 의하면, 정복 이후 불과 1세기 이내에 식민 시대 페루의 토착 인구 가운데 93% 가량이 감소한 것으로 집계됐으며, 콜럼버스 이전 900만 명에 이르던 원주민 인구는 1620년에 약 60만 명으로 축소되었다.[7] 1977년 출판된 산체스 알보르노스(Sánchez-Albornoz)의 연구에 의하면, 알토 페루의 10개 주의 인구는 1530년과 1722년 사이에 28만 명에서 7만 명으로 감소했다.[8] 토착 인구의 감소는 스페인 정복 이후 식민화된 안데스가 경험했던 가장 주목할 만한 인구학적 변화였으며, 이는 농촌 지역에 지속적이고도 광범위한 위협이 되었을 뿐만 아니라, 근본적으로 식민 통치를 위해 원주민 노동력에 의존하던 스페인 식민 정부에 가장 심각한 문제이기도 했다. 하지만 알토 페루의 농촌 지역에서는 포토시 미타 제도로 인해 매우 상이한 형태의 인구학적 변화가 발생하고 있었다. 포토시 미타 제도는 원주민 성인 남성(오리히나리오)들에게 가장 직접적인 타격을 가져왔으며, 미타 징집 대상인 남성들이 농촌 마을을 대거 이탈하는 원인이 되었다. 티티카카 호수 인근의 추쿠이토(Chucuito) 주의 변화가 대표적인데, 포토시에 가장 많은 숫자의 미타요들을 공급하던

---

7) Noble David Cook, *Demographic Collapse: Indian Peru, 1520-1620*(New York, 1981), p. 247(Zulawski, 1987: 417에서 재인용).

8) Sánchez-Albornoz, *La población de América Latina desde los tiempos precolombinos al año 2000*, 2nd ed. (Madrid, 1977), pp. 107~110, 122(Zulawski, 1987: 418에서 재인용).

추쿠이토는 톨레도 개혁으로 미타 제도가 도입되기 이전부터 미타 제도와 유사한 방식으로 노동력을 공급하고 있었다(Premo, 2000: 68). 1566년에 추쿠이토에는 2만 3,093명의 여성 거주민이 있었던 반면에 남성 거주민의 숫자는 1만 6,668명에 불과했으며, 이는 분명 미타 징집제로 인한 인구학적 변화로 해석할 수 있다(Premo, 2000: 70). 이 추세는 17세기까지 이어졌다. 예를 들어 추쿠이토의 오리히나리오의 수는 1578년부터 1684년 사이에 74% 감소했다(Premo, 2000: 66). 이는 농촌 마을의 남녀 성비에 심각한 불균형으로 나타났으며, 추쿠이토 주의 농촌 마을인 훌리(Juli)의 경우, 남아 있는 사람들은 대부분 '여성이나 노인들'(Premo, 2000: 70)뿐이었다.

 그렇다면 미타 제도는 어떻게 알토 페루의 남성 인구의 감소로 이어졌을까? 우선 우리는 이 인구학적 통계 자료들의 집계 당시 미타에 복무하기 위해 일시적으로 마을을 떠나 있었던 남성 인구들이 누락되어 있었을 가능성을 고려해야 한다.9) 그럼에도 미타요들의 부재만으로는 성비 불균형을 설명할 수는 없는데, 그 이유는 미타요들은 복무 기간 내내 대부분 그들의 여성 가족 구성원들과 동반하여 의무를 수행하는 것이 일반적이었기 때문이다.10) 미타 의무를 수행하기 위해 여성 가족 구성원의 도움을 받는 것은 매우 필수적인 것으로 인식되었는데, 그 가장 큰 원인은 미타에서 근무하며 받는 임금만으로는 미타요들의 기본적인 생계를

---

9) 하지만 1566년 추쿠이토 주 7개 마을들의 인구 통계 자료를 분석해보면, 설령 징집된 미타요들의 숫자를 포함시키더라도 여성이 남성보다 훨씬 많은 비중을 차지한 것으로 나타났다(Premo, 2000: 70).
10) 예를 들어 쿠스코의 미타 징집 대상 주 가운데 하나였던 카나스 이 칸치스의 경우, 1689년과 1690년을 기준으로 총인구의 1/4에서 1/3이 미타요나 그 동반 가족으로 포토시에 거주하고 있었다고 집계되었다(Stavig, 2000: 543).

해결할 수 없었기 때문이다. 생존을 위한 추가적인 소득을 창출하기 위해 여성들은 그들의 남편이나 남성 친척들을 동반했고, 그들은 광산 지역에서 유급 가사 노동자로 일하거나, 시장에서 식료품이나 물품을 판매하거나, 또는 광산에서 그들 배우자들의 일을 돕는 등 다양한 활동에 관여하여 추가적인 소득을 창출했다(Premo, 2000: 74; Zulawski, 1990: 101). 특히 광산주들이 미타요들의 생산량을 증대시키기 위해 1인당 정해진 생산량을 할당하는 제도를 도입함에 따라 가족 구성원의 추가적인 도움이 더욱 절실해졌다. 1인당 생산량 지정 할당제는 광산의 노동 강도를 심화시켰고, 미타요들은 자신의 노동만으로는 정해진 할당량을 채울 수 없음을 깨닫기 시작했다. 따라서 그들은 가족 구성원의 도움을 받아 할당량을 채우거나, 그렇지 못할 경우는 자비를 들여 보조 인력을 고용하거나, 또는 벌금을 내야 했다(Tandeter, 1981).

 미타 이주는 이처럼 가족의 생존 전략이라는 일환으로 수행되는 경향이 있었고, 따라서 남성뿐만 아니라 여성의 참여를 요구했다. 따라서 알토 페루 농촌 지역들의 성비 불균형은 더욱 지속적인 남성 인구의 감소에서 찾아야 한다. 노동 징집으로 인한 남성의 이주는 비자발적이고 일시적인 이주라는 특징을 갖는다. 하지만 지속적인 남성 인구의 감소는 이와는 상이한 유형의 이주로 인해 발생했으며, 이 경우 남성 이주민들은 미타 징집을 피하기 위해 의도적이고 자발적으로 자신들이 소속된 공동체를 이탈하거나, 또는 광산에서 복무한 후 본래 그들의 공동체로 복귀하지 않는 방식으로 공동체로부터 이주한다. 이들은 포라스테로(forastero)라고 불렸으며, 자신이 출생한 지역에 거주하지 않거나 또는 그 어떤 공동체에도 소속되지 않은 이주 원주민들을 지칭한다. 1570년대에 시행되었던 톨레도의 개혁은 원주민 공동체에 거주하는 성인 남성들만을 미타 제도의 대상으로 규정하고 있으며, 따라서 포라스테로는 미타 제도의 의무에서 벗어날 수 있었다.11) 17세기까지 포라스테로는 급증하게 되었는데, 예를 들어 1690년대 무렵 쿠스코의 인구 가운데 절반은 포라스테로로 분류되었다(Bakewell and Holler, 2010: 309). 유사한 현상은 알토 페루에서도 관찰되었으며, 1645년 알토 페루에는 총 7만 1,000명의 원주민 인구가 집계되었는데, 이 가운데 22%는 포라스테로였고, 14%는 출생에서부터 그 어떤 원주민 공동체에도 소속되어 있지 않았던 원주민인 야나코나(yanacona)로 나타났다. 1683년에 이들의 비중은 더욱 증가했으며, 이 지역 원주민 남성 인구 가운데 46%가 포라스테로나 야나코나로 집계되었다(Zulawski, 1990: 9).

자발적인 이주노동자로 분류되는 포라스테로와 야나코나는 원주민 공동체가 포섭하지 못했던 안데스 토착민 사회의 중요한 측면을 구성한다. 또한 오리히나리오에서 포라스테로의 전환, 그리고 그 빈도는 낮았지만 포라스테로에서 야나코나로의 전환은 식민 시대 조세제도, 특히 미타 징집제도가 안데스 사회에 어떠한 파괴적인 효과를 가져왔는지, 다시 말해 이 제도들이 어떻게 케추아와 아이마라 원주민들의 스페인 식민사회로의 동화, 즉 '촐로화'를 촉진시켰는지를 보여준다. 오리히나리오의

---

11) 18세기에 접어들어 이 규정은 무효화되었다. 오리히나리오가 급감함에 따라 식민 정부는 포라스테로와 야나코나를 조세 대상으로 포함하기 위해 조세 개편에 착수했다. 이로 인해 오리히나리오, 포라스테로, 야나코나 세 집단은 모두 식민 시대 공물납부 의무를 부과받게 되었고, 오리히나리오가 가장 높은 비율의 세금이 부과된 반면, 다른 두 집단은 이보다는 낮은 비율이지만 두 집단 간에는 서로 같은 비율의 세금이 부과되었다(Klein, 1993: 11~63). 하지만 포라스테로가 조세 대상으로 포섭되기 이전인 식민 시대 초반부터 야나코나들은 이미 직업에 따라 일정 비율의 세금을 납부해왔다(Zulawski, 1987: 411). 따라서 18세기 조세 개편의 실질적인 의도는 포라스테로를 조세 대상으로 규정해 식민 시대 조세체제에 포함시키기 위함이었음을 알 수 있다.

이탈은 포라스테로의 전환이 이루어지는 주된 근원이었다. 그리고 앞서 언급했듯이 미타 징집제도는 열악하고 위험한 노동환경, 극심한 노동량, 광산을 오고가는 장거리 여행 등으로 인해 매우 악명 높은 식민 시대 제도였다. 게다가 보상은 미미했고, 미타요들은 개인 자금을 융통하거나 이도 여의치 않을 때면 출신 공동체의 도움을 받아 근근이 생계를 이어갈 수 있었다. 설상가상으로 수많은 미타요들은 미타에서의 복무를 끝내고 고향에 돌아와서 더 많은 빚을 지게 되기도 했는데, 그들이 미타 복무를 위해 공동체를 떠나 있던 시기에 대한 공물이 추가적으로 부과되기도 했기 때문이다(Tandeter, 1981: 120). 미타 제도는 이처럼 막중하고도 혹독한 의무와 책임을 수반했고, 미타요들이 미타 의무를 피해 마을에서 도주하거나 또는 광산에서 돌아오지 않는 사례는 더욱 급증했다. 이탈한 원주민들 가운데에는 그들의 공동체에 일정한 의무를 지속적으로 수행하는 이들도 있었으며, 그들은 의무의 수행을 통해 출신 공동체와의 관계를 이어가고자 했다(Stavig, 2000: 542). 하지만 포라스테로들은 대부분 궁극적으로는 그들의 출신 마을과의 관계에서 단절되었으며, 새로운 공동체에 편입되거나, 포토시나 인근의 광산이나 아시엔다에서 일하는 일용직 노동자로 전환하는 길을 선택했다.

일단 포라스테로가 되면 이들은 공물 납부나 미타 의무에서 벗어날 수 있었다. 하지만 이 역시 18세기 초반 오리히나리오 인구의 감소로 인해 스페인 식민통치자들이 공동체와의 결속 여부와 무관하게 모든 원주민들에게 공물을 납부하도록 규정함에 따라 더 이상 불가능해졌다. 어쨌든 그때까지는 포라스테로의 전환은 공물 납부의 의무나 미타 복무로부터의 면제라는 이점을 제공해주었다. 하지만 오리히나리오에서 포라스테로로 전환할 경우, 원주민들은 일련의 특권들을 포기해야 했는데, 공동체의 공동토지 사용권, 공동체 경영 참여권, 토지권을 유지하면서 스페인의 노동 시장에 참여할 권리 등이 대표적이다(Klein, 1993: 62). 또한 그들은 자신들의 삶을 전면적으로 특징지어왔던 공동체의 호혜적 연결망에서 배제되어야 했다. 새로운 공동체에 소속될 경우, 포라스테로는 오리히나리오 가정과 노동 계약을 체결하거나 또는 오리히나리오와 혼인 관계를 맺음으로써만 공동토지에의 권리를 인정받을 수 있었다(Klein, 1993: 61~74).[12] 오리히나리오 가정과의 노동 계약 관계는 본질적으로 안정적이지 못했으며, 또한 인구학적·경제적 압력으로 인해 토지 부족 현상이 심화됨에 따라 고용 불안정성은 더욱 심각해졌다. 따라서 오리히나리오와 혼인 관계를 맺는 것만이 포라스테로가 안정적으로 공동체 토지 사용권을 확보하고 궁극적으로 새로운 공동체에서 가정을 꾸려 살아나갈 수 있는 유일한 방법이 되었다.[13]

포라스테로들은 대부분 그들의 출신 공동체를 비교적 정확하게 인식하고 있었고, 일부는 현재 거주지와는 관계없이 그들 출신 공동체와의 호혜적 관계를 일정 부분 유지하고 있었다. 반면, 야나코나들은 대부분

---

[12] 사유지를 소유한 포라스테로들도 있었다. 원주민 공동체들은 사유지를 소유한 포라스테로들을 영입해 새로운 자원을 확보할 수 있었고, 이는 원주민 공동체를 굳건하게 하는 효과로 이어졌다(Premo, 2000: 84). 쿠스코의 7개 공동체들을 사례로 분석해 보면, 포라스테로들은 비교적 성공적으로 안정된 가정 단위를 형성한 것으로 보인다. 하지만 대조적인 사례들도 발견되며, 예를 들어 추쿠이토 주의 훌리(Juli) 공동체의 경우, 포라스테로들 가운데 90%는 토지나 그 어떤 자원에 대한 권리도 보유하지 못했다(Premo, 2000: 86).

[13] 인구조사 당시 자신의 아버지는 쿼드룬(quadroon, 흑인의 피가 1/4 섞인 혼혈)이고 어머니는 메스티소(mestizo, 백인과 원주민 혼혈)라고 밝힌 한 원주민이 있었는데, 식민 시대 관리들은 이 원주민을 야나코나로 분류했다고 한다. 그 이유는 원주민적인 특징을 지니고 있지만 그 종족적 출신이 명료하지 않은 경우 대부분 야나코나라는 범주로 분류되었기 때문이다(Zulawski, 1987: 425~426).

출신 지역으로 도시를 대곤 했다(Zulawski, 1987: 423~425). 야나코나들은 매우 광범위한 직업군에 속해 있었고, 광산이나 개인 농장들의 임금노동자, 스페인 사람들의 하인, 교회 기관의 조수, 상인, 수공예자 등으로 일했다. 이처럼 야나코나들은 수세대에 걸쳐 스페인 노동 시장에 깊숙이 편입되어 있었고, 그들 가운데 다수는 스페인어를 사용하거나 스페인 양식의 옷을 입었고, 종족적 위치가 다소 모호한 동화된 원주민으로 인식되었다.

야나코나, 포라스테로, 오리히나리오들 간의 구분은 광산에서도 유효했으며, 광산의 원주민 노동자들의 노동조건과 생활환경의 다양한 측면을 규정했다. 1540년대부터 1560년대에 이르는 포토시 은광의 초기 단계에 광산 소유주들은 원주민 노동력을 확보하기 위해 주로 두 가지 방법에 의존했는데, 하나는 야나코나(indio vara로도 알려짐)를 고용하는 것이었고, 다른 하나는 카시케를 매개로 원주민 농민들을 모집하는 것이었다. 이 두 집단은 상이한 역할을 수행했는데, 야나코나 집단은 대부분 숙련 노동으로 분류되어 제련소에서 일했고, 오리히나리오들은 아피리스(apiris)라고 불리는 미숙련 석공으로 일했다(Monteiro, 2006: 202~203). 이 분류는 1570년대 톨레도의 개혁이 시행된 후에도 여전히 유지되었다. 톨레도의 개혁으로 미타 제도가 도입됨에 따라 미타를 통해 강제로 징집된 오리히나리오들은 대부분 아피리스로 분류되었고, 일부는 모르티리스(mortiris)로 불리는 연마공으로 복무했다.[14] 반면 야나코나와 포라스테로는 일반적으로 숙련공으로 분류되었고, 바레테로(barreteros)로 불리는 채광부가 되거나 정제소의 업무를 담당했다(Tandeter, 1981: 101~109).[15]

---

14) 수은 아말감 기법이 도입된 직후, 포토시에 징집된 강제노동자들의 수는 3배 정도 증가했다(Godoy, 1985: 104).

하지만 여기에도 일정 정도의 유연성이 존재했다. 미타요들은 당시 6헤알의 일당을 받았던 임금 노동자들과는 달리 일당 4헤알을 받았고, 임금 노동자들과는 달리 광산에서 채굴한 광물 가운데 일정량을 소유할 권리가 주어지지 않았다. 이는 때로는 광산 노동 임금보다도 훨씬 많은 이윤을 창출할 수 있어, 임금 광부들의 주된 소득원이기도 했다(Tandeter, 1981: 114; Zulawski, 1987: 411). 미타요들은 따라서 부족한 소득을 상쇄하기 위해 한 주간의 노동이 끝나고 2주간 휴식 기간 동안에 임금 노동자로 추가적인 근무를 하기 마련이었다. 따라서 징집 노동자들은 유동적이고 일반적으로 임금 노동자로 전환되었으며 따라서 광산에서 임금 노동자와 강제 노역자들은 명료하게 구별되지 않았다. 광산 노동자들은 이처럼 혼재되어 있었고, 이는 광산에서 임금 노동과 강제노동이 상호 보완적으로 공존했음을 의미한다. 이는 또한 광산에서의 노동을 통해 미타요들이 오리히나리오의 지위를 유지하면서도 항시 자본주의 노동 시장에 편입될 준비가 되어 있었음을 의미했으며, 원주민 농민들이 유급 노동에

---

15) 포토시 광산과는 별개로 우안카벨리카(Huancavelica) 수은 광산에도 상당수의 원주민들이 미타요로 징집되었다. 몬테이로에 따르면 1578년 포토시의 미타요들의 숫자가 1만 4,000명에 이르렀고 우안카벨리카에는 2,200명 가량의 미타요들이 집계되었다(Monteiro, 2006: 205). 몬테이로의 동일한 연구에 의하면 포토시 광산업에 종사하는 1만 9,000명의 노동자들 가운데 4,000명의 미타요들과 600명의 임금 노동자들이 광산 채굴과 관련된 일을 했고, 4,000명의 임금 노동자들과 600명의 미타요들이 제련소에서 근무했다. 이는 탄데터가 인용하는 자료와 일관성을 보인다. 탄데터의 자료에 의하면, 1790년대 포토시 광산에는 2,376명의 미타요들과 2,583명의 임금 노동자들이 근무하고 있었다. 2,376명의 미타요들 가운데 1,509명은 아피리스로 불리던 미숙련 광부로 일했고, 2,583명의 임금 노동자들 가운데 1,309명은 제련소에서 아말감기법과 관련된 일련의 작업에 관여했다(Tandeter, 1981: 101).

익숙해지게 하는, 이와 더불어 향후 이탈하게 될 원주민들이 설령 그들의 토착 공동체를 벗어나더라도 어렵지 않게 새로운 삶의 방식에 적응할 수 있게 해주는 계기가 되었다.

미타 제도를 통해 원주민 농민들은 부분적으로나마 상품경제에 노출되었다. 하지만 광산에서 그들의 삶은 여전히 그들의 인종적·종족적 지위에 의해 철저히 규정되었다. 미타 제도가 도입되고 몇 십 년이 지나지 않아 포토시는 세계에서 가장 큰 도시 가운데 하나가 되었고, 인구 성장이 최고조에 이르렀던 1610년 포토시의 인구는 16만 명에 이르렀다. 포토시는 비야 임페리알 데 포토시(Villa Imperial de Potosi)라는 이름으로 불렸으며, 도시의 인구는 당시 런던의 인구(13만 명)나 세비야와 베니스의 인구를 합한 것(15만 명)보다도 많았고(Moore, 2010: 60), 광역도시(metropolitan city)라는 국제적인 명성을 얻었다. 16세기 중반을 기준으로 1만 명에 이르는 대부분의 인구가 원주민 노동자들이었음에도(Accarette, 1998: 79), 포토시에는 수많은 직종, 예를 들어 정부 관리, 군인, 경찰, 상인, 시장 행상, 서비스업 종사자, 은행 거래인, 사제 등이 유입되었고, 이들은 다양하고 상이한 인종적·종족적 기반에서 유래했다. 이처럼 다양성을 보유했지만, 미타요들의 거주는 철저히 원주민 거주지로 제한되어 있었다. 도시를 가로지르는 하천을 사이에 두고 원주민 거주지는 스페인 거주지와 분리되어 있었고, 원주민 거주지는 내부적으로 또 다시 출신 공동체와 출신 주에 따라 소규모 정착지들로 세분화되어 있었다(Stavig, 2000: 548). 원주민 분리는 거주지에만 제한되지 않았으며, 이들은 가톨릭 교회나 사망 명부 등록 등에서도 출신에 따라 나누어졌다(Stavig, 2000: 549). 원주민 광부들은 이처럼 인종에 의해 분리되었고(스페인 사람, 메스티소, 물라토, 흑인, 인디오 등에 따른 분리), 종족에 따라 분리되었으며(출신 공동체에 따른 분리), 이는 역설적으로 원주민 광부들이 그들의 출신 공동체와의 결속력을 다지는 결과로 이어졌다.

이런 연유로 포토시 미타 제도는 원주민 사회의 보존과 관련해 역설적인 결과를 가져왔다. 한편으로 미타는 수많은 원주민들에게 그들의 종족집단을 버리고 임금 노동자로 전환하게 하는 계기가 되었다. 원주민 광부들은 포라스테로로 완전히 전환하지 않더라도, 생계를 유지하기 위해 자본주의 노동 시장에 편입되어야 했다. 따라서 미타 제도는 원주민들이 일정 정도 스페인 자본주의 체제에 동화되는 촉매제가 되었다. 반면, 미타 제도는 원주민 공동체가 식민 권력의 감시가 이루어지는 가장 기초적이고도 중요한 단위로 기능하게 했으며, 개별적인 원주민들이 물질적으로, 그리고 동시에 정서적으로 그들의 출신 공동체에 결속되게 하는 결과를 가져왔다. 마찬가지로 앞서 언급했지만 미타 제도는 전통적인 원주민 공화국(República de los Indios)과 스페인 공화국(República de los Españoles)이라는 상이한 이원론적 체제들 간의 식민주의 호혜 계약(colonial reciprocal pact)의 논리를 정당화하는 절대적인 역할을 수행했다. 더 나아가서 오리히나리오에서 포라스테로로의 전환이 급증하면서, 원주민 공동체들은 즉각적이고도 포괄적인 영향을 받게 된다. 무엇보다도 오리히나리오 인구가 부재하거나 감소함에 따라 개별 공동체들의 공물 납부의 의무가 증가하게 되었다. 앞서 언급했듯이 미타요들은 공동체 단위별로 등록되어 있었고, 따라서 미타 노동력을 공급하는 것은 개별 원주민들의 책임이었을 뿐만 아니라 원주민 공동체의 공동 책임이기도 했다. 등록된 오리히나리오의 수가 줄어든다는 것은 아이유의 전통적인 지도자이자 할당된 미타요들을 공급하는 책임을 지고 있던 카시케들의 부담이 즉각적으로 급증했음을 의미했다. 오리히나리오의 급감으로 인해 카시케들은 개인적인 자금을 융통하거나 또는 물품이나 현물 등으로 공동체에 추가적인 공물을 납부하도록 강제하여 이 손실을 보상해야 했고(Premo, 2000: 90~91), 이는 궁극적으로 원주민 공동체에 남아 있던 구성원들의 부담이 증가하는 것을 의미했다. 따라서 17세기 포라스테로의 증가는 미타 제도가 원주민 공동체의 남아 있는 구성원들의 부담으로 이어졌음을 시사한다. 특히 미타요들을 보조해 미타 제도에 참여하고 있음에도 불구하고 그 기여가 과소평가되었던, 따라서 "충분히 활용되지 못한 상품"(Graubart, 2000: 546)으로 인식되었던 여성 원주민들에게 부과되는 책임이 더욱 막중해졌다. 이어지는 글은 원주민 공동체와 식민 정부의 상호 관계를 주제로 한다. 이를 통해 필자는 다음과 같은 질문에 답하고자 한다. 식민 통치, 구체적으로 강제 미타 징집이 원주민 공동체, 특히 여성 원주민들에게 미친 영향은 무엇이었는가? 원주민들이 식민 통제에 대응할 수 있게 해준 문화적·제도적 장치는 무엇이었는가? 안데스의 토착 사회는 식민 지배에 맞서, 또는 식민 지배에 적응하는 과정에서 스스로를 어떻게 새롭게 정의했는가?

3. 식민 지배와 원주민 공동체

1) 원주민 여성과 미타 제도의 젠더 효과

'두 개의 공화국(dual republics)'이라는 관념은 '원주민 공화국'이 일련의 특혜와 의무를 부여받게 된다는 의미였으며, 식민 시대 안데스에서 원주민 공동체가 점유했던 독특한 위상을 상징한다. 토착 원주민 사회와의 관계를 정립하기 위해 스페인 제국주의 정부는 정복 이전의 호혜성의 논리를 차용했고, 이를 통해 식민 사업의 비용을 최소화하는 동시에 토착 원주민 사회의 위계와 도덕적 원리를 최대한 유지하면서도 잉카 제국을 대신해 토착 원주민 사회를 점령하고자 했다. 원주민 공화국의 기본적인 사회 단위를 구성했던 원주민 공동체는 식민 지배가 실현되는 가장 기초적인 제도였으며, 동시에 식민 사업에 필요한 자원의 상당 부분이 창출되는 기반이기도 했다. 한편, 원주민 공동체는 원주민 농민들이 그들의 전통적인 사회 위계를 유지하면서 스페인 자본주의 체계에 철저히 통합되지 않은 채로 그들의 자급자족 농업 생산기반을 유지할 수 있게 하는 안전망이 되었다. 포토시 미타 제도는 스페인 왕실과 원주민 공동체가 생존을 위해 서로 어떻게 상호 의존관계를 형성했는가를 보여주는 사례이다. 앞에서 논의했듯이 포토시의 은 생산은 절대적으로 원주민 공동체에 의존했으며, 미타 제도가 수반하는 일련의 의무는 개별 원주민들과 개별 공동체에 동시에 적용되었다. 따라서 원주민 농민들은 종족 공동체의 구성원으로서 미타 제도에 복무했다. 다시 말해, 그들은 공동 토지 소유권, 상호 호혜적인 친족 교환, 공동체 자율을 위한 의사 결정권 등의 특혜를 부여받는 오리히나리오로서의 지위를 유지하기 위해 미타에 복무했다. 따라서 미타요들이 효과적으로 그들의 의무를 수행할 수 있도록 가능한 재정적·물리적 책임을 공유하는 것이 남아 있는 공동체 구성원들의 의무였다. 이어지는 글에서는 여성 원주민들의 사례를 통해 원주민 공동체의 집단적인 노력을 살펴보겠다.

안데스의 원주민 여성들이 그들 사회를 지키기 위해 공적 영역과 사적 영역에서 그들의 남성 배우자들과 함께 적극적으로 협력했던 사실은 잘 알려져 있다. 이와 관련해서 안데스의 젠더 관념은 일반적으로 젠더 보완성(gender complementarity)이라는 개념을 통해 설명되어 왔다(Bourque and Warren, 1981; Hamilton, 1998; Mayer, 2002; Nash, 2001). 잉카와 식민 시대 페루의 젠더 관념을 논의하며, 이렌느 실버블래트(Irene Silverblatt)는 잉카 시대 이전부터 존재하던 아이유를 특징 짓던 친족에 근거한 호혜성의 원리에서 이 개념이 비롯되었다고 설명한다(Silverblatt, 1987: 3~19). 실버블래트에 의하면 이 개념은 잉카의 우주론과 사회, 정치 제도를 통해 더욱 강화되었다. 원주민 여성의 활동에 관한 역사학적 연구들에 의하면, 젠더 보완성은 식민 시대 전반에 걸쳐 안데스 토착 사회의 삶을 규정하는 원리로 작용해왔으며(Graubart, 2000; Premo, 2000; Silverblatt, 1987; Zulawski, 1990), 이는 미타 제도가 전적으로 남성 중심의 사업으로 간주되는 일반적인 관념과는 달리 원주민 여성들이 적극적인 역할을 수행했음을 의미한다. 원주민 여성들의 기여는 대부분 가정 단위의, 그리고 공동체 단위의 생존 전략에서 비롯되었다.16) 특히 안데스 원주민 여성들은 광산으로의 이주에 동반하는 방식으로 그들의 남성 가족 구성원들의 부담을 공유했다. 광산에서 할당된 생산량을 채우기 위해 여성을 동반하는 것은 필수적으로 요구되었으며, 이는 특히 17세기 이후 포토시 광산의 수익성이 감소함에 따라 광산 노동의 강도가 급격히 심화됨에 따라 더욱 절실해졌다(Tandeter, 1981: 104~105). 그들의 남성 구성원들과 동반하여 광산에 도착한 여성들은 다양한 생산활동에 관여했으며, 광물

---

16) 1779년 포토시의 인구통계에 의하면, 포토시의 기혼 남성들(인종과 무관하게)은 총 5,319명으로 집계되었고, 기혼 여성들(인종과 무관하게)은 총 5,315명으로 집계되었다. 미혼 남성들(인종과 무관하게)은 총 2,388명으로, 그리고 미혼 여성들(인종과 무관하게)은 총 2,714명으로 집계되었다. 성비 균형은 "강제 이주민과 그 가족"이라는 인구 범주에서도 마찬가지로 확인되었다. 이 범주의 인구 구성을 살펴보면, 남성의 숫자는 총 1,969명이었고 여성의 숫자는 총 1,933명이었다 [Maria del Pilar Chao, "La población de Potosí en 1779," *Annuano del Instituto de Investigaciones Históricas*, viii(Rosario, 1965), p. 180(Tandeter, 1981: 109에서 재인용)]. 이 통계 자료는 미타 이주가 개인 단위가 아닌 가족 단위로 수행되었으며 미타에 징집된 남성들은 거의 언제나 여성 가족 구성원을 동반했음을 보여준다.

채굴을 위해 광산에서 일하거나, 스페인 사람들이나 메스티소 가정의 가사 노동자로 일했고, 시장에 다양한 물건을 내다 팔았다(Zulawski, 1990: 101). 이런 점에서 원주민 여성들은 보완적인 노동력의 제공을 통해 미타 제도에 기여했다. 하지만 원주민 여성들의 기여는 여기에 그치지 않았다. 그들은 남성 배우자나 가족 구성원을 따라 광산에 가지 않을 때에도, 공동체에 남아 이에 버금가는, 아니면 때로는 더 막중한 의무를 이행하기도 했다. 이는 특히 포토시 광산의 수익성이 하락함에 따라 식민 정부가 원주민 공동체에 더 많은 공물을 부과하면서 더욱 심화되었다. 스페인 조세제도는 가구 구성원들의 대표로서 기혼의 성인 남성에게만 공물 납부의 의무를 부과하던 잉카 시대로부터 이어져온 기나긴 관행을 깨고, 더 광범위한 범주의 토착민들에게 조세 의무를 부과하기 시작했다 (Silverblatt, 1987: 126~127; Premo, 2000: 78). 혼인 여부와 관계없이 남성과 여성 원주민들은 모두 공물을 납부해야 했고, 따라서 기존에 가구 단위의 조세 부과가 이제는 농민 개인 단위로 책정되었다. 또한 식민 제도는 여성들의 기여에도 불구하고 여전히 미타 제도를 남성들에게만 적용되는 것으로 해석했고, 이에 따라 원주민 여성들이 수행해오던 역할은 거의 인정되지 못했다. 이러한 맥락에서 식민 정부는 점차 원주민 여성들을 아직 충분히 착취되지 못한 대상으로 인식하기 시작했다. 남성들에 비해 여성들의 이동성은 상대적으로 낮았고, 따라서 더 많은 여성들이 더 장기간 공동체에 잔류하기 마련이었으며, 이 상황에서 원주민 여성들은 좀처럼 채워지지 않는 식민 정부의 요구를 충족시키기 위해 "실질적으로 억류된 노동력"(Graubart, 2000: 554; Silverblatt, 1987: 136~137)으로 인식되었다.

원주민 여성을 식민 시대 조세 체제에 편입시키는 작업은 주로 그들을 직물 생산에 복무하게 하는 방식으로 이루어졌다. 안데스의 원주민 여성들은 정복 이전부터 이미 직물 생산에서 매우 중요한 역할을 수행해왔다 (Silverblatt, 1987: 9). 하지만 식민 시대 원주민 여성을 직물 생산자로 통합하는 방식은 그 이전 시대의 관행과는 근본적으로 차이가 있었다. 먼저 기존의 직물 생산이 가내 수요를 위해서 수행되었다면, 식민 시대에는 시장경제를 위한 생산이 이루어졌다. 그리고 기존에는 여성뿐만 아니라 남성 역시 직물 생산에서 중요한 역할을 수행했던 반면에 식민 시대에 접어들며 직물 생산은 전적으로 여성의 영역으로 고착되기 시작했고, 따라서 젠더에 따른 노동 분업이 생겨나게 되었다(Graubart, 2000: 545). 농민 여성들의 직물 생산으로 창출한 소득은 공식적인 조세제도의 범주 내에서만 집계된 것이 아니었다. 미타 의무를 모두 수행하지 못했을 경우 현물로 보상하게 하는 불법적인 관행[17])이 성행했고, 이에 따라 원주민 공동체는 추가적인 현물 납부의 의무를 지게 되었다(Premo, 2000: 82). 미타 제도가 시행되던 초반에 이 관행은 일부 부유한 원주민 농민들이 그들의 미타 복무 의무를 회피하게 허용해주는 제도로 활용되었다(Stavig, 2000: 537~538). 하지만 인구 감소와 포토시 광산의 수익성 하락 등으로 인해 이 제도는 왜곡되기 시작했다. 17세기 이후 포토시 은광 산업이 위기를 맞으면서, 식민지 관리들은 개별 공동체가 노동 할당량을 채우지 못하거나 또는 원주민들이 이탈, 또는 사망할 경우, 이에 대해 현물로 보상하도록 요구했다. 이러한 관행은 매우 성행했다. 예를 들어 1620년대 무렵이 되자 포토시에 공급되는 미타 징집의 1/3에서 절반 가량은 현물로 대체된 것으로 집계되었다(Premo, 2000: 82). 상황이 이렇게 되자, 공동체에 남아 있는 인구의 상당수를 차지하던 원주민 여성 농민들은 공식적으로 부과되는 조세 의무를 비롯해 사라진 미타요들을

---

17) indios de faltriquera라고 불리며, 자기 돈을 내는 원주민으로 직역할 수 있다.

대체하기 위해 노동력을 제공해야 했다. 요약하자면, 식민 시대 미타 제도는 원주민 여성들에게 상이한 방식으로 영향을 미쳤다. 원주민 여성들은 공식적으로는 단 한 번도 미타 제도의 적합한 대상으로 인식되지 않았지만, 그럼에도 미타 제도로 인해 그들은 수많은 요구에 부응해야 했고, 광산에서 보조 노동자로, 가사 노동자로, 시장의 상인으로, 직물 생산자 등으로 스페인의 상품시장에 통합되어야 했다.

2) 카시케, 재분배인가 착취인가?

1570년대에 시행되었던 톨레도의 개혁은 안데스 사회의 전통적인 질서에 심각한 균열을 가져왔다. 앞에서 논의했듯이, 강제 이주 정책인 레둑시온을 통해 원주민 인구를 새로운 정착지로 집중시킴에 따라 원주민 농민들은 수직적으로 연계된 생태 지대들로부터 분리되었다. 전통적인 생산 수단에서 소외된 원주민 농민들은 이제는 스페인의 식민 규범과 이해관계가 지배하는 경제적·사회적 장에 종속되어야 했다. 강제 이주 정책과 더불어 미타 노동 징집과 잇따르는 공물 납부의 의무는 원주민 사회의 즉각적인 해체로 이어졌으며, 포괄적이고도 심도 깊은 변형을 가져왔다. 톨레도 개혁이 초래한 극단적인 변화는 안데스의 식민 통치가 토착 인구, 특히 원주민 농민들에 대한 개입에 토대를 두고 있었음을 보여준다. 하지만 톨레도의 개혁은 안데스에서 스페인 식민 통치가 이와는 상반된 방식으로 원주민 사회에 영향을 미쳤음을 보여주기도 하는데, 원주민의 전통적인 제도와 사회 질서가 제국주의적 이해관계를 침해하지 않는다면, 그리고 그들이 스페인이나 유럽의 제도와 모순되지 않는다면 그 제도와 질서가 유지되는 것을 허용했기 때문이다. 원주민 공동체라는 새로운 맥락에서 아이유가 다시 정립될 수 있게 하고, 또한 공동체들이 공동 토지 사용권을 행사하고 이와 동시에 내부의 사안과 관련해 정치적인 자율권을 행사하도록 허용했던 일련의 법적, 관습적 권한의 공식적 승인은 식민 정부의 간접 통치라는 경향을 명료히 드러낸다. 이 점에서 안데스의 지도권인 카시케 관행을 주목할 필요가 있다. 카시케 관행은 잉카 제국 이전부터 존재했음에도 불구하고, 식민 통치가 지속됨에 따라 그 중요성이 더욱 부각되었기 때문이다.[18] 카시케의 역할과 위상을 연구하는 것은 식민 시대 안데스에서 원주민 사회가 어떻게 변형되었는가를 이해하고자 한다면 매우 중요한데, 카시케는 안데스 식민 사회의 위태로운 권력 관계에 가장 첨예하게 노출되었고, 17세기 후반 식민 지배권을 침식하기 시작했던 농민 봉기에서 가장 문제시된 제도였기 때문이다(Glave, 1999; Serulnikov, 2003). 이어지는 글에서는 카시케가 식민 시대 조세제도에서 어떤 역할을 수행했는지를 미타 제도와 강제 직물 생산과 관련해서 살펴보도록 할 것이다. 또한 식민 시대 안데스의 원주민 공동체의 변동과 관련해 카시케의 변화하는 역할과 위상을 어떻게 해석할 수 있는지 검토할 것이다.

식민 시대 안데스에서 카시케(케추아어로는 kuraka, 아이마라어로는 mallku로 불림)는 일련의 책임과 특혜를 부여받았다. 그들은 비록 공동체 구성원들과 동일한 조상에서 유래했지만, 그들은 사적인 토지 소유권이나 미타 징집, 공물 납부 등의 의무에서 면제되는 등 잉카 엘리트들이 누리던 권한이 허용되었다. 하지만 카시케의 특혜는 일련의 책임을 수반했으며, 그들은 할당된 미타요들을 공급하고, 공물을 징수하고, 종교적인 이단

---

[18] 사이그네스의 설명에 의하면, 스페인 식민 정부는 원주민들이 아이유의 통제에서 벗어나게 될 경우 원주민 인구의 통제 자체가 불가능해질 수 있다고 우려했기 때문에 종족 지도자로서 카시케의 전통적이고 상징적인 권위를 인정하게 되었다(Saignes, 1999: 65).

행위를 감시하고 금지시켜야 했다. 따라서 그들은 식민 정부와 원주민 공동체의 대립되는 요구를 충족시켜야 하는 어려운 처지에 놓여 있었다. 스페인 식민 체제가 부과하는 새로운 임무를 부여받은 상황에서 카시케들은 '호혜성의 계약'이라는 관념에 근거해 그들의 책임을 재분배라는 맥락에서 정당화했다. 하지만 조세제도의 압력이 강화되고, 개인적인 탐욕이나 신분 상승에의 욕구에 노출됨에 따라 수많은 카시케들은 식민시대 착취 구조의 대행자로 변질되었다. 카시케들이 호혜적인 교환이라는 지방민들의 기대에 부응하는 데 성공할 때, 그들의 권력은 공동체의 이익에 기여할 수 있었고, 이는 사회 통합으로 이어졌다. 예를 들어 카나스 이 칸치스(Canas y Canchis)에서 발견된 공증 기록은 카시케들이 스페인 관리나 공동체의 구성원들의 잘못된 행위를 처벌하기 위해, 아니면 적절한 절차에 따라 공동체 구성원들의 부담을 덜어주기 위해 식민지의 사법 기관과 전통적인 안데스의 규율이라는 상이한 체제를 어떻게 유연하게 활용했는가를 보여준다(Stavig, 2000: 551~562).[19] 오리히나리오들이 미타 복무를 마치지 못한 채 공동체에 복귀하는 경우에도, 만일 공동체의 기준에 근거해 이러한 무책임한 행동이 정당화될 수 있다면, 예를 들어 광산에서 과도하게 학대를 당해 근무지를 이탈했다고 인정될 경우, 카시케는 오리히나리오가 부당한 처벌을 받지 않도록 형식적인 절차를 취했다. 하지만 잘못된 행위를 정당화할 근거가 확인되지 않을 경우, 의무를 완수하지 못한 미타요들은 공동체뿐만 아니라 스페인의 사법제도에 의해 이중의 처벌을 받았다(Stavig, 2000: 559~560).

---

19) 카시케들은 포토시에서 과도한 학대 행위가 발생할 경우 법원에 탄원서를 제출하여 이에 항의하곤 했으며, 때로는 법적 수단을 활용해 미타 제도의 철폐를 요구하기도 했다. 카시케들은 코레히도르와 같이 스페인 국왕이 임명한 관리나 사제와 연합해 법적 조치를 취하기도 했다(Stavig, 2000: 556~559).

따라서 호혜성의 원리로 규정되는 공동체의 사회정의에 부합하는 방식으로 카시케가 행동할 경우, 이는 궁극적으로 원주민 공동체의 결속을 강화하는 데 기여했다. 하지만 카시케가 공동체의 자원을 부당하게 착복하거나 또는 권리를 남용해 지방 거주민들의 노동력을 부당하게 착취할 경우, 또는 다른 지역의 지도자들과 '암묵적인 공모'(Saignes, 1999: 90)를 유지하는 데 실패한 경우, 그들은 공동체 구성원들로부터 정당성을 획득하지 못했고, 궁극적으로 이는 사회 통합성을 와해하는 요인으로 작용했으며, 공동체 구성원들과 스페인 관리들의 극심한 저항을 초래했다. 식민 시대 카시케들이 부당한 행위에 연루되었음을 보여주는 증거는 매우 많다. 식민 정부의 과도한 공물 징수 요구에 시달렸던 카시케들은 스페인 정복 이전에도, 스페인 조세제도에서도 공식적인 공물 납부 의무에서 면제되어 있었던 여성이나 노인들의 노동력을 부당하게 착취하곤 했다 (Graubart, 2000; Silverblatt, 1987: 125~147). 법적 규제가 미치지 못하는 제도를 악용해 다양한 지방의 권력자들의 암묵적인 승인을 받아 카시케들은 여성 원주민들이 강제 직물 생산에 복무하도록 강요했고, 이 여성들은 정당한 대가를 받지 못한 채 노동력을 제공했으며, 호혜적인 교환 관계는 착취 관계로 변질되었다.[20] 더 나아가서 카시케들의 악행은 때로는 재물

---

[20] 이와 관련해 추쿠이토 감사관은 다음과 같이 보고하고 있다. "〔카시케들은〕 원주민 여성들에게 자신들을 위해 실을 잣게 했지만, 이에 대해 아무런 대가도 지불하지 않았습니다. 이에 쿠라카스와 관리들에게 항의했지만, 그들은 자신들이 여성들에게 음식을 제공했다고 설명했습니다. 확인해보니 그들은 원주민 여성들에게 음식 외에는 다른 일체의 보상도 하지 않았고, 음식 역시 원주민 여성들이 실을 잣고 뜨는 동안 허기를 때울 수 있는 정도에 불과했던 것으로 밝혀졌습니다"〔Garci Diex de San Miguel, 1567, *Visita hecha a la provincial de Chucuito*, p. 62. Graubart(2000: 546)에서 재인용〕.

축적의 욕구에서 비롯되기도 했다. 카시케들은 스페인 제도와 전통 제도를 매개하는 자신들의 역할을 남용해 개인의 이득을 취했고, 때로는 부유한 스페인 사람들을 모방하기도 했다(Saignes, 1999: 67~68). 1614년 부패한 카시케들을 처벌해줄 것을 요구하는 고소장이 제출되었고, 이 사례에 의하면 카시케들은 다음의 네 가지 수단을 통해 부당한 이득을 취했다. 먼저 공유지를 사유화했고, 장거리 무역에 관여했으며, 공공 관직을 취해 이득을 얻었고, 포라스테로들을 공물 징수 인구에 포함시켰을 뿐만 아니라 개인적 목적을 위해 복무하게 했다(Saignes, 1999: 70~71). 카시케들의 부당한 행위는 원주민 공동체들의 강력한 반발을 가져왔다. 원주민 농민들은 부패하고 남용적인 카시케에 저항했으며, 이는 17세기 후반부터 대규모 봉기를 통해 급진적으로 조직화되기 시작했다(Glave, 1999: 512). 18세기에 접어들어 발생했던 인구학적 위기에도 불구하고 공물 징수를 위한 식민 정부의 욕구는 좀처럼 수그러들지 않았으며, 식민 시대 통치자들이 원주민 사회의 호혜성의 원리를 위반하는 사례가 급증했다. 공동체의 권리는 쉽게 간과되거나 부정당했다. 원주민들은 종족적인 배경이나 공동체 소속 여부와 무관하게 공물 징수에 시달려야 했다. 더 나아가서 혈통 승계에 따른 임명이라는 조건을 준수하지 않은 채 스페인 관리들이 자의적으로 카시케를 임명하는 사례가 급증했고, 이는 카시케라는 지위의 정당성을 심각하게 훼손시켰다(Serulnikov, 2003: 107). 이 상황에서 카시케들이 자행했던 남용 행위들은 지방민들의 즉각적인 저항과 불만을 초래했으며, 궁극적으로 18세기 후반 안데스에서 대규모의 내전으로 촉발되었던 일련의 집단적인 원주민 봉기로 이어지게 된다(Glave, 1999; Larson, 1999: 622).

4. 결론

 스페인 식민 통치 전반에 걸쳐 미타 제도는 포토시 은광의 강제노동력을 공급하기 위한 주된 매개로 기능했다. 17세기 초반부터 포토시 은광의 생산량이 감소하고, 더불어 누에바 에스파냐의 광산들이 성장함에 따라, 포토시는 이후 다시는 예전의 명성을 되찾을 수 없었다. 더 나아가서 1776년 알토 페루 지역이 리오 데 라플라타 부왕령에 귀속됨에 따라, 포토시가 안데스 지역의 무역과 산업에 행사하던 독점권은 더 이상 유지될 수 없었으며, 알토 페루에서 포토시의 영향력은 크게 축소되었다. 그렇지만 포토시의 영향력이 축소되었다고 해서, 미타 제도의 파괴력도 줄어든 것은 아니었다. 이와는 대조적으로 포토시 광산업의 수익성이 감소하면서 이를 보완하기 위한 추가적인 공물 소득에 대한 요구가 증가했고, 결국 여성이나 노인들과 같이 안데스의 광범위한 토착 인구들에 더 많은 부담이 가해졌다.

 이 글에서는 미타 제도가 토착 원주민 사회에 미친 영향력, 그리고 이에 대응하는 토착민들의 전략을 살펴보았다. 미타 노동제도가 보여주듯이 원주민 개인들과 원주민 공동체는 공물 납부의 가장 기본적인 단위가 되었다. 다시 말해 원주민 농민들은 식민지의 속민으로서, 그리고 동시에 그들이 소속된 종족 공동체의 구성원으로서 의무를 수행했다. 따라서 성별, 나이, 혼인 여부와 무관하게 공동체의 모든 구성원들은 광산, 시장, 농장, 직물 공장 등의 다양한 제국주의 사업에 참여해 노동력을 제공했다. 공동체를 유지하면서 식민 정부의 요구에 부응하기 위해, 안데스 원주민들은 다양한 문화적·제도적 자원을 활용했다. 예를 들어 상호보완성이라는 젠더 관념은 여성과 남성이 그들의 책임을 나누어질 수 있게 했다. 여성들은 남성들을 따라 광산으로 이주해, 또는 직물 생산자, 서비스 종사자, 시장의 상인 등으로 복무하며 남성들과 협력했다. 종족 지도자인 카시케 역시 식민 통치자들과 교류하는 과정에서 원주민 농민들의 이익을 대변했고, 궁극적으로 공동체의 결속을 다지는 역할을 수행했다. 따라서 식민 통치는 안데스 원주민들이 생존을 위해 서로 협력하게 하는 요인이 되었고, 이들의 집단적인 생존 전략은 전통적인 안데스의 규범과 관행에 따라 규정되었다.

반면, 식민 통치는 안데스 원주민 사회에 파괴적인 결과를 가져오기도 했으며, 사회 통합을 저해하는 요인이 되기도 했다. 오리히나리로에서 포라스테로와 야나코나로의 이동이 급증했다는 사실은 식민 체제, 특히 미타 노동 징집제도의 파괴적인 영향력을 반영한다. 토착 원주민들이 급속히 스페인 사회로 동화되기도 했으며, 이는 종족 공동체에 남아 있던 원주민 여성들에게도 예외가 아니었다. 공물 납부의 의무가 심화됨에 따라, 원주민 여성들은 직물이나 농작물을 팔아 소득을 창출해 이를 공물로 납부해야 했으며, 따라서 시장경제에 참여하도록 내몰렸다. 시장에서의 경험은 원주민 여성들이 식민 경제와 사회 체제를 익히는 계기가 되었다. 점차 더 많은 원주민 여성들이 공동체에 남아 있는 대신 스페인의 규범이 지배하는 도시 사회로 동화되기를 선택했다(Salomon, 1988). 안데스 원주민들의 스페인 사회로의 동화는 원주민 공화국과 스페인 공화국이라는 두 대립되는 세계를 오고갈 수 있었던 카시케들에게서도 나타났다. 카시케들은 개인적인 이윤 창출과 신분 상승을 이루기 위해 전통적인 원주민 사회와의 연계를 활용할 수 있었고, 이 경우 식민 체제는 카시케들에게 새로운 기회를 의미했다. 이 사례들에서 확인할 수 있듯이, 안데스 원주민들은 만일 그들이 공동체의 의무를 수행할 수 없을 때, 또는 경제적·사회적 상황을 개선시킬 수 있을 때 스페인 사회로 동화될 것을 선택했다.

요약하면 안데스의 원주민들은 식민 조세제도에 대응하기 위해 개인적인 대응과 공동체적 전략을 동시에 활용했다. 식민 경제에서 오리히나리오, 포라스테로, 야나코나가 공존하고 있었다는 사실, 더 나아가 스페인 상품 시장에서 원주민 여성들의 적극적인 역할은 안데스 원주민들이 다양한 전략들, 예를 들어 강제노동제도에의 참여, 이주, 임금 노동, 시장 거래 등을 선별적으로 활용해 그들의 개인적이고 공동체적 생존을 위해 식민 체제를 이용하는 능력을 보유했음을 보여준다. 이 같은 유연성과 생존능력은 식민 통치의 억압에도 불구하고 그들이 전통적인 가치와 제도를 지켜낼 수 있게 한 가장 중요한 자원이었다.

참고문헌

Accarette. 1998. *Viaje al Cerro Rico de Potosí(1657-1660)*. La Paz, Cochabamba: Editorial "Los Amigos del Libro."

Bakewell, Peter and Jacqueline Holler. 2010. *A History of Latin America to 1825*, 3rded. Maldenand Oxford: Willey-Blackwell.

Bourque, Susan Carolyn, and Kay Barbara Warren. 1981. *Women of the Andes: Patriarchy and Social Change in Two Peruvian Towns*. Ann Arbor: University of Michigan Press.

Gisbert, Teresa. 1992. "Los Curacas del Collao y la Conformación de la Cultural Mestiza Andina." *Senri Ethnological Studies*, Vol. 33, pp. 52~102.

Glave, Luis Miguel. 1999. "The 'Republic of Indians' in Revolt (c. 1680-1790)." Frank Salomon and Stuart B. Schwartz(eds.). *The Cambridge History of the Native Peoples of the Americas*. Volume III, South America, Part 2, pp. 502~507. Cambridge: Cambridge University Press.

Godoy, Ricardo A. 1985. "Technical and Economic Efficiency of Peasant Miners in Bolivia." *Economic Development and Cultural Change*, Vol. 34, No. 1, pp. 103~120.

Graubart, Karen B. 2000. "Weaving and the Construction of a Gender Division of Labor in Early Colonial Peru." *American Indian Quarterly*, Vol. 24, No. 4, pp. 537~561.

Hamilton, Sarah. 1998. *The Two-Headed Household: Gender and Rural Development in the Ecuadorean Andes*. Pittsburgh: University of Pittsburgh Press.

Klein, Herbert S. 1992. *Bolivia: The Evolution of a Multi-Ethnic Society*, 2nd ed. New York and Oxford: Oxford University Press.

_____. 1993. *Haciendas & 'Ayllus': Rural Society in the Bolivian Andes in the Eighteenth and Nineteenth Centuries*. Stanford, California: Stanford University Press.

Larson, Brooke. 1999. "Andean Highland Peasants and the Trials of Nation Making during the Nineteenth Century." Frank Salomon and Stuart B. Schwartz (eds.). *The Cambridge History of the Native Peoples of the Americas*. Volume III, South America, Part 2, pp. 558~703, Cambridge: Cambridge University Press.

Mayer, Enrique. 2002. *The Articulated Peasant: Household Economies in the Andes*. Boulder, Co.: Westview Press.

Monteiro, John M. 2006. "Labor Systems." Victor Bulmer-Thomas, John H. Coatsworth, and Roberto Cortés Conde(eds.). *The Cambridge Economic History of Latin America*. Volume I., The Colonial Era and the Short Nineteenth Century, pp. 185~236. Cambridge: Cambridge University Press.

Moore, Jason. 2010. "'This Lofty Mountain of Silver Could Conquer the Whole World': Potosí and the Political Ecology of Underdevelopment, 1545-1800." *The Journal of Philosophical Economics*, Vol. IV., No. 1, pp. 58~103.

Murra, John V. 2002. *El Mundo Andino: Población, Medio Ambiente y Economía*, Serie: Historia Andina, Volume 24, Lima: IEP/Pontificia Universidad Católica del Perú.

Nash, June. 2001. "Cultural Resistance and Class Consciousness in Bolivian Tin-Mining Commmunities." Susan Eckstein(ed.). *Power and Popular Protest: Latin American Social Movements*. Berkeley and Los Angeles: University of California Press.

Premo, Bianca. 2000. "From the Pockets of Women: The Gendering of Mita, Migration, and Tribute in Colonial Chucuito, Peru." *The Americas*, Vol. 57, No. 1, pp. 63~93.

Saignes, Thierry. 1985. "Notes on the Regional Contribution to the Mita in Potosí in the Early Seventeenth Century." *Bulletin of Latin American Research*, Vol. 4, No. 1, pp. 65~76.

_____. 1999. "The Colonial Condition in the Quechua-Aymara Heartland (1570-1780)." Frank Salomon and Stuart B. Schwartz(eds.). *The Cambridge History of the Native Peoples of the Americas*, Volume III., South America,

Part 2, pp. 59~137, Cambridge: Cambridge University Press.

Salazar-Soler, Carmen. 2009. "Los Expertos de la Corona: Poder Colonial y Saber Local en el Alto Peru de los Siglos XVI y XVII." *De Re Metallica*. Vol. 13, pp. 83~94.

Salomon, Frank. 1988. "Indian Women of Early Colonial Quito as Seen Through Their Testaments." *The Americas*, Vol. 44, No. 3, pp. 325~341.

Schwartz, Stuart B. and Frank Salomon. 1999. "New Peoples and New Kinds of People: Adaptation, Readjustments, and Ethnogenesis in South American Indigenous Societies(Colonial Era)." Frank Salomon and Stuart B. Schwartz (eds.). *The Cambridge History of the Native Peoples of the Americas*, Volume III., South America, Part 2, pp. 443~501, Cambridge: Cambridge University Press.

Serulnikov, Sergio. 2003. *Subverting Colonial Authority: Challenges to Spanish Rule in Eighteenth Century Southern Andes*, Durham and London: Duke University Press.

_____. 1996. "Disputed Images of Colonialism: Spanish Rule and Indian Subversion in Northern Potosí, 1777-1780." *The Hispanic American Historical Review*, Vol. 76, No. 2, pp. 189~226.

Silverblatt, Irene. 1987. *Moon, Sun, and Witches: Gender Ideologies and Class in Inca and Colonial Peru*, Princeton, New Jersey: Princeton University Press.

Spalding, Karen. 1973. "Kurakas and Commerce: A Chapter in the Evolution of Andean Society." *The Hispanic American Historical Review*, Vol. 53, No. 4, pp. 581~599.

Stavig, Ward. 2000. "Continuing the Bleeding of These Pueblos Will Shortly Make Them Cadavers: The Potosi Mita, Cultural Identity, and Communal Survival in Colonial Peru." *The Americas*, Vol. 56, No. 4, pp. 529~562.

Tandeter, Enrique. 1981. "Forced and Free Labour in Late Colonial Potosi." *Past & Present*, Vol. 93, pp. 98~136.

Zulawski, Ann. 1987. "Wages, Ore Sharing, and Peasant Agriculture: Labor in

Oruro's Silver Mines, 1607-1720." *The Hispanic American Review*, Vol. 67, No. 3, pp. 405~430.

_____. 1990. "Social Differentiation, Gender, and Ethnicity: Urban Indian Women in Colonial Bolivia, 1640-1725." *Latin American Research Review*, Vol. 25, No. 2, pp. 93~113.

제7장

식민 시대 볼리비아 사회와 노동체계의 특징*

김달관 서울대학교 라틴아메리카연구소 HK연구교수

1. 서론

1492년부터 신대륙에서 토지의 전유, 노동 착취, 지식과 주체성, 국제관계 등을 통해 제국의 식민적 권력 매트릭스가 구축되었고 기독교 복음화, 문명화, 근대화, 세계화 등을 통해 시대의 변화에 적응하면서 제국은 그들의 지배를 유지·확대했다. 그러나 식민적 권력 매트릭스는 인종차별주의와 식민지 원주민을 열등하고 부족한 인간으로 평가한 인식론적 담론과 관련이 있다. 신대륙 발견·정복 이후 스페인은 '구원(salvación)'이라는 구실로 대규모의 원주민 토지 전유와 원주민에 대한 착취를 시작했다. 이후에도 구원, 문명, 발전 등의 언어로 위장하여 통제, 지배, 착취를 강화했다. 이러한 관점에서 신대륙 정복 이후 스페인의 식민지를 '두

---

* 이 글은 ≪이베로아메리카 연구≫ 24권 2호(2013)에 발표된 필자의 기존 논문을 총서의 취지에 맞게 수정·보완한 것이다.

개의 공화국(Dos Repúblicas)'이라고 했고, 그것은 '스페인 공화국(República de Españoles)'과 '원주민 공화국(República de Indios)'으로 구분되었다.

스페인 공화국은 정복자로서 지배와 통제를 강제했고 원주민 공화국의 원주민은 피정복자로서 지배와 강제에 적응해야 했다. 이러한 과정에서 스페인 공화국은 복음과 문명을 주장했고 광범위하게 식민성의 논리를 적용했다.[1] 스페인의 영광은 원주민의 피와 땀의 결과였다. 이처럼 유럽의 근대성은 세계의 헤게모니를 향해 출발하는 역사적 과정에 붙여진 이름이었고 근대성의 어두운 이면이 식민성이었다. 원주민의 고통과 슬픔 없이 스페인의 영광은 불가능했다. 신대륙의 식민성을 이해하기 위해서는 특히 스페인 공화국과 원주민 공화국이 치열하게 갈등하는 지점으로서 자본주의의 이해가 필요하다. 자본주의는 근대성의 개념과 근대성의 어두운 이면인 식민성의 개념을 이해하기 위한 핵심적인 공간이다. 왜냐하면 자본의 자본주의로 전환으로 인해 인간 생명 경시와 인간의 소모품화가 발생했기 때문이다(미뇰로, 2010: 24, 75). 즉, 스페인 공화국과 원주민 공화국이 만나는 갈등 지점에서 스페인 왕실은 강제노동 조직을 창설했는데, 그것이 엔코미엔다와 레파르티미엔토(repartimiento)였다.[2] 엔코미엔다와 레파르티미엔토를 중심으로 두 개의 공화국이 갈등

---

[1] 식민성의 논리는 ① 경제적 영역: 토지의 전유, 노동력의 착취, 재정의 통제 ② 정치적 영역: 권위의 통제 ③ 시민적 영역: 젠더와 성의 통제 ④ 인식적이고 주체적·개인적 영역: 지식과 주체성의 통제 등이다(미뇰로, 2010: 49).

[2] 엔코미엔다는 1521년 「부르고스법(Leyes de Burgos)」에 의해 정식으로 창설되었다. 「부르고스법」에는 스페인인과 원주민 사이의 노동관계에 대한 통제조치가 있다(Laura, 2008: 13). 그러나 엔코미엔다는 엔코미엔다 주체인 엔코멘데로의 귀족화 경향에 대한 우려로 인해 1700년경에 실질적으로 폐지되었다. 레파르티미엔토는 1513년에 창설되었고, 페루의 레파르티미엔토인 미타는 1573년에 창설되었으며 1812년에 폐지되었다.

하면서 경제적으로는 이윤의 확대 재생산 과정(원시적 축척 또는 시원적 축적)이, 사회문화적으로는 혼종성(hibridad)이, 인식론적으로는 경계 사유(pensamiento fronterizo)가 부상했다. 이에 이 연구의 목적은 식민성의 갈등 공간으로서 식민 시대 볼리비아 노동체계의 특징을 연구하고자 한다.

신대륙 정복·식민의 3세기 동안 금과 은은 스페인의 위상에 중요한 요소였다. 영국과 네덜란드에서 발생한 산업혁명은 스페인이 신대륙 식민지에서 가져간 자원에 의해 촉발되었다. 신대륙의 역사는 원주민과 자연자원에 대한 착취의 과정이었다. 노예화된 원주민은 광산과 아시엔다에서 비인간적 조건하에서 강제로 노동을 해야 했으며 이 과정에서 많은 원주민이 사망했다.3) 신대륙 원주민에게 스페인의 발견과 정복의 역사는 크나큰 재앙이자 고통이었다. 스페인인과 함께 들어온 새로운 질병, 잔인한 착취, 이에 따른 원주민 사회의 해체로 인해, 번창하고 발전할 수 있었던 멕시코의 아스테카 문명과 페루의 잉카 문명이 파괴되었다(Keen, 2009: 57).

현재의 볼리비아에 해당하는 알토 페루는 식민 시대에 강제노동제도 도입으로 인해 많은 변화가 발생했다. 식민 시대 생산관계의 변화와 안데스 지역에서 소유권에 대한 개념의 변화는 스페인 식민의 결과이자 스페인의 중상주의적 기획의 핵심적인 요소였다. 이에 원주민 노동체계 연구는 '스페인 공화국'과 '원주민 공화국' 사이에 발생하는 식민성의 고유한 사회갈등 과정을 보여준다.4) 즉, 노동체계는 당시의 경제제도와 사회제도로서 구조와 개인이 만나는 교차지점으로 스페인 공화국의 지

---

3) 1530~1722년 동안 원주민 인구는 75% 감소했다. 매년 광산노동에서 5만 명이 사망했고 150년 동안 약 800만 명이 사망했다(Acosta, 1959: 79; Peñaloza, 1981: 330; Zulawski, 1987: 417~418).

4) 여러 저자가 '스페인 공화국'과 '원주민 공화국'이라는 용어를 쓰고 있다.

배와 원주민 공화국의 저항과 적응의 장소이자, 원시적 축적, 혼종성, 경계 사유의 미시적 공간이었다. 스페인 공화국의 일부분으로서 식민 사회의 삶, 노동의 성격, 노동의 의미는 스페인인에게는 명확했지만 스페인 공화국의 의도를 원주민 공화국 사회에 단순히 강제할 수는 없었다. 왜냐하면 스페인 공화국과 원주민 공화국 사이에 복잡한 상호작용과 저항에 따라 노동 형태와 생산관계가 변모했기 때문이다. 이러한 불균등한 경쟁의 결과로서 어떤 것은 스페인적 특징이 많이 나타났고, 다른 어떤 것은 안데스적 특징이 많이 나타났다. 이러한 모든 과정은 스페인에 의해 통제된 식민적 혼종의 방식이었으나 스페인의 통제를 넘어서는 상황에 의해 형성되었다(Zulawski, 1995: 4).

스페인은 신대륙의 원주민 노동력을 통제하기 위해 여러 가지 제도를 도입했다. 특히 발견과 동시에 크리스토발 콜론(Cristobal Colón, 크리스토퍼 콜럼버스)은 엔코미엔다라는 원주민 강제노동 조직을 도입했다. 노예제와 비교할 때 엔코미엔다가 상대적으로 수익이 적은 노동조직 방식인데, 스페인 왕실은 왜 노예제 대신에 엔코미엔다 제도를 도입했을까? 그것은 엔코미엔다가 스페인 왕실의 위협을 축소시켰기 때문이다.[5] 엔코미엔다는 이 뿐만 아니라 다른 노동조직 형태가 갖지 못한 장점이

---

[5] 엔코미엔다와 노예제를 비교했을 때 엔코미엔다가 상대적으로 수익이 떨어졌는데, 그것은 첫째, 엔코미엔다의 상속 제한으로 인해 유산을 물려줄 동기가 부재했기 때문에 원주민 노동력의 빠른 마모를 유발했다. 이것은 높은 비율로 원주민을 감소시켰기 때문에 장기적으로 원주민의 노동성과가 축소되는 경향을 보였다. 둘째, 원주민 노동의 거래, 재배치 제한은 제한된 지역에서 원주민 노동력 사용을 강제하여, 멕시코와 페루의 은광지역에서처럼 높은 수익을 올릴 수 없었다. 셋째, 다른 스페인인과 거래와 임대 금지는 높은 평균 비용을 초래해 규모의 경제를 축소시켰다. 엔코멘데로는 원주민 노동력 규모를 조정하여 최적화할 수 없었다 (Yeager, 1995: 843).

있었는데 그것은 첫째, 스페인 왕실은 저비용으로 스페인 제국을 방어하려 했고 둘째, 기독교를 전파하기를 원했으며 셋째, 식민지로부터 부(富)를 형성하려 했기 때문이다. 이런 이유로 스페인 왕실은 노예제보다 엔코미엔다를 선호했다. 엔코미엔다의 상속, 거래, 재배치 제한은 스페인 왕실의 안위를 증가시켰고 이념적 필요를 더 잘 충족시켰기 때문이다(Yeager, 1995: 846~857).[6]

스페인에 의한 강제노동이 확대되면서 강제노동을 회피하려는 원주민의 노력도 증가했다. 이러한 원주민의 노력으로서 첫 번째 방식은 이주와 노동력 판매였다. 원주민 공동체(Ayllu)에서 태어나 원주민 공동체의 토지와 자연자원을 사용할 권리가 있는 오리히나리오는 강제노동을 피하기 위해 포라스테로가 되었고 몇 세대가 지나면 야나코나가 되기도 했

---

6) 엔코미엔다는 3가지 방식으로 스페인 왕실의 통치를 강화했다. 첫째, 상속 제한은 한 가족이 획득할 수 있는 부를 심각하게 축소시켰다. 2세대에 걸쳐 재산을 공정하게 모은 엔코멘데로도 원주민 노동 통제권이 3세대에서 상실되었다. 둘째, 스페인 왕실은 엔코미엔다를 쉽게 몰수할 수 있었다. 정복자에게 주어진 재산권으로서 엔코미엔다에 항의할 수 있는 법적 장치가 스페인 왕실에 있었다. 셋째, 몰수 위협은 엔코멘데로보다 우월한 협상력을 스페인 왕실에 제공했다. 스페인 왕실은 비협조적인 엔코멘데로의 엔코미엔다를 자주 몰수했다. 이처럼 엔코미엔다는 이익 극대화 방식이 아니라 스페인 왕실의 안위를 확보하려는 방식이었다. 강제노동자의 거래 제한은 이사벨 여왕이 원주민 노예 논쟁과 관련하여 신학자의 의견을 청취한 다음에 원주민은 자유민이지만 노예는 아니라고 편지를 써서 1503년 신대륙의 스페인 관료에게 보냈다. 그러나 건물을 건설하고, 광산에서 광석을 채굴하며, 밭을 경작하고, 식량을 생산하는 데 원주민 노동력을 강제하라고 명령했다. 강제노동자의 거래 제한은 원주민 강제노동자로부터 발생하는 수익은 스페인인에게 허용하면서, 원주민이 노예가 되는 것은 피하도록 했다. 이에 갈수록 원주민에 대한 식민 당국의 억압과 착취가 증가했고, 다른 한편으로 그것을 피하려는 원주민의 노력이 증가했다.

다.7) 그것은 포라스테로와 야나코나 신분이 강제노동의 의무가 없기 때문이었다. 고향을 떠난 포라스테로는 강제노동자에서 자유노동자로서 불안정한 상태였지만 오리히나리오에서 포라스테로로 신분이 전환되면서 강제노동을 피할 수 있었고, 야나코나는 스페인 지주의 아시엔다에서 일을 하거나 도시에서 노동력을 팔아서 생존할 수 있었다. 이에 따라 이주와 노동력 판매 방식은 고향을 떠난 원주민이 첫 번째로 겪는 문화 변용이었다. 두 번째 방식은 돈을 주고 강제노동을 면제받는 '팔트리케라'(faltriquera 또는 indios en plata)가 되거나, 일부는 현금으로 지불하고 다른 일부는 노동으로 제공하는 '은과 노동(servicio en plata)' 방식을 취할 수 있었다. 그러나 두 번째 방식은 노동을 대신하는 전부 또는 일부를 현금으로 지불해야 하기 때문에 아무나 할 수 있는 것은 아니었다. 현금을 지불하는 방식은 주로 광산에서 필요한 물품을 공급하는 상업과 운송업에 종사함으로써 다른 지역 원주민보다 상대적으로 돈을 벌기가 어렵지 않았던 광산도시 인근의 원주민이 선택하는 방식이었다(Saignes, 1985: 68~70). 세 번째 방식은 이러한 변화의 과정에서 원주민이 강제노동을 피하기 위해 원주민 본인과 인종, 종족이 다른 여성과 결혼하여 여성이 속한 공동체에 속하여 강제노동을 피하고, 그의 자식들은 혼혈인으로서

---

7) 포라스테로와 야나코나의 명확한 개념규정은 없다. 다만 포라스테로는 오리히나리오와 비교하여 고향인 원주민 공동체에서 토지와 자연자원 사용 권리를 포기한 원주민을 의미하고, 오리히나리오는 고향인 원주민 공동체에서 거주하면서 원주민 공동체의 토지와 자연자원 사용 권리를 보유한 원주민을 의미했다. 야나코나는 잉카 제국 시대에는 하인으로서 노예와 비슷한 신분이었고 스페인 식민 시대에 자유인이 되었다. 야나코나는 자유노동자로서 힘든 노동인 광산 노동보다는 덜 힘든 농장에서 일하는 봉건적 농노와 비슷했다. 이후에 도시가 많이 창설되면서 야나코나와 포라스테로는 도시의 자유노동자라는 의미도 갖게 되었다. 어느 경우에는 포라스테로가 도시 자유노동자로서 야나코나가 되기도 했다.

강제노동을 피하는 것이다. 이에 원주민 공동체 구성원으로서 정체성보다는 계급적 상황이 형성됨에 따라 인종적·종족적 혼종성이 증가했다. 이러한 변화는 오랫동안 지속되었고 불규칙적으로 진행되었다. 이에 혼혈인이 증가하게 되었는데, 그것은 혼혈인이 강제노동에서 면제되기 때문이었다(Zulawski, 1995: 83~84). 즉, 식민 시대의 억압과 착취를 피하기 위해서 17세기에 볼리비아의 원주민은 이주 전략을 통해 포라스테로와 야나코나 신분을 획득했고, 강제노동 대신에 현금을 지불하는 팔트리케라나 '은과 노동' 형태를 선택했으며, 18세기에는 결혼을 통해 새로운 가족을 형성했다(Peñaloza, 1981: 154; Zulawski, 1995: 198).

이 연구는 '라틴아메리카의 형성'이라는 관점에서 스페인의 신대륙 정복은 대서양 상권의 등장이며 근대/식민 세계체제의 형성이라는 인식을 갖고 있다. 근대성의 출발은 18세기 계몽주의가 아니라 1492년 스페인이 신대륙을 정복하고 대서양을 장악한 시점으로 이해한다. 식민주의와 자본주의 세계체제의 발전은 근대성을 구성하는 필수적 요소이며, 이것은 자본주의 세계경제의 발전이 식민주의로 인해 가능했음을 의미한다. 따라서 근대성은 유럽 내적 현상이 아니라 이미 세계가 관련된 현상이며, 물질적인 측면에서 유럽의 근대성은 신대륙의 정복을 통해 가능했다. 식민 시기에 형성된 권력의 식민성은 존재와 지식에 이르기까지 라틴아메리카 삶의 모든 면에서 영향을 끼쳤다. 이러한 '라틴아메리카의 형성'은 정치사회석 관점에서 ① 근대성과 식민성: 대서양 상권의 등장과 식민지 사회의 형성, ② 중상주의와 식민 질서, ③ 질서, 진보, 혁명: 근대적 국민국가의 건설 등을 살펴보아야 한다. 특히 근대성과 식민성(대서양 상권의 등장과 식민지 사회의 형성)을 이해하기 위해서는 ① 신대륙 정복, ② 근대적/식민적 세계체제의 탄생, ③ 정복에서 식민지로: 식민지 사회와 인구의 변화 등에 대한 인식이 필요하다. 특히 근대적/식민적 세계체제의 탄생이라는 관점에서 식민 시대 경제제도로서 엔코미엔다와 미타를 통해 식민사회와 노동체계의 특징을 살펴보는 것이 본 연구의 목적이다.

구체적으로 이 연구는 정복자로서 스페인의 강제노동제도가 볼리비아 식민 시대의 노동체계에 어떻게 구현되었는지, 피정복자의 관점에서 원주민이 어떻게 그러한 상황에 대응했는지를 살펴보고자 한다. 특히 강제노동 방식이 포토시(Potosí), 오루로(Oruro), 코차밤바(Cochabamba), 필라야파스파야(Pilaya y Paspaya) 지역의 사례에서 어떻게 노동체계에 영향을 미쳤는지를 살펴보고자 한다. 포토시는 안데스 지역에서 가장 중요한 은광이 있는 곳이다. 따라서 스페인 왕실이 안데스 지역에서 가장 많은 관심을 기울인 지역이다. 오루로는 알토 페루에서 두 번째로 중요한 은광이었다. 코차밤바 지역은 알토 페루에서 가장 중요한 곡창지대로서 포토시가 급격히 성장하면서 포토시에 필요한 식량과 필수품을 제공했다. 필라야파스파야 지역은 농업지역이지만 코차밤바보다 중요성이 떨어지는 곳이고, 주로 포토시에 포도주를 제공했다. 따라서 이 연구에서는 광산지역 2곳과 중요한 농업지역 1곳 및 평범한 농업지역 1곳에서 노동체계를 비교·분석하고자 한다. 이에 이 연구 제2절에서는 식민 시대 볼리비아 사회의 특징을 살펴보기 위해 원주민을 강제로 노동시킨 제도로서 엔코미엔다와 미타 그리고 노동자 구성을 살펴본다. 제3절에서는 식민 시대 볼리비아 노동체계의 특징을 비교분석하기 위해 광산지역 2곳과 농업지역 2곳을 사례로 연구하고자 한다. 특히 노동체계의 특징을 살펴보기 위해 4곳의 지역에서 강제노동 의무 여부, 주요 산업, 노동자 구성, 주요 노동 형태, 정부지원, 강제노동자 제공 여부를 살펴보고자 한다. 제4절은 결론 부분으로서 볼리비아 식민 시대의 노동체계의 특징과 사회의 함의를 논의하고자 한다.

2. 식민 시대 볼리비아 사회

1) 식민 시대 강제노동제도로서 엔코미엔다와 미타

엔코미엔다는 신대륙 발견과 정복의 성과에 따라 정복자, 스페인 왕실 공로자, 도시 창설자 등에게 양도된 권리로서 광대한 토지와 그 토지에 속한 원주민을 수여한 것이다(Laura, 2008: 24).

원주민의 보호와 기독교 교육을 실행하라는 의미에서 스페인 왕실은 엔코미엔다 권리의 주체인 엔코멘데로에게 원주민을 위임(encomienda)했다. 이에 엔코미엔다는 엔코멘데로가 원주민의 보호와 기독교 교육에 대한 대가로 원주민이 농업, 목축업, 광업 분야에서 노동을 엔코멘데로에게 제공하는 것이다. 초기 엔코미엔다는 1세대에 제한된 권리였기 때문에 이후에 엔코멘데로와 그의 후손이 2~3세대에 걸친 권리를 요구했다(Acosta, 1959: 161). 식민 초기에 엔코미엔다는 국가를 대신하는 지방관청의 역할을 했다.

아직까지 엔코미엔다 개념에 대하여 확실히 규정된 것이 없다. 그러나 엔코미엔다와 관련된 중요한 쟁점을 정리하자면, 첫째는 엔코미엔다는 토지에 관한 권리인가, 원주민 노동력에 관한 권리인가, 아니면 토지와 원주민 노동력에 관한 권리인가 등이다. 대체로 원주민 노동력에 대한 권리라는 주장이 우세하다. 둘째는, 엔코미엔다는 몇 세대에 걸친 권리인가이다. 지역에 따라 다르지만 2세대, 3세대, 4세대, 5세대에 걸친 엔코미엔다도 있었지만, 대체로 2세대에 걸친 권리라는 주장이 우세하다. 셋째, 엔코미엔다가 2세대 동안의 권리라면, 그 2세대는 스페인인이 기준인가 아니면 원주민이 기준인가이다. 대체로 스페인 지주를 기준으로 2세대라는 주장이 우세하다. 그러나 엔코미엔다는 지역과 시대에 따라 매우 다양한 방식으로 실천되었다(Peñaloza, 1981: 143~146). 엔코멘데로의 권리를 가질 수 없는 사람은 부왕, 부왕의 행정관료, 수도원, 종교단체, 지방관료, 여성, 외국인 등이었다(Centellas, 2011: 34).

기본적으로 엔코미엔다는 지역과 시대에 따라 서로 다른 방식으로 발전했는데, 멕시코의 경우 1520년경 엔코미엔다에 새로운 요소가 2개 첨가되었다. 하나는 일부 세금을 첨가했다. 기존의 엔코미엔다는 노동력만 제공하면 되었지만 멕시코에서는 노동력+세금으로 변경되었다. 이러한 변화는 멕시코 원주민의 전통과 밀접한 관련이 있는데, 멕시코에서는 스페인 정복 이전에는 정복당했을 때 조공을 제공하던 전통을 갖고 있었고 경제적으로 가치 있는 재화를 자체적으로 생산하고 있었다. 다른 하나는 엔코멘데로에게 군사적 의무가 추가되었다. 지방정부가 요청할 때 그 지역의 엔코멘데로는 자신의 비용으로 무기, 말 등을 소유하고 있어야 했고, 전쟁 시의 비용도 자체적으로 마련해야 했다. 이때부터 일정 시기 동안 엔코멘데로는 군사적 조직의 역할을 했다. 또한 새로운 영토에 원주민을 거주하게 하고 이들을 강제로 노동을 시키기 위해 엔코멘데로는 엔코미엔다가 있는 지역의 도시에 거주할 의무가 있었다. 즉, 엔코멘데로는 그의 엔코미엔다가 있는 지역에 있는 것이 아니라 엔코미엔다에서 가장 가까운 '도시'에 집을 소유하고 그곳에서 거주해야만 했다.[8] 엔코멘데로는 특별한 허가 없이 그 지역을 떠날 수 없었다(Laura, 2008: 14~15).

신대륙의 정복과 식민이 어느 정도 진척되자 스페인 왕실은 엔코미엔다 제도에 대해 우려하기 시작했다. 첫째는 잠재적인 귀족 계급으로서

---

[8] 엔코멘데로를 아시엔다가 아니라 인접한 '도시'에 살게 한 것은 엔코멘데로의 원주민에 대한 영향력의 남용을 피하려는 목적 때문이었다.

⟨표 7-1⟩ 1550~1775년 동안의 엔코미엔다 수

구분	1550	1575	1600	1625	1650	1675	1700	1725	1750	1775
멕시코	540	350	150	0	0	0	0	0	0	0
페루	340	470	420	270	200	150	110	100	0	0
유카탄	90	120	100	110	130	120	110	100	50	-
콜롬비아	80	130	130	110	100	100	0	0	0	-
투쿠만	30	160	190	180	170	160	155	100	50	-
니카라과	100	80	50	45	45	30	25	0	0	-
베네수엘라	30	50	50	70	90	75	50	20	0	-
온두라스	50	80	50	40	20	10	5	0	0	-
칠레	-	-	-	-	-	-	90	80	50	-
전체	1260	1440	1140	825	755	645	545	400	150	-

자료: Yeager(1995: 848).

엔코멘데로가 스페인 당국에 저항할 가능성에 대한 우려가 존재했다. 식민지 발전에서 엔코멘데로의 기여를 인정했지만, 그렇다고 하더라도 원주민 공동체는 정치적·사법적으로 식민 당국에 의해 직접 통치되어야 한다는 인식이 강해졌다. 이런 이유로 엔코미엔다는 17세기 후반부터 18세기 초까지 쇠락하게 된다. 둘째, 유럽에서는 인구가 증가한 반면 원주민 인구가 빠르게 감소한 것도 엔코미엔다 제도를 축소시키는 데 영향을 미쳤다(Zulawski, 1995: 46). <표 7-1>에서 보는 것처럼 신대륙에서 엔코미엔다는 전반적으로 1600년에 감소하기 시작하여 1625년에 급격히 감소했고, 1750년이 되면 신대륙의 중요한 지역에서 의미를 상실했다. 멕시코의 경우 1625년에, 페루의 경우 1750년에 실질적으로 엔코미엔다가 폐지되었다.

다른 한편, 엔코미엔다와 비슷하게 원주민 노동력을 사용할 수 있도록 한 강제노동제도로서 레파르티미엔토도 엔코미엔다처럼 크리스토발 콜론이 창설한 제도로서, 14세 이상의 모든 원주민은 금, 은, 면화, 농산물

등을 세금으로 내야 했다. 그러나 나중에 세금으로 들어온 것이 부족하자 개인적 노동을 제공하도록 했다. 페루에서도 동일한 기준(ley de conscripción vial obligatoria)에 의해 1521년에 레파르티미엔토가 시행되었다(Flores, 1967: 93). 레파르티미엔토는 강제노동으로서 특정한 수의 노동력을 배분하는 것이다. 즉, 레파르티미엔토는 가사 노동, 수공업, 광업, 농업, 운송업 등 다양한 분야에 원주민 노동력을 사용하기 위해 스페인 당국이 임의로 강제노동을 배분하는 제도였다. 따라서 레파르티미엔토는 정복자가 자신의 경제적 이익 실현을 위해 피정복자인 원주민에게 땀을 강제하는 제도였다(Adolfo, 1975: 205). 레파르티미엔토와 엔코미엔다의 핵심적 차이는 레파르티미엔토가 원주민 수와 시간을 제한하여 식민 당국이 강제노동을 배분할 수 있는 권리로서 원주민을 배분받는 스페인인 입장에서 '임의적' 권리였다면, 엔코미엔다는 상속권이 있는 엔코멘데로가 사법적·공식적 제도에 의해 강제노동을 배분받을 수 있는 '더욱 안정된' 권리였다. 즉, 레파르티미엔토는 시간과 강제노동자 숫자가 제한적인 반면, 엔코미엔다는 상속권이 있고 규정된 강제노동을 안정적으로 받을 수 있어서 엔코멘데로의 위상이 더 높았다. 엔코미엔다는 식민 초기에 행정체계가 부족하고 식민체제가 완전하게 정착되지 못했을 때, 지방행정 당국으로서 식민체제 확립에 중요한 역할을 했다. 그러나 어느 정도 식민체제가 안정되면서 스페인 왕실은 엔코멘데로가 귀족화되는 경향을 우려했고, 이에 엔코미엔다의 영향력을 축소시키기 시작했다. 엔코미엔다의 영향력을 축소시키면서 스페인 왕실은 좀 더 통제가 가능한 강제노동 배분 제도로서 레파르티미엔토를 활성화했다. 이처럼 스페인은 엔코미엔다와 레파르티미엔토에 기초해서 식민 시대의 새로운 사회구조를 형성시켰다.

식민 시대 페루에서 미타는 레파르티미엔토 제도하에서 형성된 제도이다. 식민 시대 페루의 미타 제도는 스페인 식민 시대 이전에 존재했던 잉카제국의 제도를 그대로 이어받은 것이다. 따라서 페루의 미타 제도는 상업, 농업, 광업 등의 다양한 분야에서 원주민의 노동력이 필요할 때, 스페인 식민당국이 원주민의 노동력을 필요로 하는 스페인인에게 배분하면, 스페인인이 원주민의 노동력을 강제로 사용할 수 있도록 한 노동배분 제도이다(Moreno, 1945: 155). 식민 초기에 스페인의 전반적인 정책은 정복 이전 잉카제국과 비슷한 방식으로 식민지를 경영하려 했는데, 그것은 기존사회의 계승이라는 의미에서 정당성을 확보하고자 했고, 동시에 저항의 위험을 축소시켜 스페인 왕실의 안위를 높이고자 했기 때문이다(Bakewell, 1984: 38). 미타는 케추아어로 '교대'를 의미하는 것으로써 잉카제국 시대에 개인적 의무로서 교대로 노동을 제공하는 것이었다. 잉카의 미타는 일반 이익을 위해 노동력을 동원하는 강제노동 개념이었고, 자연자원이 풍부하지 않았던 잉카제국은 이러한 단점을 보완하기 위해 노동력을 대규모로 조직하는 외에는 다른 방법이 없었다. 이에 경제적이고 합리적인 의미를 갖는 분야에서 대규모 노동이 필요한 경우에 미타를 사용했다(Crespo, 2010: 79). 잉카의 강제노동제도로서 미타는 공동체에 기초한 광범위한 경제체제의 일부였고, 화폐적 개념이라기보다는 생산 개념에 더 가까웠다. 잉카 정부는 국민이 필요한 것을 제공했고, 미타의 운영이 폭압적이라기보다는 동정적이었으며(Wiedner, 1960: 358), 미타는 의무적인 노동이었지만 원주민에게 강제적이고 불편한 느낌을 주지 않았다(Acosta, 1959: 157).

1545년 포토시 은광이 발견되고 1545~1570년경까지 높은 품질의 은광으로 인해 은 생산이 지속적으로 증가했으나, 1570년경이 되면 높은 품질의 은광이 고갈되면서 갱도를 더 깊이 파야 했고 은 광석도 더 많이 채굴해야 했기 때문에 더 많은 노동이 필요했다. 이에 1573년 페루의

〈표 7-3〉 포토시에 미타요로 온 원주민 수

연도	전체 미타요 수	교대 미타요 수
1573년	13,500	4,500
1583년	13,000	4,453
1588년	13,000	4,453
1618년		4,294
1633년		4,129
1696년		2,761
1780년		2,879

자료: Crespo(2010: 83~84).

부왕인 톨레도가 포토시 광산 인근 16개 주의 200여 개의 마을에서 18~50세 사이의 원주민 남성 중 매년 1/7에 해당하는 원주민에게 강제노동을 명했는데 이것이 포토시의 미타였다.9) 미타 의무가 면제된 14개 주는 알토스 데 아리카, 아타카마, 카라바야, 크루스코, 라파스, 라레카하, 리페스, 미스케, 오루로, 피야파스파야, 포토시, 토미나, 얌파라에스였다 (Abecia, 1988: 69). 이에 미타의 강제노동을 수행하는 원주민을 미타요라고 불렀는데, 일 년에 약 1만 3,500명이 포토시 광산에 징집되었다.

이들은 일 년에 미타를 위해 고향에서 포토시에 가는 데 2개월, 돌아오는 데 2개월, 광산에서 4개월, 정련소에서 2개월을 보내기 때문에 약 10개월 정도의 시간을 보내야 했다. 미타 강제노동으로 보내는 기간이 얼마인지는 정확하지 않다. 일부는 10개월(광산 4개월 + 정련소 2개월 + 오고 가는 데 4개월)을 주장하고, 다른 일부는 8개월(광산 4개월 + 오고 가는 데 4개월)을 주장하며, 또 다른 일부는 8개월(광산 4개월 + 정련소 2개월

---

9) 미타를 제공해야 하는 16개 주가 어떤 지역인지에 대한 논의는 연구자마다 그리고 다루는 시기마다 차이가 존재한다.

+ 오고 가는 데 2개월)을 주장하고 있다. 이들은 7년에 한 번씩 미타 의무를 수행했다. 즉, 각 마을에서 매년 성인 남성의 13~16%가 미타 강제노동 의무를 수행해야 했다. 그래서 매년 총 1만 3,500명에서 1만 4,000명 정도의 성인 남성을 포토시로 보냈다. 포토시에서 강제노동 의무를 수행하고 나면 6년 동안 강제노동 의무가 면제되었다(1년 미타 의무 + 6년 휴식 = 7년마다 한 번씩 미타 의무). 생산을 증가시키기 위해 더 많은 노동력이 필요했지만 더 이상 노동공급이 어려웠다. 흑인 노예는 4,000m의 고도와 추위를 견딜 수 없어서 사용될 수 없었다(Brading y Ziberay, 1971: 103). 그러나 시간이 지나면서 혹독한 노동과 인구 감소로 미타 의무가 6년에 한 번씩, 5년에 한 번씩, 2년에 한 번씩으로 증가했다.

미타요가 포토시 광산에 도착하면 약 4,500명씩 3교대로 나눈다. 1교대는 1주일 동안 광산에서 계속해서 일을 하고, 2주일 동안 휴식했다. 즉, 1주일 노동 + 2주일 휴식 = 3주일로 구성되었다. 한 교대에 속한 미타요는 3주일마다 1주일 노동을 하는 격이었다. 그러나 이것도 원주민이 감소하면서, 2주일 휴식에서 1주일 휴식으로 축소되었고, 나중에는 1주일 동안의 휴식도 폐지되었다. 1주일은 보통 화요일 아침에서 토요일 저녁까지 5일 동안의 보수를 받았다. 월요일에는 오전부터 오후 4시까지 광장에 모여서 미타요를 특정인에게 배분하고 일할 곳을 확인하는 등 통합적인 노동을 하지만 월요일은 보수를 지불하지 않았다. 미타요는 1주일 동안 갱도 내에서 숙식을 해결해야 했다. 오직 목요일 정오에만 따뜻한 음식을 먹으라고 갱도 밖에서 1시간을 허용했다. 미타요는 갱도 안에서 일반적으로 3인 1조로 구성되었는데, 배낭 형태의 가죽으로 된 가방에 한 번에 25kg의 은 광석을 운반했고, 광석 운반은 대략 하루에 25회 정도 했다고 한다(Cole, 1985: 24). 따라서 하루 광석 운반 양은 25kg × 25회 = 625kg, 즉 하루에 70kg인 성인 9명 정도의 무게를 운반했다.

그러나 시간이 경과하면서 갱도가 깊어지고 이에 따라 운반 횟수가 줄어들었다. 이처럼 시간이 경과하면서 더 깊은 갱도 속으로 들어가야 했기 때문에 운반횟수나 노동할당량의 구체적인 상황은 지역과 시대에 따라 달랐다.10)

레파르티미엔토와 비슷한 상품 레파르티미엔토(repartimiento de mercancías)가 있었다. 상품 레파르티미엔토는 강제로 원주민에게 물품을 배분하여 판매하는 일종의 강매이다. 이것은 자유노동자에게 과도한 착취가 가능하지 않았기 때문에 물품 강매를 통해 인위적으로 시장을 만들어 자유노동자로 하여금 더 낮은 임금을 받아들이도록 했다. 상품 레파르티미엔토에서 코레히도르는 중요한 역할을 했다. 지방의 식민관료인 코레히도르는 식민 당국으로부터 관직을 돈을 주고 샀다. 코레히도르는 낮은 봉급을 받았기 때문에 투자금을 회수하기 위해 관행적으로 그의 관리지역 안에 있는 원주민에게 매우 비싼 가격(도매가격의 약 2배)에 물품을 강제로 배분했다. 코레히도르가 강매하는 물품은 주로 리마에 있는 상인들로부터 신용으로 구매한 것이었다. 이런 상품 레파르티미엔토로 리마에 있는 상인과 식민 당국뿐만 아니라, 광산주와 지주들도 이득을 보았다. 강매하는 대부분의 품목은 원주민이 필요로 하지 않는 것이거나 과도하게 많은 양을 강제로 배분했다. 이러한 물품은 보통 다른 곳에서는 더 저렴하게 구매할 수 있는 것들이었다(Zulawski, 1995: 106). 게다가 행정, 조세, 군대 부문을 중심으로 행정효율성과 부패 방지를 목적으로 하는 부르봉 개혁의 일환으로 코레히도르 직위가 7년에서 5년으로 축소되면서 상황은 더욱 악화되었다. 상품 레파르티미엔토는 원주민에게 매우

---

10) 포토시 미타에 관련된 자료는 Cole(1985), Tandeter(1992), Bakewell(1984) 등이 있다.

부담이었고, 이것은 1780년대 원주민 봉기의 결정적인 동기였다(Peñaloza 1981: 168). 상품 레파르티미엔토는 코레히도르뿐만 아니라 광산주도 원주민 노동자에게 빵, 코카잎, 옷, 옥수수, 밀가루 등의 생필품을 강제로 파는 방식으로 이용되었다. 이것은 원주민의 임금을 축소시키는 전략이면서 광산주와 광산기업가(azoguero, 정련소 주인)의 사업으로서 현물을 시장가격보다 비싸게 노동자에게 판매함으로써 높은 수익을 올릴 수 있었다(Gavira, 2005: 220~222). 이처럼 이들은 농장의 수확물을 원주민에게 비싸게 강매하여 부가적인 수입을 획득했다.

2) 식민 시대 볼리비아 사회의 노동자 구성

식민 시대 알토 페루에서 원주민은 모두 똑같은 상황이 아니라 3종류의 원주민으로 구분할 수 있었는데, 오리히나리오, 포라스테로, 야나코나가 있었다. 노동자 관점에서 원주민을 구분하면 자유노동자인 야나코나, 강제노동자인 미타요, 자유노동자인 밍가(minga) 3종류가 있었다. 3종류의 원주민 중에서 오리히나리오의 처지가 상대적으로 가장 좋았다. 이들은 태어난 원주민 공동체에서 토지와 자연자원에 대한 권리를 향유하는 원주민이거나, 1570년대 톨레도 부왕이 실행한 레둑시온에서 토지와 자연자원에 대한 권리를 보유한 원주민이었다. 포라스테로는 일반적으로 알토 페루에서 미타 의무를 피하기 위해서 고향인 원주민 공동체를 떠나온 원주민을 의미했다. 고향을 떠나 다른 원주민 공동체에 살면 오리히나리오에서 포라스테로가 되는데 포라스테로는 미타 의무에서 면제되었다. 이것은 사회적 조건의 강등을 의미했다. 토지 소유권자로서 오리히나리오는 불안정한 상황에 있는 포라스테로보다 많은 세금을 지불했다(Crespo, 2010: 148). 포라스테로는 항상적인 이주자 신분을 피하기 위해 고향에 있는 원주민 공동체와 관계를 유지하고자 했다. 포라스테로의 아이들과 손자들은 외부인으로 인식되었고, 가족이 몇 세대 동안 살았다고 하더라도 고향을 떠나 그들이 살고 있는 원주민 공동체에서 오리히나리오가 되지 못했다. 즉, 토지 사용과 주위의 자연자원 사용에 제한을 받았다. 야나코나는 스페인 정복 이전 잉카제국 시대부터 어떠한 원주민 공동체에도 속하지 않았던 원주민으로서 잉카의 귀족, 군사 지도자, 지방 엘리트인 쿠라카에게 개인적으로 하인(노예)의 역할을 했던 원주민이었다. 많은 야나코나는 식민 시대에 일반적으로 아시엔다에서 일을 했으나 목축업, 수공업, 광업 분야에서도 일을 했다. 1539년 스페인이 지금의 볼리비아를 정복하면서 스페인인의 하인 같은 기능을 수행으나 이후 스페인 식민 당국의 법에 의해 자유인이 되었다(Bakewell, 1984: 35).

노동자 관점에서 야나코나는 잉카 시대에는 상류층의 하인이나 여러 분야에서 일반 원주민보다 낮은 신분으로 농업, 광업, 수공업에 종사했다. 1545년 포토시의 은광이 발견되면서 잉카 시대에 광산에서 일한 경험이 있는 야나코나가 포토시에 모여들기 시작했다. 광산 초기에 야나코나는 광산 경험과 기술로 인해 그리고 높은 품질의 은 광석으로 인해 은 생산에 기여했고, 이에 은 생산이 급증했다. 당시 야나코나는 광산의 일부를 스페인 광산주에게 빌려서, 빌린 광산에 일반 원주민을 고용하여 많은 재산을 모았다. 광산 초기에 야나코나는 사업가로서, 광산 전문가로서 높은 위상을 갖고 있었다. 그러나 1570년경이 되면 높은 품질의 은 광석이 고갈되면서 은 생산이 감소했다. 이에 낮은 품질의 은 광석을 대량으로 처리할 수 있는 수은합금법(아말감법)이 도입되면서, 야나코나의 경험과 기술이 필요 없어지고, 이에 광산 전문가이자 사업가에서 자유노동자인 밍가가 되었다.

한편 1570년경부터 갱도를 깊이 파야하고 은 광석의 낮은 품질로 인해 이전보다 더 많은 은 광석을 채굴해야 했기 때문에 더 많은 노동자가 필요해졌다. 다른 한편 수은합금법의 도입으로 저품질의 광석을 대량으로 처리할 수 있게 되었고, 1573년 미타 제도가 도입되면서 원주민으로서 오리히나리오는 강제노동자로서 미타요가 되었다. 그러나 미타의 강제노동이 힘들고 위험하다는 것이 점차 알려졌고, 이에 미타요를 피하려는 시도가 증가하면서 장기적으로 미타요의 수가 감소했다. 야냐코나와 비슷한 자유노동자로서 밍가도 미타 제도 이후에 출현하게 되었다. 자유노동자로서 밍가는 예전의 광산전문가로서 그리고 사업가로서 야나코나가 밍가가 되었고, 미타요도 미타요 휴식 기간에 노동을 하면 밍가가 되었으며, 미타요 의무를 마치고 나면 밍가가 될 수 있었다. 따라서 당시에는 자유노동자인 밍가와 강제노동자인 미타요가 동시에 존재하는 노동의 이중구조가 형성되었다.

일반적으로 원주민으로서 포라스테로와 야나코나는 비슷한 삶을 살아갔다. 예를 들면 광산, 도시, 아시엔다 등의 모든 영역에서 포라스테로와 야나코나는 함께 존재했다. 그러나 이주 유형으로서 포라스테로와 야나코나는 그들의 고향(ayllu 또는 reducción)을 떠난 원주민이라는 측면에서 공통점이 있었으나, 포라스테로는 고향에서 권리와 의무를 유지했지만, 야나코나는 그러한 권리와 의무 자체가 존재하지 않았다. 더 중요한 차이점은 포라스테로는 원주민 공동체에서 외부인으로서 이주자 신분을 상조하면서, 오리히나리오에서 유래하는 권리와 특권을 부정하는 의미였다. 반면 야나코나는 일반적으로 아시엔다 지주와 관련되어서 언급되는데 그것은 야나코나의 지속적인 봉건적 예속 상태를 의미하는 것이었다(Zulawski, 1995: 81).

강제노동과 삶의 어려움으로 인해 미타와 엔코미엔다에 반대하는 원주민의 저항과 봉기가 17세기 말에서 18세기까지 적어도 66회 발생했다.[11] 예를 들면 1781년의 봉기는 코레히도르의 권력 남용에 대한 일반적 불만의 축적이었다. 특히 상품 레파르티미엔토는 필요하지도 않은 물건을 비싸게 사야 했다. 페루의 투팍 아마루가 엘리트적 특징의 원주민 봉기였다면, 볼리비아의 투팍 카타리(Túpac Catari)는 민중적인 특징의 원주민 봉기였다(Laura, 2008: 25). 이처럼 '원주민 공화국'과 '스페인 공화국'이라고 부르던 두 개의 사회에는 적개심과 불신으로 가득 차 있었다(Keen, 2009: 82). 이에 '두 개의 공화국'에서 스페인의 보존 및 확대와 관련된 것은 항상 원주민의 억압과 파괴를 의미했다(Simpson, 1950: XVI).

3. 식민 시대 볼리비아 노동체계의 특징

1) 포토시

1539년 지금의 볼리비아인 알토 페루 지역을 스페인이 정복했다. 이후 1545년 포토시 은광이 발견되었다. 그러나 20여 년이 지나면서 지표면에 있던 은 광석을 거의 다 채취했고, 더욱 깊은 갱도에서 광석을 채굴해야 하는 상황이 되었다. 이에 생산비용이 증가했고 더 많은 노동자가 필요하

---

[11] 원주민에 대한 잔인한 처우는 원주민의 강력한 저항을 불러일으켰다. 라파스의 투팍 아마루, 오루로의 산토스(Santos) 또는 아투 잉카(Atu Inca), 투구만(Tucumán)에서 우알파 잉카(Hualpa Inca), 틴타(Tinta)에서 호세 가브리엘 콘도르칸키(José Gabriel Condorcanqui)의 봉기가 발생했다. 차르카스에서 로스 카타리(Los Catari)의 봉기가 발생했고, 시쿠아니(Sicuani)에서 디에고 크리스토발(Diego Cristobal)의 투팍 아마루 봉기가 발생했다. 이들 모두는 잉카의 후예임을 언급했고, 그들의 목적은 태양의 제국(잉카제국)을 재건하는 것이었다(Acosta, 1959: 80).

게 되었다. 다른 한편, 1570년경 아말감법이 도입되면서 가열하여 은 광석을 녹인 후에 은을 추출하는 기존의 비싼 정련방식을 대체했다. 이로 인해 생산비용이 감소하게 되었다. 또한 노동력이 부족한 상황에서 1573년 페루 부왕 톨레도가 포토시를 방문하면서 미타를 창설했다. 수은을 사용하는 새로운 은 추출 방식과 값싼 노동자인 원주민의 강제노동으로 인해 은 생산이 매우 증가했다. 이렇게 포토시에 미타가 시작되었다.

1560년대까지는 포토시 광산에서 원주민을 강제로 노동시킬 필요가 발생하지 않았다. 미타가 시작되기 전 포토시 광산에는 돈을 벌기 위해 원주민(야나코나)과 스페인 사람들이 이미 일하고 있었다. 포토시에서 은 광산이 발견된 1년 후인 1546년 산 아래에 마을이 형성되었고 그곳에는 170명의 스페인인과 3,000명의 원주민이 살았다. 1547년 스페인 식민당국은 '비야 임페리알 데 포토시(Villa Imperial de Potosí)'라는 이름을 공식적으로 사용하는 행정제도를 세웠고, 그곳에는 1만 4,000명이 살고 있었다.

초기에는 은 생산의 모든 과정에서 원주민(야나코나)이 주도적이었다. 스페인의 정련방식은 고도가 높아서 사용할 수가 없었으나, 구아이라(guayra, 원주민 풍로의 일종)를 사용하여 은을 추출하는 전통적인 원주민 기술은 은 함유량이 높은 은을 추출하는 데 적당했다. 당시 포토시에 온 대부분의 원주민은 야나코나였고, 야나코나는 스페인 광산주와 계약하에 개인적으로 일을 했다(Cole, 1985: 3). 1560년대에 이르러 높은 순도의 은광이 바닥나기 시작했다. 광산의 갱도가 깊어질수록 광석채굴에 필요한 노동력이 이전보다 더 많이 필요했고, 필요한 노동력을 제공하지 못하면서 노동력이 부족하게 되었으며, 이로 인해 은 생산량이 감소하자 많은 야냐코나가 다른 일거리를 찾아서 포토시를 떠났다. 이에 스페인 광산주는 노동력 부족에 직면하게 되었다. 당시 포토시 같은 고지대는

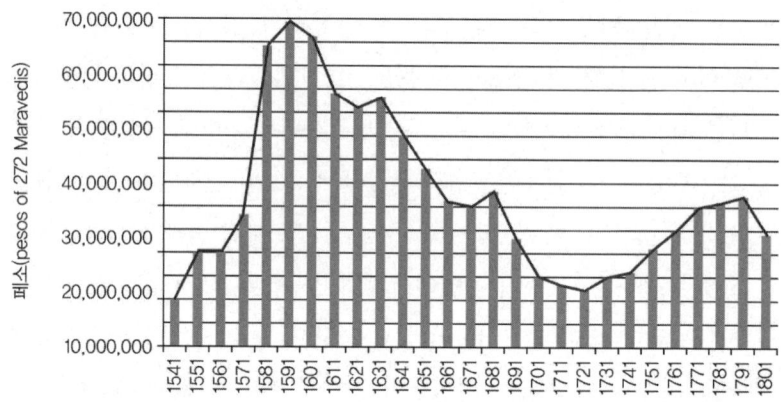

〈그림 7-1〉 포토시의 은 생산 1541-1810

자료: Brown(2012: 17).

추워서 흑인 노예 사용이 적당하지 않았지만 콜롬비아의 태평양 연안 지역처럼 고온 다습한 저지대의 광산에서는 흑인 노예를 사용하고 있었는데 포토시 광산주도 노동력 부족을 메꾸기 위해 저지대처럼 흑인 노예를 사용하려고 했으나, 흑인 노예가 추위와 고도를 견디지 못해서 생산성이 높지 않았다. 그래서 흑인 노예는 구매비용보다 생산성이 매우 낮아서, 흑인 노예 구매비용이 비싸다고 할 수 있다. 또한 당시 스페인 광산주의 재정적 여력도 충분하지 않았다. 둘째, 비용이 최소화된다고 하더라도 브라질에서 흑인 노예를 들여와야 하는데 당시 이러한 무역은 불법이었다. 셋째, 포토시의 고도와 추운 날씨는 흑인 노예가 육체적으로 견딜 수 없어서 광산에서 일하는 것이 어렵다고 평가했기 때문이다(Cole, 1985: 4).

이러한 상황에서 1573년에 포토시의 미타 제도가 시작되었고 1812년까지 스페인 식민 시대에 239년 동안 지속되었다. 초기에 미타는 싼 임금을 지불하는 미숙련 노동자를 제공함으로써 광산주에게 중요한 혜택을 주는 수단일 뿐만 아니라 일하기를 거부하는 원주민을 강제하는 수단이었다. 1570년대 미타가 시작되자 의무적으로 미타요를 보내야 하는 16개 주에서 사회와 인구변화가 발생했다.

1570년대 강제노동 징집제도인 미타와 수은합금법 도입으로 은 생산량이 1600년까지 증가하다가 이후 감소했다. 1720년경에 은 생산량이 최저점에 이르렀다.

포토시의 광산주들은 여러 가지 방법으로 비용을 줄이고 미타요의 노동 강도를 높이기 위해 노력했다. 첫째, 제도적으로 미타요의 숫자를 확대해달라고 부왕과 스페인 왕에게 자주 청원했다(Wiedner, 1960: 370). 둘째, 미타요의 노동 강도를 높이기 위한 노동 통제로서 노동시간에서 노동할당량(tarea, montón)으로 기준을 바꾸고 할당량을 채우지 못하면 벌금을 물어야 했다(Crespo, 2010: 141). 그래서 미타요는 고향에서 포토시로 올 때 부인과 자녀들을 데리고 왔다. 왜냐하면 부인과 자녀들이 일을 도와줄 수 있기 때문이었다(Zulawski, 1995: 70). 셋째, 강제노동자인 미타요는 자유노동자인 밍가보다 적은 보수를 받았고, 그것은 생활비에도 못 미치는 보수였다. 1596년 포토시 한 달 생활비는 26페소였지만 미타요는 한 달에 10페소를 받았다. 따라서 한 달에 16페소가 적자였다. 이에 미타요는 휴식기간에 휴식하지 못하고 자유노동자인 밍가가 되어서 생활비를 마련해야 했다(Bakewell, 1984: 134). 일반적으로 미타요는 포토시에서의 보수가 부족했기 때문에, 고향에서 포토시로 떠날 때, 집의 가축, 옥수수, 감자 등의 식량과 의복 및 약간의 돈을 가져갔다. 또한 고향의 원주민 공동체도 미타요에게 약간의 경비를 지원했다. 넷째, 갱도에서 미타요가 일을 할 때, 초가 2개가 필요한데 광산주는 1개만 제공했기 때문에 부족한 초를 미타요 자신이 마련해야 했다(Wiedner, 1960: 372). 다섯째, 미타요는 항상 생활비가 부족했기 때문에 광산에 속한 상점에서 외상으로 생필품을 샀다. 그래서 미타요 임금은 외상을 갚으면 남는 것이 별로 없었다. 일반적으로 미타요는 상점에서 코카잎이나 치차

(chicha), 술(aguardiente)을 샀다. 코카잎이나 주류는 도시의 2배 가격으로 판매되었다. 광산주는 직접 상점을 운영하지 않았지만, 상점을 설치할 수 있는 권리를 광산 감독자에게 허용했다. 자유노동자 모집과 미타요와 자유노동자의 임금 지불을 책임진 광산 감독자는 상점으로부터 높은 이익을 올렸다(Tandeter, 1992: 121). 여섯째, 광산주는 미타요가 고향에서 포토시로 올 때, 그리고 고향으로 돌아갈 때, 비용을 지불해야 했다. 포토시에 오려면 어떤 미타요는 부인과 아이들과 함께, 약 500km를 걸어야 했고 약 1~2개월 정도의 시간이 필요했다. 이에 톨레도 부왕은 하루의 비용을 5페소로 계산하여 경비로 지불하도록 규정했으나, 실제로는 9페소의 경비가 필요했다. 이후에는 5페소의 경비도 지불하지 않았다(Crespo, 2010: 65).

이러한 미타를 피하기 위해 원주민은 어떤 대응을 했을까? 광산노동 자체가 매우 어렵고 위험했을 뿐만 아니라,[12] 포토시가 먼 거리에 있고 한 번도 가보지 않은 곳으로 이동하기 위해 전통적인 노동을 그만두고 가정과 고향을 떠나야 했다. 그래서 강제노동인 미타를 하지 않기 위해서 여러 가지 방법을 사용했다. 첫째, 1년에 120페소를 광산주에게 주고 미타를 면제받을 수 있었다. 이러한 원주민을 팔트리케라(또는 indio en plata)고 불렀다(Saignes, 1985: 66). 둘째, 자기 고향 마을에서 미타를 제공하지 않아도 되는 다른 마을로 도주하는 것이었다(Spalding, 1975: 111~112). 도주는 그렇게 어려운 것이 아니었다. 고향을 떠나 미타 의무가 면제된

---

[12] 식민 시대 미타요가 처한 위험을 3개로 구분하면, 첫째, 광산 내부의 물리적인 상황에서 갱도의 붕괴와 침수에 의한 피해이다. 이것으로 수천 명의 미타요가 사망하는 사고가 발생했다. 둘째, 독성 물질에 의한 피해이다. 광산 내부에서 부적합한 산소에 의해 폐와 신장에 영향을 주는 피해이다. 셋째, 정련소 노동에서의 피해이다. 일반적으로 납과 수은 중독 피해이다(Adolfo, 1975: 89).

14개 주(provincia) 중에 아무 곳으로나 이주하면 되는 것이었다. 미타가 너무 힘들고 위험했기 때문에 강제노동을 피하기 위해 다른 지역으로 도피한 원주민이 많았다. 따라서 미타를 제공해야 하는 지역에서 원주민 인구가 많이 감소했다. 이 결과 미타 의무는 7년마다 한 번씩이었던 것이 6년에 한 번, 2년에 한번, 어떤 경우에는 1년에 한 번으로 축소된 경우도 있었다. 1620년경에는 미타가 7년에 한 번에서 1년 또는 2년에 한 번으로 바뀌었고, 휴식기간도 2주일 휴식에서 1주일 휴식으로, 나중에는 1주일 휴식도 폐지했다. 셋째, 미타를 피하기 위한 방법은 야나코나가 되는 것이다. 미타 강제노동을 피하기 위한 원주민의 대응은 야나코나 자격으로 스페인인의 아시엔다에서 일하는 것이다. 아시엔다 지주는 노동자를 빼앗기는 것에 대해 식민 당국에 강력하게 반대했다. 이로 인해 야나코나는 아시엔다에서 계속해서 노동을 하면서 미타가 자연스럽게 면제되었고, 아시엔다 지주는 노동력 상실을 피하기 위해 야나코나를 보호했다.

1659년 포토시의 미타 의무자 중 출신 공동체를 떠난 사람 중에 2,000명 이상이 다른 곳에 있었다. 예를 들어 추쿠이토(Chucuito) 주의 미타 명부에는 1,858명이 있었지만, 실제로는 147명밖에 없었다. 원주민 감소는 세금 징수에도 어려움을 주었다. 원주민 성인 남성이 도주하지 않고 은 생산에 참여했다면, 은 생산에 따른 세금인 킨토레알(quinto real, 1/5세금)을 지불했을 것이다. 이것은 원주민이 고향에 있었다면 지불해야 할 7페소보다 많을 것이다. 그러나 원주민이 고향을 떠나 도주하면서 7페소는 마을과 가족에게 강제로 받을 수 있지만 은 생산에 따른 킨토레알은 받을 수 없었다. 이에 식민 당국은 적은 세금만 징수할 수 있었다(Crespo, 2010: 69~73).

이렇게 미타에 대한 원주민의 대응으로 인해 알토 페루 지역의 노동력

구성과 사회가 변모했다. 결론적으로 포토시 광산 지역은 미타요를 제공받았으나 미타 의무는 없었다. 주요한 산업은 광업이었고, 노동자 구성은 강제노동자인 미타요가 대부분이었다.

2) 오루로

오루로는 1606년에 은광이 발견되었고, 알토 페루 지역에서 포토시 다음으로 중요한 은광이었으며, 미타가 면제되는 지역이었다. 오루로는 3,600~4,000m의 고원지역에 위치해 있다. 오루로 지역이 해발고도가 높음에도 도시가 형성된 것은 페루의 리마와 라파스 등 인접지역의 왕래가 용이했다는 장점과 원주민이 많이 살고 있었기 때문에 노동력 공급이 풍부했고, 은 광산이 있었기 때문이다(Gavira, 2005: 24). 오루로는 라파스 남쪽 150km에 있고 포토시 광산에서 태평양 쪽의 아리카(Arica) 항구로 가는 중요한 도로 상에 있었다. 아리카 항구에서 은을 리마로 운송했다. 리마로 가는 쿠스코, 푸노(Puno), 라파스와 연결되어 있어 육상도로로서 오루로의 가치가 높았다. 오루루 지역은 1607년 약 6,000명의 성인 남성을 포함하여 1만 8,000명의 인구가 거주했다(Zulawski, 1987: 408).

오루로는 포토시처럼 미타요가 제공되지 않았기 때문에 광산주는 인근의 원주민 노동자를 모집했고 약간의 기술이 있는 원주민 노동자에게 하루에 1페소를 지불했다. 이것은 포토시 미타요가 받는 것의 2배였다. 따라서 오루로에 있는 원주민은 강제노동자가 아니었고 포토시에서 일하는 강제노동자보다 많은 돈을 노동의 대가로 받았기 때문에 굳이 고향에 돌아갈 필요가 없었다. 왜냐하면 오루로 광산에서는 포토시보다 높은 임금을 받았고, 갱도가 깊은 포토시보다 갱도가 상대적으로 깊지 않은 오루로 광산이 일하기가 쉬웠다. 당시 포토시는 오래 전부터 은광을 채굴해서 갱도가 상당히 깊었으나 오루로는 포토시보다 갱도가 깊지 않았다. 게다가 오루로가 교통의 요지라 고향에 가는 것이 용이했고, 특히 관행적으로 오루로 광산에서는 광산주가 특별한 날에 원주민이 좋은 광석을 몇 개 가져가는 것을 허용했다. 그것은 원주민에게 일종의 인센티브를 제공하는 것으로써 노동력 유출을 방지하려는 목적이 있었다. 원주민은 이 광석을 구아이라에 녹여서 은을 추출해 판매하면 과외 소득이 생겼다. 오루로 광산은 개발 초기 은 광석이 지표면에서 가까운 곳에 있어서 채취하기가 쉬웠고 품질 좋은 광석이 많이 있었다. 다음은 오루로와 포토시를 비교한 것이다.

많은 원주민이 오루로에 갔다. 왜냐하면 오루로에 가면 더 높은 수익을 올릴 수 있었기 때문이다. 포토시 광산은 노동 강도가 너무 높았고, 처우도 좋지 않았으며, 광산도 위험하여 매일 사망자가 발생했다. 포토시 광산의 광석의 품질이 떨어졌고, 수익도 적었다. 반면 오루로의 수입이 포토시의 수입보다 많았고, 그 수입을 집에 가지고 갈 수 있었다. 그 밖에 원주민은 광산에서 마을까지 가깝기 때문에 매일 집에 돌아갈 수 있었고, 그러한 권리도 보유했다. 또한 살아가는 데 들어가는 비용이 포토시보다 1/3~1/2 정도 저렴했다(Zulawski, 1987: 411).

포토시와 달리 오루로에는 틀레도 부왕이 미타요를 제공하지 않았다. 그렇지만 오루로에 미타요가 없었던 것은 아니다. 왜냐하면 다른 광산에서 미타요를 제공받았으나 은 생산이 예상치보다 적게 나오자, 17세기 초에 풍부한 은광산이었지만 노동력 부족으로 어려움을 겪고 있는 오루로 지역에 530명의 미타요를 보냈기 때문이다. 그러나 1618년 이후 더 이상 미타요를 보내지 않았다. 이에 오루로 광산주는 오랫동안 기회가 될 때마다 부왕과 왕에게 미타요 제공을 요청했지만, 예전처럼 다른 지역의 미타요를 오루로 지역에 보내지 않았다. 왜냐하면 당시 오루로 지역보다 더 미타요가 필요한 지역이 있었고, 오루로에는 1만 명 정도의 자유노동자가 존재했기 때문이다(Gavira, 2005: 33).

오루로 지역의 은 생산은 처음부터 이후 30년 동안 안정적으로 생산되었다. 그러나 1630년대부터 수은 부족과 노동력 부족이 발생했다. 노동력 부족은 원주민이 인근에 있는 고향으로 돌아가고자 했기 때문이다. 왜냐하면 이들 대부분은 고향인 원주민 공동체와 관계를 계속해서 유지하고 있던 포라스테로였고, 이들은 광업을 부수적으로 생각하면서 농업에 주로 종사하던 농민이었기 때문이다. 그래서 농업 일정에 따라 여건이 허락될 때 일시적으로 광업에 종사했기 때문에 노동력의 불안정성이 발생했다. 다른 한편, 오루로의 광산주는 수은과 관련하여 포토시 광산에 우호적인 식민 당국의 태도에 불만을 갖고 있었다(Gavira, 2005: 38). 은을 수은합금법으로 생산하기 때문에 우안카벨리카(Huancavélica)에서 생산되는 수은이 절대적으로 필요했기 때문이다. 그런데 수은 배급을 독점적으로 관리하는 식민 당국이 포토시에는 오루로보다 저렴한 가격에 충분히 제공했다. 그리고 신용으로도 수은을 제공했다. 그러나 오루로의 광산주는 포토시보다 비싸게 수은을 구입해야 했고 신용으로 수은을 구매하는 것도 어려웠다.

오루로 지역의 광산은 식민 당국으로부터 한 번도 정식으로 미타요를 받은 적이 없었다. 오루로에 있던 노동자는 강제노동자(미타요)가 아니라 자유노동자(밍가)가 주로 존재했다. 이것은 제도적 측면에서 오루로 지역에는 주로 자유노동자가 존재했다고 할 수 있다(Gavira, 2005: 191). 오루로 지역의 자유노동자는 미타요와 비교할 때, 수입이 상대적으로 좋았다. 왜냐하면 오루로의 노동자는 포토시보다 높은 임금을 받았고 다른 한편으로 광산주의 허락하에 특별한 날에는 은 광석을 몇 개 가져갈 수 있었던 코르파스(corpas) 관행이 있어 미타요보다 훨씬 좋은 조건을 누렸다. 또한 오루로의 자유노동자는 노동량에 의해 보수를 받는 것이 아니라, 노동시간에 대해 보수를 받았다. 자유노동자인 밍가는 광산에서 얼마만큼 일을 하든지 간에 동일한 임금을 받았다. 반면 미타요는 특정한 노동할당량을 채웠을 때 보수를 받았다. 오루로의 자유노동자는 특정 할당량을 부과할 때 일하는 것을 거부할 수도 있었다(Zulawski, 1995: 94).

오루로 지역에 있는 포라스테로 남성의 반은 오루로 광산지역이나 광산지역 인근에서 태어났다. 게다가 오루로 지역에서 태어난 많은 이들은 주로 오루로에서만 살았다. 이것은 오루로 지역으로 이주한 많은 포라스테로가 최근에 이주한 것이 아니라 오랜 시간 전에 이주했다는 것을 의미한다. 따라서 오루로 지역의 포라스테로는 포토시에서 미타 의무를 이행한 다음에 오루로 광산이 유명해지기 전에 미타 의무를 피하기 위해 오루로 지역으로 이주한 원주민이라 볼 수 있다. 고향에서 도주한 원주민이 다른 지역의 여성과 결혼하여 가족이 되면, 처가 집안의 토지를 사용할 수 있었다(Zulawski, 1995: 129). 오루로 지역의 포라스테로와 야나코나의 직업분포를 보면 야나코나의 30%가 수공업에 종사하고 있고, 상업과 운송업에도 종사하고 있다. 자신을 야나코나라 했던 원주민은 주로 운송업에 종사했는데, 그것은 야나코나가 원주민 공동체의 구성원이 아니기 때문에 원주민 공동체의 의무를 피할 수 있었기 때문이다. 또한 다른 야나코나는 방적공, 재단사, 목수로서 일을 했는데, 이러한 직업이 다른 신분인 사람이 야나코나가 될 수 있는 직업이었기 때문이다(Zulawski, 1995: 126~127).

오루로 지역에서 일반적으로 야나코나는 포라스테로보다 더 문화변용이 높았다. 적어도 오루로의 야나코나는 원주민 공동체와의 관계 또는

〈표 7-4〉 1638년 오루로 지역의 포라스테로와 야나코나의 직업분포

구분	포라스테로		야나코나		전체	
	N	%	N	%	N	%
광업 및 관련업종	133	10	6	2	139	9
상업 및 운송업	159	13	69	24	228	15
수공업	181	14	86	30	267	17
행정 및 종교 관련업종	25	2	8	3	33	2
기타 업종	9	1	11	4	20	1
무응답자	768	60	105	37	873	56
전체	1,275	100	285	100	1.560	100

자료: Zulawski(1995: 122).

정착촌(reducción)과의 관계를 인정하지 않았다. 이에 야나코나는 거주지와 직업에 기초한 새로운 관계를 가질 수 있었다. 그러나 이러한 새로운 정체성은 멕시코 광산의 노동자처럼 직업적 광부(임금노동자)로서 그들의 역할에 기초가 된 것은 아니었다. 오루로 지역에서 문화의 변화를 가장 많이 겪었던 야나코나는 제조업 노동자가 아니라 스페인 문화를 더욱 많이 받아들이고 비싸고 우아한 옷을 입으며 자신을 긍정적으로 평가하는 숙련된 기술을 가진 수공업자였다. 도시지역의 야나코나 사이에 사회적·가족적 관계는 그들의 경제적 전략에 매우 중요했다. 왜냐하면 야나코나 수공업 길드는 특화된 수공업 야나코나의 후손들이었고, 수공업 분야에서 생산의 오래된 전통은 시장경제 수요와 공존이 가능했기 때문이다(Zulawski, 1995: 148).

결론적으로 오루로 지역의 노동체계 특징은 강제노동의 관점에서 미타가 면제된 지역이었다. 주요 산업은 광업과 농업으로서 노동자 구성은 소농과 광부였다. 주요 노동형태는 자유노동자였고 정부로부터 제한적으로 수은과 신용을 제공받았지만 강제노동자인 미타요를 공식적으로

제공받지는 못했다.

3) 코차밤바와 필라야파스파야

코차밤바는 포토시 다음으로 큰 도시로서 식민 시대 농업의 중심지였다(Adolfo, 1975: 181). 코차밤바는 잉카 시대에 중요한 옥수수 생산 지역이었고, 식민 시대에는 안데스 지역에서 가장 중요한 옥수수와 밀 생산의 중심지로서 가장 중요한 농업 지역이었다(Larson, 1998: 409). 고지대의 고원에 살던 많은 사람이 16~17세기에 걸쳐 코차밤바 지역에 이주했다. 대부분의 포라스테로는 스페인 지주의 아시엔다와 스페인인이 주로 사는 마을에 정착했으나 일부는 원주민 마을에 정착했다.

이들 포라스테로는 다른 사회적 신분을 가지고 원주민 공동체 사회에 진입했는데, 원주민 공동체의 지속적 생존에 중요한 역할을 했다. 포라스테로는 원주민 공동체의 자연자원을 독점하는 오리히나리오에 종속되었다. 또한 많은 포라스테로가 강제노동을 피하기 위해 오리히나리오와 결혼을 하고 가족을 이루어 좀 더 완전하게 원주민 공동체에 통합되었다. 예를 들어 1645년 시페시페(Sipesipe) 지역에 살고 있던 포라스테로의 41%가 자신의 종족이 아닌 다른 원주민과 결혼했다. 그리고 포라스테로는 원주민 공동체에 노동력을 제공했다. 그러나 포라스테로는 오리히나리오가 아니었기 때문에 토지에 대한 권리가 미약했고, 스페인 지주의 토지 강탈에 취약했다(Jackson, 1994: 29).

코차밤바 정복 이후 한동안 스페인인에게 토지는 가치가 별로 없었다. 그러나 이후 노동력 제공의 대가로 현금을 받을 수 있었기 때문에 노동을 제공받는 엔코미엔다를 갖고자 했다. 법에 따라 세금으로서 노동을 제공하는 엔코미엔다는 부를 빠르게 축적할 수 있는 수단의 보장을 의미했다.

〈표 7-5〉 코차밤바 1683-1786년 포라스테로 지역별 인구변화

지역	1683년 포라스테로(N)	1786년 포라스테로(N)
시페시페 파소(Passo) 티키파야(Tiquipaya)	711	837
타파카리(Tapacari)	512	1,622
미스케(Mizque) 토토라-아이킬레(Totora-Aiquile) 포코나(Pocona)	613	-
전체	1,836	2,459

자료: Jackson(1994: 28).

게다가 신분제적 식민 사회에서 엔코미엔다 권리는 상당한 사회적 특권과 정치권력을 보장했다. 16~17세기에 코차밤바 지역에서 토지는 충분했고 이에 충분한 토지에 기초하는 아시엔다가 80여 개로 증가했다(Jackson, 1994: 35). 하지만 아시엔다가 확대되면서 노동력이 부족해지자 과도한 강제노동으로부터 도피하기 위해 포토시에서 코차밤바로 이주한 포라스테로로부터 아시엔다에 필요한 노동력을 모집했다. 초기에 포라스테로 성인 남성 대부분은 스페인인 마을과 아시엔다에서 오리히나리오와 함께 스페인 지주를 위해 일을 했다(Jackson, 1994: 36). 스페인인 지주는 포라스테로에게 토지를 임대하는 방식으로 안정적인 노동력을 확보했으며 이러한 방식은 20세기까지 지속되었다.

농업에 적합한 조건과 포토시, 오루로, 라파스 등 중요한 시장과 인접해 있는 코차밤바는 특히 수요가 많은 포토시의 중요한 식량 공급지의 역할을 했다. 이에 포토시의 성장과 쇠퇴는 코차밤바의 경제에 중요하게 작용했다.

16세기에 코차밤바는 옥수수와 밀로 유명했는데, 코차밤바의 옥수수와

밀은 포토시 은광으로 실려 갔다. 심지어 코차밤바는 알토 페루의 곡물창고 기능도 했기 때문에 유통이 원활했고 유통기간도 단축시켰다. 코차밤바 지역은 고원지대에 있는 도시와 광산에 식량공급자로서 중요성도 갖고 있었다(Jackson, 1994: 39).

1650~1700년 동안에 포토시의 은 생산이 하락했고, 오루로의 은 생산도 전반적으로 하락했다. 게다가 1780년경 투팍 카타리(Túpac Katari) 봉기로 인해 코차밤바의 토지가 농토로서 가치를 상실했다. 또한 아시엔다 지주는 반란세력과 정부군에게 저장된 곡물을 빼앗겼고, 그 후에도 아시엔다 지주는 토지의 황폐화를 회복하지 못하여 토지매매가 증가했다(Jackson, 1994: 510). 이로 인해 지주들은 수확물 손실 없이 그리고 추가적으로 돈을 쓰지 않으면서 고정된 수입을 위해 노동력을 고용하여 직접 농사를 짓기보다는 농토를 빌려주거나 토지를 작게 분할하여 판매하는 전략을 사용했다. 이로 인해 코차밤바의 포라스테로는 토지를 빌리기보다는 토지를 사서 직접 농사를 짓는 소농이 되었다.

코차밤바 지역의 노동체계를 요약하자면, 강제노동 징집제도인 미타가 포토시에 시작되면서 미타를 피하기 위해 많은 원주민이 코차밤바에 이주했다. 정복 초기에 원주민 공동체의 노동력은 토지보다 훨씬 가치가 있었으나, 포토시와 오루로 광산지역에서 옥수수(원주민의 주식)와 밀(스페인인의 주식) 수요가 증가하면서 토지의 가치가 증가했다. 코차밤바에서 아시엔다가 늘어나면서 노동력이 부족해졌다. 이에 따라 미타를 피하면서 돈을 벌 수 있는 코차밤바로 많은 원주민이 이주했다. 이주민은 주로 도망 온 자유노동자였고 농업에 종사했다. 코차밤바 지역은 미타요를 제공할 의무는 있었지만 미타요를 제공받지는 못했다.

필라야파스파야(Pilaya y Paspaya)는 포토시와 인접한 저지대 농업지역

〈표 7-6〉 1725년 필라야파스파야 남성 원주민

구분	오리히나리오		포라스테로		야냐코나		전체	
	N	%	N	%	N	%	N	%
어린이 0~14세	287	48	983	47	397	54	1.667	49
경제활동인구 15~49세	223	37	861	41	325	45	1.409	41
노인 50세 이상	88	15	240	12	9	1	337	10
	598	100	2.084	100	731	100	3.413	100

자료: Zulawski(1995: 189).

이다. 잉카제국 시대에 오루로 근처에 살던 원주민이 고원에서 재배할 수 없는 식량을 위해 저지대인 필라야파스파야 북쪽에 있는 토지를 이용했다. 포토시 은광 개발 이후 17세기 초 필라야파스파야의 지주가 광산지역에 판매할 포도주를 생산하기 시작하면서 토지는 가치 있는 상업적 소유권이 되었다. 오루로, 코차밤바처럼 필라야파스파야도 강제노동제도인 미타요를 받은 적이 없었다. 필라야파스파야 지역은 야만족인 치리구아노족을 막기 위한 군사적 이유가 있었기 때문에 미타가 면제되었다. 미타가 면제된 또다른 이유는 식민 당국은 이 지역의 원주민이 포토시에 강제로 동원된다면 이 지역을 포기할 것으로 보았기 때문이다(Zulawski, 1995: 172). 또한 이 지역은 식민정부가 특정한 귀족의 출현을 우려해 실질적으로 봉건적 농노를 축소시키려고 야나코나를 배치했다는 장점이 있었다. 이것은 이 지역에 일정한 규모의 자유노동자가 존재했다는 의미이다(Zulawski, 1995: 170).

포토시가 성장하면서 필라야파스파야의 포도와 포도주의 판매가 시작되었고, 이 지역의 토지가치가 상승했다. 이에 이 지역에 포라스테로가 오게 되었는데, 이들은 그들과 비슷한 원주민 이주자와 접촉했을 뿐만 아니라, 흑인과 물라토 노예와도 접촉했다. 다양한 인종과 종족 사이에 빈번한 접촉으로 이주자의 많은 후손들 사이에 인종혼합과 문화변용이

〈표 7-7〉 1646~1725 필라야파스파야 성인 남성 원주민 변화

연도	오리히나리오		포라스테로		야나코나	
	N	%	N	%	N	%
1646	280		667		212	
1684	263	-6	1.001	+50	251	+18
1775	306	+16	1.082	+8	350	+39

자료: Jackson(1994: 179).

발생했다. 이것은 포라스테로의 상황을 극복하기 위해 사용한 방어적 전략 중의 하나였다(Zulawski, 1995: 9).

1646~1725년 동안 이 지역으로 이주해 온 이주자는 알토 페루에서 온 포라스테로였고 야나코나도 상당수 존재했다(Zulawski, 1995: 176). 17세기 필라야파스파야 지역에는 상당수의 흑인 노예가 존재했다. 그러나 흑인 노예는 페루 해안가에서처럼 중요하지는 않았다. 1730년대 대부분의 포라스테로는 필라야파스파야에서 태어났고 고향과 종족에 대해 관심이 없었다. 야나코나는 필라야파스파야에서 점차적으로 아시엔다에 종속적인 농업노동자가 되었다. 필라야파스파야 지주는 17~18세기 초의 코차밤바처럼 토지를 작게 분할하여 임대할 필요가 없었다. 왜냐하면 필라야파스파야 지역은 원주민 봉기 시에 영향을 받지 않았고, 코차밤바처럼 식량생산을 하지 않았기 때문에 포토시의 곡물수요 감소로 인한 영향을 받지 않았다. 게다가 포도주 생산지로서 필라야파스파야보다 포토시에 더 가까운 지역이 없었기 때문이다(Zulawski, 1995: 60). 이에 필라야파스파야 지주들은 코차밤바 지주들보다 상대적으로 안정적이었기 때문에 필라야파스파야 지주는 토지 임대보다는 고용 임대를 선호했다. 왜냐하면 고용임대가 토지임대보다 이익이 높았기 때문이다. 따라서 이 지역은 소농보다는 농업노동자가 더 많이 존재했다. 필라야파스파야 노동체계를 요약하면 이 지역은 미타가 면제되었지만 미타요 지원은 없었

〈표 7-8〉 1646년 알토 페루 지역의 성인 남성 원주민 구성

지역	오리히나리오		포라스테로		야나코나		총
	N	%	N	%	N	%	N
포토시	9.000	89	0	-	1.065	11	10.065
오루로	1.987	86	307	13	16	1	2.310
코차밤바	1.047	24	2.946	68	318	8	4.311
필아야파스파야	280	24	667	58	212	18	1.159
알토 페루 전체	45.292	64	15.446	22	10.086	14	70.824

자료: Zulawski(1995: 82).

다. 이 지역의 주요한 산업은 포도재배와 포도주 생산으로서 노동 형태는 주로 자유노동이었으며 정부지원은 없었다.

4. 결론

스페인은 중상주의적 관점에서 강제노동제도를 통해 노동력과 자원을 착취했다. 그러나 원주민은 스페인의 강제노동제도를 피하기 위해 다양한 방법을 사용했다. 대표적으로 첫째, 일정한 돈을 지불하여 팔트리케라가 되어 미타를 면제받는 것이다. 둘째, 미타가 면제되는 14개 주로 이주하는 것이다. 셋째, 포라스테로와 야나코나의 신분이 되어 미타를 면제받는 것이다. 넷째, 결혼과 가족구성을 통해 혼혈인이 되어 미타를 면제받는 것이다.

1646년 알토 페루 지역의 노동자였던 남성 원주민 구성을 보면 포토시는 오리히나리오가 89%로서 주로 다른 지역에서 미타요로 온 원주민이 대부분이었고 포라스테로가 전무했다. 당연히 포토시는 이주의 목적지가 아니었다. 오루로 지역도 오리히나리오가 86%로서 오루로 지역에서

태어난 원주민 비중이 높은 것을 알 수 있다. 따라서 강제적으로 이주한 오리히나리오가 89%인 포토시보다 미타 의무가 없기 때문에 고향에서 태어나서 살아가는 오리히나리오가 86%인 오루로가 상대적으로 양호한 지역이었음을 알 수 있다. 코차밤바 지역은 농토가 비옥하여 포토시 미타를 피해 이주하는 원주민의 선호지역으로 포라스테로가 볼리비아 평균의 3배가 넘었다. 이것은 코차밤바 지역에서 일자리가 상대적으로 많았다는 것을 의미한다. 필라야파스파야 지역은 미타가 면제되는 지역이라 포라스테로가 58%를 차지하고, 역사적인 이유로 인해 야나코나는 4개 지역 중에서 가장 높은 비중을 차지했다.

알토 페루에서 강제노동제도, 은광, 식민 당국의 지원(수은, 신용거래), 농토의 비옥도, 원주민 수, 스페인인의 수, 식민 당국의 정책 등은 포토시, 오루로, 코차밤바, 필라야파스파야 사회에 영향을 미쳤다. 포토시 지역은 알토 페루 제일의 은광 지역으로서 식민 당국으로부터 미타요, 수은, 신용 지원을 받았다. 주요 산업은 광업이고 강제노동자인 미타요가 중요한 노동력으로서 외지인이 대부분이었다. 오루로 지역은 제2의 은광 지역으로서 식민 당국으로부터 수은, 신용 지원의 제약을 받았다. 그러나 오루로 지역이 미타가 면제되고 광부와 소농으로서 생존이 가능했기 때문에 오루로와 인근 지역에서 태어난 오리히나리오가 인구의 대부분이었다. 코차밤바 지역은 포토시 미타를 피하기 위해 도주하는 원주민이 가장 선호하는 지역인데, 그것은 코차반바 지역이 저지대이면서 곡창지대여서 아시엔다에서 일을 구하기가 용이했기 때문이다. 대부분의 원주민은 토지를 임대받은 소농이었다. 필라야파스파야 지역은 미타가 면제되는 농업지역으로서 미타 의무가 있는 코차밤바에 비해 장점이 있었다. 이에 코차밤바 지역보다 못하지만 많은 원주민이 필라야파스파야 지역으로 이주했다. 코차밤바는 토지 임대가 많은 데 비해 필라야파스파야는

〈표 7-9〉 식민 시대 볼리비아 노동체계의 특징

구분	포토시	오루로	코차밤바	필라야파스파야
강제노동 의무	미타 면제	미타 면제	미타 의무	미타 면제
주요 산업	광업	농업+광업	농업 (곡물)	농업 (포도재배)
노동자 구성	광부	소농+광부	소농 (토지임대)	농업노동자 (노동고용)
주요 노동형태	강제노동자	자유노동자	자유노동자	자유노동자
정부지원	정부지원	지원제약	-	-
미타요 제공	제공	제공 없음	제공 없음	제공 없음

역사적으로 반란세력과 정부군에게서 공격을 받지 않았고, 포도재배 지역이기 때문에 곡식을 빼앗기지 않아서 토지 유지가 안정적이었다. 그래서 노동고용이 더 중요했다. 즉, 상당한 포라스테로가 소농보다는 농업노동자로서 포도주 농장에서 일했다.

결론적으로 포토시, 오루로, 코차밤바, 필라야파스파야 지역 노동체계의 특징은 자연적(지형적, 지질적)·역사적·정책적 요소에 의해 영향을 받았다. 포토시의 경우는 자연적·정책적 요소에 의해 영향을 받았다. 포토시의 은광 발견이라는 자연적 요소와 미타요, 수은의 안정적 제공이라는 정책적 요소가 노동체계에 영향을 끼쳤다. 오루로의 경우에는 자연적·정책적 요소에 의해 영향을 받았다. 오루로는 식민 시대 볼리비아 지역에서 두 번째로 중요한 은광이었던 자연적 요소와 미타 면제 지역으로서 원주민 유입 요소 및 제한적인 수은·신용 제공의 정책적 요소가 노동체계에 영향을 끼쳤다. 코차밤바의 경우에는 자연적·역사적 요소에 영향을 받았다. 코차밤바는 비옥한 토지가 있는 지역으로서 역사적으로 1780년경 원주민 봉기와 2차 피해로 인해 지주세력이 약화되면서 노동자 구성에서 소농(토지임대)이 주요한 형태였다. 필라야파스파야 경우에는 자연적·정책적 요소에 의해 영향을 받았다. 지리적으로 포토시 인근에 위치해 있고 포도재배에 적당한 자연적 요소를 갖추고 있었다. 초기에 식민 당국이 야나코나를 강제 이주시킴으로써 안정적인 노동공급이 있었고 미타 면제로 노동유입이 가능했다. 이에 필라야파스파야 지주세력은 코차밤바 지주세력보다 안정적이었다. 이에 소농보다는 농업노동자(노동임대)를 고용함으로써 코차밤바 지역보다 상대적으로 더 높은 이윤율을 유지할 수 있었다. 물론 코차밤바 지역의 이윤율은 팔라야파스파야 지역보다는 낮지만 이윤량 자체는 필라야파스파야보다 컸다. 똑같은 농업지역이지만 정책적·역사적 차이로 인해 코차밤바 지역의 주요한 노동자는 소농이고 필라야파스파야 지역은 농업노동자였다는 발견은 이 논문의 중요한 기여점이다.

다른 한편, 식민사회에 대한 고려 없이 스페인 왕실은 18세기에 부르봉 개혁을 실시했다. 부르봉 개혁의 핵심은 조세, 행정, 군사 분야에서 효율성을 높이기 위한 것이었다. 하지만 부르봉 개혁은 적어도 식민 시대 볼리비아 지역에서는 실패한 것으로 보인다. 구체적인 예를 들자면, 스페인 식민 행정은 재정 향상, 효율성 제고, 부패 근절을 위해 코레히도르의 임기를 7년에서 5년으로 축소했다. 이로 인해 공직을 매관매직한 관료인 코레히도르는 5년으로 투자 회수 기간이 짧아지자 투자금을 회수하기 위해 상품 레파르티미엔토를 과도하게 활용하면서 원주민의 원성을 샀다. 이에 1780년대 알토 페루 지역에서 원주민의 봉기가 상당히 자주 발생했고, 이후 알토 페루 지역을 비롯하여 신대륙에서 스페인으로부터 독립 열망이 급증했으며 이후 대부분이 독립을 성취했다. 이러한 관점에서 스페인의 부르봉 개혁은 적어도 알토 페루 지역에서 실패했다고 할 수 있고 이러한 발견은 이 논문의 중요한 기여 중의 하나이다.

참고문헌

미뇰로, 월터. 2010. 『라틴아메리카: 만들어진 대륙(The idea of Latin America)』. 김은중 옮김. 그린비.

Abecia, Valentín. 1988. *Mitayos de Potosí: En una economía sumergida*. Barcelona: Hurope.

Acosta, Hilarión. 1959. "La encomienda y la mita a través de la historiografía moderna", *Revista Municipal de Arte y Letras*, Khana, No. 33-34, La Paz, pp. 69~80.

Adolfo, Gustavo. 1975. *La vida social en el coloniaje*. La Paz: Biblioteca del Sesquicentenario de la República.

Bakewell, Peter. 1984. *Miners of the red mountain: Indian labor in Potosí, 1545-1650*, University of New Mexico Press.

Brading, D. A. y Margarita Zaionz de Zilberay. 1971. "Las minas de plata en el Perú y México colonial. Un estudio comparativo." *Desarrollo Económico*, Vol. 11, No. 41, Instituto de Desarrollo Económico y Social, pp. 101~111.

Brown, Kendall. 2012. *A history of mining in Latin America*, University of New Mexico Press.

Centellas, Marco A. 2011. *Historia de Bolivia*. La Paz: Universidad Mayor de San Andrés.

Cole, Jeffrey A. 1985. *The Potosi mita, 1573-1700*. Stanford University Press.

Crespo, Alberto. 2010. *Fragmentos de la patria: Doce estudios sobre la historia de Bolivia*. Bolivia: Plural.

Flores, Domingo. 1967. "La Mita." *Revista Municipal de Arte y Letras*, Khana. No. 39, La Paz, pp. 92~99.

Gavira, María. 2005. *Historia de una crisis: La minería en Oruro a fines del período colonial*. La Paz: Instituto de Estudios Bolivianos.

Jackson, Robert. 1994. *Regional markets and agrarian transformation in Bolivia:*

Cochabamba 1539-1960. Albuquerque: University of New Mexico Press.

Keen, Benjamin. 2009. *A history of Latin America*. Boston: Houghton Mifflin.

Larson, Brooke. 1998. "Rural rhythms of class conflict in eighteenth-century Cochabamba." The Hispanic American Historical Review, Vol. 60, No. 3, Duke University Press, pp. 407~430.

Laura, María. 2008. *Encomienda, trabajo y servidumbre en Corrientes, Siglo XVII-XVIII*. Tesis de Maestría en Historia Latinoamericana. Argentina: Universidad Internacional de Andalucía.

Moreno, Rene. 1945. "La mita en Potosí." *Revista de Estudios Bolivianos, Kollasuyo*, No. 62, La Paz, pp. 155~161.

Peñaloza, Luis. 1981. *Nueva historia económica de Bolivia*, Editorial Los Amigos del Libro, La Paz.

Saignes, Thierry. 1985. "Notes on the regional contribution to the mita in Potosí in the early seventeenth century." *Bulletin of Latin American Research*, Vol. 4, No. 1, pp. 65~76.

Simpson, Lesley Byrd. 1950. *The encomienda in new Spain*. University of California Press.

Spalding, Karen. 1975. "Hacienda-village relations in Adean society to 1830." *Latin American Perspectives*, Vol. 2, No. 1, pp. 107~121.

Tandeter, Enrique. 1992. *Coacción y mercado. La minería de la plata en el Potosí colonial*. La Paz: Instituto de Estudios Bolivianos.

Weeks, David. 1947. "The agrarian system of the spanish american colonies." *The Journal of Land & Public Utility Economics*, Vol. 23, No. 2, University of Wisconsin Press, pp. 153~168.

Wiedner, Donald. 1960. "Forced labor in colonial Peru." *The Americas*, Vol. 16, No. 4, Academy of American Franciscan History, pp. 357~383.

Yeager, Timoth J. 1995. "Encomienda or slavery? The spanish crown's choice of labor organization in sixteenth-century spanish America." *The Journal of Economic History*, Vol. 55, No. 4, pp. 842~859.

Zulawski, Ann. 1987. "Wages, ore sharing, and peasant agriculture: Labor in Oruro's silver mines(1607-1720)." *The Hispanic American Historical Review*, Vol. 67, No. 3, Duke University Press, pp. 405~430.

Zulawski, Ann. 1995. *They eat from their labor: Work and social change in colonial Bolivia*. Pittsburgh: University of Pittsburgh Press.

제8장

라틴아메리카 독립과 네이션, 내셔널리즘*
베네딕트 앤더슨의 『상상의 공동체』 그리고 그 너머

김은중 서울대학교 라틴아메리카연구소 HK교수

1. 들어가는 말

베네딕트 앤더슨(Benedict Anderson)은 1983년 내셔널리즘에 관한 중요한 저서인 『상상의 공동체(Imagined Communities)』를 출간했다. 이 책에서 앤더슨은 내셔널리즘(nationalism)이 아메리카에서 발원해서 다른 지역으로 전파되었다는 새로운 가설을 제시했는데, 이러한 문제 제기는 그 당시의 연구 상식과는 상반되는 것이었다. 이 때문에 1991년에 출간된

---

* 이 글은 ≪중남미연구≫ 33권 1호(2014)에 발표된 필자의 기존 논문을 총서의 취지에 맞게 수정·보완한 것이다.
여기서는 nation과 nationalism을 발음만 옮겨서 네이션과 내셔널리즘으로 표기한다. 네이션과 내셔널리즘은 민족과 민족주의, 국민과 국민주의로 번역될 수 있으며 어떻게 번역하느냐에 따라 네이션과 내셔널리즘에 대한 해석이 달라질 수 있기 때문이다. 네이션과 내셔널리즘에 관한 최근 국내의 논쟁에 대해서는 ≪역사비평≫에 실린 진태원(2011, 가을호), 이태훈(2012, 봄호), 장문석(2012, 여름호), 배성준(2013, 가을호)을 참조.

증보판 서문에서 앤더슨이 밝히고 있는 것처럼 그의 주장은 『상상의 공동체』이후 봇물 터지듯 확산된 내셔널리즘에 관한 연구에서 크게 주목받지 못했고, 내셔널리즘의 아메리카 기원을 밝히고 있는 초판 4장 부분은 거의 전적으로 무시되었다.[1] 그러나 내셔널리즘의 아메리카 기원에 대한 주장이 크게 주목받지 못한 것과는 대조적으로 네이션(nation)을 '상상의 공동체'라고 규정한 앤더슨의 또 다른 문제 제기는 정치학과 사회학, 역사학과 문학, 문화연구와 미디어론 등에서 긍정적이고 적극적으로 수용되었다.

내셔널리즘이란 말은 19세기에 발간된 대부분의 사전에 실려 있지 않으며, 이 말이 사용되기 시작한 것은 19세기 후반이었다. 내셔널리즘 연구가 체계적으로 시작된 것은 제2차 세계대전 이후이다. 그 체계화에 기여한 사람은 내셔널리즘 연구의 '쌍둥이 창시자'라고 불리는 한스 콘(Hans Kohn, 1891~1971)과 칼턴 헤이스(Carlton J. H. Hayes, 1882~1964)였다. 제2차 세계대전 이후 내셔널리즘을 둘러싼 문제는 자유주의 진영과 사회주의 진영 모두에서 냉담한 외면을 받았고, 식민지에서 독립한 아시아와 아프리카의 국가들이 새로운 국가 건설의 이념으로 내세운 내셔널리즘은 예외적 현상으로 취급되었다. 내셔널리즘 연구를 둘러싼 가장 첨예한

---

1) 1991년에 출간된 『상상의 공동체』 증보판은 몇 가지 점에서 초판과 달랐다. 첫째, 초판의 제목은 『상상의 공동체: 내셔널리즘의 기원과 전파에 대한 성찰』이었고 증보판의 제목은 부제가 빠진 『상상의 공동체』였다(그러나 속표지의 제목은 초판본과 같았다). 둘째, 증보판에는 초판에 없었던 2개의 장이 새롭게 추가되었다. 셋째, 초판 4장의 제목이 "구제국과 신국가"에서 "크리오요 선구자들"이라고 바뀌었다. 4장의 제목을 바꾼 것은 내셔널리즘의 아메리카 기원의 중요성을 환기시키기 위한 것이었다. 이 글에서는 증보판의 한국어 번역본〔베네딕트 앤더슨, 『상상의 공동체』, 윤형숙 옮김(나남, 2002)〕을 참고했으며 이에 대한 인용은 괄호 안에 페이지 수만 밝힌다.

쟁점은 네이션과 내셔널리즘이라는 현상이 언제부터 존재했는가라는 질문이었다. 이 과정에서 내셔널리즘 연구에 획기적 전환이 이루어진 시기는 1980대 초였다. 특히 1983년은 내셔널리즘 연구의 역사에서 '경이로운 해'였다. 베네딕트 앤더슨의 『상상의 공동체』를 비롯해 에릭 홉스봄(Eric Hobsbawm)과 테렌스 레인저(Terence Ranger)가 편집한 『만들어진 전통(The Invention of Tradition)』(1983), 어니스트 겔너(Ernest Gellner)의 『네이션과 내셔널리즘(Nation and Nationalism)』(1983)이 동시에 출간되었기 때문이다. 이들은 내셔널리즘을 인간의 원초적 의식으로 파악하는 원초주의(primordialism)나 영속주의(perennialism)를 반박하고 내셔널리즘이 근대에 형성된 역사적 구성물이라는 근대주의(modernism)를 주창했다.

내셔널리즘의 기원을 프랑스 혁명 이후로 잡는 근대주의자들은 내셔널리즘을 네이션의 자율성과 통합, 정체성을 추구하는 정치적 이데올로기로 정의한다. 내셔널리즘을 '네이션이라는 문화적 단위와 국가라는 정치적 단위가 일치해야 한다는 정치적 원리'로 규정한 겔너가 대표적인 경우이다(Gellner, 1983). 근대주의 내셔널리즘 연구에서 앤더슨이 제시한 '상상의 공동체'가 주목받는 것은 앤더슨이 내셔널리즘을 '특수한 문화적 작위(作爲, artefacts)'라고 규정하면서 동시에 '자유주의'나 '전체주의' 같은 정치적 이데올로기로 취급하기보다는 '친족'이나 '종교'와 유사한 문화적 구축물로 분석할 것을 제안했기 때문이다(24~25). 이것은 내셔널리즘이라는 존재를 대부분의 '~주의(ism)'처럼 먼저 실체화하고, 그런 후에 하나의 이념으로 다루는 무의식적 경향에 대한 비판이었다. 근대주의자들을 중심으로 수행되는 대부분의 내셔널리즘 연구가 네이션보다 내셔널리즘을 우선시하는 것은 이런 맥락이다. 이것은 근대주의적 내셔널리즘 연구의 초점이 '인간은 어떻게 공동체를 구성하는가(how peoples unite themselves)?'라는 질문에서 '국가는 어떻게 네이션을 만들어내는가

(how states invent nations)?'라는 질문으로 이동했음을 의미한다(Centeno, 2002: 168; Calhoun, 1993: 216~219). 즉, 근대주의적 내셔널리즘 연구는 근대 국가가 공동체의 성원을 네이션으로 동원하고 조직하며 통합하는 정치적 이데올로기를 분석하는 데 중점을 두고 있다.

내셔널리즘(national-ism)은 말 그대로 네이션을 핵심으로 하는 사상이나 감정을 의미한다. 그러나 '~주의'를 앞세우는 내셔널리즘(national-ism)은 다른 모든 정체성을 압도하여 내셔널 정체성으로 통합하는 정치적 이데올로기이다. 정치적 이데올로기로서의 내셔널리즘(내셔널리즘)과 문화적 정체성으로서의 내셔널리즘(내셔널리즘)을 구분하는 것은 중요하다. 왜냐하면 "그동안 내셔널리즘의 기원을 둘러싸고 벌어진 숱한 논쟁들이 모두 똑같이 '내셔널리즘'을 말하면서도 한편은 내셔널리즘을, 다른 한편은 내셔널리즘을 뜻한 탓에 논쟁은 공전할 수밖에 없었기 때문이다"(장문석, 2011: 61).[2] 또한 내셔널리즘은 모든 네이션에게 공통되는 특

---

[2] 네이션과 내셔널리즘이 민족과 민족주의, 국민과 국민주의로 갈라지는 지점이 여기다. 네이션/나시옹/나치온(nation)이 본래 다의성을 가진 말이기 때문이다. 네이션은 본래 출생을 뜻하는 라틴어 natio에서 유래했고, 로마에서는 로마 사람들과 구별하기 위해 외지에서 온 사람을 네이션으로 불렀다. 몇 단계의 역사적 의미 전환을 거쳐 오늘날의 네이션, 즉 '주권을 가진 인민'을 가리키게 된 것은 근대에 이르러서다. 영미권에서 네이션이 분화된 것은 1960년대 프랑스어의 에스니(ethnie)를 차용하면서부터다. 에스니 혹은 에스닉 그룹(ethnic group)은 다문화 사회인 미국에서 소수민족을 지칭하기 위해 사용되다가 지금은 근대적 의미의 네이션 이전의 민족 개념으로 사용되고 있다. 에스니는 문화적 공동체로, 네이션은 문화적 공동체이면서 동시에 정치적·법적 공동체로 규정될 수 있다(Smith, 1995: 54~56; 장문석, 2011: 16~35). 에스니와 네이션이 내부 성원들의 문화적 유사성을 강조한다는 점에서는 공통적이지만, 네이션은 주로 국가와 결부되고 에스니는 그렇지 않다. 이런 맥락에서 에스니와 네이션의 관계는 근대적 네이션이 전근대적 에스니라는 역사적·문화적 공동체에 뿌리를 두고 있다고 말할 수 있다.

수성과 동시에 보편성을 지니지만, 내셔널리즘은 보편성을 상실하고 특수성을 획일성·폐쇄성·전체주의로 환원시키기 때문이다. 앤더슨은 『상상의 공동체』에서 네이션의 문화적 기원을 통해 내셔널리즘이 아니라 **내셔널리즘**을 규명하려고 시도했다. 그러나 의도했던 것과는 달리 스페인령 아메리카의 내셔널리즘의 기원을 밝히는 부분에서는 내셔널리즘이 아니라 내셔널리즘을 말하고 있다.

이 글은 앤더슨이 『상상의 공동체』에서 제기한 내셔널리즘의 아메리카 기원에 대한 주장을 실마리로 18세기 말~19세기 초 라틴아메리카 독립 시기의 네이션과 내셔널리즘에 대한 앤더슨의 언급을 비판적으로 검토한다. "현 세계의 모든 중요한 것은 유럽에서 기원했다는 기만에 익숙한 유럽 학자들"(13)의 내셔널리즘 연구에 대한 앤더슨의 비판은 탈식민적 관점에서 네이션과 내셔널리즘을 새롭게 바라보는 계기를 마련했다는 점에서 매우 중요한 단서를 제공했다. 그러나 식민 시기 라틴아메리카의 네이션의 형성과 네이션의 정체성에 대한 앤더슨의 관점은 대단히 협소하며 역사적 현실(식민주의)을 제대로 바라보지 못하는 한계를 노출했다. 따라서 앤더슨의 관점을 비판적으로 검토한다는 것은 앤더슨의 연구가 단서를 제공한 탈식민적 관점을 받아들여 내셔널리즘 연구에서 무시되었던 라틴아메리카 부분을 심층적으로 재검토함으로써 앤더슨의 연구가 미치지 못했던 한계를 뛰어넘는 작업이다. 이러한 비판적

근대적 의미의 네이션에는 다수의 에스니가 존재한다. 국민주의로 번역되는 내셔널리즘은 국가 내부의 복수의 에스니를 수평적으로 포괄하는 개념으로 이해할 수 있고, 민족주의로 번역되는 내셔널리즘은 국가 내부의 복수의 에스니 중 헤게모니를 장악한 에스니가 다른 에스니들을 동질화하는 수직적 개념으로 정의할 수 있다. 따라서 혈연적·문화적 단일성을 강조하는 것은 네이션보다는 에스니에 가깝다.

검토 작업은 라틴아메리카 독립 이전과 이후의 네이션의 형성과 변화 과정을 살펴봄으로써 라틴아메리카의 식민 시기를 이해하는 데 중요할 뿐만 아니라, 일반적 내셔널리즘 연구의 한계를 극복하기 위한 것이다.

2. 근대주의적 내셔널리즘과 『상상의 공동체』

1) 네이션이란 무엇인가?

베네딕트 앤더슨은 『상상의 공동체』에서 내셔널리즘이란 특수한 문화적 인공물로, 각 네이션의 역사적 배경이 복합적으로 교차하는 가운데 18세기 말에 이르러 창출되었고 한번 만들어지자 다양한 사회적 토양에 이식될 수 있는 모듈(module)이 되어 다시 다양한 정치적·이데올로기적 패턴으로 융합되어갔다고 말한다(23). 특이한 것은 네이션에 관한 대부분의 논의가 정치적 관점에서 내셔널리즘에 관한 논의로 집중되는 상황에서 앤더슨은 문화적 관점에서 내셔널리즘의 형성 과정을 설명하고 있다는 점이다.

네이션은 '이미지로서 마음에 그려진 상상의 정치적 공동체'라는 베네딕트 앤더슨의 언명은 분과 학문의 경계를 가로질러 내셔널리즘에 대한 논의에서 계속해서 반복되는 키워드가 되었다. 앤더슨에 따르면 『상상의 공동체』 이전에 내셔널리즘 연구자를 괴롭히는 고르디우스의 매듭이 존재했다. 첫째는 역사가들의 객관적인 눈으로 보면 네이션은 근대적 현상으로 보이지만, 내셔널리스트의 주관적인 눈에는 오래된 존재로 보이는 점이다. 둘째는 국적(nationality)을 갖는다는 것은 누구에게나 적용되는 지극히 형식적이고 보편적인 사실임에도 불구하고, 모든 네이션은 스스로를 다른 네이션과 다르다고 주장하는 점이다. 셋째는 내셔널리즘이 갖는 정치적 영향력이 매우 큰 반면에 내셔널리즘에 관한 철학은 매우 빈곤하다는 점이다. 앤더슨에게 고르디우스의 매듭을 풀기 위한 코페르니쿠스적 전환은 '상상의 공동체'라는 개념이었다.

네이션은 본래 제한되고 주권을 가진 것으로 상상되는 정치공동체이다. 네이션은 가장 작은 네이션의 성원들도 대부분의 자기 동료들을 알지 못하고 만나지 못하며 심지어 그들에 관한 이야기를 듣지도 못하지만, 구성원 각자의 마음에 친교(communion)의 이미지가 살아 있기 때문에 상상된 것이다(25).

앤더슨은 '상상된(imagined)'이라는 표현이 '만들다(invent)'라는 의미이지만 '허위날조'나 '거짓'의 의미는 아니라는 점을 강조한다. 이것은 앤더슨과 더불어 근대주의적 내셔널리즘 연구를 선도했던 겔너의 언급 — "내셔널리즘은 네이션이 없는 곳에 네이션을 만들어낸다"(Gellner, 1964: 169) — 을 염두에 둔 것이다.3) '상상된'이라는 표현은 얼굴을 마주할 수 있는 원초적 마을보다 큰 공동체의 성원들은 서로 보지 못하면서도 공동체가 있다는 것을 마음속으로 상상한다는 의미한다. 가령 ○○동에 사는 주민은 동 전체 주민을 볼 수 없지만 ○○동이 존재한다는 것을 상상하고,

---

3) 앞에서 언급한 것처럼 겔너는 『상상의 공동체』와 같은 해에 출간한 책 『네이션과 내셔널리즘』에서 내셔널리즘을 정치적 단위와 민족적(문화적) 단위가 일치해야 한다는 하나의 정치적 원리로 정의하고 있다(Gellner, 1983). 다시 말해 내셔널리즘은 민족적 경계선과 정치적 경계선이 일치할 것을 요구하는 정치원리라는 것이다. 정치적 경계선을 규성하는 것은 국가이다. 따라서 겔너의 정의에 따르면 내셔널리즘이 성립하기 위해서는 네이션보다 국가가 먼저 존재하거나 적어도 국가라는 제도에 대한 상상력이 존재해야 한다.

XX대학에 다니는 학생은 대학의 모든 사람들을 만나지 못하지만 XX대학을 공동체의 이미지로 가지고 있다. 앤더슨의 정의에 따른다면 네이션만이 아니라 모든 공동체는 상상의 공동체이다. 그렇다면 '상상된'이라는 표현은 공동체와 동어반복일 뿐 특별한 의미를 갖지 못하게 된다. 여기서 다시 앤더슨의 언급을 살펴보면, 모든 공동체는 상상의 공동체이며, 상상의 공동체는 **거짓됨/참됨으로 구별되는 것이 아니라 공동체가 '상상되는' 모양에 따라 구별된다**(Communities are to be distinguished not by their falsity/genuineness, but by the style in which they are imagined)(26. 강조는 필자). 예를 들어 ○○동은 주민센터, 보건소, 극장, 동네 축제 등으로 상상되고, XX대학은 교수들과 학생들, 강의실과 도서관, 운동장 등의 이미지로 떠오른다. 가족과 친족의 경우라면 사랑, 친밀성, 혈연, 결혼 같은 이미지를 갖게 될 것이다. 그렇다면 네이션이라는 상상의 공동체는 어떤 이미지로 떠오르는가? 아마도 문화, 언어, 역사, 국민의식, 그리고 그 밖에 성원들이 공동으로 소유하는 것들일 것이다. 결국, 모든 공동체는 어떤 속성(특성)으로 구별되는 상상의 공동체라고 정의될 수 있다. 그렇다면 네이션이라는 상상의 공동체를 문제 삼는 이유가 무엇인가? 다시 말해 냉전이 종식되고 세계화가 가속도를 내고 있는 상황에서 내셔널리즘이 쇠퇴하거나 소멸되는 징후를 보이기는커녕 세계 각지에서 오히려 강화되는 이유는 무엇인가?

네이션을 문화, 언어, 역사, 국민의식 등의 속성을 공유하는 상상의 공동체로만 정의한다면, 이것은 네이션을 역사적·사회적·문화적인 누적의 결과로 보는 것이다. 앞에서 언급한 것처럼 이러한 정의는 역사적·문화적 공동체에 뿌리를 둔 전근대적 에스니와 크게 다르지 않다. 앤더슨은 세 가지 특성을 통해 전근대적 에스니로부터 근대적 네이션으로 나아간다.

첫째는 네이션은 제한된 것으로 상상된다는 것이다. 제한된다는 것은 배타적이라는 의미다. 앤더슨이 강조하듯이 "어떤 네이션도 그 자신을 인류와 동일시하지 않으며 …… 모든 인류 성원이 자신의 네이션에 동참하는 날이 올 것을 꿈꾸지는 않는다"(26). 인류가 하나의 공동체라면 더 이상 네이션은 존재할 수 없다.

둘째는 네이션은 주권(soberanía)을 가진 것으로 상상된다는 것이다. 이것은 네이션이 근대적 산물이라는 것을 명시하는 것이다. 앤더슨이 지적하는 것처럼, 근대 이전에 네이션을 대신한 것은 종교 공동체와 왕국이었다. 주권을 가진 네이션의 등장은 전 근대에서 근대로의 시대적 이행을 뜻한다. 근대의 도래는, 한편으로는 인간의 이성이 세상의 불가사의에 대해 해답을 주었던 종교적 상상력을 대체하고, 다른 한편으로는 종교의 쇠락과 더불어 왕권신수설의 합법성이 퇴조했기 때문이다.

셋째는 네이션은 공동체로 상상된다는 것이다. 여기서 공동체란 "각 국민에 보편화되어 있을지도 모르는 **실질적인 불평등과 수탈에도 불구하고** 국민은 언제나 심오한 수평적 동료의식(同志愛, fraternity)"(27. 강조는 필자)을 바탕으로 상상되는 공동체를 뜻한다. 심오한 수평적 동지애는 『상상의 공동체』에서 여러 번 반복해서 언급하는 **희생**을 의미한다. 사회주의 이념을 내세운 나라들이 민족주의자가 되는 경향을 목격한 앤더슨은 동지애가 계급 연대보다 훨씬 강력한 네이션의 결집력이라고 생각했다.

앤더슨이 언급하는 근대적 네이션을 형성하는 세 가지 특성은 성원들이 네이션이라는 상상의 **공동체**를 지속시켜나가려는 적극적인 욕망 혹은 이해관계를 의미한다. 그중에서도 동지애는 친밀함, 개인적 취향과 관련된 우정, 사랑 혹은 정치적 동료의식과 달리, 네이션 성원 간의 헌신을 뜻하는데, "지난 2세기 동안 수백만의 사람들로 하여금 그렇게 제한된 상상의 공동체들을 위해 남을 죽인다기보다 스스로 기꺼이 죽게 만들 수 있었던 동지애"(27)이다. 다시 말해 동지애는 문화적 공동체인 에스니와 문화적 공동체이면서 동시에 정치적·법적 공동체인 네이션을 연결하는 다리이다. 문화적 공동체인 에스니에게 '공통의 기원(common descent)'이었던 동지애가 정치적·법적 공동체인 네이션에게는 '공통의 운명(common fate)'으로 변화되는 것이다.

근대 내셔널리즘 문화의 상징으로 무명용사의 기념비나 무덤보다 더 인상적인 것은 없다. 일부러 비워놓았거나 누가 그 안에 누워 있는지 모른다는 바로 그 이유 때문에 무명용사의 기념비와 무덤에 공식적으로 의례적 경의를 표한다는 것은 일찍이 그 전례가 없었던 일이다. 이 근대성의 힘을 실감하기 위해서는 무명용사의 이름을 '발견'하거나 기념비를 진짜 유골로 채우는 것을 고집하는 사람들에 대해 일반의 반응이 어떨 것인지를 상상해 보면 된다. 괴이한 신성모독이 될 것이다! 그러나 주인을 알아볼 수 있는 유물이나 불멸의 영혼은 없어도 이 무덤들은 기괴한 국민적 상상물들로 가득 차 있다. (이것이 그렇게 많은 국가들이 신원이 밝혀지지 않은 채 묻혀 있는 사람들의 국적을 명시할 필요를 느끼지 않으면서 그런 무덤을 갖고 있는 이유이다. 그들은 각기 독일인, 미국인, 아르헨티나인…… 이 아니고 무엇이 겠는가?)(29~30).

근대성과 '운명공동체'로서의 네이션의 탄생, 무명용사의 희생은 무슨 관계가 있는가? 영혼의 구원이라는 종교적 권위가 상실되면서 계몽주의와 이성적 세속주의의 세기가 도래했지만 (혹은 반대로 계몽주의와 이성적 세속주의가 종교적 권위를 무너뜨렸지만) 세속적 이성의 빛은 어둠을 동반했다. 그리고 종교적 세계관이 보여주었던 필연과 연속성은 세속적 세계의 우연과 부조리로 대체되었다. 앤더슨은 네이션을 근대의 세속적 세계의 우연과 부조리에 대항하는 운명공동체로 파악한다.[4)]

영혼의 구원이 어리석은 생각이라면 다른 형태의 **연속성**만큼 더 절실하게 필요한 것이 없었다. 따라서 숙명을 연속성으로, 우연을 의미 있는 일로 전환시키는 세속적인 작업이 필요했다. 이런 목적에 네이션이라는 개념보다 더 적합한 것은 별로 없었고 현재도 별로 없다. 네이션 스테이트가 '새로운' 것이고 '역사적인' 것으로 널리 인정되고 있다면, 네이션 스테이트가 정치적으로 표현하고 있는 네이션은 언제나 기억할 수 없는 과거로부터 나타난다. 더욱 중요한 것은 네이션은 끝없는 미래로 미끄러져 들어간다는 것이다. 우연을 운명으로 바꾸는 것이 내셔널리즘의 마술이다(32. 강조는 필자).

앤더슨이 파악한 네이션은 세속적 구원의 가능성으로 주어진 것이다. 전근대적 인간이 종교적 인간이었다면 근대적 인간은 **국민적 인간**이다.[5]

---

4) 앤더슨이 근대적 네이션과 내셔널리즘의 기원을 종교적 세계관과의 연속성으로 파악한다는 점에서 근대주의자들과 약간의 거리를 둔다. 겔러의 제자로 원초주의와 근대주의를 통합하려고 시도하는 앤서니 스미스(Anthony D. Smith)도 네이션의 정체성을 근대 세계의 불확실성에 맞서 싸우게 해주는 힘에서 찾는다(Smith, 1986). 또한 이스라엘 철학자이자 정치인인 야엘 타미르(Yael Tamir)는 "네이션에는 세대를 뛰어넘는 계보학적 연속성이 작동하며, 이 때문에 내셔널리즘은 근대의 병리학이 아니라 근대인이 근대의 불안, 강박증과 소외감, 그리고 무의미함으로부터 근대인을 보살펴주는 은신처"라고 정의한다(Tamir, 1995: 431~432).
5) 여기서는 내셔널을 '국민적'으로 사용한다. 형용사 내셔널(national)을 그냥 발음으로 옮기는 것이 어색하고 인용문에도 '국민'과 '국민적'이라는 번역어를 사용하고 있기 때문이다. '국민적 인간(homo nationalis)'은 에티엔 발리바르(Étienne Balibar)가 처음으로 사용한 말이다(발리바르, 2010: 38~71). 인간을 '사회적 동물'이나 '경제적 인간(homo economicus)'이라고 부를 수 있는 것처럼, 국민적 인간은 종교적 사고 양태의 황혼기와 내셔널리즘의 여명기가 겹쳐지던 18세기 후반 이후 인간을 규정하는 규합개념이 될 수 있다. 내셔널리즘이라는 용어와 함께 사용되는

다시 말하자면 근대적 개인은 "국민에 대한 소속 이전에 또는 그러한 소속과 무관하게 자신의 독자적인 개인성을 갖는 것이 아니라, **국민적 개인으로서의 정체성을 매개로 하여 자신의 개인적 정체성을 얻게 된다**"(진태원, 2011: 190~191. 강조는 필자). 중세의 종교적 세계에서 파문(공동체로부터의 추방)을 당한 자는 생명권을 박탈당한 자와 같은 의미이듯이 근대 세계에서 네이션에 속하지 않은 자는 주권을 상실한 자, 즉 난민(難民)이다.

2) 무엇이 (근대적) 네이션을 가능하게 했는가?

앤더슨은 내셔널리즘이 종교를 대체한 것이 아니며, 내셔널리즘은 내셔널리즘을 생성시킨 토양이자 내셔널리즘과 상충하는 종교적 상상력을 세속적으로 변환시킨 것임을 강조한다. 내셔널리즘이 종교적 상상력을 세속적으로 변화시키는 핵심에는 시간 개념의 변화가 자리 잡고 있다. 이것은 세계를 이해하는 방식의 근본적인 변화를 의미한다. 앤더슨은 벤야민의 말을 빌려 이러한 변화를 '구세주적 시간(Messianic time)'에서 '동질적이고 공허한 시간(homogeneous empty time)'으로의 이행으로 설명한다. 구세주적 시간이란 동시성이라는 개념으로 설명되는 시간으로 순간적인 현재에 과거와 미래가 동시에 나타나는 시간 개념이다. 동시성에서 미래는 과거에 예언되고 약속된 것이며 과거는 미래에 완성된다. 과거와 미래는 시간적으로나 인과적으로 연결되지 않는다. 따라서 동시성이란 수평적 차원에서 이성으로 연결되는 관계가 아니라 전능한 신에

---

nation-hood, nation-ness, nationality 등의 용어도 근대적 인간의 범주적 정체성(categorial identity)의 뜻으로 이해할 수 있다.

게 수직으로 연결되는 관계이다. 동시성이 종교적 시간이라면 동질적이고 공허한 시간은 역사의 시간이다. 역사의 시간은 앤더슨이 말한 것처럼 끝없이 미래로 미끄러져 들어가는 시간이다. 근대를 상징하는 차이, 분리, 이질성, 복합성, 새로움, 진화, 혁명, 역사 등의 말들은 하나로 응축되는데 그것이 바로 '미래'이다.

역법(曆法)과 시계에 의해 계측되고 표시되는 동질적이고 공허한 역사의 시간이 네이션이라는 상상의 공동체와 접속되는 방법은 무엇이었을까? 그것은 앤더슨이 예로 들고 있는 근대 소설과 신문을 통해서였다. 근대 소설과 신문은 네이션의 정체성을 형성하고 재생산하는 또 다른 상상의 공동체를 제공했다. 소설과 신문은 여론 형성이나 국민문학의 형태로 '공동체가 이미 거기에 있다'는 것을 전파할 뿐만 아니라, 소설과 신문의 기본 구조가 동질적이고 공허한 시간 속에서 동시 병렬적으로 발생하는 사건으로 세계를 상상하고 이해하는 것을 가능하게 만들었다. 앤더슨은 인쇄자본주의(print capitalism)가 소설과 신문이라는 상상의 양식이 성립되고 확산되는 데 결정적인 역할을 수행했다고 강조한다.

형제애와 권력과 시간을 의미 있게 서로 연결하는 새로운 방법을 모색하기 시작했다는 것은 놀라운 일이 아니다. 아마도 인쇄자본주의보다 이러한 모색을 촉진시키고 성공적으로 만든 것도 없을 것이다. 인쇄자본주의는 빠르게 늘어나는 사람들이 심오하게 새로운 방식으로 그들 자신에 대해 생각하고, 그들 자신을 다른 사람들에게 연결할 수 있게 해주었다(63).

3) 스페인령 아메리카에서 내셔널리즘은 어떻게 만들어졌는가?

앤더슨이 『상상의 공동체』에서 제안하는 획기적인 인식의 전환 중의 하나는 식민지 아메리카에서 태동한 내셔널리즘이 유럽으로 확산되었다는 사실이다. 앞에서 언급한 것처럼, 종교적 보편주의가 쇠락하는 지점에서 근대적 내셔널리즘이 태동했다면, 유럽에서 종교 개혁이 발생한 거의 3세기가 지난 뒤에 스페인령 아메리카에서 내셔널리즘이 먼저 등장했다는 앤더슨의 주장은 라틴아메리카 역사가들을 놀라게 했다. 근대의 시작을 가능하게 만들었던 자유주의와 계몽주의가 모두 유럽에서 시작되었으며 다른 곳으로 확산되었다고 생각했기 때문이다. 또한 근대적 네이션의 형성을 가능하게 하는 핵심적인 두 가지 요소 — 독자적 언어, 하부 계층을 정치적 삶으로 유도하는 지식인과 중산층의 존재 — 가 스페인령 아메리카에는 부재했기 때문이다.

이 때문에 『상상의 공동체』 이전에 라틴아메리카 내셔널리즘은 스페인령 아메리카의 독립과 더불어 등장했으며 국민보다 국가가 먼저 형성되었다는 생각이 지배적이었다. 또한 스페인령 아메리카 독립에 결정적인 영향을 미친 것은 식민지 본국의 통제의 강화와 계몽주의 사상의 전파라고 생각했다.6) 그러나 앤더슨은 이러한 설명이 '스페인령 아메리카에서 크리오요 공동체가 유럽의 공동체들보다 네이션-됨(nation-ness)의 의식을 가지게 된 이유는 무엇인가?', '거의 3세기 동안 지속되었던 스페인령 아메리카 식민지가 갑자기 18개의 독립국으로 갈라진 이유는 무엇인가?'라는 질문에 적절한 대답이 되지 못한다고 생각했다.

---

6) 예를 들어 라틴아메리카 국민주의에 대해 연구서로는 상당히 일찍 출간된 마수르(Masur, 1966) 저작에서도 동일한 현상을 발견할 수 있다. 독립과 국민주의의 형성과 전개라는 면에 집중되어 있을 뿐 국민의 형성에 대한 언급은 찾아볼 수 없다. 최근에 출간된 Chiaramonte(2012)도 국민과 국가를 동일한 관점에서 바라본다. 국내 연구로는 이성훈(2008)을 참조할 것.

마드리드 정부의 공세와 자유주의 정신은 스페인령 아메리카 대륙의 저항의 충동을 이해하는 데 중요하다. 그러나 그것만으로는 왜 칠레, 베네수엘라, 멕시코가 **정서적으로 소통 가능하고**, **정치적으로 자생할 수 있는** 실체가 될 수 있었는지 설명해줄 수 없다. 또한 산 마르틴이 원주민들을 신조어인 '페루인'으로 불러야 한다고 공포했는가도 설명하지 못한다. 그 두 요인은 실제 일어났던 희생에 대해서도 설명하지 못한다. **역사적·사회적 구성체로 인식된** 상류 크리오요 계층이 장기적으로 볼 때 독립으로 이익을 본 것은 틀림없지만…… 안락을 누릴 수 있는 계층이 이렇게 희생을 감수할 용의가 있었다는 것은 깊이 생각해볼 문제이다(82~83. 강조는 저자).

앤더슨은 스페인령 아메리카의 정치적 독립과 국민국가의 형성에 대해 묻는 대신에 내적인 관점에서 '정서적으로 소통 가능하고 정치적으로 자생할 수 있는' 네이션의 등장이 어떻게 가능했는지에 대해 묻고 있다. 이것은 앞에서 언급한 네이션의 정체성과 스스로를 희생할 수 있는 동지애에 관한 질문이다. 어째서 원주민들은 페루인이 되었으며, 안락을 누릴 수 있는 크리오요 계층은 왜 희생을 감수했는가? 달리 묻는다면, '어떻게 스페인령 아메리카인들은 자신들이 속하는 네이션을 구성하고 그것의 경계를 결정했는가?' 하는 것이다. 앤더슨이 제시하는 대답은 세 가지이다. 첫째, 독자적 행정단위와 관련된 식민지 통치 기술이다. 크리오요에 대한 신분 차별은 관직 임명에 영향을 미쳤으며 수직적 신분 상승이 원천적으로 봉쇄되었다. 이는 크리오요의 정체성 문제를 자극하는 촉매가 되었다.[7] 둘째, 대륙의 광활함과 지리적인 엄청난 다양성, 원활하지 못한 교통수단 때문에 행정단위는 고립되어 있었으며, 식민지 내부 간의

---

[7] 스페인령 아메리카 크리오요의 정체성 문제에 대해서는 최해성(2013)을 참조할 것.

교역도 엄격히 금지되어 있었다. 또한 크리오요 관료들이 독자적 행정단위를 벗어나지 못하도록 제한함으로써 독자적 행정단위 간 수평적 이동을 금지했다. 이 때문에 시간이 지나면서 독립된 행정단위는 크리오요들에게 자연스럽게 자신들의 고토(故土, territorio) 혹은 '조국(patria)'으로 인식되었다. 이를 앤더슨은 종교적 순례에 비유해 '관료의 순례(bureaucratic pilgrimage)'라고 부른다. 관료의 순례는 행정조직이 상상의 공동체의 의미를 창조하는 방법이었다.8) 셋째, 인쇄자본주의의 역할이다. 인쇄자본주의, 특히 신문은 영토를 중심으로 형성되었던 크리오요 애국주의가 네이션으로 상상되는 데 결정적인 기여를 했으며, 다른 곳의 '국민들'에 대한 인식을 갖게 해주었다.9)

---

8) 이러한 언급에 따르면 스페인령 아메리카의 **내셔널리즘**이 크리오요 엘리트에 의해 주도되었다고 하더라도 시기적으로는 독립 훨씬 이전에 형성되었다고 단정할 수 있다. 앤더슨의 이러한 주장에 대해서 많은 학자들이 스페인령 아메리카의 내셔널리즘은 독립 이후에나 가능했다고 비판한다. 대표적으로 Castro-Karén and Chasteen(2003)을 참조할 것. 그러나 이러한 비판론자들의 내셔널리즘이 내셔널리즘이 아닌지 숙고할 필요가 있다. 또한 이러한 비판은 종종 네이션과 국가를 혼동하는 데서 비롯된다. 네이션과 국가를 혼동하는 전형적인 예로는 '네이션 빌딩(nation building)'론이 있다. 이에 대해서는 Connor(1994)를 참조할 것.

9) 앤더슨이 스페인령 아메리카의 내셔널리즘과 인쇄자본주의를 연계시키는 맥락은 역설적이다. 유럽에서 내셔널리즘의 촉매가 된 인쇄자본주의의 역할이 **다양성과 동시성**이라면, 스페인령 아메리카에서 인쇄자본주의의 역할은 **고립성**이기 때문이다. "우리는 신문의 착상 자체가 '세계의 사건들'까지도 지방 독자들의 특정한 상상의 세계로 굴절시켜 넣는 것을 보았다. 또한 그 상상의 공동체에 지속적이고 견고한 동시성이란 개념이 얼마나 중요한가도 보았다. 방대한 스페인령 아메리카 대륙과 그 구성 부문들이 고립은 그러한 동시성을 상상하기 어렵게 한다. …… 이 점에서 스페인령 아메리카가 스페인령 아메리카 전역의 영구적 민족주의를 창출하는 데, '실패'한 경험은 한편으로 18세기 말 자본주의와 기술발달의 일반적 수준을 반영하고, 다른 한편으로 제국의 행정적 확대와 관련된 스페인 자본주의와

여기서 주목해야 할 것은 이러한 상황이 스페인령 아메리카의 독립운동의 기원이 아니라 스페인령 아메리카가 18개 독립국으로 분리된 이유이며, 정서적으로 소통가능하고 정치적으로 자생할 수 있는 상상의 공동체가 된 이유라고 말한다는 점이다.

3. 무엇이 문제인가 — 『상상의 공동체』에 대한 비판적 검토

앤더슨은 신분적 차별 속에서 특정한 임무를 수행한 크리오요 관료의 순례와 인쇄자본주의의 관점에서 스페인령 아메리카의 네이션의 형성과 관련된 내셔널리즘을 분석하려고 시도했다. 앤더슨의 시도는 그전까지 경제적 이해관계나 자유주의와 계몽주의의 영향에 중점을 두고 내셔널

기술의 '지역적' 후진성을 반영한다"(96). 앤더슨에 따르면 인쇄자본주의가 결정적인 영향을 미친 것은 스페인령 아메리카보다 북아메리카였다. 인쇄는 누에바 에스파냐에 일찍 전파되었으나 스페인 왕과 교회의 엄격한 통제를 받았다. 17세기 말까지 인쇄소는 멕시코와 리마에만 있었고 출판은 전적으로 교회의 권한이었다. 북아메리카에는 17세기까지 인쇄소가 거의 존재하지 않았다. 그러나 18세기에 들어서서 신문이 인쇄업자의 중요한 소득원이 되면서 1820년까지 2,120개 정도의 신문이 발행되었고, 그 중 461개는 10년 이상 발행되었다. 스페인-아메리카에서는 이보다 훨씬 느린 속도로 신문 발행이 진행되었다. 누에바 에스파냐에서 첫 번째 지방신문이 발행된 것은 18세기 말이었다(Febvre and Martin, 1976). 이러한 역사적 현실에도 불구하고, 앤더슨은 인쇄자본주의가 스페인령 아메리카의 내셔널리즘 형성에 결정이었다는 점을 강조한다. "'실제'로는 볼리바르(Simón Bolívar)가 흑인 반란에 대하여 가지는 불안과 산 마르틴이 원주민을 페루인으로 소집한 것은 상호 무질서하게 무늬졌다. 그러나 **활지회된** 단어들은 불안을 단번에 씻어 **가버렸고**, 비록 불안이 상기된다 해도 그것은 별로 중요하지 않은 예외적인 것으로 보였다"(115. 강조는 필자의 것임).

리즘을 분석하던 기존의 틀에서 벗어나 새로운 방향성을 제공했다. 그러나 네이션의 형성은 단편적이지도 단선적이지도 않은 과정이다. 네이션의 형성 과정에서 노출되는 갈등과 모순, 분열과 해체, 역사적 상황과 국제적 역학 관계는 대단히 중층적이고 복합적이다. 근대주의자들이 주장한 것처럼 내셔널리즘이 근대에 형성된 역사적 구성물이라면 내셔널리즘은 고정된 실체가 아니라(앞에서 언급한 것처럼 앤더슨은 이 점을 특히 강조했다) 끊임없이 변화한다. 따라서 내셔널리즘에 대한 연구는 '내셔널리즘의 역사'에 대한 연구가 되어야 한다. 근대주의자들 대부분이 그렇듯이 앤더슨도 내셔널리즘의 시작을 18세기 후반 이전으로 생각하지 않았다. 특히 프랑스 혁명을 내셔널리즘의 기원으로 삼는 것은 주권을 갖는 인민의 등장을 결정적인 사건으로 인식하기 때문이다. 그러나 근대가 계몽주의가 개화하고 프랑스 혁명이 일어난 18세기에 시작되었다는 것은 대단히 유럽중심적 사고일 뿐이다. 근대는 자본주의와 떼어놓고 생각할 수 없으며 그럴 경우 근대는 15세기 말~16세기 초로 내려가야 한다(Dussel, 1993: 65; Mignolo, 2000: 23~29; 김은중, 2009: 12~17). 이런 사항들을 고려할 때 앤더슨의 견해는 몇 가지 점에서 뚜렷한 한계를 노출했다.

1) 스페인령 아메리카에서 사용된 나시온(nación)의 범주

앤더슨이 주목하는 스페인령 아메리카의 내셔널리즘의 형성 시기(대략 1760~1830년경)에 사용되었던 나시온은 다면적이고 다층적인 의미를 내포하고 있었다. 18세기 초에 발간된 사전(Real Academia Española 1726~1739)에서는 나시온을 엄밀한 의미에서 복합적인 행정적·정치적 단위(provincia, país, reino)의 주민 집단으로 규정하고 있다. 카스티야(Castilla)가 여러 개의 프로빈시아(provincia)와 파이스(país)를 포함하는 왕국이었던 것처럼,

누에바 에스파냐도 여러 개의 프로빈시아와 파이스를 포함하는 왕국이 었다. 따라서 나시온을 지칭할 때 누에바 에스파냐 왕국의 나시온일 수도 있고, 그 안에 속하는 파이스의 나시온일 수도 있으며, 또 다른 프로빈시아의 나시온일 수도 있다. 또한 나시오날(nacional)이라는 형용사는 '나시온에서 유래하는' 혹은 '나시온의 특성을 지니는'의 뜻을 가졌다. 따라서 크리오요는 스페인의 혈통을 가진 스페인 나시온이었다.

계몽군주 카를로스 3세의 부르봉 개혁으로 나시온의 의미는 더 애매해졌다. 카를로스 3세는 제국의 행정조직을 합리화하기 위한 방편으로 합스부르크 왕조 시절의 정치 이념을 바꾸었다. 합스부르크 왕조 시기에 여러 개의 왕국으로 이루어졌던 스페인 제국을 통합된 단일 제국으로 탈바꿈시키고자 한 것이다. 앤더슨이 언급한 것처럼, 18세기 말에 사용된 나시온은 아메리카인들을 차별했던 반도인들(peninsulares)에게 저항하기 위한 것이었다. 그러나 이와 동시에 나시온은 가계(家系)를 통해 나시온의 정체성을 확장하려는 의도를 가진 것으로 혈통(sangre)이나 카스트(casta)와 동일한 의미로 사용되었다. 이 때문에 나시온은 크리오요와 반도인 간의 차이를 의미했으며, 식민지 사회 내부에서는 계층 구분을 정당화하는 기능을 했다. 또한 스페인 왕에게는 나시온이 범제국적(panimperial) 정체성의 징표로 사용되었다(Lomnitz, 2010: 334). 이런 맥락에서 나시온은 적어도 네 가지의 의미 범주를 포함했다. ① 크리오요의 기원을 스페인과 동일시하기, ② 크리오요와 반도인을 구별짓기, ③ 크리오요와 나머지 카스트를 차별하기, ④ 범제국적인 통합적 정체성.

나시온은 '피(혈통)'와 '흙(故土, territorio)'이라는 본질적인 요소와도 관계되지만 정치적 요소인 주권과도 관련된다. 특히 스페인령 아메리카에서 나시온은 사법권(fuero)과 긴밀한 연관을 가졌다. 아메리카 정복 초기부터 스페인 왕은 스페인령 아메리카에 두 개의 공화국(스페인 공화국과 원주민 공화국)을 인정했다. 그리고 각기 다른 분리된 공동체인 두 개의 공화국에는 서로 침범할 수 없는 사법권이 적용되었다.10) 식민지 본국에는 그곳의 귀족들과 시민들에게 적용되는 사법권이 따로 존재했다. 이러한 주권의 형태는 절대왕정의 주권이나 민중의 주권과는 다른 제한된 형태의 주권으로 일종의 가부장적 권력(pater potestas)과 유사하다. 달리 말하자면 혈연적·문화적 요소(ethnos)와 계약적·정치적 요소(demos)가 혼합된 형태라고 말할 수 있다.11) 앤더슨은 네이션에 영토에 대한 국가의 주권 개념을 포함시켰지만, 스페인 왕국의 주권 개념은 통합된 제국의 영토에 대한 주권 개념과 혈통에 따른 주권 개념 사이에서 끊임없이 동요했기 때문이다. 이런 제한적 주권 개념은 스페인령 아메리카 독립 이후에도 여전히 지속되었다.

나시온의 다층적 의미와 관련된 또 다른 개념은 '조국(patria)'이다. 나시온=혈통이라는 도식을 통해 반도인으로부터 차별을 당했던 크리오요들은 나시온이라는 표현보다 '자신이 태어난 곳'을 가리키는 조국이라는 표현을 사용했다(이성훈, 2008: 111~112). 그러나 조국은 앤더슨이 지적

---

10) 스페인 왕은 형식적·법률적으로는 정복된 원주민들을 이방인이나 적으로 간주하지 않고 '자유롭고 스페인 사람들과 동등한' 신민(臣民)으로 인정했다. 각기 다른 분리된 공동체인 두 개의 공화국을 규정한 것은, 한편으로는 스페인 사람들이 원주민 세계의 나쁜 관습을 배우지 못하도록 하기 위한 것이었으며, 다른 한편으로는 원주민들을 효율적으로 감시하고 관리하기 위한 것이었다. 따라서 대도시의 외곽에 설치한 원주민 공화국은 일종의 '원주민 보호구역'이나 '수용소(cercados)'였다. 메스티소와 흑인은 두 개의 공화국에 거주할 수 없었고, 그 주변에 살았다.
11) 게라(François-Xavier Guerra)는 18세기 말~19세기 초의 나시온과 주권의 관계를 구체제(Ancien régime)와 근대 정치의 끊임없는 충돌로 설명한다(Guerra, 1993: 319~ 327). 에트노스와 데모스는 앞에서 언급한 에스니와 네이션의 대립항과 같다.

하는 것처럼 관료의 순례로 구분되는 단일한 영토적 경계를 의미하는 것이 아니다. 조국은 하나 이상의 나시온으로 이루어지는 영토적 공간이었다. 이것은 대부분의 스페인령 아메리카에 공통된 상황이었고, 따라서 스페인령 아메리카는 '복수의 나시온으로 이루어진 조국들(patrias plurinacionales)'로 인식되었다(Lomnitz, 2010: 335).12) 결국 스페인령 아메리카에는 '나시온 = 혈통'이라는 인식과 '나시온 = 조국'이라는 인식이 식민지 정복 이후부터 지속적으로 공존하고 있었으며, 이것은 '피'와 '흙'이라는 에스니의 문화적 요소와 네이션의 정치적·법적 요소가 독특하게 결합된 형태라고 말할 수 있다. 많은 연구서들이 지적하고 앤더슨이 강조했듯이, 사실상 나시온에 내재된 다층적 의미는 16세기 중반에 출현한 크리오요라는 역사적·사회적 구성체에 고스란히 구현되어 있었으며 식민 시기 내내 지속되어온 '스페인의 정체성(hispanidad)'이었다(Brading, 1991; Lafaye, 1985; Lavallé, 1993).

2) 나시온의 수직적 위계와 '뿌리 깊은 수평적 동료의식'

앤더슨은 근대적 상상의 정치적 공동체로서의 네이션을 가능하게 한 것은 '뿌리 깊은 수평적 동료의식'임을 강조한다. 그러나 스페인과 스페인령 아메리카에서 나시온이라는 개념은 근원적으로 혈통과 관련되어 있다. 앤더슨이 네이션과 유사하다고 언급한 가족공동체나 종교공동체처럼 나시온은 수직적 매듭(충성)과 수평적 매듭(평등)으로 짜인 사회적 그물망이었다. 나시온에 포함되면서도 나이와 성별, 신분과 인종에 따라

---

12) 이런 맥락에서 최근에 볼리비아와 에콰도르의 제헌헌법에 다국민성(plurinacionalidad)이 명시된 것은 대단히 시사적이다.

사회적 대표성을 가질 수 없었다. 앤더슨의 강조하는 수평적 동료의식보다 훨씬 강한 것은 수직적 위계질서가 적용되는 동업조합의 성격을 띠는 개별적 공동체들 ─ 원주민 공동체, 아시엔다, 길드(gremio) 등 ─ 이었다. 앤더슨이 강조하는 심오한 수평적 동료의식은 스페인령 아메리카의 내셔널리즘의 탄생을 가능하게 했던 크리오요에게만 적용될 수 있다.

(스페인령 아메리카에서) 하위계층을 "정치적 삶 속으로 유도하려고" 노력하기는커녕 베네수엘라, 멕시코, 페루의 경우에 스페인으로부터 독립운동을 처음 일으킨 중요한 요인 중 하나는 '하위계층'의 정치적 동원력에 대한 두려움이었다. 즉, 인디언이나 흑인 노예들의 봉기에 대한 두려움이었다.…… 1789년 마드리드 정부가 주인과 노예의 권리와 의무를 자세히 지정하는 더 인간적인 새로운 노예법을 제정했을 때 "크리오요들은 노예들이 악과 독립(!)으로 흐르는 경향이 있으며, 그들이 경제에 필수불가결하다는 이유로 스페인 정부의 간섭을 거부했다. 베네수엘라에서 ─ 사실 스페인령 카리브 지역의 거의 모든 곳에서 ─ 농장주들은 새 노예법에 대해 저항했고 1794년에 법의 폐지를 얻어낼 수 있었다." 해방자 볼리바르 자신도 한때 흑인 반란은 "스페인의 침공보다 천 배나 나쁘다"라는 견해를 가졌다(78~79).

위의 인용문에서 볼 수 있는 것처럼, 앤더슨은 앞에서 언급한 '공통의 기원'으로서의 동지애와 '공통의 운명'으로서의 동지애를 혼동하고 있다. 앤더슨이 의미하는 '공통의 운명'으로서의 동지애는 크리오요 공동체라는 매우 협소한 범주에만 적용되기 때문이다. 앤더슨은 협소한 범주의 크리오요 공동체를 "동료 네이션(fellow nationals)"으로 부른다(80). 이 때문에 앤더슨은 네이션을 공동체로 상상하게 만드는 심오한 수평적 동료의식이 '실질적인 불평등과 수탈'을 토대로 하고 있다는 사실을 인정하면서도 대수롭지 않게 넘긴다. 앤더슨은 식민지 본국에 대한 저항이 다른 형태가 아닌 복수적이고 내셔널리즘적인 형태를 띠게 되었다는 점을 지나치게 강조하는 반면에, 경제적 이해관계를 등한시할 뿐만 아니라, 구체제를 비판할 수 있는 이념적 무기를 제공한 자유주의와 계몽주의의 영향력도 무시한다. 이런 맥락에서 그가 자신의 주장을 뒷받침하기 위해 암시하는 것은 '상상의 시민(들)'이다.13) 상상의 시민이란 공적 부르주아지 영역과 관계된 이상화된 사적 시민이다. 그러나 스페인령 아메리카의 나시온에는 이제 막 구체화되기 시작한 국민국가, 구체제로부터 지속되어온 동업조합, 이념으로만 받아들인 시민이 중층적이고 복합적으로 얽혀 있었다.

3) 종교적 내셔널리즘과 식민화(인종주의)

내셔널리즘의 기원에 대한 앤더슨의 설명의 기본적인 오류는 세속화와 관련되어 있다. 앞에서 언급했던 것처럼 앤더슨은 내셔널리즘이 종교의 보편주의를 문화적으로 계승한 것이라고 생각했다. 내셔널리즘은 가

---

13) '상상의 시민(들)'은 에스칼란테(Escalante, 1992)에서 빌려 왔다. 이 책에서 저자는 19세기 멕시코의 공적 행동(도덕)에 대한 분석을 통해 독립 이후 멕시코의 사회 구조를 묘사하고 있다. 독립된 국민국가라는 공적 영역에 응상한 나양한 사회적 행위자들을 분석하는 과정에서 저자는 이상적 시민상과 부딪히는 구체제적 관습을 부각시킨다. 예를 들어 제1장에서 그 당시 사회적 비중이 가장 컸던 농민들을 분석하는데, 농민들은 국가에 대해 적대적인 태도를 보였고 적극적으로 스스로의 자율성을 유지하려는 모습을 보였음을 강조한다. "농민들은 대농장주(hacendados)나 지방의 수령들(caciques)과 상호관계를 유지하면서 개인적인 유대를 모색하고 선호했다. 반면에 농민들에게 국가는 보호자가 아니라 위협이었다"(61).

톨릭이라는 유일 종교 공동체가 해체되면서 성립한 특수한 종류의 문화적 작위라고 생각했기 때문이다.

16세기에 그때까지 희미하게 소문으로만 알려진 중국, 동남아, 그리고 인도 대륙 같은 웅대한 문명들과 전혀 알려지지 않았던 아스테카인들의 멕시코, 잉카인들의 페루 문명을 유럽인이 발견했다. 이는 부정할 수 없는 인간의 **다원성**을 시사해주었다. 이 문명들의 대부분은 유럽, 기독교 세계, 고대 등 지금까지 서구에 알려진 인간의 역사와는 별개로 발전해왔다. 즉, 그들의 족보는 에덴동산의 주민들의 족보와는 달랐다(동질적이고 공허한 시간만이 그들을 수용할 수 있었다)(101. 강조는 필자의 것이며 번역은 약간 수정했음).

스페인의 내셔널리즘의 형성은 앤더슨의 주장했던 세속화와는 반대 방향으로 진행되었다. 스페인의 초기 내셔널리즘은 유럽의 다른 왕국들과는 달리 가톨릭을 앞세운 보편 왕국의 건설사업과 관련이 있다. 스페인의 국토회복전쟁(Reconquista)과 그 뒤에 진행된 아프리카와 아메리카로의 확장은 앤더슨이 언급한 '에덴'과 관련된 종교적 과업이었다. 잘 알려진 것처럼 콜럼버스와 그의 뒤를 이은 탐험가들은 신세계를 에덴동산이거나 성경에 나오는 장소라고 믿었고, 정복자들과 동행한 초기 프란시스코 교단의 선교사들도 정복은 이교도의 땅에 진정한 신앙을 전파하기 위해 스페인 왕에게 내려진 은총이라고 생각했다.

16세기 후반 정복의 열기가 사그라지면서 복음화는 기독교 종말론으로 바뀌었다. 원주민 지식인이었던 구아만 포마 데 아얄라(Felipe Guamán Poma de Ayala)와 멕시코의 크리오요 애국주의자였던 시구엔사 이 공고라(Carlos de Sigüenza y Góngora)는 스페인 사람들이 도착하기 전에 아스테카와 잉카의 원주민들에게 복음이 전파되었으며 악마의 훼방으로 진정한 신앙으로부터 멀어졌다가 신앙을 잃지 않고 있던 원주민들과 스페인 사람들의 동맹으로 다시 가톨릭 신앙이 회복되었다고 설파했다. 같은 혈통이면서도 출생지가 다르다는 이유 때문에 차별을 당한 크리오요에게 스페인령 아메리카는 단순히 문화적 공동체로서의 조국이 아니라 종교적으로 선택받은 땅이었다. 크리오요들에게도 종교적 내셔널리즘이 강하게 작용하고 있었기 때문이다(Lafaye, 1985: 112~122; Brading, 1991: 365~366).

가톨릭교회는 또 다른 측면에서 스페인과 스페인령 아메리카의 네이션 형성에 막대한 영향을 미쳤는데, 그것은 '피의 순수성(limpieza de sangre)'이었다. 국토회복전쟁을 계기로 구교도에게 주어졌던 순혈(純血) 증명서는 관직에 임명되거나 교단에 가입하고 길드에 참여하기 위한 필수적인 조건이었다. 순혈 증명서가 '스페인 사람'이라는 것을 증명한 것이 아니라 '구교도'라는 것을 증명하는 것일지라도, 순혈 증명서를 소지한 사람들이 국가의 특권적 위치를 차지하는 혈통과 신앙 공동체를 구성했다.

앤더슨은 네이션을 문화적 측면으로 바라보려고 했기 때문에 생물학적 측면인 인종과 구별했고, 내셔널리즘과 인종주의는 상반된 이데올로기라고 주장했다(193~194). 그러나 '피의 순수성'을 바탕으로 한 종교적 내셔널리즘은 아메리카에서 인종주의의 양상으로 나타났다. 스페인 당국은 정치적 영역에서뿐만 아니라 도덕적이고 종교적인 영역에서도 나머지 인종들인 원주민과 흑인, 메스티소와 물라토에 대한 보호자의 권한을 행사했다. 아메리카의 식민화 과정의 초기에 등장한 '스페인적인 것(lo español)'은 스페인 사람이 정신적·사회적·군사적으로 최상위의 위치를 차지할 수 있는 법적인 근거가 되었다. '스페인-됨(hispanidad)'이란 개념은 공식적이고 법률적으로 혈통의 문제였기 때문에 크리오요도 포함되었지만 16세기 중반 이후에는 크리오요조차도 반도인과 차별되었다.

앤더슨이 스페인령 아메리카 내셔널리즘의 형성과 연관이 없다고 주장한 언어도 종교적 내셔널리즘의 중요한 요소였다. 다시 말해 스페인어는 이념적·정치적으로 중요한 '네이션의 활자언어(national print-language)'일 뿐만 아니라 신에게 가장 가깝게 있는 언어였다. 이런 맥락에서 언어는 스페인의 종교 내셔널리즘의 핵심적 요소였다.

4) 자본주의 세계체제와 정치적 내셔널리즘

스페인령 아메리카의 초기 내셔널리즘은 앤더슨의 주장처럼 크리오요 애국주의에 기원을 두기보다는 가톨릭 신앙과 관련된 종교적 내셔널리즘에 기원을 둔다. 스페인의 정체성은 교회와의 특권적 친연관계로부터 출발했다. 스페인 사람들은 스스로를 선민(選民)이며 진정한 신앙의 파수꾼으로 여겼고 스페인어는 신과 소통하는 수단이었다. 한마디로 종교적 호전성은 스페인의 정체성을 구성하는 핵이었다. 스페인의 종교적 내셔널리즘에는 동질적이고 공허한 시간 속에서 차이와 이질성이 존재한다는 상대주의가 자리 잡을 여지가 없었다. 신대륙의 발견은 세속적 역사로의 진입이 아니라 기독교 종말론으로 연결되었다. 역사의 끝에는 여전히 에덴이 자리 잡고 있었다.

스페인의 종교적 내셔널리즘이 약화되고 근대적 내셔널리즘의 문턱을 넘어서게 된 것은 스페인이 자본주의 세계체제에 본격적으로 편입되면서부터였다. 자본주의의 각축장에서 스페인은 주변의 경쟁자들에게 급속히 밀려났다. 이러한 상황으로부터 벗어나기 위한 해결책은 지역적 격차를 줄이고 정치를 개혁하는 것이었다. 이 때문에 아메리카에서뿐만 아니라 세계적으로 진정한 신앙의 파수꾼임을 자임하던 종교적 내셔널리즘은 심각한 변화의 소용돌이로 휘말려 들었고, 한정된 영토에 귀속된 주민을 체계화된 행정체계를 통해 평등성을 강화하는 쪽으로 나시온을 규정하기 시작했다.14) 자본주의가 몰고 온 세속적 변화는 인쇄자본주의의 도래 이전에 '동질적이고 공허한 시간'을 충분히 체감하도록 만들었다.15) 앤더슨을 비롯한 근대주의적 내셔널리즘 연구자들의 공통적인 오류는 자본주의 세계체제의 시작을 근대 내셔널리즘이 태동되었다고 생각한 18세기 말이라고 본다는 점이다. 그러나 자본주의는 스페인이 아메리카를 정복하고 식민화했던 16세기 초부터 식민 시기 전체를 관통하는

---

14) 이 당시 스페인의 상황을 한눈에 보여주는 것은 엘 그레코의 <오르가스 백작의 매장>(1586년)일 것이다. 푸엔테스는 이 시기를 다음과 같이 묘사한다. "공식적으로 그 세계는 질서 있는 세계, 즉 공간, 의미, 그리고 조화와 관련된 중세적인 인식의 연장선상에 있었다. 그러나 현실적으로 그 세계는 새로운 유럽 — 종교적 통합이 붕괴되고, 각 사회계층의 사람들이 종래의 구속으로부터 도망쳐서 정당한 장소를 획득하기 위하여 과감히 싸우고, 모든 경제적 위험을 무릅쓰고 중상주의의 모험에 대담하게 참여하여 광범위한 보상을 획득하고, 모든 것이 유동적으로서 경계선을 허물면서 역사의 한 장을 위해서 여러 가지 언어와 이미지들이 창조되었던 사회 — 의 사회적·경제적·정치적 질서에 입각해 있었다. 스페인 역시 이런 거대한 변화의 흐름으로부터 완전히 고립될 수는 없었다. 그러나 스페인은 당연하지만 가톨릭의 통일 — 불행하게도 그것은 환영에 지나지 않았지만 — 을 재건하겠다는 신념하에 가능한 한 외부세계의 무질서에 저항했다"(Fuente, 1992: 182).

15) 앞에서 언급한 것처럼, 앤더슨은 발터 벤야민의 역사에 대한 테제에 등장하는 '동질적이고 공허한 시간'을 차용하여 소설과 신문의 독자와 그 신문과 소설에 나오는 인물들이 어떻게 하나의 공동체가 되는지를 설명한다. 동일한 공간과 시간에서 서로 모르는 인물들이 별개의 행동을 하는 것을 인식하는 소설과 신문의 독자들은 상상의 공동체를 머리에 그리게 된다는 것이다. 또한 소설과 신문은 일정한 지역을 대상으로 그 지역의 언어를 해독할 수 있는 독자를 대상으로 한다는 점에서도 상상의 공동체의 또 다른 특성을 보여준다.

시대적 흐름이었다.

스페인에서 인쇄술이 산업화되기 전에 세속화된 시간이 먼저 빠르게 침투한 분야는 정부의 정책문서였고 스페인의 엘리트와 크리오요 엘리트들도 이러한 문서들을 충분히 접하고 있었다. 행정을 간소화하고, 노동력을 훈련시키며, 세율을 합리화하고, 운송체계를 개선하기 위한 계획과 프로그램들이 논의되었고 선포되었다. 이것은 스페인 당국이 유럽의 경쟁상대국에서 진행되고 있는 상황을 알고 있었기 때문이다(Lomnitz, 2010: 352).

스페인이 경제적·행정적 개혁 프로그램을 실시한 것은 국가 간 경쟁에서 스페인이 상대적으로 밀려나고 있다는 것을 인식했기 때문이다. 이것은 **시간을 상상하는** 방식이 확연히 달라졌다는 것을 뜻한다. 스페인의 엘리트들은 자본주의 세계체제로 편입되면서부터 이러한 시간 개념을 인식하기 시작했지만, 그 자체로 내셔널리즘의 등장을 설명할 수는 없다. 앤더슨이 강조하는 근대적 시간 개념보다 스페인 엘리트들을 자극한 것은 프랑스와 다른 유럽 국가들의 계몽주의 지식인들의 애국주의(patriotismo)였다. 스페인이 받아들인 계몽주의가 정치적 특색을 강하게 띠게 된 것은 유럽 계몽주의 지식인들의 애국주 때문이었다. 스페인은 과거의 정치적 위상과 경제적 영광을 재건하기를 원했다. 애국주의적 열망이 새롭게 점화된 것은 18세기 부르봉 개혁이었다. 부르봉 개혁은 정복 시기부터 발전되어왔던 애국주의적인 국민 의식을 고취했다. 부르봉 개혁과 내셔널리즘의 상관관계에서 눈에 띄는 것은 스페인을 제한된 의미의 고토로, 스페인 사람을 제한된 의미의 네이션으로 확실하게 규정했다는 점이다. 그리고 카를로스 3세는 인디아스(Indias, 스페인령 아메리카)를 스페인의 영토에 포함시켰으며, 이는 스페인의 네이션에 포함된다는 의미를 함축했다(Lynch, 1973: 5~7).

5) 부르봉 개혁과 크리오요 애국주의 — 문화적 정체성에서 정치적 정체성으로

부르봉 개혁의 정점은 스페인과 스페인의 식민지를 폐쇄적 경제 공간으로 지정하는 조치였다. 행정구역은 그 이전보다 더 제한되었고, 금융정책과 경제정책에 더 적극적으로 개입했으며, 행정과 군사의 분권을 실시했다. 이러한 조치는 스페인과 스페인령 아메리카의 엄격한 유기적 통일을 위한 것이었고, 이러한 제국적 통합은 '통합된 국민체(cuerpo unido de nación)'를 확보하려는 것이었다. 카를로스 3세의 행정조직 개편은 "거의 3세기 동안이나 고요히 존재해왔던 스페인령 아메리카 대륙이 갑자기 18개의 독립국으로 나누어졌는가?"(81)라는 앤더슨의 질문에 대한 설득력 있는 대답을 제시한다. 다시 말해 앤더슨이 제시한 크리오요 내셔널리즘을 가능하게 하는 두 개의 조건, 즉 '정서적으로 소통 가능하고, 정치적으로 자생할 수 있는' 조건 중에서 후자에 해당하는 '정치적으로 자생할 수 있는' 조건은 카를로스 3세의 분권형 행정조직 개편이었다. 행정의 분권화는 크리오요의 세력을 분산시켜 제국의 통치력을 강화하기 위한 중요한 전략이었다.

부르봉 개혁은 밀접히 연관된 두 개의 모순적 경향을 내포한다. 하나는 하나로 통합된 위대한 스페인을 만드는 것이다. 위대한 스페인은 스페인과 스페인령 아메리카를 통합하고, 다양한 인종적 차이를 없애고 내적으로 동질화된 개념인 '왕의 신하(súbditos)'로 만드는 것이다. 신민(臣民)화 정책은 혼혈이 진행되면서 경계가 흐려진 인종적 위계를 스페인의 나시온으로 포함시키는 인종 융합 정책이었다. 신민화 정책은 특히 경제적으로 발전된 도시 지역에서 빠르게 진행되었고 18세기 말 센서스에는 혼혈을 가리키는 일반적 용어인 '카스타스(castas)'가 등장했다(Lockhart, 1984: 295~298). 이런 맥락에서 "앞으로 원주민들(aborígenes)을 인디언이나 토착인(nativos)이라고 불러서는 안 된다. 그들은 페루의 자녀들이자 시민들이다. 그들은 페루인으로 알려질 것이다"(80)라는 산 마르틴의 선포는 크리오요의 의도라기보다는 부르봉 개혁의 결과로 보는 것이 옳다.

다른 하나는 독립된 행정 단위의 강화다. 독립된 행정 단위의 강화는 정치적으로 자생할 수 있는 토대를 만드는 것으로 여기에는 독자적인 금융체제와 상비군의 유지가 포함되었다. 부왕령과 인텐덴시아(intendencias), 그 밖의 정치조직의 행정 개혁을 강화한 것은, 앤더슨이 추정한 것처럼 크리오요들을 독립된 행정 단위에 고립시키려는 목적보다는 제국의 통합성을 강화하고 각 정치조직이 스스로 정치적 위기를 극복하도록 하려는 목적이었다. 한때 해상을 장악했던 스페인 무적함대가 무력해지면서 식민지가 행정적이고 군사적인 면에서 자율성을 갖는 것이 제국을 방어하는 데 도움이 되었기 때문이다.

16세기 중반 이후 역사적·사회적 구성체로 등장한 크리오요가 정체성을 긍정하는 방식은 문화적이었다. 부르봉 개혁은 크리오요의 문화적 정체성이 정치적 정체성으로 전환하는 결정적 계기가 되었다. 독립 이전까지 크리오요들은 스페인으로부터 분리나 정치적 독립을 시도하지 않았다.

조국(patria)에 대한 크리오요의 귀속 의식을 분리주의적 요구나 내셔널리스트적 열망과 혼동해서는 안 된다. 그것은 단지 크리오요 엘리트들이 자신의 소유로 주장하는 지역관료의 특권에 대한 과거의 귀족적인 권리를 가리키는 것이었고 보편 군주제와 완벽하게 양립했다. 식민지 엘리트들의 문학과 문화에 반영된 크리오요 애국주의는 스페인 사람이면서 동시에 아메리카 사람임을 느끼고 있던 백인들이 직면했던 딜레마를 해결하려는 문화적 노력이었다. 다시 말해, 크리오요 애국주의는 유럽의 문명세계와 신세계의 야만주의를 화해시킴으로써 자신들의 정체성을 찾기 위한 편력 이었다. 그러나 17세기 말까지 정치적으로 뚜렷하게 동등한 위치를 요구하 지는 않았다(McFarlane, 1998: 315).

앞에서 언급한 것처럼, 크리오요의 이중적 정체성은 나시온 = 조국(흙) 이며 나시온 = 혈통(피)이라는 인식에서 비롯되었다. 그들이 조국으로서 의 나시온을 강조하는 경우에도 동일한 혈통으로 이어진 스페인 왕국과 무관하다고 생각한 적은 결코 없었고 정치적 독립을 요구하지도 않았다. 결국, 부르봉 개혁은 스페인령 아메리카가 '피'와 '흙'이라는 문화적 차 원에서 정치적·법적 차원으로 이행을 가져왔다고 말할 수 있다. 통합된 제국과 지역주의, 크리오요의 문화적 정체성과 정치적 정체성에서 드러 나는 근본적인 이중성(fundamental dualism)은 스페인과 스페인령 아메리카 내셔널리즘의 독특한 현상이었다(앤더슨, 2002: 95; McFarlane, 1998: 311~320; Lomnitz, 2010: 356~358).

6) 스페인령 아메리카의 독립과 근대적 내셔널리즘

스페인령 아메리카의 독립은 내셔널리즘과 내셔널리즘의 갈등이 부각 되는 역사적 사건이었다.16) 더 정확히 말하면, 나시온의 재구성으로서의

---

16) 이하에서는 필요한 경우 네이션을 국민으로, 내셔널리즘을 국민주의로 옮김.

국민주의와 정치적 프로그램으로서의 국민주의의 충돌이었다.17) 독립은 중층적이고 복합적인 모순들이 한꺼번에 드러나는 사회변동을 통해 초기 국민국가를 형성하는 과정이었으며 이데올로기적 전환이었다. 사회변동과 이데올로기적 전환의 핵심에는 '누가 국민이고, 누가 이방인인가?'라는 문제가 자리 잡고 있었다. 이러한 문제의 밑바탕에는 식민 시기부터 지속되어온 종교와 국민성(nationalidad)의 관계, 인종과 국민(나시온)의 관계가 얽혀 있었으며, 여기에 새롭게 시민권(ciudadanía)의 개념이 첨가되었다.

앤더슨은 톰 네언의 『영국의 해체(The Break-up of Britain)』를 인용하면서 근대적 의미에서의 내셔널리즘은 사회적 하위 계층의 정치적 세례와 연결되어 있으며, 내셔널리즘 운동이 간혹 민주주의에 적대적이긴 했지만 근본적으로는 한결같이 대중주의를 따랐고 하위 계층을 정치적 삶 속으로 유도했다는 견해를 피력했다(78). 그러나 스페인령 아메리카에서는 부르봉 개혁의 신민화 정책으로 크리오요와 하위 계층이 적대적이었으며, 이 때문에 독립 전쟁에서 하위 계층이 스페인 정부군의 편에 섰다는 점을 지적한다.

마드리드 정부가 1814~1816년 사이에 베네수엘라 복귀에 성공하고 1820년까지 키토(Quito)를 장악할 수 있었던 이유 중 하나는 반란을 일으킨 크리오요에 대항하는 투쟁에서 베네수엘라의 경우에는 노예들의 지지를,

---

17) 홉스봄의 저서 『1780년 이후의 네이션과 내셔널리즘(Nations and Nationalism Since 1780)』(1990)의 부제는 프로그램, 신화, 리얼리티(Programme, Myth, Reality)이다. 홉스봄은 이 책에서 근대의 교의(教義)로 등장한 네이션과 내셔널리즘이 프로그램이면서 동시에 신화이고 현실의 여러 가지의 모습을 가진 것으로 분석하고 있다.

키토의 경우에는 인디언들의 지지를 얻었기 때문이라는 것은 교훈적이다. 더욱이 그 당시 스페인은 유럽의 이류세력으로 전락했고 다른 나라로부터 침략까지 당하고 있던 때였다. 이러한 스페인에 대항한 투쟁이 오래 지속되었다는 것은 라틴아메리카 독립운동에 대한 '사회적 지지층이 얇았음'을 시사한다. 그럼에도 그것들은 **국민독립운동들이었다**(79~80).

하지만 앤더슨이 생각했던 것과는 달리 크리오요 애국주의에는 여러 가지 요인이 중첩되어 있다. 가령 합스부르크 왕조로부터 내려온 스페인의 정치철학에 뿌리를 둔 크리오요 애국주의에는 종교와 민중주권이 혼합되어 있었다. 다시 말해 신은 민중에게 주권을 주었고 민중은 왕에게 주권을 양도한 것이다. 이 때문에 멕시코의 독립을 선언했던 미겔 이달고(Miguel Hidalgo) 신부와 모렐레스 신부가 신앙을 위해서 싸웠다는 것은 놀랄 일이 아니다.

왕이 궐위(闕位)되었을 때 주권은 오직 국민(nación)에게 있음을 명심해야 한다. 모든 국민은 자유로우며, 정부를 구성할 권한이 있고, 누구의 노예도 아님을 명심해야 한다. 또한 우리는 우리의 투쟁이 신성한 종교를 지키고 보호하기 위한 것이 아니라, 우리 자신의 권리를 지키고 보호하기 위한 이단적 행동과는 거리가 멀다는 것을 명심해야 한다. 우리의 투쟁은 우리 이미니 동정녀 마리아에 대한 숭배를 널리 알리는 것임을 명심해야 한다 (Morelos, 1965: 199. Lomnitz, 2010: 359에서 재인용).

모렐레스와 이달고는 자신들이 스페인에 반대해 투쟁하는 것은 스페인이 가톨릭의 진정한 임무를 저버리고 아메리카 민중을 착취하는 구실로 신앙을 이용했기 때문이라고 주장했다. 그러나 모랄레스와 이달고의 독립운동은 지속되지 못하고 실패로 끝났다. 민중 주권을 주장했던 모랄레스의 봉기가 실패한 것은 앤더슨이 언급한 것처럼 하위 계층의 지지층이 얇았기 때문은 아니었다. 더 근본적인 이유는 신앙에 근거해 주권재민을 외쳤던 모렐레스와 이달고의 선언은 엘리트 계층을 새로운 국민으로 규합하지 못했기 때문이다(최해성, 2013: 319). 하위 계층의 민중에게 모랄레스의 이데올로기는 **국민주의**가 아니라 국민주의로 이해되었고, 엘리트 계층에게는 정치적 위협으로 인식되었다. 이 때문에 대부분의 엘리트 분파들은 크리오요 출신의 군인이었던 이투르비데(Agustín Iturbide)가 제시한 정치적 프로그램(El Plan de Iguala)에 동의했고 그와 동맹을 맺는 쪽을 선택했다. 이구알라 계획은 '종교, 통합, 독립'이라는 세 가지 원칙의 국민주의를 내세워 크리오요, 민중, 반도인을 국민으로 포섭했다. 모랄레스의 민중 주권이 하위 계층을 포함하는 **국민주의**로 구체화된 것은 모랄레스를 추종했던 급진적 민중주의자들(los radicales populares)이 등장한 1820년대였다. 급진적 민중주의자들은 세금을 줄이고 선거권 확대를 주장했으며, 주민들의 토지를 지키기 위해서 행정구역을 축소시키고 반(反)스페인 정서를 부추겼다. 더 나아가 미국의 모델을 모방하여 자유주의 체제를 수용하려고 시도했다.

이처럼 초기 독립운동 시기의 스페인령 아메리카의 국민주의는 '누가 국민인가?'라는 핵심적인 문제를 둘러싸고 요동쳤다. 이 과정에서 정치적 이데올로기와 결합한 국민주의는 폭력이 되었다. 그곳에는 앤더슨이 주장한 '뿌리 깊은 수평적 동료의식'과 '희생'을 바탕으로 하는 상상의 공동체는 존재하지 않았다. 독립운동의 소용돌이 속에 있었던 아메리카의 국민주의는 국민주의를 만들어가는 정치적 조건과 밀접한 관련이 있다. 그 정치적 조건이란 외적으로는 자본주의 세계체제라는 국제질서였고, 내적으로는 국민주의를 선도하는 지배계급의 부재였다.[18]

4. 나가는 말 — 『상상의 공동체』 그리고 그 너머

『상상의 공동체』는 문화적·역사적 내셔널리즘과 정치적·이데올로기적 내셔널리즘의 경계를 이룬다. 또한 『상상의 공동체』는 한편으로는 내셔널리즘이 전근대적 종교의 보편주의를 계승했다는 점에서 내셔널리즘을 근대의 문화적 작위(作爲)로 인식하면서, 다른 한편으로는 '인간은 어떻게 공동체를 이루는가?'라는 질문에 대답하려고 한다는 점에서 '근대적 네이션 이전(pre-nacional)'으로 시선을 돌린다. 『상상의 공동체』에 대한 비판은 이러한 간극에서 발생한다.19) 그러나 이러한 간극에서 발생하는 애매성(ambiguity)은 비판의 대상으로서 폐기되어야 할 부분이 아니라 네이션과 내셔널리즘을 새롭게 성찰할 수 있는 가능성을 제공한다.

앤더슨이 지적한 것처럼 내셔널리즘 연구를 괴롭히는 고르디우스의 매듭은 내셔널리즘 연구를 이분법적 진영 — 원초주의와 근대주의, 보편성과 특수성, 정치적 측면과 문화적 측면 — 으로 나누었다. 이분법적 분리의 최종적 결과는 '좋은' 내셔널리즘과 '나쁜' 내셔널리즘이다. 이런 인식은 내셔널리즘을 실체적인 존재로 몰고 가며, 실체적인 내셔널리즘이 구체화되는 맥락은 국가제도가 된다. 이러한 문제를 해결하기 위해서는 내셔널리즘이 긍정적이냐 부정적이냐는 이분법적 시각을 벗어나 네이션의 구성 자체가 모순적 복합체라는 사실로 인식을 전환하는 것이다. 내셔널리즘의 문화적 층위는 곧 내셔널리즘의 역사다. 다시 말해 네이션의

---

18) 독립운동 시기의 스페인령 아메리카는 국민적 지배계급의 역할을 담당할 크리오요 부르주아지가 존재하지 않았고, 지역 경제는 내적으로 원활하게 교류하지 못했으며, 내서양 교역을 장악한 것은 반도인들이었다. 거기다 아메리카의 주된 상품이었던 광업은 외국자본을 필요로 했다.
19) 이러한 간극에서 발생하는 모순에 대해서는 고부응(2005)을 참조할 것.

형성과 변환, 해체와 재구성의 역사다. 내셔널리즘은 네이션을 구성하는 작은 공동체에 관련된 정책으로부터 국가적 차원까지 아우른다. 따라서 내셔널리즘을 다차원적으로 분석하는 것은 상상의 공동체로서의 네이션의 문화적 특성을 이해하기 위한 필수적 작업이다.

스페인과 스페인령 아메리카의 경우는 네이션과 내셔널리즘의 다차원성을 드러내 보여주는 구체적인 역사적 현실태이다. 스페인의 초기 나시온의 형성은 근대적 세속화와는 반대로 가톨릭의 전유(apropiación)를 통해 진행되었으며, 스페인어는 네이션을 구성하는 활자어가 아니라 라틴어의 계보를 잇는 신과 소통하는 언어로 생각되었다. 구교도의 혈통을 의미하는 인종(raza) 개념은 국토회복전쟁으로부터 스페인의 나시온 형성에 결정적인 역할을 했고, 스페인령 아메리카에서는 관료제도와 연결되면서 효율적인 지배 수단이 되었다. 또한 16세기 중반 이후 자본주의 세계체제로 편입된 스페인 제국의 쇠퇴는 인쇄자본주의보다 훨씬 먼저 '스페인'의 영토와 '스페인 사람'의 국민-됨(nation-hood/nationality)을 일깨우는 계기가 되었다. 보편적 제국의 건설과 분권화된 지역 정치라는 두 가지 모순적 경향의 공존은 스페인과 스페인령 아메리카의 내셔널리즘의 이중성을 보여준다. 스페인령 아메리카의 독립은 문화적 내셔널리즘(국민주의) 운동의 결과가 아니라 스페인 제국의 쇠퇴가 가져온 결과였다. 다시 말하자면, 독립 이후 아메리카의 내셔널리즘은 독립의 선행 조건이 아니라 독립의 결과였다.

앤더슨은 『상상의 공동체』에서 "그렇게 오랫동안 예언된 내셔널리즘의 종말은 요원하고, 네이션-됨(nation-ness)이 우리 시대 정치생활에 가장 보편적이고 정당한 가치"(21)라고 말했다. 그러나 『상상의 공동체』에 대한 비판적 검토를 통해 살펴본 것처럼 네이션과 내셔널리즘은 단일한 이데올로기나 상상계가 아니라 중층적이고 복합적인 현실이다. 근대주의적 내셔널리즘 연구에서 라틴아메리카가 예외적인 경우로 취급되었던 것은 이런 맥락이다. 근대주의적 내셔널리즘 연구에서 누락되거나 예외적으로 취급되었던 스페인과 식민지 아메리카의 네이션과 내셔널리즘에 연구는 복합적 모순체로서의 네이션과 내셔널리즘에 새롭게 접근하는 계기가 될 것이다.

참고문헌

고부응. 2005. 「균열된 상상의 공동체: 베네딕트 앤더슨의 민족과 민족주의 이론」. ≪비평과 이론≫, 10-1호, 59~82쪽.

김은중. 2009. 「유럽중심적 근대성을 넘어서: 권력의 식민성과 경계 사유」. ≪이베로아메리카≫, 11-1호, 1~38쪽.

발리바르, 에티엔. 2010. 『우리 유럽의 시민들(Nous, Citoyens D'Eurpe? Les frontières, l'État, le peuple)』. 진태원 옮김. 후마니타스.

배성준. 2013. 「국민주의와 인종주의: 국민주의는 어떻게 작동하는가?」 ≪역사비평≫, 104호, 348~386쪽.

앤더슨, 베네딕트. 2002. 『상상의 공동체(Imagined Communities: Reflections on the Origin and Spread of Nationalism)』. 윤명숙 옮김. 나남.

이성훈. 2008. 「라틴아메리카 국민국가와 정체성 형성과정 연구 시론」. ≪이베로아메리카연구≫, 19-1호, 103~123쪽.

이태훈. 2012. 「민족 개념의 역사적 전개 과정과 그것이 의미하는 것」. ≪역사비평≫, 98호, 248~268쪽.

장문석. 2011. 『민족주의』. 책세상.

_____. 2012. 「내셔널리즘의 딜레마」. ≪역사비평≫, 99호, 194~219쪽.

진태원. 2011. 「어떤 상상의 공동체? 민족, 국민 그리고 그 너머」. ≪역사비평≫, 96호, 169~201쪽.

최해성. 2013. 「카디스헌법(1812)의 횡대서양적 의미: 누에바 에스파냐의 수용과 독립을 중심으로」. ≪스페인어문학≫, 67호, 315~336쪽.

Brading, David A. 1991. *The First America: The Spanish monarchy, Creole patriots, and the Liberal state 1492~1867*. Cambridge: Cambridge University Press.

Calhoun, Craig. 1993. "Nationalism and Ethnicity." *Annual Review of Sociology*, Vol. 19, pp. 211~239.

Castro-Klarén, Sara and John Charles Chasteen(eds.). 2003. *Beyond Imagined Communities: Reading and Writing the Nation in Nineteenth-Century Latin*

America. Washington D. C.: Woodrow Wilson Center Press.

Centeno, Miguel Angel. 2002. *Blood and Debt: War and the Nation-State in Latin America*. University Park: Pennsylvania State University Press.

Chiaramonte, Josè Carlos. 2012. *Nation and State in Latin America: Political Language during Independence*. New Brunswick: Transaction Publishers.

Connor, Walker. 1994. *Ethnonationalism: The Quest for Understanding*. Princeton: Princeton University Press.

Dussel, Enrique. 1993. "Eurocentrism and Modernity(Introduction to the Frankfurt Lectures)." in John-Beverly & José Oviedo(eds.). *The Postmodernism Debate in Latin America*. Durham: Duke University Press, PP. 65~76.

Escalante, Fernando Gonzalbo. 1992. *Ciudadanos imaginarios*. México: Colegio de México.

Febvre, Lucien and Henri-Jean Martin. 1976. *The Coming of the Book: The Impact of Printing(1450~1800)*, London: New Left Books.

Fuente, Carlos. 1992. *El espejo enterrado*. México: Fondo de Cultura Económica.

Gellner, Ernest. 1964. *Thought and Change*. Chicago: University of Chicago Press.

_____. 1983. *Nation and Nationalism*. Oxford: Basil Blackwell.

Guerra, François-Xavier. 1993. *Modernidad e independencias: Ensayos sobre las revoluciones hispánicas*. México: Fondo de Cultura Económica.

Hobsbawm, Eic J. 1990. *Nations and Nationalism Since 1780: Progrmme, Myth, Reality*. Cambridge: Cambridge University Press.

Hobsbawm, Eic J. and Terence Ranger. 1983. *The Invention of Tradition*. Cambridge: Cambridge University Press.

Lafaye, Jacque. 1985. *Quetzalcóatl y Guadalupe*. 2ª ed., México: Fondo de Cultura Económica.

Lavallé, Bernard. 1993. *Las promesas ambiguas: ensayos sobre criollismo colonial en los Andes*. Lima: Pontificia Universidad Católica del Perú.

Lockhart, James. 1984. "Social organization and social change in colonial Spanish

America." in Leslie Bethell(ed.). *Cambridge History of Latin America*. Cambridge: Cambridge University Press, pp, 265~319.

Lomnitz, Claudio. 2010. "El nacionalismo como un sistema práctico." in Pablo Sandoval(comp.). *Repensando la subalternidad: Miradas críticas desde/ sobre América Latina*, 2ª ed., Lima: Envión Editores, pp. 327~370.

Lynch, John, 1973, *The Spanish American Revolutions 1808~1826*, New York: W.W.Norton & Company.

_____. 1986. *The Spanish American Revolutions 1808~1826*, 2ª ed., New York/London: W. W. Norton and Company.

Masur, Gerhard. 1966. *Nationalism in Latin America: Diversity and Unity*. New York: Macmillan Company.

McFarlane, Anthony. 1998. "Identity, Enlightment and Political Dissent in Late Colonial Spanish America." *Transactions of the Royal Historical Society*, Vol. 8, pp. 309~335.

Mignolo, Walter. 2000. *Local Histories/Global Designs: Coloniality, Subaltern Knowledges, and Border Thinking*. New Jersey: Princeton University Press.

Morelos, José María. 1965. "A los americanos entusiasmados de los guchupines." in E. Lemoine(ed.). *Morelos: su vida revolucionaria a través de sus escritos*. México: Universidad Nacional Autónoma de México, 1ª edición, 1812.

Smith, Anthony D. 1986. *The Ethnic Origins of Nations*. Oxford: Basil Blackwell.

_____. 1995. *Nations and Nationalism in a Global Era*. Cambridge: Polity Press.

Tamir, Yael. 1995. "The Enigma of Nationalism." *World Politics*, Vol. 47, No. 3, pp. 418~440.

http://codex.colmex.mx:8991/exlibris/aleph/a18_1/apache_media/HK2LHTVUTL7G79DPR52EKVCVR6BQEE.pdf

제9장

카디스 헌법(1812)의 횡대서양적 의미*
누에바 에스파냐의 수용과 독립을 중심으로

최해성 서울대학교 라틴아메리카연구소 HK연구교수

1. 또 하나의 200주년

라틴아메리카 각국에서 독립 200주년의 축포가 울려 퍼지는 가운데, 조용하지만 새로운 의미를 되찾아가는 역사적 사건이 있다. 1812년 3월 19일 공포되어 2012년 정확히 200살이 된 '카디스 헌법'의 탄생이 바로 그것이다. 「라 페파(La Pepa)」[1]라는 애칭으로도 많이 알려진 이 헌법은 스페인과 '이스파노 아메리카' 전역에서 실질적인 효력을 발휘했던 최초의 자유주의 헌법이다(Núñez Martínez, 2012: 2).[2] 제헌 과정에서는 아메리

---

* 이 글은 ≪스페인어문학≫ 67호(2013)에 발표된 필자의 기존 논문을 총서의 취지에 맞게 수정·보완한 것이다.
1) 1812년 헌법의 정식 명칭은 「1812년 3월 19일 카디스에서 공포된 스페인 왕국의 정치 헌법(Constitución Política de la Monarquía Española, promulgada en Cádiz el diecinueve de Marzo de 1812)」이다. 헌법 공포일(3월 19일)이 '산 호세(San José)의 날'에 해당되어 '페파(Pepa)'라는 애칭을 얻었다.

카의 각 부왕령을 대표하는 의원들이 카디스 의회에 참석하여 활발한 토론을 벌이고 헌법의 기초(起草) 작업에도 직접 참여했으며, 제정 후에는 헌법의 공포와 준수를 맹세하는 축제 의식이 대서양 건너 아메리카 땅 곳곳에서 개최되었다. 19세기 초 대서양 양반구의 히스패닉 세계, 즉 스페인과 아메리카는 카디스 헌법이라는 매개를 통해 동등한 입장에서 일종의 '입헌적' 대화와 교류를 나눈 셈이다.

하지만 그동안 카디스 헌법은 부정적인 내용의 평가들로 채색되거나 최소한의 존재 의미마저 부정당하는 처지에 놓이기도 했다. 스페인에서는 이른바 '두 개의 스페인(Dos Españas)'이 시작되는 19세기 초 자유주의 혁명의 산물이라는 점에서 19세기의 주류를 형성한 반자유주의적 절대주의자들의 비판을 받았고, 그 흐름은 프랑코주의자들에게까지 이어졌다. 이들의 시각에 따르면 1812년 헌법은 현실과 유리되어 사회에 뿌리내리지 못한, 실질적인 반향이 거의 없던 실패한 헌법이었다. 이들은 법률적인 측면에서도 카디스 헌법이 지나치게 광범위한 조항들을 포함하여 유연성이 없으며 그저 1791년 프랑스 헌법을 모방한 데 지나지 않는다고 평가 절하했다.3) 이베로아메리카의 역사 서술에서는 카디스

---

2) 시기적으로 카디스 헌법보다 먼저 제정된 헌법들이 존재한다. 예를 들면 1808년 나폴레옹이 스페인에 '부여'한 일명 바요나 헌법(Constitución de Bayona)을 최초의 헌법으로 보기도 한다. 하지만 스페인 국민의 대표에 의해 제정된 것이 아닌데다, 스페인 사회에 제대로 수용되지 않은 점, 그리고 스페인 영토 밖에서 공포된 점 등 스페인 최초의 헌법이라고 보기에는 많은 문제점들이 있다. 한편 콜롬비아에서 1811년에 제정된 '쿤디나마르카 헌법(Constitución de Cundinamarca)'을 히스패닉 세계 최초의 헌법으로 보는 시각도 있다. 단, 적용 범위가 쿤디나마르카 지역으로 한정되었고, 스페인 국왕의 존재와 통치권을 인정했다는 점에서 한계성이 지적되기도 한다. 쿤디나마르카 헌법의 의미에 대해서는 Vanegas(2011: 257~279) 참조.

헌법의 연구 자체가 식민주의 또는 제국주의적 관점에 기초한 친스페인적 보수주의 연구로 치부되기도 했다. 특히 1950년 이후 '자유주의'는 자본주의의 부정적 측면과 결부되어 경멸적인 의미로 사용되었고, 라틴아메리카 저개발의 근원이자 사회적 불평등의 주범으로 인식되어 카디스 헌법의 지울 수 없는 원죄로 남게 되었다(Chust y Serrano, 2008: 39~40).

그러나 200주년을 앞두고 이러한 규범화된 해석에 의문을 제기하며 카디스 헌법의 혁명성, 특히 라틴아메리카 입헌주의와의 연관성을 주장하는 학자들이 등장하기 시작했다.4) 하지만 이러한 시각이 전혀 새로운 것은 아니며, 일찍이 1960년대 미국 사학자 네티 리 벤슨(Nettie Lee Benson)이 멕시코 연방주의의 기원을 카디스 헌법에서 찾았던 연구 이래, 하이메 로드리게스(Jaime E. Rodríguez), 에르난데스 차베스(Alicia Hernández Chávez) 등으로 계승되어 헌법의 양반구적(bi-hemisférico) 성격이 강조된 바 있다.5)

이 글은 이러한 주장과 같은 흐름에서 출발하지만 일보 더 나아가 라틴아메리카에 뿌리를 내린 자유주의는 스페인의 자유주의와 같은 연원을 가지며, 오히려 19세기 초 이베로아메리카의 존재와 그 대표들이 의회에서 전개한 활약에 의해 카디스 헌법의 진정한 보편성, 역사적 가치가 탄생했다고 본다. 무엇보다 나폴레옹군이 대부분의 지역을 지배했던 스페인에서는 카디스 헌법을 현실에 적용하는 데 큰 제약이 따랐던 반면, 아메리카에서는 많은 주민들이 실제 선거과정을 통해 대의정치를

---

3) 카디스 헌법에 대한 프랑코주의자들의 시각은 Álvarez Junco(2012); Ramos Santana(2012) 등 참조.
4) 예를 들면, Frasquet(2004); Peña(2002); Fernández Sarasola(2000); Aguiar(2004).
5) Benson(1955); Rodríguez O.(1998; 1991: 507~535); Hernández Chávez(1993); Guedea(1991: 1~28) 등을 들 수 있다.

직접 체험할 수 있었기 때문이다. 따라서 카디스 헌법의 횡대서양적(transatlántico) 의미를 재확인하고 그를 통해 또 다른 각도에서 멕시코 독립과정을 재조명하는 작업도 200주년을 기리는 의미 있는 작업이라 할 수 있을 것이다.

2. 식민지에서 '왕국'으로: 아메리카의 위상 전환

1) 멕시코 독립의 중층적 과정

멕시코의 독립은 길고 복잡한 과정을 거쳐 완성되었다. 멕시코의 '공식 역사'는 1810년 9월 16일에 일어난 이달고 신부의 독립선언, 이른바 '돌로레스의 외침'을 독립의 기점으로 삼지만, 그 과정은 1821년 9월 27일 멕시코 제국이 수립되면서 비로소 완성되었다(Young, 2001: 3). 하지만 관점에 따라서는 초대 황제 아구스틴 데 이투르비데가 폐위되고 중미의 일부가 멕시코에서 분리된 1823년을, 또는 연방공화제 수립을 천명한 1824년 헌법의 제정을 실질적인 독립의 완성으로 보기도 한다(Anna et al., 2001: 41). 결국 멕시코는 19세기 초에 여러 유형의 독립을 경험했다고 볼 수 있는데, 그것은 멕시코가 중남미 다른 어느 지역보다 본국 스페인에게 중요한 지역이었으므로 그 단단한 연결고리를 끊기 쉽지 않았다는 의미이기도 할 것이다.

그러므로 그동안 이루어진 멕시코 독립의 연구는 반도(peninsular)와의 단절을 명료하게 드러내고, 독립운동의 추진력이 된 정치적 이념들에서 스페인의 영향력을 제외시키는 관점이 지배적이었다. 3세기에 걸친 식민 제국의 지배를 극복하고, 근대적 의미의 독립된 국민국가를 수립하는 일이 결코 쉽지 않은 문제였기 때문일 것이다. 따라서 오늘날 멕시코의 토대가 되는 공화주의, 연방주의의 연원을 분석하는 연구들은 대부분 프랑스의 공화주의나 미국 연방주의의 영향력을 강조해왔다. 하지만 앞 절에서 언급한 바와 같이 멕시코 연방 공화주의의 '히스패닉'적 특성이 존재하는 것도 틀림없는 사실이다.

실제로 멕시코의 독립운동은 남미 해방운동과는 매우 다른 특징을 지닌다. 독립 지도자들도 시몬 볼리바르나 산 마르틴과 같은 영향력 있는 귀족 출신이 아니라 미겔 이달고, 호세 마리아 모렐로스(José María Morelos) 등 평범한 성직자이거나 비센테 게레로(Vicente Guerrero) 같은 낮은 신분의 혼혈인이었다. 물론 가난한 민중의 고뇌와 요구를 다른 어느 지도자들보다도 잘 알고 있었겠지만, 그들이 봉기했을 때의 파괴력 그리고 그 결과로서 인종 간, 계급 간의 분열이 일어난 것은 미처 예측하지 못했던 것 같다(Raat, 1982: 3). 또한 이달고의 외침에 독립선언이 포함되었다고는 하나, 목표가 명확하게 정의되거나 독립 프로그램이 수립된 것은 아니었다.6) 게다가 반도인들(peninsulares)이나 누에바 에스파냐의 크리오요들은 이 움직임을 원주민의 반란으로 받아들여, 1780년에 일어난 페루의 투팍 아마루와 같은 성격으로 여기기도 했다. 따라서 원주민과 사회 하층민들의 움직임은 오히려 식민 사회의 안정을 원하는 대다수 크리오요들의 반감과 견제를 불러왔다(Lynch, 1986: 312~313).

한편 1821년 9월 멕시코 제국이 성립되면서 형식적인 독립을 이루었을 때, 불과 몇 년 이내에 멕시코에 공화국이 수립되리라고 예견한 사람

---

6) 돌로레스의 외침(Grito de Dolores)이 과달루페 성모와 페르난도 7세(Fernando VII)의 이름으로 이루어진 점에 대하여, 그리고 실제로 독립이 최종 목표였는지에 대해 아직도 뜨거운 논쟁이 진행 중이지만, 그것은 이 글의 주제에서 벗어난 논의일 것이다.

은 많지 않았을 것이다. 당시 주도권을 장악한 자치주의자들이 입헌군주제를 선호했기 때문이다. 게다가 그들은 스페인 국왕이나 왕실의 일원을 황제로 추대하려 했고, 모든 제안이 거부되었을 때 마지막 대안으로 크리오요 출신의 아구스틴 데 이투르비데를 받아들였던 것이다(Anna et al., 2001: 37). 결국 형식적인 독립이 이루어진 이후에도 멕시코에는 군주제의 영향력이 한동안 지속되었으며 스페인과의 급격한 단절은 발생하지 않았다. 본국과 식민지 간의 대결구도 속에서 전자는 절대주의 구체제의 화신으로, 후자는 자유와 평등을 추구하는 새로운 체제로 단순화시키는 전통적인 이분법적 접근으로는 멕시코 독립의 중층적 과정을 온전하게 그려낼 수 없을 것이다.

멕시코 독립을 단순히 스페인과의 단절이 아니라, 양측의 상호 연계 속에서 멕시코의 현실에 가장 적합한 제도를 모색하는 과정이라 인식하는 횡대서양적 관점의 연구가 필요한 이유도 바로 여기에 있다고 할 것이다.

2) 아메리카 정체성의 강화

18세기 중엽 누에바 에스파냐는 이미 상당한 수준의 독립적 정체성을 형성했다(멕시코대학원, 2011: 128). 그리고 이러한 정체성은 유럽과 스페인에서 진행된 두 현상으로 인해 더욱 강화되었다. 그 하나는 왜곡된 계몽주의로 아메리카에 대한 편견과 무시였다. 예를 들면 프랑스의 박물학자 조르주루이 르클레르 뷔퐁(George-Louis Leclerc Buffon)은 그의 저서 『자연의 역사(L'Histoire Naturelle)』(1747)에서 신대륙은 구대륙에 비해 자연환경이 열등하여 동식물의 크기가 더 작다고 기술하고, 같은 이유에서 신대륙의 인간들이 더 퇴화되었다고 주장했다. 코르네이유 드 포

(Corneille de Pauw)는 뷔퐁의 주장을 더욱 확대하여, 신대륙의 개들이 짖을 줄 모르는 것처럼 그곳의 인간들은 어리석고 겁이 많다고 설명했다 (Rodríguez O., 2012: 21). 하지만 당시 가장 큰 영향력을 미친 저작은 윌리엄 로버트슨(William Robertson)의 『아메리카의 역사(History of America)』 (1777)가 될 것이다. 아메리카인들의 저열함을 철학적으로 뒷받침했다는 평가를 받은 이 책은 다수의 언어로 번역되어 유럽 전역으로 퍼졌기 때문이다. 특히 카를로스 3세를 칭송하는 내용이 담겨 있어 스페인에서도 큰 반향을 일으켰다. 앞의 계몽주의자들보다는 아메리카에 덜 적대적이었지만, 로버트슨도 역시 신대륙의 자연환경에 의해 열등한 인종이 나타나게 되었다고 기술했다.[7]

이러한 아메리카를 향한 공격에 대해 누에바 에스파냐인들은 자신들의 지역과 문화를 방어하고 나섰다. 18세기 초중반기 라틴아메리카를 대표하는 지식인이자 왕립 멕시코대학 총장을 역임한 후안 호세 데 에기아라 이 에구렌(Juan José de Eguiara y Eguren)은 방대한 『멕시코 문헌집(Bibliotheca mexicana)』(1755)을 저술하여 멕시코인들의 학문적 결실이 얼마나 뛰어났는가를 문헌적으로 증명했다. 이 저술은 당시 스페인의 현인으로 불리던 알리칸테대학의 마누엘 마르티(Manuel Martí)가 아메리카는 책과 도서관이 없는 '지적 사막'이고 문명화되지 못한 원주민에게나 어울리는 땅이라는 언급에 대한 논박이기도 했다. 또한 예수회 신부이자 역사가인 프란시스코 히비에르 클라비헤로(Francisco Javier Clavijero)는 18

---

[7] 구세계와 신세계의 비교 논쟁에 대해서는 Gerbi(1982) 참조. 이러한 주장들에 대해 대부분의 스페인인들은 공감을 표했지만, 아메리카를 방어하는 지식인들도 있었다. 대표적인 예로 베니토 헤로니모 페이호오(Benito Gerónimo Feijóo)는 아메리카인들을 높이 평가하며, 유럽을 능가하는 성취도 있었다고 주장했다 (Rodríguez O., 2012: 22).

세기 후반의 가장 우수한 학문적 성과 중 하나로 꼽히는 『멕시코 고대사(Storia antica del Messico)』(1780-1781)를 통해 드 포를 비롯한 유럽지식인들의 공격으로부터 자신의 '조국'을 지키려 했다. 4권으로 이루어진 이 역사서에서 클라비헤로는 아메리카 고대문명의 위대함을 근대적이면서도 명징한 역사서술로 표현했다. 특히 마지막 권에서 클라비헤로는 멕시코의 토양, 동식물, 거주민들에 대한 연구를 통해 유럽인들의 논리를 체계적으로 비판했다(Rodríguez O., 2012: 22~23). 이들 외에도 다수의 멕시코 지식인들이 출판, 인쇄물 속에서 '조국(patria)', '국민' 등의 용어를 사용하며 독립된 국가에서 나타나는 일종의 국민의식을 고취시키려 했다.

누에바 에스파냐의 정체성을 강화시킨 또 다른 환경은 '부르봉 개혁'으로 통칭되는 스페인 왕실의 중앙집권적 정책들이었다. 당시 스페인의 개혁정책 입안자들에게 가장 눈에 거슬렸던 상황의 하나는 아메리카인들이 스스로 자신들의 사안을 상당 부분 관리하고 있다는 사실이었다. 이것은 과거의 행정에 따른 결과였다. 스페인 태생의 고위관료들은 큰 틀에서 스페인과 아메리카 사이의 교역을 독점하여 주관한 반면, 아메리카 각 지역의 내부 거래나 지역 간 거래는 현지 태생의 크리오요나 메스티소들이 관장했다. 부르봉 개혁은 일정 부분 자치를 누리던 아메리카를 다시 식민지의 지위로 전락시키는 결정이었다. 특히 강력한 개혁주의자 호세 데 갈베스(José de Galvez) 등 총감찰관(visitador general)의 파견,[8] 인텐덴시아 체제를 통한 행정 장악, 세금 징수의 증강 등은 점차 정체성을

---

[8] 감찰(visita)제도는 중세 말의 카스티야 왕국에 기원을 둔다. 왕이 감찰관을 파견하여 각 지방의 행정, 재정 등을 감찰한 이 제도는 아메리카에도 그대로 적용되었다. 아메리카에서는 이러한 총감찰관(visitador general)들의 조사, 검열, 감찰 결과를 토대로 개혁의 밑그림이 그려졌는데, 그중에서도 반아메리카적 성향을 지닌 호세 데 갈베스의 총감찰이 아메리카에 큰 영향을 미쳤다.

강화해가던 아메리카인들의 불만과 폭동을 유발했다.9) 아메리카 전역에서 합법적인 방법으로 새로운 체제를 막으려는 시도들이 나타났으며, 일부 지역에서는 부당한 정책을 시정하려는 무력 저항도 발생했다. 누에바 에스파냐에서는 1766년 산루이스포토시, 과나후아토, 미초아칸 등지에서 폭동이 일었다.

부르봉 개혁 중에서도 왕실의 수입을 확대하려는 급격한 세금의 증가는 아메리카인들에게 커다란 타격을 안겨주었다. 일례로 모든 상품의 거래에 붙는 매매세(alcabala)는 2%에서 4%로 증가했고 18세기 말에는 6%까지 올랐다. 스페인 왕실의 매매세 수입은 1780년에서 1810년 사이에 155%나 증가했다. 그러나 아메리카의 경제를 파탄지경에 이르게 한 것은 전쟁비용을 충당하기 위해 발행한 일종의 왕실채권(Vales Reales)이었다. 이는 18세기 후반 프랑스, 영국과의 연속적인 전쟁으로 왕실재정이 고갈된 데에 따른 처방이었다. 왕실은 채권 매입자들에게 원금의 10%를 수수료로 제공하고, 연리 4%의 지불을 약속했다. 당초 이 채권은 20년 만기가 지나면 소멸되는 한시적인 수단이었지만, 시간이 지날수록 화폐의 기능까지 겸하면서 지불수단으로 사용되기에 이른다. 재정이 궁핍한 왕실은 초기의 방침을 지키지 못하고 채권을 연이어 발행하여 그 가치를 액면가 이하로 떨어뜨렸고, 결과적으로 경제 전반에 악영향을 미치는 인플레이션을 유발했다. 이러한 폐해에도 불구하고 1798년 스페인에서 발효된 '왕실채권 공고화 치령(Decreto de la Consolidación de Vales Reales)'이 1804년 아메리카로 확대 적용되자 누에바 에스파냐인들의 분노는 극에 달했다. 부왕(청)의 강력한 칙령 수행은 거센 저항을 불러일으

---

9) 부르봉 개혁과 크리오요들의 저항에 대한 자세한 내용은 이성훈(2008: 103~123) 참조.

켰고, 일부의 역사가들은 이 칙령을 멕시코 독립운동의 결정적인 요인으로 보기도 한다(Wobeser, 2006: 374; 2002: 791).

3. 카디스 헌법과 누에바 에스파냐 독립의 상관관계

1) 1809년 아메리카 선거: 대의제 정치의 시작

1808년, 파국으로 치닫던 스페인-아메리카의 관계에 극적인 반전을 가져오는 사건이 발생했다. 바로 나폴레옹군의 스페인 점령이었다. 스페인 제국 300년의 역사에서 처음으로 제국의 중심이 타국에 점령당하여, 외국인 국왕의 통치가 강제적으로 실시된 사건이었다. 이 돌발사건을 계기로 갈등 관계에 있던 반도인과 아메리카인들 사이에는 하나의 공통된 기류가 형성되었다. 나폴레옹의 친형인 조제프 보나파르트(Joseph-Napoléon Bonaparte)를 황제로 받아들일 수 없으며, 폐위된 페르난도 7세에 대한 충성심을 계속 지켜간다는 의지였다.

이제 스페인 제국의 각 지역은 작은 독립 왕국(reino)이 되어 외국인 황제에게 정면으로 도전했다. 중앙 권력이 부재한 까닭에 각 왕국은 스스로 통치하는 지방위원회(Junta provincial)를 설립하여 사실상 '독립된 주권 국가'처럼 행동했다. 특히 그들 사이에는 경쟁적으로 누에바 에스파냐의 인정을 받으려는 움직임이 일어났는데, 영국의 협력을 약속받은 오비에도 지방위원회와 멕시코에 사절단을 파견한 세비야 위원회가 가장 두드러졌다(Archer, 2007: 31). 그러나 당시 누에바 에스파냐에서 주도권을 장악한 크리오요들은 반도에 합법적인 중앙정부가 들어서기 전에는 어떤 지방위원회도 인정하지 않겠다는 입장을 밝힌다. 더욱이 나폴레옹이 자신의 형을 왕으로 인정받기 위해 아메리카에 사절단을 파견했을 때, 반도 출신 스페인인들 중에는 이들을 환영하는 자들도 있었으나, 오히려 크리오요들은 "페르난도 7세 만세"를 외치며 사절단에 적대감을 표현했다. 이들은 반도 출신 스페인인들을 '대역죄인(reo de alta traición)' 이라 비판하며, "스페인은 이제 프랑스주의에 오염"되었으므로 누에바 에스파냐 거주민들은 프랑스화된 반도인들의 방문을 차단해야 한다고 주장했다. 그리고 자신들이야말로 "진정한 스페인인들(verdaderos españoles)이며 나폴레옹과 그 추종자들의 숙적(enemigos jurados)"임을 선언했다(Olveda, 2008: 49).

한편 나폴레옹군이 스페인 내부까지 매우 강력하고 깊게 침투하자 프랑스군에 대항하기 위해 하나의 통일된 정부가 필요함을 인식하게 되었다. 곧 지방위원회의 대표로 구성된 최고중앙정부 위원회(Junta Suprema Central y Gubernativa del Reino)가 수립되었다. 독립전쟁의 지휘를 최대 임무로 삼은 이 중앙위원회는 전쟁 수행을 위해 자금 확보와 무기·인력의 모집에 진력했다(Carr, 1966: 88~90). 이를 위해서는 아메리카의 협력이 필수였다. 1809년 1월 중앙위원회는 악명 높은 '왕실채권(vales reales)'을 폐지하고 상속재산세 등 아메리카인들이 혐오하는 세금을 철폐했다(Benson, 2004: 3). 또한 병력 모집을 위해 제국 영토 전체에서 징집을 기획했고, 그 준비단계로 중앙위원회는 아메리카의 위상을 재정립했다(Rodríguez O., 1998: 59 64).

"스페인이 인디아스에서 보유하고 있는 광활하고 귀중한 영토는 다른 국가들에게서 나타나는 식민지나 속지(屬地)가 아니다"(Benson, 2004: 3; Rodríguez O., 2008: 102~103)라고 천명하고 제국의 일부를 구성하는 동등한 지위의 영토이며, 중앙위원회에 각 지역을 대표하는 의원을 선출할 권리를 가진다고 밝혔다.10) 사실 아메리카인들은 이미 누에바 에스파냐를 스페인의 식민지가 아니라 스페인의 다른 지방과 동일한 하나의 '왕국'으로 인식하고 있었는데, 중앙위원회의 선언은 이러한 아메리카인들의 주장을 충실하게 반영한 것이기도 했다. 이렇게 해서 1809년 아메리카에서 최초의 대의제 의원 선거가 실시되었다. 비록 선거과정은 느리고 복잡하게 진행되었지만, 동등한 지위를 지닌 중앙정부 대표를 아메리카에서도 처음으로 선출했다는 데 그 의의를 찾을 수 있다. 물론 반도와 누에바 에스파냐는 이론적으로는 동일한 권한을 가졌으나, 실제적으로는 여전히 차별이 존재했다. 단적인 예로, 스페인의 각 지방은 2명의 대표를 뽑는 반면, 아메리카의 10개 단위에서는 각 1명을 선출했다.[11]

중앙위원회의 노력에도 전황이 계속 불리해지자, 더욱 효율적인 정부를 구성해야 한다는 목소리가 높아졌다. 결국 1810년 1월 중앙위원회를 대신하여 5명의 대표로 구성된 섭정위원회가 수립되었다. 여기에는 누에바 에스파냐를 대표해 중앙위원회에서 활약하던 두 명의 대표가 포함되었다. 이 섭정위원회의 당면 과제는 새로운 '의회(Cortes)'를 구성하는 일이었다. 곧이어 프랑스군에 점령당하지 않은 지역에서 의회의 의원을 선출하는 선거가 실시되었으며, 아메리카에서도 스페인 본국과 같은 방식으로 의원을 선출했다.[12] 1810년 9월 24일 전쟁이 한창인 가운데 역사

---

10) 대표를 선발하는 단위는 4개의 부왕령(누에바 에스파냐, 페루, 누에바 그라나다, 부에노스아이레스)과 6개의 총사령관령(Capitanías generales, 즉 쿠바, 푸에르토리코, 과테말라, 베네수엘라, 칠레, 필리핀)이었다.

11) 네티 리 벤슨(Nettie Lee Benson)은 이에 대해 아메리카의 대표성을 축소하려는 의도가 있었다기보다는 프랑스군에 쫓기는 중앙위원회가 아메리카의 크기나 복잡성을 제대로 이해하지 못했다고 분석했다. 이러한 변호에도 불구하고 초기에 착실하게 전쟁을 위한 임무들을 수행한 것과 달리, 시간이 지날수록 점차 경직되면서 종교재판소를 부활시키는 등 반개혁적 태도를 보인 것은 중앙위원회의 분명한 한계였다.

적인 첫 의회가 카디스에서 개최되었다. 이 '카디스 의회'는 또한 최초로 본국과 아메리카 의원들이 함께 참여한 스페인 최초의 근대적 자유주의 의회였다.13)

2) 카디스 헌법, 국민국가 멕시코의 연원

카디스 의회는 개원 초기부터 정치 환경을 변혁하는 결정적인 법안들을 마련했다. 먼저 국민주권 개념을 확립하여 국민을 대표하는 자신들에게 주권이 있음을 선언하고, 언론·출판의 자유를 인정하여 정치적 현안에 대해 국민들의 여론이 자유롭게 표출될 수 있게 했다. 카디스 의회는 한 멕시코 출신 의원(Guridi y Alcocer)의 언급처럼 "언론의 자유가 위정자들의 결점을 보완할 수 있음"을 인지하고 있었다(Barragán Barragán, 2008: 23~24).

그리고 마침내 1812년 3월 19일 카디스 의회에서 히스패닉 세계의

---

12) 프랑스군에게 점령되어 선거를 실시하지 못한 스페인 지역대표들과 아메리카에서 선발되었으나 미처 도착하지 못한 지역대표들을 대신하여 카디스에 거주하는 그 지역 출신의 인물들이 임시로 참여했다.
13) 카디스 의회의 전체 참석인원과 아메리카 대표의 인원에 대해서는 학자에 따라 편차가 있다. 특히 어느 시점을 기준으로 했는가에 따라 큰 차이를 보인다. 미겔 아르톨라(Miguel Artola)에 의하면 의회 개회식에 서명한 의원 수는 104명에 지나지 않았지만, 헌법 제정에 서명한 의원 수는 184명, 그리고 1813년 특별총회(General y Extraordinario)에 참가한 인원수는 223명이었다(Artola, 1959: 404). 아메리카 대표 의원들에 관한 연구로 박사학위를 받은 리외 밀랑에 따르면 아메리카 대표 의원은 63명이 참가했다(Rieu-Millan, 1990: 31). 간과하지 말아야 할 부분은 스페인과 아메리카의 동등한 지위가 인정된다 하더라도 의원 수에서는 분명한 차등이 존재했다는 점이다.

자유주의적 혁명이라고 할 수 있는 카디스 헌법이 공포되었다.14) 이 1812년 헌법은 특히 국왕과 국민의 관계, 스페인과 이스파노 아메리카의 관계를 새롭게 설정하여, 이른바 '구체제(antiguo régimen)'의 절대왕정에 종지부를 찍고 새로운 패러다임에 기초한 근대 국가의 수립을 알리는 선언문이기도 했다. 총 10장 34절 384조로 구성된 방대한 분량의 헌법에서 가장 혁신적인 내용은 국민주권과 삼권분립, 그리고 선거에 의한 대표권의 확립이라 할 수 있다.15) 하지만 이 글에서는 라틴아메리카와 직접적인 관련이 있는 내용들을 중심으로 살펴보고자 한다.

먼저 의회에서 가장 뜨거운 논쟁을 유발한 주제는 '국민주권'이었다. 구체제의 절대적 왕권을 제한하고 주권이 국민과 그 대표기관인 의회에 있다는 원칙을 수립하기 위해서는 국민에 대한 정의가 우선되어야 했다. 과연 어느 선까지 스페인 국민으로 받아들일 것인가? 특히 광대하고 다양한 아메리카의 영토에 거주하는 복잡한 인종들(백인, 원주민, 메스티소, 흑인, 물라토 등)을 어떻게 정리할 것인가? 아메리카 대표 의원들은 초기부터 적극적으로 논쟁에 참여하여 아메리카의 현실이 헌법에 적용되도록 노력했고, 결과적으로 스페인과 아메리카의 평등성이 상당 부분 반영되었다. 제1조에 '스페인 국민은 대서양 양(兩) 반구에 있는 모든 스페인인들의 집합이다(La nación española es la reunión de todos los españoles de ambos hemisferios)'라고 정의하여 본국과 식민지에 차별을 두지 않았다. 이러한 평등주의는 유럽 제국주의 국가들의 헌법에 명기된 것으로는 최초의 일이었다. 하지만 아메리카의 현실을 이해하지 못한 스페인 대표

---

14) 카디스 헌법의 전체 내용은 http://bib.cervantesvirtual.com/servlet/SirveObras/ 02438387547132507754491/index.htm 참조(2014. 2. 23 검색).
15) 카디스 헌법의 주요 내용에 대해서는 최해성(2009: 227~228) 참조.

의원들은 이러한 평등성이 아프리카 혈통에게 자동적으로 적용되는 데에 심리적 저항감을 느꼈다. 스페인 국민이 될 수 있는 조건을 명시한 제1장 2절에서는 '스페인 영토에 자유롭게 태어나서 거주하는 모든 사람들과 그 자손들(Todos los hombres libres y avecindados en los dominios de las Españas, y los hijos de éstos)'(제5조)로 구체화시켰으나, 선거권 등 시민의 권리를 지니게 될 '스페인 시민(los ciudadanos españoles)'에 대한 규정(제4장)에서 아프리카계에게는 그 평등성이 자동적으로 적용되지는 않았다.

부모의 혈통에 따라 양 반구의 스페인 영토에 뿌리를 둔 모든 스페인인들, 그리고 어느 지역이든 그 스페인 영토 내에서 거주하고 있는 스페인인들은 시민에 해당한다(제18조).
부모 중 어느 한 쪽에 의해서 아프리카 혈통으로 태어나거나 간주되는 스페인인들에게는 시민이 될 수 있는 미덕과 가치의 문이 열려 있다: 그 결과, 의회는 조국을 위해 의미 있는 봉사를 한 사람들 …… 등에게 시민권을 허용할 수 있다(제22조).16)

---

16) 이러한 제한에 대해서는 다양한 해석이 가능하다. 국민을 정의한 조항에서는 아무런 차별을 두지 않으면서도 선거권 등 시민의 권리를 정의한 조항에서 아프리카 혈통을 제외한 것은 대표의원의 수에서 스페인 본국이 아메리카보다 수적 우위를 유지하려는 의도가 깔려 있다고 볼 수 있다. 당시의 추정 인구로 보면, 아메리카에는 약 1,500만 명, 스페인 본국에는 약 1,000만 명이 거주했으나. 아메리카의 인구에서 흑인과 비기독교도 원주민들을 제외하면, 스페인의 인구수가 아메리카의 인구수를 초과했다. 물론 카디스 의회의 논쟁에서 스페인 대표들은 이러한 의도를 노골적으로 드러내지는 않는다. 예를 들면 스페인의 대표 의원이자 이론가인 아르구에예스(Argüelles)는 제22조가 아프리카인들을 제외하려는 의도가 아니라 그들이 어떻게 시민이 될 수 있는지를 안내하는 조항이라고 변론했다 (Barragán Barragán, 2008: 31~35).

스페인의 영토(el territorio nacional de las Españas)에 대해서는 이베리아 반도와 그 부속도서(島嶼) 이외에 북아메리카(América septentrional)와 남아메리카(América meridional)를 구체적으로 명시했다(제10조).

> 스페인의 영토는 반도와 그 속령(屬領) 및 부속 섬들로 구성된다. ……
> 북아메리카는 누에바-갈리시아와 유카탄반도를 포함한 누에바 에스파냐, 과테말라, 동부 내부 지방들(provincias internas de Oriente), 서부 내부 지방들(provincias internas de Occidente), 쿠바 섬과 동서 플로리다, 산토도밍고 섬의 스페인 통치지역, 푸에르토리코 섬, 그리고 이들의 부속도서들이 해당한다.
> 남아메리카는 누에바 그라나다, 베네수엘라, 페루, 칠레, 라플라타 강 유역의 지방들, 태평양과 대서양에 존재하는 모든 부속 도서들의 집합체로 구성된다.

다른 헌법들과 달리 이렇게 영토를 구체적으로 명기한 것은 프랑스군과의 전시상황이라는 배경이 존재한다. 당면한 가장 중요한 과제가 전쟁의 수행이었으므로 무기를 들고 프랑스군과 싸울 수 있는 지역을 명확히 할 필요가 있었다. 따라서 국방력과 관련하여,

> 법에 의해 소집되었을 때 스페인인들은 어느 누구도 국방의 의무에서 면제될 수 없다(361조).
> 모든 지방은 각각 자체 인구수와 자격요건에 따라, 그 지방에 거주민들로 구성된 국민군을 보유해야 한다(362조).

라는 규정까지 구체적으로 마련했다.

아마도 아메리카에 가장 오랫동안 영향을 미칠 내용은 대표권에 관한 조항일 것이다. 아메리카도 스페인 본토와 마찬가지로 인구조사에 근거하여(30조), 7만 명 단위로 1명의 의원을 배정하고(31조), '교구(parroquía)', '시·군(partido)', '지방(provincia)' 단위로 선거위원회(juntas electorales)를 구성하여 중층적인 선거과정을 통해 대표의원을 선출하도록 했다(제3장 제3, 4, 5절). 또한 각 지방에는 국왕이 임명하는 최고행정관이 존재했지만, 주민선거로 결정되는 지방대표의원이 존재했다. 이 대표의원의 권한 및 역할도 헌법에 명시되어 있는데, 특히 긴급한 공공사업의 실현이나 비기독교도 원주민의 개종을 위한 선교 행정이 주요 임무였다(335조).

카디스 헌법은 아메리카에 이원적으로 투영되었다. 1차적으로 헌법이 대부분의 지역에서 일정 기간 실제로 효력을 발휘했으며, 아메리카의 독립 이후에는 각국의 헌법 제정에 중요한 기준을 제공했다. 이 글의 주된 국가인 멕시코를 살펴보면, 헌법에 충성을 맹세하는 의식이 1812년 9월 30일 멕시코시티 '소칼로(Zócalo)'에서 거행되었으며, 이 역사적인 사건을 기념해 그 장소를 '헌법 광장(Plaza de la Constitución)'이라 명명했다(Néstor Sagüés, 2012: 10). 카디스 헌법의 효력은 간헐적으로 중단되기도 했지만, 멕시코 독립 초기까지 지속적인 영향력을 행사했다.

4. 멕시코 제국의 수립, 독립의 완성

1) '12년 체제'에서 '20년 체제'로

왕권을 제한하고 귀족들의 특권을 폐지한 카디스 헌법은 구체제 지배계층의 저항을 불러왔다. 1814년 왕위에 복귀한 페르난도 7세가 카디스 헌법과 법안들을 전면 폐지하고 의원들을 강력하게 탄압한 것은 이상한 일이 아니었다. 결국 페르난도 7세의 복위는 절대주의로의 회귀와 입헌 자유주의 개혁의 파국을 의미했다. 동시에 아메리카에서 독립주의와 절대주의적 식민체제 사이의 중간적 경로, 즉 자치주의를 선택한 크리오요들도 희망을 잃게 되었다. 아메리카에도 절대주의 식민체제가 또다시 부활했고, 카디스 의회를 구성하고 있던 아메리카 의원들은 투옥되거나 다른 유럽국가로 망명을 떠나야 했다. 이 암흑기는 군 사령관 라파엘 델 리에고(Rafael del Riego)의 자유주의 혁명이 일어나는 1820년까지 지속된다.

1820년, 아메리카 전역으로 확산된 독립전쟁을 진압하기 위해 세비야에 집결한 군대가 라플라타 강 유역으로 출항하기 전, 라파엘 델 리에고를 중심으로 한 군 지휘관들이 반란을 일으키고 카디스 헌법의 수립을 선언했다. 이에 자유주의자들이 호응하여 가담함으로써 6년간 정지되었던 카디스 헌법 체제가 재가동되었고, 페르난도 7세도 역사상 처음으로 헌법을 수호한다는 맹세를 했다. 1820년 자유주의 혁명은 유럽과 아메리카에 깊은 영향을 미쳤다. 먼저 아메리카에서는 독립운동을 진압하기 위한 스페인군의 파병이 실패하면서 아르헨티나, 칠레, 페루 등의 실질적인 독립이 가능해졌다. 유럽에서는 왕가의 유대가 강한 포르투갈과 나폴리 왕국에도 스페인의 영향으로 입헌체제의 수립을 서둘렀다.

마드리드 의회에 참석한 멕시코 대표들은 다시 한 번 자치권과 재산권 등 그동안 폐지되었던 권리들을 주장했다. 또한 스페인과 동등한 권한을 가진 영토의 일부로서, 상업, 금융, 교육 등 다양한 측면에서 개방을 촉구했다. 특히 베라크루스 출신 파블로 데 라 야베는 지방 대표기구의 주권을 언급하여, 독립 이후 멕시코 의회에서 일어날 연방주의 논쟁을 암시하기도 했다(Frasquet, 2007: 47). 그러나 새롭게 개원한 의회에서도 아메리카의 요구, 즉 자치주의적 독립이 받아들여지지 않자, 스페인 통치에 대한 불만은 더욱 확산되었고, 마침내 완전한 독립을 모색하기에 이른다.

2) 이구알라 계획안과 코르도바 협정, 카디스 헌법의 반영

아이러니하게도 멕시코의 실질적 독립은 절대주의자에 의해 실현되었다. 비센테 게레로가 이끄는 멕시코 반란을 진압하기 위해 파견된 아구스틴 데 이투르비데가 그 주인공이다. 이투르비데는 반란군을 상대로 전투를 벌이는 대신, 게레로와 협상을 통해 이구알라 계획안을 만들고 1821년 2월 멕시코의 독립을 선언한다. 이구알라 계획안은 독립된 멕시코는 가톨릭 군주국을 지향하며, 새로운 헌법이 마련되기까지 카디스 헌법을 대신 적용한다는 구상이었다. 또한 페르난도 7세를 황제로 추대하며, 만일 그가 거절할 경우 그의 두 동생들에게 같은 제안을 한다는 복안도 수립했다. 계획안의 핵심은 다음 세 가지로 정의되는데, 먼저 가톨릭교회의 특권을 보장하고, 멕시코의 독립을 확립하며, 스페인인과 아메리카인의 융화를 추구한다는 점이다. 종교, 독립, 화합, 이 '세 가지의 보장(Tres Garantías)'은 반란군과 진압군이 협력하여 새롭게 조직된 군대가 수호하도록 했다(Anna et al., 2001: 37).[17] 결국 멕시코의 독립은 선언되었지만, 스페인 왕실과의 연계, 카디스 헌법의 유효성은 계속 유지되었다고 할 수 있다(Frasquet, 2008: 170~171).

---

17) 세 가지의 보장을 위해 새롭게 구성된 군을 이른바 삼보장(三保障) 군, 즉 'Ejército de las Tres Garantías' 또는 줄여서 'Ejército Trigarante'라고 한다. 이들은 초록색, 흰색, 빨강색으로 바탕을 이룬 깃발도 채택했다.

멕시코의 독립은 카디스 체제의 단절이 아니라 오히려 그 발전이었다. 스페인 본국에서 보수주의와 자유주의, 그리고 자유주의자들 중에서도 온건주의와 급진주의가 대결하며 카디스 헌법의 실현이 용이하지 않을 때, 이 1821년 헌법은 그를 탄생시킨 국가의 틀을 넘어 전혀 새로운, 독립된 멕시코의 현실에 적용되었기 때문이다.

이투르비데는 스페인에서 파견된 최고통치자와 타협에 성공하는데, 그것이 코르도바 협정으로 결실을 맺었다. 1821년 8월에 체결된 이 협정은 스페인 왕실에서 황제직을 거절할 경우 멕시코 의회에서 선출한다는 조항을 추가했지만, 전체적인 내용은 이구알라 계획안과 유사했다.18) 스페인의 마지막 부왕이라 불리는 후안 오도노후(Juan O'Donojú)가 과연 협정에 서명할 자격이 있었는지에 대해 논란이 있지만, 이 협정을 계기로 멕시코 반란군과 스페인군 사이의 전쟁은 종료되었다. 그리고 1821년 9월 27일 역사적인 '트리가란테(Tres Garantías)' 군의 멕시코시티 입성이 시민들의 환호 속에 이루어졌고, 다음날 공식적으로 멕시코 독립선언서의 서명이 이루어졌다. 그 후, 스페인 왕실이 멕시코 황제 즉위 제안을 거절하자 결국 이투르비데가 황제의 자리에 올랐다.

이투르비데가 아구스틴 1세로 즉위한 이후 멕시코 의회는 카디스 의회에서 연출되었던 논쟁들을 재연하는 양상을 띠었다. 주권의 소재, 국왕의 거부권, 지방의 자치권 문제 등은 여전히 민감한 사안이었다. 의회와 국왕이 가장 첨예하게 대립한 주제는 최고재판소의 창설이었다. 카디스 헌법에서는 재판관의 임명을 국왕의 권한으로 정했지만 멕시코 의회는

---

18) 코르도바 협정의 제1조는 "이 아메리카는 주권을 지닌 독립국으로 인정되며, 멕시코 제국이라 불린다"고 정의했다. 그리고 제2조에서는 "제국의 정부는 군주제이며, 온건한 입헌제이다"라고 구체적으로 명시했다.

카디스 의회 초기에 결정된 국민주권의 개념을 사용하여 임명권을 의회에 두려고 했다. "이 의회를 구성하는 의원들은 스페인 국민을 대표하며, …… 국가의 주권은 대표기관인 이 의회에 있다"라는 조항이 다시 낭독되고, 과거의 입법적 관례가 하나의 기준이 되었다. 황제의 거부권 행사에도 불구하고 의회가 입법부에 의한 최고재판소 설립을 의결하자, 아구스틴 1세는 곧바로 의회를 해산하고 관련 의원들을 구속했다. 하지만 황제의 절대군주적 정치에 거센 저항이 일어나 아구스틴 1세가 왕위에서 물러나는 데까지는 그리 오랜 시간이 필요하지 않았다.

3) 1824년 헌법과 카디스 헌법

아구스틴 1세의 양위와 부르봉 왕조 지지자들에 의한 새로운 황제 추대가 불발로 끝나자, 자유주의자들은 곧바로 군주제와 결별을 선언하고 제헌 의회를 소집했다. 신생 멕시코에 어울리는 정체(正體)는 공화제라는 인식이 널리 확산되었던 것이다. 하지만 지방의 자치권을 보장하는 연방제를 택할 것인지, 소국가들로 분열될 소지를 없애기 위해 중앙집권적 체제로 나아갈 것인지를 두고 기나긴 논쟁이 이어졌다. 이 의회의 논쟁에서도 카디스 의회에서 이루어졌던 논리들이 되살아났다. 당시 스페인 자유주의자들 중에는 아메리카의 자치권을 매우 위험한 요소라 비판한 인물들이 있었는데, 이제 멕시코에서도 지방의 자치권을 주권의 분할이라 여기며 반대하는 의원들이 나타났다(Chust y Frasquet, 2008: 396~397).

논쟁이 길어지며 헌법 제정이 늦어지자 의원들은 너무 오랜 시간 국가 통치의 근본 원리가 존재하지 않음을 우려하기 시작했다. 그러나 '헌법이 완성될 때까지 무엇으로 통치할 것인가?'라는 문제가 제기되었을 때 그 답은 매우 간단명료하게 내려졌다. '지금까지와 같은 방식으로', 즉 카디스 헌법과 멕시코의 법령에 흡수되어 폐지되지 않은 스페인 법령에 따른다는 것이었다. 이미 공화정을 수립한다는 전제가 세워졌고, 지방자치권을 둘러싼 논쟁이 계속되는 와중에도 1812년 헌법과 1820년 체제는 멕시코 국민국가 건설에 참고의 대상으로 남아 있었다.

약 1년에 가까운 작업 끝에 완성된 1824년 헌법은 멕시코 최초의 근대적 헌법으로, 정부 형태를 대의제에 기반을 둔 연방공화국으로 규정했다(제4조).[19] 제1조에서는 '멕시코 국가는 스페인과 다른 모든 열강으로부터 항상 자유롭고 독립적이다'라고 밝혀, 모든 외세의 영향에서 독립되었음을 선언했다. 이제 카디스 헌법의 자유주의 입헌군주제는 더이상 멕시코의 연방공화제에 중요한 영향은 미치지 못했다. 하지만 멕시코 법학자 호세 마리아 세르나(José María Serna de la Garza)는 멕시코 연방주의의 배아(胚芽)를 이미 식민 시대 말기의 행정체제 변화에서 찾을 수 있다고 분석하고 있다. 18세기 말 부르봉 개혁의 일환으로 시행된 '인텐덴시아(intendencia) 체제'는 일정한 수준의 지방 분산을 이루면서 더욱 효율적인 아메리카 통제를 가능하게 했다는 것이다. 또한 카디스 헌법을 통해 수립된 '지방의회(las diputaciones provinciales)' 제도도 각 지방이 중앙정부로부터 독립적인 결정을 내릴 수 있는 여지를 제공했다고 해석한다. 이러한 지방 세력은 멕시코가 스페인 제국으로부터 독립할 때 더욱 힘을 얻어, 하나의 국민국가 내에 머물 수 있도록 연방제 형식을 요구하게 되었다(Serna de la Garza, 2005: 11).

---

19) 헌법 제4조의 원문은 "La nación mexicana adopta para su gobierno la forma de república representativa popular federal".

5. 결론

스페인 제국에서 멕시코가 독립하는 과정을 정확하게 이해하기 위해서는 독립을 가능케 한 내재적 원인과 외적 영향들을 균형 있는 관점에서 검토할 필요가 있다. 하나의 국민국가 수립이라는 차원에서 멕시코의 독립은 19세기 초반의 독립전쟁과 다양한 운동을 이끈 인물들의 고투가 낳은 산물임은 말할 나위도 없다. 또한 멕시코의 독립은 스페인 제국의 제도적 위기 속에서 아메리카의 정치적·사회적 변혁을 구체화시켜가는 길고 복잡한 과정의 산물이기도 하다.

한편 대의제 정체(政體)의 수립을 통한 멕시코의 실질적인 독립은 멕시코 공화주의에 기반을 두고 있으며, 이 정치적 이념은 다양한 이론적 기원을 지니고 있지만, 19세기 초반의 대서양 양 반구에서 전개된 '히스패닉 자유주의(liberalismo hispano)'의 맥락에서 그 연원을 찾아야 한다는 시각이 새롭게 힘을 얻고 있다. 그리고 그 자유주의의 정수는 카디스 헌법에 응축되어 있음은 말할 나위도 없다. 이 글에서 검토한 카디스 헌법의 횡대서양적 의미를 정리하면 다음 세 가지로 요약할 수 있을 것이다. 즉, 이베리아 반도와 아메리카의 각 지방을 동등한 위치에서 다루었고, 카디스 의회에 대표를 파견하기 위해 크리오요 계층이 움직였으며, 곧이어 독립하는 라틴아메리카 국가들의 헌법 조문에 다양한 시사점을 제공했다는 점이다.

독립된 국민국가로서의 멕시코를 지탱한 정치적 근본원리는 처음에는 1810~1812년 카디스 의회에서, 그리고 1820~1823년 마드리드에서 새로운 자유주의 혁명을 꿈꾸며 논쟁에 치열하게 참여한 누에바 에스파냐 각 지방 대표자들의 정치적 비전 속에 그 뿌리를 두고 있다고 할 수 있다. 이러한 주장이 단순하게 멕시코의 헌정주의가 카디스 헌법을 그대로 모방했다는 의미는 물론 아니다. 다만 누에바 에스파냐인들이 입헌주의에 입각하여 최초로 대의정치를 경험하고, 선거를 통해 선발된 대표들이 자신의 출신 지방뿐만 아니라 국가 전체의 대표라는 이중의 대표성을 발휘할 수 있었던 것은 카디스 헌법의 중요한 결실이라 할 수 있다. 그리고 지역의 대표성이라는 문제는 연방주의와 깊이 맞물리며 더욱 공화주의에 힘을 실어주었다. 각 지역의 정체성과 전통적 이익을 보존하는 데 가장 적합하다고 여겨진 연방국가는 절대주의 군주제나 이투르비데의 입헌군주제와 양립 불가능한 것으로 판단된 것이다.

참고문헌

멕시코대학원(COLMEX) 엮음. 2011. 『멕시코의 역사』. 김창민 옮김. 서울: 그린비.
이성훈. 2008. 「라틴아메리카 국민국가와 정체성 형성과정 연구 시론」. ≪이베로아메리카연구≫, 제19권, 1호, 103~123쪽.
최해성. 2009. 「스페인 독립전쟁과 자유주의의 태동: 카디스의회와 1812년 헌법 제정을 중심으로」. ≪스페인어문학≫, 제51호, 217~232쪽.

Aguiar, Asdrubal(ed.). 2004. *La constitución de Cadiz de 1812. Hacia los orígenes del constitucionalismo iberoamericano y latino*. Caracas: UCAB.
Álvarez Junco, José. 2012. "La Constitución de Cádiz: Cultura y libertad." *El País*, 1 de febrero de 2012.
Anna, Timothy, et al. 2001. *Historia de México*. Barcelona: Crítica.
Archer, Christon I. 2007. "México en 1810: el fin del principio, el principio del fin." en Alicia Mayer(coord.). *México en tres momentos: 1810-1910-2010*. México: UAM, pp. 21~40.
Artola, Miguel. 1959. *Los orígenes de la España contemporánea*(2 vols.). Madrid: Instituto de Estudios Políticos.
Barragán Barragán, José. 2008. "Ideas de la representacion y la democracia en las Cortes de Cadiz." *Anuario mexicano de historia del derecho*, núm. 20, pp. 19~73.
Benson, Nettie Lee. 1955. *La diputación provincial y el federalismo mexicano*. México: El Colegio de México.
_____. 2004. "The Elections of 1809: Transforming Political Culture in New Spain." Kathryn Vincent(ed.). *Mexican Studies/Estudios Mexicanos*, Vol. 20, No. 1, pp. 1~20.
Carr, Raymond. 1966. *Spain 1808-1939*. Oxford: Clarendon Press.
Chust, Manuel y Ivana Frasquet. 2008. "Orígenes federales del republicanismo en México, 1810~1824." *Mexican Studies/Estudios Mexicanos*, Vol. 24, No.

2, pp. 363~398.

Chust, Manuel y José Antonio Serrano. 2008. "El liberalismo doceañista en el punto de mira: entre máscaras y rostros." *Revistas de Indias*, vol. LXVIII, núm. 242, pp. 39~66.

Fernández Sarasola, Ignacio. 2000. "La Constitución española de 1812 y su proyección europea e iberoamericana." *Fundamentos(Cuadernos monográficos de teoría del estado, derecho público e historia constitucional)*, No. 2, pp. 359~457.

Frasquet, Ivana. 2004. "Cadiz en America: Liberalismo y Constitucion." *Mexican Studies/Estudios Mexicanos*, Vol. 20, No. 1, pp. 21~46.

_____. 2007. "La 'otra' Independencia de México: el primer imperio mexicano. Claves para la reflexión histórica." *Revista Complutense de Historia de América*, Vol. 33, pp. 35~54.

_____. 2008. "La senda revolucionaria del liberalismo doceañista en España y México, 1820-1824.", *Revistas de Indias*, vol. LXVIII, núm. 242, pp. 153~180.

Gerbi, Antonello. 1982. *La disputa del Nuevo Mundo: historia de una polémica, 1750-1900*, México: FCE.

Guedea, Virginia. 1991. "Las primeras elecciones populares en la ciudad de Mexico. 1812-1813." *Mexican Studies/Estudios Mexicanos*, Vol. 7, No. 1, pp. 1~28.

Hernández Chávez, Alicia. 1993. *La tradición republicana del buen gobierno*. México: Fondo de Cultura Economica.

Lynch, John. 1986. *The Spanish American Revolutions 1808-1826*(Second Edition), New York: W. W. Norton & Company.

Néstor Sagüés, Pedro. 2012. "La proyección de la Constitución de Cádiz en las Américas." en X^o *Congreso de la Asociación de Constitucionalistas de España, Las huellas de la Constitucion de Cadiz*(Cadiz, 26 y 27 de enero de 2012), pp. 1~21.

Núñez Martínez, María Acracia. 2012. "América en el texto constitucional de Cádiz de 1812." en *X° Congreso de la Asociación de Constitucionalistas de España, Las huellas de la Constitucion de Cadiz*(Cadiz, 26 y 27 de enero de 2012), pp. 1~15.

Olveda, Jaime. 2008. "Las Juntas de 1808: entre la tradición y la modernidad." en Jaime Olveda(coord.). *Independencia y Revolución: Reflexiones en torno del bicentenario y el centenario*, vol. I, Zapopan(Jalisco): El Colegio de Jalisco, pp. 47~64.

Peña, Lorenzo. 2002. "Un puente jurídico entre Iberoamérica y Europa: la Constitución española de 1812." en J. M. González(coord.). *América y Europa: identidades, exilios y expectativas*, Madrid: Casa de América-CSIC, pp. 95~114.

Raat, W. Dirk(ed.). 1982. *Mexico. From Independence to Revolution, 1810-1910*. Lincoln: University of Nebraska Press.

Ramos Santana, Alberto. 2012. "El mayor error sobre la Constitución de Cádiz es decir que fue democrática." *Diario de Cádiz*, 16 de marzo de 2012.

Rieu-Millan, Marie-Laure. 1990. *Los diputados americanos en las Cortes de Cádiz: Igualdad o independencia*. Madird: CSIC.

Rodríguez O., Jaime E. 1991. "La constitución de 1824 y la formación del Estado mexicano." *Historia Mexicana*, vol. 40, núm. 3, pp. 507~535.

_____. 1998. *The Independence of Spanish America*. Cambridge: Cambridge University Press.

_____. 2008. "'Equality! The Sacred Right of Equality': Representation Under Constitution of 1812." *Revista de Indias*, vol. 68, núm. 242, pp. 97~122.

_____. 2012. "We Are Now the True Spaniards." *Sovereignty, Revolution, Independence, and the Emergence of the Federal Republic of Mexico, 1808-1824*. Stanford: Stanford University Press.

Serna de la Garza, José María. 2005. "Introducción al análisis del sistema federal." en Diego Valdés y Daniel A. Barceló Rojas(coords.). *Examen retrospectivo del sistema constitucional mexicano: A 180 años de la Constitución de 1824*,

UNAM.

Vanegas, Isidro. 2011. "La Constitución de Cundinamarca: primera del mundo hispánico." *Historia Constitucional*, núm. 12, pp. 257~279.

Young, Eric Van. 2001. *The Other Rebellion: Popular Violence, Ideology, and the Mexican Struggle for Independence, 1810-1821*. Stanford: Stanford University Press.

Wobeser, Gisela von. 2002. "Gestación y contenido del Real Decreto de Consolidación de Vales Reales para América." *Historia mexicana*, vol. 51, núm.4, pp. 787~827.

_____. 2006. "La consolidación de Vales Reales como factor determinante de la lucha de independencia en México, 1804-1808." *Historia mexicana*, vol. 56, núm. 2, pp. 373~425.

제10장

19세기 콜롬비아의 정당체제와 정치문화*

김달관 서울대학교 라틴아메리카연구소 HK연구교수

1. 서론

스페인으로부터 독립 이후 콜롬비아의 19세기와 20세기의 정치는 한마디로 불안정과 혼란 그 자체였다고 할 수 있다. 콜롬비아의 20세기는 자유당(partido liberal)과 보수당(partido conservador)의 갈등으로 인해 발발한 내전인 천일전쟁(1899~1902)으로 수많은 인명과 재산 피해가 발생하면서 시작되었다. 설상가상으로 1903년에는 파나마의 분리 독립으로 인해 파나마 지역을 상실했다. 게다가 1947~1960년대 초반까지 '폭력시기(La Violencia)' 동안 30만 명이 희생되었다(Berquist, 1988: 420). 이후 사회불안과 갈등을 극복하기 위해 엘리트 간의 정치협약인 국민전선(Frente Nacional) 체제가 형성되면서 다소 사회 안정을 찾는 듯했으나,

---

* 이 글은 ≪중남미연구≫ 30권 2호(2011)에 발표된 필자의 기존 논문을 총서의 취지에 맞게 수정·보완한 것이다.

1960년대에는 무장 게릴라 세력들이 등장했고 1980년대에는 우익 민병대까지 출현하는 등 20세기 콜롬비아 정치는 국민의 삶을 황폐화시켰다. 결국 1991년에는 새로운 헌법을 제정해야 했다. 그러나 그 후에도 게릴라 세력과 마약 세력 등 무장 세력이 계속 확대되어 2000년 미국은 '콜롬비아 계획(Plan Colombia)'이라는 이름하에 콜롬비아에 개입하기에 이른다(김달관, 2009).

19세기의 콜롬비아 정치도 혼돈과 내전의 역사라 할 수 있는데, 독립전쟁(1810~1819)에서 시작하여 1851, 1854, 1860, 1876, 1885, 1895, 1899년 등 19세기에 총 33년 동안 여러 번의 내전으로 수많은 인명과 재산피해가 발생했다. 이러한 내전은 콜롬비아의 정치, 경제, 사회, 문화 등 전 분야에 광범위한 영향을 끼쳤다. 즉, 콜롬비아의 20세기 정치는 19세기 정치의 연장이라 할 수 있다. 이러한 관점에서 이 연구는 20세기 콜롬비아의 정치적 특징을 19세기 정치 현상의 지속으로 이해하고, 20세기 정치 특징에 기초하여 19세기로 거슬러 올라가 살펴보고자 한다.

한 국가의 정치제도뿐만 아니라 고유한 정치실천과 전통 및 특정한 상황에서 나타나는 정치현상을 '정치문화'라 할 수 있다. 여러 연구자들이 20세기 콜롬비아 정치문화의 특징을 지적했다. 콜롬비아 정치문화의 특징으로서 폭력문화를 연구한 비교적 최근의 저서로는 페르난 곤살레스(Fernan Gonzalez et al.)의 『콜롬비아에서 폭력의 정치』(2002), 콜롬비아 정치문화의 특징으로 폭력문화를 언급하면서 그 원인 중의 하나로서 지역주의를 언급한 페르난도 이레기(Fernando Iregui)의 『폭력의 문화: 국가의 구조적 위기의 이해』(2001), 콜롬비아 정치문화로서 양당제를 언급한 에스페르 에두아르도(Hesper Eduardo)의 『국민전선과 콜롬비아 양당제 과정』(1989)이 있다. 또한 콜롬비아 정치문화로서 후견주의를 언급하고 있는 존 마츠(John Martz)의 『후견주의 정치: 콜롬비아에서 민주주의와 국가』(1997), 그리고 콜롬비아 정치문화로서 분파주의를 언급한 대니얼 피콧(Daniel Pecaut)의 『콜롬비아 정치 40년』(2006)이 있다.

이 연구자들이 콜롬비아의 모든 정치문화를 언급한 것은 아니지만 여러 연구자의 관점을 종합하여 19세기 콜롬비아의 정당체제와 정치문화를 고찰하려 한다. 따라서 이 글은 콜롬비아에서 20세기의 정치문화를 다룬 연구를 종합하여 20세기 콜롬비아 정치문화 관점에서 19세기 정치문화를 분석했다는 측면에서 의미가 있다고 하겠다.

일반적으로 대부분의 연구자들은 사회의 특징에 대해 연구할 때 정치제도와 정치실천뿐만 아니라 특징적으로 나타나는 믿음, 이상, 규칙, 전통 등 특정한 정치상황에 의미를 부여한다. 즉, 한 사회에서 정치의 구조적·제도적 측면에 대한 관심이 축소된 것은 아니지만, 추상적이고 제도적이지 않은 '정치적인 것'에 대한 관심이 증가했다. 또한 정치 현상의 대상으로서 특정한 사회의 구성원들이 광범위하게 공유하는 태도, 규칙, 신뢰의 총체를 지칭하기 위해 '정치문화'라는 표현이 증가했다.

정치문화란 한 사회의 특정한 상황에서 운영되는 제도, 정치적 실천뿐만 아니라 정치세력을 구성하는 개인들 사이의 '지식'의 분배도 포함한다. 정치문화는 무관심, 냉소주의, 엄격함과 이와 반대되는 신뢰, 충성, 관용 등과 같은 '지향성'이기도 하다. 또한 정치문화는 정치에 참여하는 권리와 의무, 다수결 준수, 배제 등과 같은 '규칙'이기도 하고, 깃발, 다양한 정치세력의 표식, 배지(badge)처럼 '상징'을 의미하기도 한다(Bobbio, 1998: 415).

1960년대 초반에 보비오(Norbert Bobbio)는 정치문화를 "정치와 관련된 사회구성원의 심리적 지향성"으로 정의하면서 정치문화를 3개의 유형으로 구분했다. 첫 번째 유형은 '소교구' 정치문화(parochial political culture)이다. 이 유형은 정치적 기능과 제도가 존재하지 않거나 정치적 제도와 기능이 경제적·종교적 기능과 일치하는, 따라서 서로 간에 구분이 없거나 단순한 사회를 나타낸다. 두 번째 유형은 '종속적' 정치문화로서 이것은 사회구성원의 지식, 느낌, 평가 등이 기본적 지향성으로서 정치체제를 의미한다. 그러나 주로 결과적 측면을 의미하는데, 즉 실제로는 결정을 담당하는 행정기구를 나타낸다. 이 경우 사회구성원의 태도는 주로 수동적이고 이러한 정치문화는 주로 권위주의적 정치체제에 해당한다. 세 번째 유형의 정치문화는 '참여적' 정치문화로서, 이것은 정치체제뿐만 아니라 사회구성원의 적극적 관계를 나타내는 충성, 흥분 등도 포함한다. 충성은 지식이 정서적 지향성과 긍정적 평가가 동반될 때 주어진다. 흥분과 무기력은 체제에 대한 사회구성원의 지배적인 태도가 적대 또는 무관심일 때 주어진다. 정치문화와 정치구조 사이에 조화 또는 부조화는 지배적 지향성이 기존의 구조와 실천에 적합하지 않을 때 발생한다. 그래서 독재적 정치구조에서 '참여적' 정치문화는 적합하지 않고 '종속적' 정치문화가 더 적합하다(Bobbio, 1998: 416~417). 이러한 관점에서 콜롬비아의 19세기 정치문화는 어느 유형에 속하는지 고찰하려 한다. 사례 중심 연구는 대부분 구조적 요인에 비중을 두기 때문에 분석기간이 짧으면 구조적 요인의 변화가 명백하게 드러나지 않는다. 따라서 이 연구는 분석기간을 비교적 길게 설정했다. 그렇지만 사례 중심 연구는 변수 중심 연구와 달리 특정한 현상 또는 사건의 발생 원인을 규명하거나 특정하게 범주화된 현상을 설명하는 데 장점이 있다(안승국 외, 2002: 65).

  이 글의 목표는 19세기 콜롬비아 정당체제와 정치문화를 알아보는 것이다. 구체적으로 제2절에서는 스페인으로부터 독립 이후 콜롬비아 국가 형성 과정에서 나타나는 전반적인 정치문화를 살펴보고, 제3절에서는 19세기 자유당과 보수당의 출현과 이후 양당의 폭력적 갈등으로서 내전을 중심으로 콜롬비아의 정당체제를 다루고자 한다. 제4절에서는 정당체제로서 자유당과 보수당의 특징을 분석하고, 정치문화로는 지역주의, 양당제, 분파주의, 높은 정당충성도, 폭력문화 측면에서 다루고자 한다. 제5절은 19세기 콜롬비아 정당에서 나타나는 특징으로서 정치문화가 20세기에도 계속되고 있는 의미에 대해서 논의하고자 한다.

2. 독립 이후 콜롬비아 국가 형성

19세기 초 스페인에서의 독립과 국가 형성 과정에서 스페인 제국의 후손인 크리오요의 권력에 기초한 '권력의 식민성(식민적 차이)'은 내적 식민성(colonialidad interna)으로 변모했다. 왜냐하면 아프리카와 달리 라틴아메리카에서 독립은 원주민에 의해 성취된 것이 아니라 정복자 후손에 의해 독립이 성취되었기 때문이다. 권력의 식민성은 콜롬비아의 독립 이후에도 지속될 수 있었다(Acosta, 2009: 35). 독립 초기에 스페인 후손은 기존의 기득권을 강력하게 주장할 수 없었다. 하지만 스페인 후손인 크리오요는 아시엔다를 기반으로 독립운동에서 주도권을 잡으면서 스페인 식민 시대부터 이어진 사회 지배질서와 위계질서를 그대로 유지할 수 있게 되었다. 이에 스페인 제국의 식민화 정당성을 위해 사용된 식민적 차이는 새롭게 공화국으로 탄생한 콜롬비아에서도 똑같이 이용되었을 뿐만 아니라 더욱 강화되었고 자유당과 보수당이 창설된 19세기 중반에 지리적·환경적 그리고 스페인 식민 유산으로서 지역주의는 자유당과 보수당의 갈등과 폭력으로 변모했다. 이렇게 콜롬비아 독립 이후 공화국 형성 과정에서 식민 시대에 스페인인이 원주민과 흑인을 배제했던 논리의 근거로서 인종과 지역이 독립 이후에도 콜롬비아인 사이에 배제의 논리로서 인종과 지역이 재생산되었다.[1]

카우디요는 이렇게 독립 이후에 지방에서 아시엔다에 기반한 경제력

1) 독립 이후 콜롬비아에서 콜롬비아 국민을 배제하는 장치로서 내적 식민성은 시민권, 투표권, 피선거권 분야에서 일반 국민은 의사표시뿐만 아니라 자신을 대변할 대리인을 선출할 권리를 갖지 못했으며, 피선거권은 스페인 후손 중에서 일부만이 조건을 충족시켰다. 예를 들면, 1832년 콜롬비아 헌법 제8조는 시민자격을 규정하고 있는데 시민권자가 되기 위해서는 ① 결혼한 자 또는 21세 이상인 자 ② 글을 읽고 쓸 줄 아는 자 ③ 다른 사람에게 종속되어 있지 않은 자로서 확실하게 생존이 보장되는 자로 규정하고 있다. 이처럼 당시에 시민권자가 되기 위해서는 교육과 일정한 재산을 요구하고 있다. 제43조는 상원의원 피선거권자를 규정하고 있는데 그러한 조건은 ① 출생으로 인해 콜롬비아인이면서 시민권을 보유한 자 ② 35세 이상인 자 ③ 선거권자이거나 선거권자의 이웃에 거주하는 자 ④ 4,000페소의 부동산을 소유하거나, 또는 부동산을 통한 1년 수익이 800페소 이상인 자로 제한하고 있다. 또한 제54조에는 하원의원 피선건권자를 규정하고 있는데 그러한 조건은 ① 콜롬비아인이면서 시민권자 ② 선거권자이거나 선거권자 이웃에 거주하는 자 ③ 25세 이상인 자 ④ 2,000페소 이상의 부동산 소유자, 또는 부동산에서 나오는 1년 수익이 300페소 이상인 자, 또는 부동산 수익이 아닌 직업적으로 1년 수익이 400페소 이상인 자로 규정하고 있다. 또한 제55조는 누에바 그라나다(콜롬비아)에서 출생하지 아니한 자가 하원의원의 피선권권을 획득하기 위해서는 아래의 조건도 충족시켜야 한다. ① 출생에 의한 콜롬비아인과 결혼한 자 ② 1만 페소 이상의 부동산 소유자이어야 한다. 또한 1843년 콜롬비아 헌법 제9조는 시민권자 규정을 적시하고 있는데, 예를 들면 그러한 조건은 ① 21세 이상인 자 ② 300페소 이상의 부동산 소유자, 또는 1년 수익이 150페소 이상인 자 ③ 글을 읽고 쓸 줄 아는 자로 규정하고 있다. 19세기 후반인 1886년 콜롬비아 헌법에서 제73조는 피선거권자를 규정하고 있는데, 그러한 조건은 글을 읽고 쓸 줄 아는 시민, 1년 수익이 500페소 이상인 자, 또는 1500페소의 부동산을 소유한 시민은 선거권과 피선권을 보유한다고 규정하고 있다. 또한 제94조에는 상원의원의 피선거권을 규정하고 있는데, 그러한 조건은 출생에 의한 콜롬비아 국민이면서 시민이어야 한다. 그리고 30세 이상이면서 1년간 수익이 1200페소 이상을 소득을 요구하고 있다. 이처럼 헌법의 시민권, 선거권, 피선거권 등으로 대부분의 국민을 배제하면서 통치하는 내적 식민성을 보여주고 있다.

과 가문의 위상을 이용하여 지방의 토호세력으로서 원주민을 제치고 등장하게 되었으며, 이들은 19세기에 내전을 일으키면서 콜롬비아 사회에 매우 위계적이고 배제적인 분위기를 형성시켰다. 19세기 중반에 국민의 대리인으로서 국가의 창설이 필요했지만, 국가의 창설은 이루어지지 않았고 자유당과 보수당의 창설이라는 정당체제 창설로 대신했다. 그럼에도 정당체제는 카우디요의 이익을 보호하고 대표하며, 그들의 이익을 확대하도록 정부에 영향력을 행사했다. 이렇게 19세기 아시엔다에 기초한 카우디요는 정당체제에 영향을 미치면서 정치행위의 합법적 자원으로서 내전을 위한 동원의 기초가 되었다. 이것은 파벌적이고 비관용적인 정치체제와 정치문화에 영향을 미쳤다(Iregui, 2001: IX~X).

19세기 중반에 보수당과 자유당이 창설되면서 아시엔다에 기초한 사회구조는 내전을 위한 카우디요의 동원 요구에 민감한 사회구조로 만들어졌다. 그래서 콜롬비아에서 정당은 정당 투쟁을 재평가하고, 정치체제의 긴장을 완화하며, 국가의 지배를 성취하는 정당한 수단으로서 폭력적인 대결 양상에 큰 책임이 있었다(Iregui, 2001: 247).

다른 한편으로 19세기 콜롬비아 정치문화에서 종교문제는 중요한 영향을 끼쳤다. 국가의 공식 종교로서 가톨릭은 교육 분야에서 도덕적·교육적 기초로 인정받음으로써 가톨릭에 동의하지 않는 사회구성원과 갈등이 발생하기도 했다. 교육과 교리전파에서 교회에 허용된 공간은 지방의 농민과 도시 노동자들의 가치, 기준, 행동 등에 상당한 영향을 끼쳤다. 가톨릭이 교육분야에서 도덕적·교육적 기초로 인정받음으로써 가톨릭이 갖고 있는 이익을 보호하려고 교회는 정치 영역에 영향을 끼쳤다. 이러한 교회의 기대를 잘 만족시켜주는 정치적 대표는 보수당이었고, 이로써 교회와 보수당의 상호적인 정당성을 위한 전략적 동맹을 구축할 수 있었다. 이후 보수당과 카우디요는 본질적으로 비관용적인(intolerante) 신학

구조가 아시엔다의 정치적 동원과 함께 그들이 추구하는 목적에 효과적임을 깨달았다. 따라서 보수당과 카우디요는 폭력적인 정치문화 고착화에 책임이 있다. 갈등이 발생하면 보수당은 지지 기독교인을 동원하여 사회구조에 잠재된 긴장을 폭력을 통해 해결하려고 했다. 이것은 다음과 같은 상황으로 이해되는데 폭력이 핵심적으로 국민들 간의 '수평적' 형태지 국가나 계급에 대항하는 '종적'인 형태는 아니라는 것이다. 19세기 콜롬비아의 정치에서 일반적인 갈등형태가 종적이라면, 그것은 정당과 정부의 긴밀한 관련성으로 설명할 수 있다. 사실상 공식적으로 국가에 반대하는 투쟁도 실제로는 정당 지지자들 간의 수평적 폭력, 즉 동일한 계급 사이의 투쟁이었다(Iregui, 2001: X~XI).

스페인으로부터 독립한 공화국으로서 19세기 콜롬비아에서 지형에 기초한 지역주의가 중요한 지배논리로 작용했다면, 19세기 중반에 자유당과 보수당이 창설되면서 지형뿐만 아니라 고도에 따른 온도 차이를 포함하는 지역주의는 양당제의 폭력문화에 영향을 미쳤다. 그래서 19세기 콜롬비아 국민의 신분증에 표시되어 있는 가입한 정당은 매우 중요했다. 예를 들어, 당시 콜롬비아 국민 누군가가 보수당에 소속되어 있다면 그는 보수당 마을에 살 것이고, 보수당 소속 지역 엘리트를 위해 일하며, 가톨릭교회에 호의적인 관계를 맺고 있음을 의미한다. 또한 그는 보수당 소속인 사람과 결혼하고 그의 자식들도 보수당에 소속되리라는 것을 의미한다. 따라서 자유당과 보수당이 창설된 19세기 중반 이후, 대부분의 지방에서 삶은 매우 정치화되어 있었다(Cepeda Von Houter, 2007: 57).

자유당과 보수당 중에서 선거에서 승리한 정당은 반대당의 모든 공직을 빼앗고 그 자리를 차지했다. 따라서 19세기 노동 기회가 별로 없고 가난했던 콜롬비아에서는 선거가 매우 중요했다. 왜냐하면 많은 이들의 생존과 직접적으로 관련이 있었기 때문이다(Eduardo, 1988: 17).

1851, 1854, 1860, 1885, 1895, 1899년에 양당의 갈등으로 인해 발생한 내전은 직접적이고 광범위한 폭력으로서 많은 경제적 손실과 인명 손실을 가져왔다. 이처럼 자유당과 보수당의 갈등이 폭력적 상황으로 전개될 수밖에 없는 원인은 표면적으로는 여러 가지 이유가 있으나 본질적으로 경제적 이유와 생존이 걸려 있기 때문이다. 자세한 논의는 제3절에서 다루고자 한다. 이러한 과정에서 정당 엘리트는 서로 직접적으로 대결하지 않았지만, 그들을 위해 대신해 싸워줄 국민을 훈련시켰다(Iregui, 2001: 129). 이처럼 지역에 기초한 자유당과 보수당의 양당제는 분파주의와 내전을 촉발시켰고, 이에 따라 안티오키아와 막달레나 강을 따라 형성된 비옥한 지역인 칼리, 포파얀, 파스토 지역과 보고타와 동부 지역으로 사회를 2개로 구분했다. 이러한 맥락의 정치문화로서 지역주의, 양당제, 분파주의, 높은 정당 충성도, 폭력문화 등이 나타났고, 이러한 정치문화는 20세기에도 지속되었다. 따라서 19세기 콜롬비아 정치문화와 20세기 정치문화가 상당히 일치함을 알 수 있다.

3. 콜롬비아 정당체제의 형성

1) 자유당과 보수당의 출현

스페인으로부터 독립한 1810년 이후 콜롬비아 사회는 2개의 세력으로 나누어져 있었다. 한 세력은 독립과 공화국을 추구했고 다른 세력은 군주제와 스페인과의 통합을 추구했다(Gouzy 1990: 322). 즉, 19세기 초 독립전쟁이 내전으로 변질되면서 현실적인 이해를 대변하는 세력이 출현했는데 이들은 스페인과 통합을 바라는 왕당파(realista)와 콜롬비아의 독립을 바라는 독립주의자(patriota)들이었다. 이들은 자신의 주장에 동조하는 세력을 규합하면서 전쟁을 일으켰다. 19세기 초에는 왕당파 세력이 득세했다. 그러나 이후에 독립주의자 진영에 흑인 노예가 참여하게 되면서 자연스럽게 독립주의자가 주도적인 세력이 되었다.

1819년 보자카(Boyacá) 전투에서 볼리바르가 승리함으로써 콜롬비아는 실질적으로 독립했고 선거를 통해 볼리바르가 대통령에 당선되었다. 볼리바르가 페루, 볼리비아 독립을 위한 전쟁을 치르러 떠나자 부통령 산탄데르(Francisco de Paula Santander)가 콜롬비아를 통치했다.[2] 1824년 아야쿠초(Ayacucho) 전투에서 승리하며 볼리비아를 독립시키고 콜롬비아로 돌아온 볼리바르는 대통령(1826~1830)에 다시 당선되었다. 그러나 이때부터 볼리바르와 산탄데르 간에 지역주의와 분파주의에 따른 대립이 직업군인의 위상에 관한 입장 차이로 드러났다. 독립전쟁 초기에 스페인의 재정복군(Reconquista)이 승리하면서 콜롬비아군 엘리트는 박해를 받았고, 1819년 보자카 전투 이후에 군 엘리트는 대개 베네수엘라 출신이었다. 1824년 아야쿠초 전투 승리 이후에 베네수엘라 직업군인들은 자신들의 위상을 지키기 위해 콜롬비아 정치에 등장하게 되었다. 볼리바르가 이끈 전쟁에 참여하지 않았거나, 볼리바르에 대한 충성심이 없는 군인들에게 새로운 군부 엘리트의 등장은 정치권력의 이동과 베네수엘라 출신 군인과 경쟁이 증가하는 것을 의미했다. 게다가 대지주들이 정치에 참여하려 했기 때문에 정치에서의 경쟁은 더욱 거세졌다. 볼리바르가 1828년에 군 출신을 상당수 등용하면서 권위주의적 헌법을 제정하

---

[2] 볼리바르는 1819년과 1826~1830년 동안 대통령이었고, 산탄데르는 1819~1826년 동안 볼리바르 대통령이 부재했을 때 권한대행으로서 부통령이었으며 1832~1837년에는 대통령으로 당선되어 대통령 업무를 보았다.

려 했을 때, 산탄데르는 '오카냐 협약(Convención de Ocaña)'3)을 통해 정치 세력을 규합하면서 볼리바르 세력과 대립했다. 그러나 1830년 초 볼리바르는 베네수엘라의 주요한 카우디요들에 대한 통제수단을 상실하면서 정치에서 은퇴했다. 이때 대지주 세력이 권력을 쟁취했고 이들이 베네수엘라 출신 군부를 축출하면서 직업군인의 역할도 불투명해졌다.

당시 콜롬비아에서 직업군인 세력은 중앙집권주의 이념의 상징이었던 반면, 반-군부(antimilitarismo) 이념은 산탄데르를 중심으로 형성되었다. 이에 따라 산탄데르의 민간 중시(civilismo)와 공화제는 1832년 헌법에 구현되었고, 정당 형성도 가능하게 되었다(Leal, 1989: 114~115). 볼리바르를 추종하는 분파세력은 1849년 보수당을 창설했고, 산탄데르를 추종하는 분파세력은 1848년에 산탄데르를 중심으로 자유당을 창설했다.

이처럼 19세기 초에 산탄데르와 볼리바르를 중심으로 하는 지역주의와 분파주의는 1830년 베네수엘라와 에콰도르의 분리 독립으로 나타났고, 19세기 말에는 파나마 독립으로 나타났다. 콜롬비아 정치에서 강력한 지역주의와 분파주의는 19세기 중반에 자유당과 보수당을 출현시켰는데, 이것은 라틴아메리카에서도 정당이 빠르게 출현한 계기가 되었으며, 현재까지도 이 두 당은 콜롬비아에서 중요한 정당이다.

이러한 전반적 맥락에서 자유당은 1848년에 창설되었고 주요 지지자는 청년 대학생, 상인, 자유주의적 소규모 농장주였다. 보수당은 1849년에 창설되었고 주요 지지자는 군인 및 보호주의를 선호하는 대지주였다(Tirado, 1989: 23).4) 보수당은 이론보다는 실질적인 경험적 결과를 중시하

---

3) 1828년 헌법 개혁과 공화국의 문제를 해결하기 위해 콜롬비아에서 창설된 제헌의회.
4) 자유당은 산탄데르에 기원하고, 1848년 에세키엘 로하스(Ezequiel Rojas)가 자유당의 정당 강령을 정초했다. 1930년대에는 알레한드로 로페스(Alejandro López)가 강령을 당시 상황에 맞게 변경했으며, 1940년에는 가이탄(Jorge Eliécer Gaitán)

는 안정된 정당을 지향했던 반면, 자유당은 출현 중인 자본가 계급의 이해에 따라 식민 시대의 특징이 새로운 공화제 국가로 연장되는 상황을 개혁하는 데 역점을 두었다.

초기에는 상인이나 수공업자는 자유당에 속했지만 이후 상인은 자유무역을 지지했고, 수공업자는 보호주의를 지지하면서 1850년경에 자유당에서 분리되는 원인을 제공했다.5) 19세기에 자유당은 1850년부터 30년 동안 집권했고, 보수당은 1886부터 44년 동안 집권했다. 자유당은 '자유의 정당(partido de la libertad)'으로 불렸고, 어느 경우에는 '진보의 정당(partido de progreso)'으로 불렸다. 이에 자유당이 집권하기 시작했던 1850년과 1930년은 보수당의 계속된 집권으로 사회의 변화가 필요했던 시기였다. 한편 보수당은 '질서와 권위의 정당(partido del orden y de la autoridad)'을 의미했다. 보수당은 기존의 권위 실추를 막기 위해 노력했는데 그것은 정치권력뿐 아니라 사회적·경제적 권력의 질서도 중시했기 때문이다(Arrubla et al., 1990: 102).

19세기에 자유당과 보수당의 출현에서 중요한 요소는 사회의 정점에 위치하는 극소수 엘리트 집단의 명성이었다. 당시 콜롬비아에서는 경제적 활동이 풍부하지 않았기 때문에 이러한 명성은 가문의 경제적 부에서 나오는 것이었다. 즉, 경제적 부는 스페인 선조에서 유래하는 것으로 크리오요 사회계층에서 귀족의 장점으로서 공화국 시기까지 연장되었던 것이다(Eduardo, 1989: 13). 따라서 토지가 광활하고 비옥한 안티오키아

이 강령을 변경했다. 보수당은 볼리바르에 기원하고, 1849년 오스피나 로드리게스(Mariano Ospina Rodríguez)가 보수당의 강령을 정초했다. 1936년 레오파르도스(Leopardos)가 강령을 변경했고, 라우레아노 고메스(Laureano Gómez)가 조합주의 원리를 1953년 헌법안에 포함시키려 했다.

5) http://www.memo.com.co/fenonino/aprenda/historia/las-reformas.html을 참고.

(Antioquia) 주의 메데진과 보고타의 대규모 아시엔다에 근거한 엘리트는 보수당의 주요한 세력이었다. 보고타의 소규모 아시엔다와 동부지역에 근거한 엘리트는 자유당의 주요세력이었다. 이러한 점은 콜롬비아 정치에서 지역주의와 분파주의적 특징을 잘 보여준다. 그러나 1850년 이후에는 지역주의와 분파주의보다 양당제의 특징이 더욱 두드러졌다. 콜롬비아 독립 초기의 지역주의는 19세기 중반 자유당과 보수당에 의한 양당제와 양당의 갈등으로서 1851, 1854, 1860, 1876, 1885, 1899년 내전이라는 직접적 폭력으로 나타났다. 19세기 중반부터 콜롬비아 국민은 자유당 지지자와 보수당 지지자로 양분되어 지배되었다. 이렇게 자유당 지지자와 보수당 지지자들 간에 내전이라는 직접적 폭력으로 인해 자유당과 보수당 지지자의 대립은 더욱 강화되었고, 이것은 세대와 세대로 전승되었다.

19세기 콜롬비아에서 자유당과 보수당은 그들의 조상으로부터 물려받은 아시엔다와 그에 따른 가치, 전통에 의해 출현하게 되었다. 이에 스페인 식민 시대의 주요한 도시이자 토지가 비옥한 지역인 보고타, 메데진, 칼리(Cali), 포파얀(Popayán), 파스토(Pasto)와 카르타헤나의 무역에 기반해 기득권을 보유한 세력은 보수당의 주축이 되었고, 보고타와 기타 지역에서 소규모 아시엔다를 보유한 세력은 자유당의 주축이 되었다.

2) 자유당과 보수당의 갈등

19세기 콜롬비아에서 자유당과 보수당 사이에 지역주의와 분파주의는 여러 번의 내전으로 더욱 확대되었다. 즉, 19세기 중반 이후부터 국민은 자유당이든 보수당이든 어느 한 정당을 선택하도록 강요받았고, 개인은 선택한 정당을 위해 적들에 대항해야 했다. 이것은 식민 시대부터 전승된 봉건제적 사회와 대부제(compadrazgo)[6]에 기초한 콜롬비아 사회구조로 인해 자유당과 보수당의 갈등이 사회에 광범위하게 전파될 수 있는 기초가 되었다. 어쨌든 19세기의 내전은 기본적으로 자유당과 보수당 엘리트의 갈등이었지만 실질적으로는 자유당 지지자와 보수당 지지자 간의 대리전이었다(Gonzalez et al., 2002: 23).

19세기 내전에서 종교 문제는 자유당과 보수당의 갈등을 이해할 수 있는 중요한 요인이다. 종교 문제 배후에는 소유권과 권력에 대한 이해관계의 대립으로 자유주의와 보수주의가 서로 갈등하고 있었다. 보수당은 독립 이후 가톨릭 신부들의 강력한 지지를 받았다. 반면, 자유당은 식민 시대 영향을 받고 있는 국가를 쇄신하고 자본주의 발전을 위해 가톨릭의 경제적·정치적·이데올로기적 권력을 축소시키려 했다(Arrubla et al., 1990: 120~121). 당시 가톨릭은 교육과 종교 활동을 통해서 콜롬비아 사회에 지대한 영향을 미쳤다. 가톨릭이 독립 이후 사회에 대한 영향력이 높은 이유는 독립 초기 독립 전쟁에 신부가 참여하면서 정치에 관여하기 시작했고 경제적 영향력도 매우 높았는데, 특히 1860년경까지 콜롬비아 토지의 1/3을 소유하고 있었기 때문이다. 이처럼 종교 문제는 대부분 지방에서 콜롬비아인의 삶과 직결되는 문제였기 때문에 만약 종교 논쟁이 없었다면 전국 정당이 아닌 소규모 정당이 다수 존재하거나 또는 정당은 존재하지 못하고 사라졌을 것이다. 따라서 19세기에 종교 논쟁은 양당제의 정당화에 중요한 요소였다(Eduardo, 1989: 27).

19세기 콜롬비아 정치에서 자유당과 보수당의 갈등을 발생시킨 또 다른 중요한 요인은 연방제(분권화)와 중앙집권제 경향 간의 대립이었다.

---

6) 가톨릭에서 기원하는 사회제도로서 생물학적인 의미의 생부와 달리 사회적인 의미로서 대부를 정하는 제도이다. 이 제도의 목적은 사회관계를 확대함으로써 사회적·경제적 안정을 증대시키려는 것이다.

스페인에서 독립한 콜롬비아는 독립 초기 서로 고립된 지역의 지배계급으로 인해 식민 시대의 제도를 계승할 수밖에 없었다. 이때 기득권 세력인 지역의 지배계급은 식민 시대의 제도계승을 주장했고 진보적인 세력은 식민 시대 잔재 타파를 주장하면서 이에 반대했다. 이러한 상황에서 연방제와 중앙집권제가 등장하게 되었고, 지방의 자율성을 중시하는 연방제는 강력한 지역주의의 산물이었다. 보수당을 중심으로 하는 중앙집권제 지지 세력은 당시 경제 위기를 극복하기 위해 행정의 중앙집권제를 주장했고, 보수당은 분권화와 연방제를 지지하는 자유당 세력과 경쟁했다. 이것은 이후 콜롬비아 정당체제에 영향을 끼쳤는데, 보수당은 중앙집권제를 지향했고 자유당은 연방제를 지향했다.

자유당과 보수당의 갈등으로서 1860년 내전에서 자유당이 승리했다. 이에 자유당은 1863년 리오네그로(Rionegro) 헌법을 제정하고 교회 재산에 대한 광범위한 개혁을 시도했다. 당시 대표적인 자유당 정책은 교회의 토지 소유·상속을 금지(desamortización)하는 것이었다(Jaramillo, 1989a: 210). 가톨릭교회에 속한 토지의 상속을 금지한 이유는 교회가 보유한 토지가 상속으로 인해 가톨릭교회에 계속해서 속하게 됨으로써 토지의 원활한 거래가 이루어지지 않아서 토지를 필요로 하는 사람이 토지를 살 수 없는 상황이 발생하여 국가발전을 저해한다는 인식이 존재했다. 이에 교회가 소유한 토지를 국가가 교회로부터 사들이고, 이에 대한 대가로 토지 가격에 6% 이윤이 나는 범위에서 국가가 교회에 돈을 지급한다. 이렇게 교회로부터 사들인 토지를 일반인에게 다시 판매함으로써 토지 거래를 활성화시키려는 것이었다. 이러한 자유당의 정책은 보수당을 지지하는 가톨릭 신자에게 가톨릭교회보다 국가가 더욱 중요하다는 것을 인식시킴으로써 기존의 가톨릭 지배이데올로기에 대항하는 정치적 측면과 경제적 측면에서는 당시 어려운 경제 여건에서 토지 거래로 발생하는 일정한 재정수입에 따라 경제적 어려움을 극복할 수 있으리라는 기대가 작용했기 때문이었다.

1870년대 자유당 집권 시절 이들은 지역주의에 기초한 지방자치를 중시하는 연방제를 추구했으나 경제 사정이 나빠지면서 지방에서 폭동이 발생했고, 이러한 상황은 자유당의 연방제가 그 기능을 다하고 있음을 보여주고 있었다. 경기침체, 수출 감소, 반복적인 내전 앞에서 국가권력 분권화는 적절한 것이 아니었다. 사실 자유당의 연방제 실시는 수출이 정점에 이르고 수출이 다변화되던 시기와 일치했다. 즉, 자유당이 집권하기 시작했던 1850년부터 담배, 아닐(anil), 커피, 키나(quina) 등의 농산물 수출이 시작되었으나 자유당이 연방제를 적극적으로 추진하였던 시기에 농산물 수출이 증가하면서 연방제는 경제발전에 기여했다. 그러나 내전이 시작되면서(1876) 수출이 하락하기 시작했다. 콜롬비아 커피가격이 1875년에서 1884년까지 50% 하락했다. 1879~1881년 사이에 키나의 가격은 80% 하락했고 수출도 전반적으로 감소했다(Jaramillo, 1989b: 175). 이러한 상황에서 1885년 내전으로 농업수출이 정체되자 경제가 나빠지면서 자유당은 정당성을 상실하게 되었고 이에 보수당은 집권 기회를 잡을 수 있었다. 1886년 내전에서 승리한 보수당이 집권하면서 가톨릭의 특권을 회복시켰다.

19세기 콜롬비아에서 자유당과 보수당의 가장 갈등적인 상황으로 천일전쟁이 있었다. 천일전쟁으로 당시 인구 400만 명 중에서 10만 명이 사망했고 자유당이 천일전쟁에서 패배한 이후에 파나마 지역을 상실했다(Bergquist, 1988: 348).[7] 이는 콜롬비아 정치에서 지역주의와 분파주의

---

7) 천일전쟁으로 18만 명이 사망했고 손해액은 2,500만 페소라고 주장하는 연구도 있다(Antonio, 1991: 173).

특징이 잘 나타나는 사례라 할 수 있다.

1899년 국제 커피가격 하락은 콜롬비아의 심각한 정치 위기와 재정 위기를 촉발시킴으로써 천일전쟁 발생에 영향을 끼쳤다. 따라서 1899년 초기에 보수당 정부는 재정을 확보하기 위해 도축에 대한 세금을 부과했고 공공기관의 독점판매 대상인 소금가격을 인상했다. 주 정부 또한 세금을 인상했다. 그럼에도 재정이 부족했기 때문에 보수당 정부는 전쟁 비용을 위해 화폐를 남발했고 지나친 화폐발행은 환율체계를 교란시켜 무역거래에 상당한 영향을 끼쳤다. 천일전쟁은 생산을 감소시켰고 경제 위기를 심화시켰다(Calderón, 1989b: 33~35).

따라서 19세기의 보수당과 자유당은 정치체제에서 정당성과 중재를 매개하는 역할을 제대로 이행하지 못했다. 정당의 이익에 반하는 정책이 등장하면서 권력투쟁이 발생했을 때, 정당 엘리트는 그들의 지지자들을 내전으로 몰아갔다. 이것은 정당 엘리트의 개인적인 이익을 정당의 이익을 위한 것으로 전환시켜 지지자를 조직한 것이었다. 정부는 항상 권력을 갖지 못한 야당의 적으로 인식되었다. 어떠한 공적인 정책이라도 야당에게는 위험을 의미했다. 엘리트는 정부를 공격하기 위해 정치적 대표인 정당에 호소했다. 이러한 공격은 대중동원을 유발시켰다. 이러한 대중동원은 정당과 긴밀히 연계되어 있었고 위계적인 사회구조와도 잘 연계되어 있었다. 반면, 정당이 어떤 거래를 성사시킬 때, 이것은 일반적인 경제적 또는 정치적 이해를 약속하지 못했다. 어쨌든 19세기에 정치적 긴장을 내전이라는 폭력 사용 방식으로 국민을 자유당 지지자와 보수당 지지자로 양분하여 지배할 수 있었다(Iregui, 2001: 138-39).

결론적으로 19세기 콜롬비아의 '구체적인' 역사 속에서 '다양한' 논리와 이유로 자유당과 보수당의 갈등은 내전이라는 대규모적이고 직접적인 폭력을 통해 국민을 보수당 지지자와 자유당 지지자로 구분하여 지배할 수 있었다. 19세기의 내전은 제도적 메커니즘을 지양하면서 정치의 긴장을 풀기 위해 사용된 폭력 자원이었다. 아시엔다 지주협의회에서 직접적으로 영향을 받은 것으로서 정당에 의한 폭력은 광신성(fanatismo)의 특징을 보여주는데, 그것은 지역 엘리트에 대한 위계적 충성심에 의해 결정적으로 촉발된 맹목적이고 급진적인 성향을 갖고 있었기 때문이었다(Iregui, 2001: 134~135). 이렇게 19세기 콜롬비아에서 자유당과 보수당의 갈등은 여러 번의 내전으로 확대되면서, 콜롬비아의 고유한 정당체제와 정치문화에 영향을 끼쳤다.

4. 정당체제와 정치문화

1) 자유당과 보수당의 특징

스페인에서 독립한 19세기 초의 콜롬비아에서 집단적으로 콜롬비아 정치에 대해서 논의할 수 있는 기구는 카빌도(cabildo)가 유일했고 카빌도는 연방주의를 지지했다. 이에 콜롬비아의 첫 번째 헌법인 1811년 헌법은 지방에 기초한 연방제였다. 그러나 다른 한편에서 공동의 적을 물리치고 경제 발전을 위해서는 중앙집권제가 필요하다고 주장하는 세력도 존재했다. 독립전쟁에서 군사적 카우디요가 출현했고 이들은 처음에 국민통합을 중시했기 때문에 중앙집권제를 지지하는 세력이라고 할 수 있으나, 독립 이후 지역주의와 분파주의에 따라 지역배분에 따른 지도력을 갖게 되면서 연방주의자가 되었다. 콜롬비아 정치는 자유당과 보수당이 출현하기 이전인 1850년까지 스페인 전통이 지속되었다고 할 수 있으나, 1850년 이후 자유당과 보수당이 출현하면서 독립국가로서 면모를 구축했다(Lopez, 1992: 18~20). 이에 1850년을 기준으로 국민 분류는 지역주의에서 양당제로 변모했다.

1860년대 콜롬비아에서 유일하게 외화를 획득할 수 있는 것은 커피였다. 이러한 커피 수출은 지방의 노력을 통해서 이룩할 수 있었고, 이에 따라 1850년 이후에 연방제가 주요한 정치체제로 받아들여졌으며, 1853, 1858, 1863 헌법에도 지방분권화(연방제)가 명시되어 있었다. 자유당에 의해 추진된 마지막 연방제 헌법(1863)은 콜롬비아 지역을 9개 주로 구분하고 각 지역에 맞는 자율적인 경제 성장을 허용했다. 그러나 1885년 보수당이 중앙집권제를 지향하면서 이 과정에서 전국적인 내전이 발생했다. 자유당에 의한 1863년 헌법은 연방제를 지향했고 이 연방제는 1863~1885년 기간에 중요한 정치체제였으나, 보수당에 의한 '재건운동(movimiento de regeneración)'이 추진되면서 연방제는 약화되기 시작했다. 1886년 내전에 승리한 보수당은 헌법 개혁에 따라 연방제에서 중앙집권제로 전환했고, 이후에 천일전쟁에서 자유당이 패함에 따라 연방제는 더욱 약화되었다.

콜롬비아에서 자유당과 보수당은 항상 정치 엘리트에 의해 운영되었고, 독립적인 작은 위원회에 바탕을 둔 정당이었다. 콜롬비아에서 정당들은 대규모 대중에 의한 공식적인 조직보다는 전·현직 대통령과 정당 엘리트로 구성된 명망 있는 가문을 선호했다. 각 정당은 전국을 관장하는 개인적 성격의 지도부가 존재했으나 이러한 정당의 지도부는 정당과 관련이 있는 전통 가문 출신으로서 '전국적 유력 정치인(jefes naturales)'인 정치 엘리트에 의해 실제로 운영되었다. 일례로 보수당의 전국집행부(directorio nacional conservador)와 자유당의 전국집행부(dirección nacional liberal)는 '전국적 유력 정치인'으로 구성된 지도부이면서 상시적 기구로서 각 정당에 속하는 고위관료나 상하원 의원들과 긴밀한 관계를 갖고,

〈표 10-1〉 19세기 자유당과 보수당의 특징

구분	자유당	보수당
1. 정치체제	연방제	중앙집권제
2. 이념적 성향	변화, 개혁추구	기존질서 유지
3. 지지세력	상인, 수공업자, 원주민	가톨릭, 지주, 노예소유자
4. 종교에 대한 입장	정교분리	정교일치
5. 경제에 대한 입장	자유무역	보호무역
6. 정당의 기원	산딴데르	볼리바르
7. 정치행태	민간인 사고방식(civilismo)	군인 사고방식(militarismo)

특히 지역수준의 갈등에 개입하여 조정했다.

따라서 19세기 콜롬비아 정당의 특징으로서 조직 측면에서 미약했고 중요한 정치지도자를 중심으로 결성되어 있었다. 당시 정치지도자와 일반 국민과의 관계는 주인과 고객 사이의 권력 모델인 후견주의(clientelismo, machine politics)로서 라틴아메리카 정당 대부분이 오래전부터 보여주던 특징이었다. 특히 브라질과 콜롬비아는 일종의 카우디요인 지방의 정치 엘리트로서 가모날(gamonal)의 지배를 인정했는데, 이러한 관계는 19세기 콜롬비아에서 지방의 가모날을 형성시키는 방식으로 정당을 유지할 수 있었다. 또한 콜롬비아 정당의 다른 특징은 분파주의(faccionalismo)라고 할 수 있다. 자유당뿐만 아니라 보수당도 지역과 사안에 따라서뿐만 아니라, 개인적인 경쟁 관계에 따라 내부적으로도 분리되어 있었다. 그럼에도 콜롬비아에서 분파주의는 다당제에 따른 분파주의를 대체하면서 양당제를 지속시킬 수 있었다. 결론적으로 19세기 콜롬비아 정당 체제의 특징을 정리해보면 첫째, 정당 지도부가 유력한 개인으로 구성되었다. 둘째, 정당 내부 결속은 지역의 카우디요인 가모날에 기초한 공통적인 문화적 요인에 기초했다. 셋째, 정당은 평소에는 활동이 없다가 선거 시에 활동이 활발해졌다. 사실 자유당과 보수당은 지역에 기초한 전통적인 동맹세력을 통해서 선거 시기에 활발한 동원 능력을 보여주었다(Instituto de Economía, 2008). 넷째, 19세기 콜롬비아 정당체제는 노동자, 농민 등 조직된 반대세력이 부재했기 때문에 자유당과 보수당이 오랫동안 헤게모니적 위상을 유지할 수 있었지만, 정당-사회조직 사이의 연계는 매우 미약했다.

2) 콜롬비아 정당과 정치문화

19세기 콜롬비아의 양당제와 내전은 콜롬비아 국민을 보수당 지지자와 자유당 지지자로 양분하여 지배했다. 이러한 정당체제에서 콜롬비아 19세기의 정치문화로 대표적인 것은 지역주의, 양당제, 분파주의, 높은 정당충성도, 폭력문화, 엘리트주의 등이 있다.

(1) 지역주의

콜롬비아 서부지역에는 지리적으로 남북을 가로지르는 3개의 커다란 산맥과 그 사이에 2개의 강이 흐르고, 동부지역에는 동서로 흐르는 큰 강이 4개가 더 있다. 이처럼 고립적인 지리적·자연적인 환경은 콜롬비아 지방 고유의 지역주의를 조장했다. 이와 더불어 식민 시대에 스페인은 식민지인 콜롬비아의 통합을 추진하기보다는 고립과 지역주의를 조장하며 분리 지배를 시도했다(Jaramillo, 1992a: 97). 이에 보고타, 메데진, 카르타헤나, 포파얀, 파스토 등 주요 도시는 스페인과는 직접적으로 연결되어 있었지만 콜롬비아 국가 안에서 각 지역 간의 활발한 교류는 방해받았다. 그래야만 스페인 식민통치가 수월했기 때문이다. 이러한 영향으로 독립 초기에 지역과 아시엔다에 기초한 카우디요가 나타나게 되었고 이후 가모날이라고 하는 지방 유력 정치인이 출현하게 되었다.

콜롬비아 19세기 독립 초기 역사에서는 권력의 분산과 국가의 약체성을 촉발시키는 사회적·정치적 요소가 존재했다. 권력분산과 국가의 약체성은 다양한 방식으로 혼란을 초래했다. 광활한 영토로 인해 인구의 중심은 여러 곳에 분산되었고, 그들 간의 거리도 가까운 것이 아니었다. 통신수단도 부족해서 마을마다 거리는 매우 멀었다고 할 수 있다. 이러한 상황은 독립이 되었지만 식민 시대에서 내려오는 지배적 아시엔다와 경제구조를 근본적으로 변경시키지 못했다. 식민 시대 방식은 독립 이후 아시엔다를 번성하게 했고, 아시엔다는 지방권력의 요체가 되었다. 광활한 토지로 인해 지방에서 엘리트의 자율성이 높았고, 지방 엘리트의 높은 자율성은 지방의 권력조직을 통제할 수 있도록 했으며, 엘리트 자신을 위한 결정을 이끌어낼 수 있었다. 이에 정치권력에 접근할 수 있게 되었다. 이러한 상황은 권위주의적이고 가부장적인 복종을 요구하는 사회구조를 형성했으며, 이러한 구조에서 정치 참여 과정은 개인의 입장에서 높은 자율성 성취가 목적이 아니라 아시엔다의 통합성을 향상시키는 것이 목적이었다. 이것은 이익이나 특권의 실질적 가능성이 존재하지 않는 상황에서 아시엔다 밖에서 특권을 성취할 수 있는 가능성을 부여했기 때문이었다(Iregui, 2001: 47~50).

콜롬비아는 고립적인 지리적 환경으로 인해 경제발전도 어려웠는데, 그것은 콜롬비아 지역들의 고립에 따른 지역주의가 경제발전에 저해요인으로 작용했기 때문이다. 이렇게 콜롬비아에서 지역주의는 정치 전반에 영향을 끼쳤을 뿐만 아니라 경제에도 영향을 끼쳤다. 당시 어느 정도 지방이 발전할 수 있었던 것은 19세기 후반 막달레나(Magdalena) 강에 증기선이 운행되면서부터이지만, 1885년경에서야 해안도시와 막달레나 강을 어느 정도 연결하는 철도가 건설되었다(Jaramillo, 1992a: 97). 따라서 19세기에 각 지역을 연결하는 핵심은 막달레나 강이었고, 카르타헤나,

산타마르타(Santa Marta), 바랑키야(Barranquilla) 지역에서 수출품과 수입품이 막달레나 강을 통해서 유통될 수 있었다. 그러나 항구에서 내륙으로 이동할 때는 상당한 어려움을 겪었는데, 특히 무거운 기계류 운반은 산이 있는 지역으로(예를 들면, 보고타, 통하 지역) 이동시키는 데 굉장한 어려움이 있었기 때문에 산업발전에 저해요인으로 작용했다. 이러한 지역의 고립성 속에서도 1886~1930년 동안 보수당이 집권했던 시기에 경제적으로 커피 생산이 중요했고 서부지역인 안티오키아가 커피 생산으로 중요해지면서 정치적으로 보수당에 가까웠다. 실제로 19세기에 보수당의 주요 정치인은 대부분 안티오키아 출신이었고, 보수당도 주로 안티오키아 출신에 의해 창설되었다. 반면 자유당 추종자는 콜롬비아 동부지역에 주로 분포했다. 콜롬비아의 이러한 지역주의 특징을 프랑스 사회학자인 다니엘 피콧(Daniel Pecaut)은 '파편화된 지배(dominación fragmentada)'라고 불렀다(Pecaut, 2006).

19세기 콜롬비아의 중요한 정치문화로서 지역주의는 일반적으로 콜롬비아 서부지역은 보수당을 지지하고, 동부지역은 자유당을 지지하는 것으로 나타났다. 콜롬비아 지역주의는 지리·기후·환경 요인이 내전이라는 역사적 요인과 함께 콜롬비아 사회에 정치적·경제적으로 상당한 영향을 끼쳤다.

(2) 양당제

19세기 콜롬비아 정당체제는 1848년 창설된 자유당과 1849년에 창설된 보수당이라는 전통 정당에 의한 양당제를 특징으로 하고 있고 이는 현재까지 콜롬비아의 중요한 정당으로서 기능하고 있다. 19세기에는 콜롬비아 국가나 행정체계가 미약했기 때문에 자유당과 보수당 정치인은 정치제도 대부분을 지배했을 뿐만 아니라, 사회 대부분의 지도적인 위치도 차지하고 있었다. 따라서 대부분의 지배 엘리트는 자유당이나 보수당에 속해 있었다. 지배 엘리트뿐만 아니라 대부분의 국민도 지역주의와 가족 전통에 기초하여 자유당이나 보수당을 선택하면서 자유당원으로서 또는 보수당원으로서 정체성을 갖게 되었다. 일상에서 자유당이나 보수당에 대한 지지는 매우 중요했고 이러한 정당에 대한 정체성은 세대에서 세대로 계승되는 특징이 존재했다. 보수당과 자유당의 갈등에 따른 수많은 내전이 발생했고 19세기에 발생한 내전은 총 33년이라는 긴 시간 동안 발생하면서 양당제를 더욱 강화했다. 이러한 양당제의 19세기 마지막 갈등으로 천일전쟁이 발생했고, 이 내전의 여파로 파나마를 상실했다. 이처럼 19세기 자유당과 보수당에 따른 양당제의 이념적 역할은 전국적인 수준에서 정치 경쟁을 통해 정체성 확립에 기여했으나, 정치적 통일을 방해하기도 했는데, 양당제의 기능과 상호모순은 1860년 이후의 내전과 20세기 '폭력 시기'에 갈등적 순간을 명확히 보여주었다.

19세기 콜롬비아 양당조직은 전국적 수준에서는 '전국적 유력 정치인'에 의해 조직되었고 지방에서는 가모날에 의해 조직되었다. 지방 수준에서 양당조직은 임명, 등록, 소속감에 따라 국민의 대부분이 형식적 조직 없이 개인적인 수준에서 양당에 소속되었다. 다른 한편, 19세기 후반부터 내전은 양당제를 공고화시켰으며 동시에 분파주의도 강화시켰다.

(3) 분파주의

19세기 콜롬비아 정치문화로서 정당과 지역에 기초한 분파주의가 있고, 이것은 콜롬비아 독립초기에 에콰도르와 베네수엘라의 분리 독립으로 나타났으며, 19세기 말에는 파나마의 분리 독립으로 나타났다. 콜롬비아에서 발생한 여러 번의 내전을 통해 분파주의는 더욱 확대되었다. 19세기 콜롬비아 경제발전 과정에서 농촌 사회의 물질적 결핍은 이들의 결집을 어렵게 만들었다. 이렇게 콜롬비아에서 자본주의적 경제체제의 실패로 인해 19세기 국가 형성 과정의 기초로서 이념은 더욱 중요해졌다. 이러한 이념의 주요한 요소로서 정당은 다양한 삶의 방식에 따른 지역적인 특징을 강조하다 보니 전국적인 수준에서 정당의 보편성보다는 특수성이 두드러지게 되면서 분파주의가 발생하게 되었다. 지방을 중심으로 하는 자유당과 보수당의 분파주의적 특징은 보수당의 지주들이 주축이 되어 제정한 1886년 헌법에서 잘 나타났다.

다른 한편 정당의 헤게모니는 첨예화된 이념의 차이에 따른 분파주의를 나타내는 다른 표현 방식이라 할 수 있다. 식민 시대 잔재 혁파를 주장하는 자유당 정부의 기초는 1885년 내전의 패배로 1886년 보수당 정부에 의해 붕괴되었고, 이때부터 보수당 관료가 여당으로서 활동했으며, 이들은 자신의 권력을 유지하기 위해 모든 노력을 기울였다. 이에 보수당은 1930년까지 여당 자격을 유지할 수 있었지만, 자유당과 보수당의 갈등으로 인한 내전은 분파주의를 더욱 강화시켰다. 이렇게 콜롬비아 정치 풍토에서 반대편이 내전에서 승리하여 집권하게 되면 분파주의는 더욱 강화되었다. 다른 한편, 1886년 헌법 시기부터 전국 수준의 강력한 리더십이 등장했는데, 이것은 새로운 형태의 분파주의를 반영하는 방식이었다. 일반적으로 콜롬비아에서 전국적인 수준에서 분파주의는 다양한 시기에 위기로 표현되었고 이것은 정당 헤게모니 교체를 야기시켰다. 그럼에도 콜롬비아 정치문화로서 분파주의는 제3정당 출현을 피하면서 양당체제를 강화하는 동맹구실을 제공했다.

이후 콜롬비아의 분파주의는 정당들이 지역에 따른 고립을 넘어서 전국적인 수준에서 자신의 정치적 이해를 통합시켰는데, 이에 따라 지역적으로 파편화된 세력이 아니라 전국적인 공통의 정체성을 발전시킬 수 있었다(Leal, 1989: 140).

(4) 높은 정당 충성도

　분파주의와 양당제에 기초한 콜롬비아 정치문화로서 높은 정당 충성도가 존재한다. 내전과 그 밖의 자유당과 보수당의 갈등으로 정치적·경제적·사회적 측면에서 정당은 콜롬비아 국민의 생존을 위해 중요했기 때문에 콜롬비아에서 정당에 대한 우호성은 세대에서 세대로 전승되는 특징이 있다. 이처럼 개인은 정치적 담론에 대한 이데올로기적 성향보다는 가족의 전통에 따른 우호나 반감에 따라 자유당이나 보수당을 선택했다. 따라서 콜롬비아에서 정당 정체성은 개인적 판단기준이 아니라 가족의 전통에 관한 문제라 할 수 있다. 즉, 가장의 정치적 정체성은 가족을 통해 자식에게 전승되었다(Archila Neira, 1991: 94). 이렇게 합리성보다는 가족의 전통에 의한 높은 정당 정체성은 콜롬비아에서 폭력적 갈등의 강력한 원인이자 동기로 작용했다. 이처럼 콜롬비아에 높은 정당 소속감이 존재했기 때문에, 정당은 일상생활에서 사람을 구별하는 주요한 기준이었다. 콜롬비아에서 높은 정당 충성도로 인해 라틴아메리카에서 가장 빨리 정당들이 출현할 수 있었고, 현재까지 존재하는 유일한 국가가 되었다.

　콜롬비아에서 높은 정당 충성으로 지방의 가모날에 대한 충성은 지방 정치를 형성시켰고 이러한 지방 정치는 전국 정치로 확대되었다. 특히 콜롬비아에서 여러 번 발생한 내전은 모든 사회계급에 속한 국민들로 하여금 가족의 전통에 따라 자유당이나 보수당에 속하는 시민군이 되게 만들었다. 실제로 내전 때에는 정부군이나 야당 소속 군대는 대규모 군인을 충원했는데, 이에 따라 정부군이든 야당 소속 시민군이든 군대이동에 따라 병영생활을 했기 때문에 양쪽의 군대는 자유당과 보수당의 상징, 특징, 이념과 지역정당의 전통에 익숙했다. 이들의 이러한 '작은 조국(patria chica)'에 대한 경험, 감정, 인식 등은 가족의 전통과 함께 높은 정당 충성도가 가모날에 대한 충성으로 전환되었다.

(5) 폭력문화

콜롬비아 사회에서 내전이라는 '폭력적 대립'은 국민들로 하여금 보수당·자유당 이념을 추종시키는 데 결정적으로 기여했다. 실제로 19세기 콜롬비아에서 1851, 1854, 1860, 1876, 1885, 1895, 1899년에 내전이 발생했고 이 시기의 자유당과 보수당의 대립은 폭력적으로 표출되었다. 이러한 측면에서 콜롬비아의 중요한 정치문화로서 폭력문화를 지적할 수 있다. 콜롬비아의 19세기 정치문화로서 폭력 문화는 20세기에도 이어져 1948~1958년 동안의 '폭력 시기'에도 20만 명이 사망했다. 이후에도 1960년대 게릴라 세력 출현, 1980년대 우익민병대 출현들은 19세기 폭력의 정치문화가 계승된 것이라 할 수 있다. 1990년대 이래로 현재까지 게릴라, 마약 세력, 우익민병대에 의한 무장 갈등이 심화되었다. 이에 콜롬비아 계획에 따라 미국이 콜롬비아에 개입하면서 군사화가 더욱 진행되었고, 이에 정치 폭력이 더욱 상승하면서 콜롬비아는 어려움을 겪고 있다.

5. 결론

19세기 초에 스페인으로부터 독립한 콜롬비아에서 스페인 후손은 식민 시대의 지배체제와 기득권을 계승했는데, 이것을 내적 식민성이라고 부른다. 식민 시대에 인종주의와 무력으로 지배하던 방식은 독립 이후 콜롬비아 초기에는 지역주의와 분파주의로, 1850년 이후에는 양당제와 내전으로 국민을 지배하는 방식이었다. 20세기에도 내전, 폭력 시기,

게릴라, 우익민병대, 마약 세력 등 복잡한 양상을 보여주었으나, 이러한 정치문화는 기본적으로 19세기 정치문화의 연속임을 알 수 있다. 이러한 맥락에서 지역주의, 분파주의, 양당제, 높은 정당 충성도, 폭력문화 등 콜롬비아의 정치문화가 사회에 뿌리내리면서 19세기와 20세기에도 지속적으로 영향을 미쳤다.

콜롬비아 정치문화 유형은 서론에서 언급한 '소교구'적 유형과 '종속적' 유형을 보여주고 있다. 첫 번째 '소교구' 정치문화 측면은 1850년을 전후로 해서 다시 2개로 구분할 수 있다. 1850년 자유당과 보수당이 출현하기 전까지는 스페인으로부터 독립했음에도 불구하고 국가기구나 행정체계가 거의 전무했기 때문에 지방의 카우디요와 교회에 의해 지배되었다. 즉, 아시엔다와 교회가 국가의 기능과 역할을 대신했다. 자유당과 보수당이 창립된 1850년경 이후에도 여전히 국가기구는 전무했고 이러한 상황에서 자유당과 보수당은 국가의 기능과 역할을 대신했다. 이 당시에 보수당이나 자유당의 언급은 단순하게 정당을 의미하는 것이 아니라, 국가기구나 행정체계를 대신했다. 두 번째 '종속적' 정치문화 측면은 콜롬비아 국민이 1850년 이전에는 아시엔다 주인인 카우디요에 종속되었다면, 1850년 이후에는 자유당과 보수당에 종속되었다. 즉, 1850년 이전에는 카우디요의 이해에 국민이 동원되었다면, 1850년 이후에는 정당의 이해에 국민이 동원되었다. 카우디요와 정당에 대한 종속적 정치문화는 세대와 세대로 전승되면서 세대를 통해 종속된 상황이 되었다.

19세기 콜롬비아 정치문화로서 소교구적 정치문화는 국가가 거의 부재한 상황이었기 때문에 이러한 상황에서 라틴아메리카에서 가장 빨리 정당을 출현케 했고, 현재에도 국가가 미약하기 때문에 자유당과 보수당은 콜롬비아 정치에서 아직까지도 중요한 의미를 갖는다. 종속적 정치문화 측면으로서 19세기 33년 동안 수많은 인명과 재산 피해가 발생할 수밖에 없었던 이유는 콜롬비아 정치문화가 대단히 종속적이었음을 반증한다. 이것은 합리적 이유가 아닌 세대에서 세대로 전승된 가족의 종속적인 전통 때문이었다. 또한 높은 정당 충성도도 정당에 종속된 정도를 보여준다. 왜냐하면 당시에 정당은 생명, 재산뿐만 아니라 일상생활의 모든 것에 영향을 끼쳤기 때문이다. 결론적으로 19세기의 소교구적·종속적 정치문화는 20세기의 콜롬비아 정치문화에 계속해서 영향을 미쳤다.

참고문헌

김달관. 2009. 「콜롬비아 국민전선의 발생, 성장 그리고 한계, 1947-2009」. ≪라틴아메리카연구≫, 제22권 제2호, 207~237쪽.

안승국·김유경·이은정. 2002. 「비교·지역연구에 있어서 최선의 연구전략: 변수중심 연구전력인가 사례중심연구전략인가」. ≪국제·지역연구≫, 제11권 제4호, 57~74쪽.

Acosta, Alberto y Esperanza Martínez. 2009. *Plurinacional: Democracia en la Diversidad*. Quito: Ediciones Abya-Yala.

Antonio Ocampo, José. 1991. *Historia Económica de Colombia*. Bogotá: Siglo Veintiuno Editores.

Archila Neira, Mauricio. 1991. *Cultura e Identidad Obrera: Colombia 1910-1945*. Bogotá: Ediciones Antropos LTDA.

Arrubla, Mario et al. 1990. *Colombia Hoy*. Bogotá: Siglo Veintiuno Editores.

Bergquist, Charles. 1988. *Los Trabajadores en la Historia Latinoamericana: Estudios Comparativos de Chile, Argentina, Venezuela y Colombia*. Bogotá: Siglo Veintiuno Editores.

Bobbio, Norbert et al. 1998. *Diccionario de Política*. México: Siglo XXI.

Caballero Argaez, Carlos. 1987. *50 Años de Economía: De la Crisis del Treinta a la del Ochenta*. Bogotá: Editorial Presencia LTDA.

Calderón Schrader, Camilo. 1989a. *Nueva Historia de Colombia IV: Educación y Ciencia, Luchas de la Mujer, Vida Diaria*. Bogotá: Planeta Colombia Editorial S.A.

_____. 1989b. *Nueva Historia de Colombia V: Economía, Café, Industria*. Bogotá: Planeta Colombia Editorial S. A.

_____. 1989c. *Nueva Historia de Colombia III: Relaciones Internacionales y Movimientos Sociales*. Bogotá: Planeta Colombia Editorial S. A.

Cepeda Von Houter, Alvaro. 2007. *Clientelismo y Fe: Dinámicas Políticas del*

Pentecostalismo en Colombia. Bogotá: Editorial Bonaventuriana.

Eduardo, Hésper. 1989. *Proceso del Bipartidismo colombiano y Frente Nacional*. Bogotá: Universidad Nacional de Colombia.

Gonzalez, Fernán E. et al. 2002. *Violencia Política en Colombia: De la Nación Fragmentada a la Construcción del Estado*. Colombia: CINEP.

Gouzy, Doris Wise. 1990. *Antología del Pensamiento de Mariano Ospina Rodríguez Tomo I*. Bogotá: Banco de la República.

Instituto de Economía. 2008. Historia Política, Sistema Político, Pontificia Universidad Católica de Chile. http://www.solidaritat.edu/observatori/esp/colombia 2008년 4월 9일 검색.

Iregui, Fernando. 2001. *La Cultura de la Violencia: Una Aproximación a la Crisis Estructural del Estado*. Bogotá: Universidad Nacional de Colombia.

Jaramillo Uribe, Jaime. 1989a. *Nueva Historia de Colombia 1: Colombia Indígena, Conquista y Colonia*. Bogotá: Planeta.

_____. 1989b. *Nueva Historia de Colombia 2: Era Republicana*. Bogotá: Planeta.

_____. 1992a. *Manuel de Historia de Colombia Tomo 2*. Bogotá: Tercer Mundo Editores.

_____. 1992b. *Manuel de Historia de Colombia Tomo 3*. Bogotá: Tercer Mundo Editores.

Leal B., Francisco. 1989. *Estado y Política en Colombia*. Bogotá: Siglo Veintiuno Editores.

Lopez Garacito, Luis Fernando. 1992. *Intervencionismo de Estado y Economía en Colombia*. Bogotá: Universidad Externado de Colombia.

Martz, John D. 1997. *The Politics of Clientelismo: Democracy and the State in Colombia*. New Jersey: Transaction publishers, New Brunswick.

Pecaut, Daniel. 2006. *Crónica de Cuatro Décadas de Política Colombiana*. Bogotá: Editorial Norma S.A.

Tirado Mejía, Alvaro. 1989. *Nueva Historia de Colombia I. Historia Política 1886-1946*. Bogotá: Planeta.

제 **3** 부

문화적 혼종성

제11장 | 문화 혼합과 16세기 누에바 에스파냐의 조형예술_ 박병규
제12장 | 바로크와 혼혈: 빈 공간에 대한 공포의 의미_ 박원복
제13장 | 칠레 국민국가 형성 시기의 논쟁에 나타난 내셔널리즘_ 이성훈

제11장

문화 혼합과 16세기 누에바 에스파냐의 조형예술*

박병규 서울대학교 라틴아메리카연구소 HK교수

1. 서론

라틴아메리카의 식민 시대 문화를 보는 시각은 크게 세 가지로 나눌 수 있다. 첫째는 유럽중심주의 문화담론으로, 아메리카 식민지는 스페인의 절대적 영향 아래 있었으며, 식민지 문화와 예술은 스페인 문화와 예술의 지방적인 표현이라는 시각이다. 이런 유형의 담론은 식민 시대뿐만 아니라 현재까지 지속되고 있는데, 이를테면 누에바 에스파냐 예술의 특이성은 유럽과 누에바 에스파냐 사이의 공간적·시간적 격차가 만들어낸 차이일 뿐이라는 호르헤 알베르토 만리케(Jorge Alberto Manrique)의 주장이 여기에 해당한다(Manrique, 1982: 55~60). 이와 정반대편에 혼혈문화1) 담론이 자리 잡고 있다. 이 담론은 문화와 예술 창조에서 원주민의

---

* 이 글은 웹진 ≪트랜스라틴≫ 12호(2010년 6월)에 게재한 「원주민 기독교도 예술과 예술의 식민성」을 전면적으로 수정하고 논의를 확장한 것이다.

기여를 강조하여 라틴아메리카 문화와 예술은 식민 시대 초기부터 유럽 문화와 아메리카 대륙의 원주민 문화가 뒤섞였다는 것이다. 예컨대 호세 마누엘 아길라르 모레노(José Manuel Aguilar Moreno)는 식민 시대 문화와 예술을 "복잡한 정신세계를 지닌 새로운 '민족(raza)', 즉 멕시코 국민이 탄생하게 된 고통스러운 과정"으로 파악한다(Aguilar Moreno, 1999: 269). 마지막으로, 식민 시대 라틴아메리카 예술을 이질적인 문화 현상이나 유럽 예술의 조야한 모방이 아니라, 유럽풍 회화를 지향하는 식민지 화가 조합을 통해 유입된 최신의 유럽 예술과 병행해서 발전한 것으로 보는 마커스 버크(Marcus Burke)의 관점이다(Burke, 2006: 73).

이상의 세 가지 담론은 한계가 있다. 먼저 유럽중심주의 문화담론은 라틴아메리카 문화의 토착성을 무시하고 지나치게 유럽 문화라는 원류로 환원하고 있다. 이에 반해 혼혈문화 담론은 16세기의 식민지배자가 18세기 말경에 이르면 식민본국을 거부한 독립주체 세력으로 성장했으며 그 과정에서 원주민 문화는 말살되거나 배제되었다는 역사 과정을

---

1) 라틴아메리카 문화의 특성을 흔히 혼종문화(cultura híbrida)라고 일컫는다. 1990년대 이전만 하더라도 혼혈(mestizo)과 혼혈문화(cultura mestiza)라는 용어를 사용했는데, 네스토르 가르시아 칸클리니(Néstor García Canclini)의 저서 『혼종문화』(1990년)와 호비 바바의 저서 『문화의 위치』(1994년)와 같은 포스트모더니즘과 포스트콜로니얼리즘 담론의 영향을 받아 점차 혼혈이라는 용어는 자취를 감추고 혼종이 주류를 형성했다. 그러나 이러한 용어는 재고의 여지가 있다. 무엇보다도, 혼혈은 20세기 멕시코의 국민통합 담론으로써 정치적 색채를 띠고 있으며, 혼종은 근대성의 문제(가르시아 칸클리니의 경우)나 포스트콜로니얼리즘이라는 특정한 입지점이 개재되어 있다. 따라서 이 글처럼 16세기 누에바 에스파냐의 문화라는 역사의 한 단면을 다루는 글에서는, 현대적인 문제를 다루기 위해 창안된 혼종·혼종성(hibridad)이나 혼혈·혼혈성(mestizaje)보다 중립적인 용어를 선택할 필요가 있다고 판단하여 혼합(mezcla)이라는 용어를 선택한다.

경시하고 있다. 병행 발전 담론은 라틴아메리카 바로크가 유럽보다 1세기 뒤늦은 이유를 설명하기에는 역부족이다.

문화 담론이야 어떠하든 식민 시대 라틴아메리카 역사는 스페인에서 이식된 제도와 문화의 점진적인 토착화 과정으로 파악할 수 있다. 식민 시대 초기 스페인은 각종 제도와 문화를 식민지에 일방적으로 강제했다. 그러나 식민권력은 도시라는 전략적 거점에 집중되어 있었으므로 지배력은 공간적으로 균일하지 않았으며, 농촌처럼 원주민이 거주하는 영역에는 전통적인 제도와 문화가 존속하고 있었다. 300년에 걸친 식민 시대라는 기간에 원주민 저항세력은 끊임없이 투쟁했음에도 불구하고 식민 지배력의 외연은 공간적으로, 정신적으로 확장되었다. 이런 과정에서 식민지에 이식된 제도와 문화가 원주민의 제도와 문화와 같은 이질적인 요소와 복잡다단하게 상호작용하여 토착화된 것이다. 그러므로 이 글에서는 식민 시대 라틴아메리카 문화를 유럽의 모방이라거나 애초부터 혼혈성을 띠었다고 단정하는 대신에 구체적인 사례를 들어 상이한 문화가 혼합되는 양상을 살펴보고자 한다.

문화 혼합은 이질문화가 만나고 섞이는 영역을 상정해야 하는데, 16세기 누에바 에스파냐에서 상이한 두 문화 접촉이 가장 빈번하고 심도 있게 이루어진 영역은 가톨릭 선교와 직접적으로 관련된 부분이다. 그중에서도 탁발수도회(프란치스코회, 도미니코회, 아우구스티노회) 수사는 가톨릭 선교를 위해 원주민의 언어를 습득하는 등, 그 어떤 식민지배자보다도 훨씬 적극적이고 개방적으로 원주민에게 접근했다. 이들이 세운 수도원에는 문화 혼합의 구체적인 증거가 조형예술과 회화 형태로 현존하고 있는데, 여기에서는 논지의 명확성을 위해 연구 대상을 한정한다. 다시 말해서, 아콜만 수도원[2])의 조형예술 작품에 대한 도상해석학적 논의에서 출발하여 문화 혼합의 성격을 살펴보고, 이어 16세기 누에바 에스파냐에서 문화 혼합이 가능하게 된 사회적 맥락을 짚어보고자 한다.

2. 모자이크 혼합

　수도원은 16세기 누에바 에스파냐의 문화 상황과 예술을 증언하는 대표적인 건물이다. 아스테카 정복 후 스페인인은 통치에 필요한 요새, 공공건물 및 거주에 필요한 가옥 등을 신축했는데 이런 건물은 대부분 소실되거나 개축되어 원형을 상실했다. 반면에 수도원은 비교적 건축 당시의 모습을 유지하고 있어서 16세기 문화와 예술 연구의 주요한 대상 가운데 하나이다.

　누에바 에스파냐에는 1525년부터 수도원이 들어서기 시작했다. 에르난 코르테스가 아스테카를 정복할 때 선교사도 따라 들어왔지만 본격적인 선교 활동이 전개된 때는 '멕시코의 12사도'라고 부르는 프란치스코회 수사들이 도착한 1524년 이후이다. 프란치스코회에 이어 1526년에는 도미니코회가 들어왔고 1533년에는 아우구스티노회가 들어왔는데 선교 지역은 수도회마다 차이가 있었다. 제일 먼저 들어온 프란치스코회는 테스코코, 우에호칭고, 틀락스칼라 등 현재의 멕시코시티와 주변 지역에 수도원을 세우고 선교했는데, 현재의 행정구역으로 멕시코 주 북부에 위치한 아콜만 수도원도 그중 하나였다.

　역사를 보면 아콜만 수도원은 프란치스코회 안드레스 데 올모스(Andrés

---

2) 공식 명칭은 '아콜만의 산 아구스틴 전(前) 수도원과 성당(Templo y exconvento de San Agustín de Acolman)'으로 건물 일부는 '부왕령 시대 아콜만 박물관 (Museo Virreinal de Acolman)'으로 사용하고 있다. 이처럼 현재는 수도원으로 사용하지 않으나 여기에서는 편의상 '아콜만 수도원'으로 표기한다.

de Olmos) 수사가 1524년에 짓기 시작하여 1529년에 완성했다. 처음에는 규모가 작은 수도원이었다. 1539년 아우구스티노회가 인수한 후, 1560년까지 증축 공사를 단행했다. 산 아구스틴 아콜만 수도원이라고 부르던 이곳은 1629년, 1645년, 1763년에 홍수 피해를 당했고, 1772년에는 무려 2미터나 물에 잠기는 바람에 폐쇄되었다. 1945년에 수도원을 뒤덮은 토사를 제거하는 등 수리를 거쳐 현재에 이르고 있다.

이런 풍파에도 불구하고 아콜만 수도원의 외관(façade)은 16세기 건축 당시의 플라테레스코(plateresco, 일명 '가톨릭 양왕 양식') 양식을 유지하고 있다. '은세공'이라는 의미의 이 양식은 16세기 스페인에서 유행했으며, 건물 구조와 상관없이 고딕, 르네상스, 무어 양식 모티브로 복잡하게 장식하는 것이 특징이다. 대표적인 플라테레스코 양식은 스페인 살라망카 대학의 외관인데, 여기에 비해보면 아콜만 수도원의 외관은 수수한 편에 속한다. 플레테레스코 양식은 아콜만 수도원 외에도 과나후아토 주 유리리아 지방의 산 아구스틴 수도원(Exconvento de San Agustín en Yuriria), 미초아칸 주 메츠티틀란 지방의 산토스 레예스 수도원(Exconvento de los Santos Reyes en Metztitlan) 등에서도 볼 수 있으나 16세기 누에바 에스파냐 수도원의 전형적인 양식이라고 말하기는 어렵다. 신축 수도원의 건축주라고 할 수 있는 탁발수도회 수사는 건축에 문외한이나 마찬가지였으므로 스페인이나 유럽에서 본 수도원의 모습을 상기하거나 스페인에서 가져온 서적의 삽화를 보고 취향에 맞는 양식을 선택하는 경우가 대부분이었다. 이런 이유로 16세기 누에바 에스파냐의 수도원은 고딕, 르네상스, 플라테레스코 등 유럽의 다양한 건축 양식이 혼재하고 있다(Bernales Ballesteros, 1987: 34). 따라서 건축 양식의 비일관성이 이 시기 건축의 특징 가운데 하나라는 역설이 성립한다.

그런데 문화 혼합이라는 관점에서 보면 아콜만 수도원의 외관에서

〈그림 11-1〉 아콜만 수도원의 정면 부조

사진출처: http://www.mexicanarchitecture.org

흥미로운 장식을 발견할 수 있다. 바로 2층 창문 오른편에 붙어 있는 문장(紋章) 형태의 조각이다(<그림 11-1>). 사실적으로 양각된 팔과 낯선 문양이 결합되어 있어서 언뜻 보면 잘린 팔에서 내뿜는 피처럼 보인다. 아스테카인이 태양신화에 따라 인간을 희생물로 바쳤다는 사실과 툴라(Tula)에 있는 톨테카(Tolteca) 신전 하단의 '인간의 심장을 쪼아 먹는 독수리' 부조를 상기하면 낯선 문양을 핏방울로 인식하는 것도 무리는 아니다. 이런 인상은 곧 수정할 수밖에 없는데, 선교사가 발본색원의 대상으로 간주한 원주민 신앙의 상징을 수도원 건물 정면에 부착한다는 것은 논리적으로 자가당착이며 설득력이 없다.

다른 가능성은 아스테카인이 사용하던 그림문자(jeroglífico)에서 찾을 수 있다. 아스테카의 고문서(códice)에서 태양, 땅, 하늘, 독수리, 심장,

〈그림 11-2〉 아콜우아칸(멘도사 고문서)

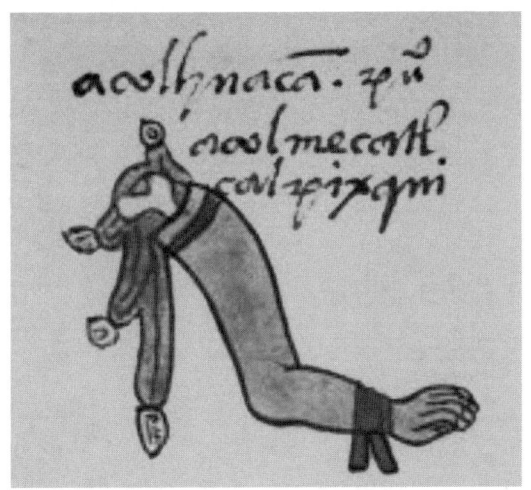

사진출처: http://commons.wikimedia.org/wiki/Codex_Mendoza

물은 매우 중요한 기본 요소로 여러 고문서에서 반복적으로 나타나는데, 아스카티틀란 고문서(Códice Azcatitlán), 마글리아베치 고문서(Códice Magliabechi)에는 아콜만의 낯선 문양과 유사하면서도 다른 그림문자와는 확연하게 구별되는 그림문자가 수록되어 있다. 바로 아스테카인이 태양만큼 소중하게 여긴 물이다(Escalante Gonzalbo, 2010: 55). 그렇더라도 팔과 물의 결합은 팔과 핏방울의 결합만큼 어색한 조합이다.

19세기 고문서 연구를 통해서 아스테카인이 사용하던 나우아어 지명을 해석한 안토니오 페냐피엘(Antonio Peñafiel)의 『멕시코의 지명(Nombres geográficos de México)』에 따르면, 아콜만이라는 지명은 나우아어로 어깨를 뜻하는 'acoli', 손을 뜻하는 'maitl' 또는 '잡다'는 뜻의 'ma'와 어미 'n'이 결합된 말로 '아콜우아 부족이 점령한 곳'이라는 의미한다(Peñafiel, 1885: 46-47). 그러나 도상의 측면에서 아콜만 수도원의 부조와 거의 동일한 그림문자는 멘도사 고문서(Códice Mendoza)3) 21v 상단에 기록된 그림문자 아콜우아칸(Acolhuacan)이다(<그림 11-2>). 이 단어에 대한 페냐피엘의 설명을 인용한다.

아콜우아칸: 아콜우아 부족의 상징으로 어깨를 뜻하는 'acolli'에 물을 뜻하는 'atl'을 얹어 팔을 표현하고 팔목에는 팔찌와 붉은색 장식을 곁들여 글자를 완성했다. [이 그림문자는] 장소를 뜻하는 'can', 소유를 뜻하는 'hua', 아콜우아 족을 환기하는 'acol'이 결합된 것으로, '아콜우아족이 사는 곳'이다(Peñafiel, 1885: 45~46).

그렇다면 아콜만 수도원의 정면 부조는 아스테카의 그림문자 아콜우아칸을 가감 없이 모사한 것으로, 수도원이 위치한 고장의 이름을 명기한 현판이다.[4] 여기서 그림문자는 원주민을 위한 것이며, 그림문자를 수도원 정면에 부착하겠다고 결정한 사람은 스페인인 수사였다는 사실도 덧붙여야겠다.

아콜만 수도원의 정면 부조는 멘도사 고문서의 그림문자와 차이가

---

3) 멘도사 고문서는 누에바 에스파냐의 초대 부왕 안토니오 데 멘도사(Antonio de Mendoza)가 주도하여 정복 이후인 1540년에 작성되었다. 비록 정복 이후에 만들어진 문헌이지만 아스테카 전래의 고문서를 참조하여 작성했으므로 도상도 정복 이전의 아스테카 고문서 전통을 따르고 있다.

4) 아콜만과 아콜우아칸은 의미상 유사하나 지리적 범주의 동일성 여부는 불확실하다. 버단과 애너월트는 멘도사 고문서에 나타난 아콜만과 아콜우아칸의 관계에 대해 세 가지 가능성을 언급하고(아콜우아칸이 테스코코일 가능성, 아콜우아칸이 아콜만일 가능성, 아콜우아칸이 코아틀리찬일 가능성), 이 중 어느 경우도 확실하지 않다고 얘기한다(Berdan and Anawalt, 1992: 38). 이런 지리적 모호성이 이 글의 논의에 영향을 주지는 않는다. 논의의 요점은 아콜만 수도원이 위치한 곳의 지명을 아스테카의 그림문자로 표기했다는 것이기 때문이다.

〈그림 11-3〉 아콜만 수도원의 앞마당 십자가

사진출처: http://en.wikipedia.org/wiki/Acolman

있는데, 무엇보다도 팔뚝의 사실적인 묘사가 그러하다. 금방이라도 꿈틀 거릴 듯한 근육과 섬세한 손가락의 표현은 아스테카에서는 찾아볼 수 없는 르네상스 조각의 특징이다. 아스테카 고유의 그림문자를 르네상스 양식으로 조각함으로써 훨씬 정교하고 생생하게 표현한 것이다. 이런 면에서 아콜만 수도원의 정면 부조는 아스테카의 전통 문화와 스페인을 통해서 누에바 에스파냐에 들어온 르네상스 양식, 즉 스페인 문화가 혼합된 산물이다.

문화 혼합과 관련하여 아콜만 수도원에서 눈길을 끄는 또 다른 조형예술은 돌로 만든 앞마당 십자가(cruz atrial)이다(<그림 11-3>).[5] 이러한 유형의 십자가는 16세기 누에바 에스파냐의 전형적인 조형물로 멕시코 전역에 십 수 기가 현존한다.[6] 앞마당 십자가의 연원은 유럽의 길거리나 광장에 세워진 십자가로 여기서 영감을 얻은 16세기 누에바 에스파냐의 탁발수도회 수사는 수도원 앞마당에 커다란 십자가를 세웠다. 처음에는 멀리에서도 잘 보이도록 나무로 만들어 높이 세웠으나 벼락을 맞는 경우가 많았으므로 1539년 식민 당국은 너무 높지 않게 돌로 만들라고 명령했다(Toussaint, 1962: 27).

앞마당 십자가의 중요성을 이해하려면 16세기 누에바 에스파냐 수도원의 구조를 파악할 필요가 있으므로 여기서 잠시 언급하도록 한다.[7]

---

5) 앞마당(atrio)은 라틴어 atrium에서 나온 말로, '아트리움', '안뜰', '중정(中庭)'으로 번역한다. 이 단어는 건물로 둘러싸인 공간을 가리키지만 기독교 교회와 관련해서는 교회당 입구 앞의 마당을 지칭하므로 이 글에서는 '앞마당'으로 옮긴다.

6) 현전하는 앞마당 십자가 중 일부는 17세기 이후에 세워지기도 하고 복제품도 없지 않으나 마누엘 투상(Manuel Toussaint)이 예로 들고 있는 16세기 작품은, 아콜만의 앞마당 십자가를 비롯하여 멕시코 주의 쿠아우티틀란(Cuauhtitlán), 힐로테펙(Jilotepec), 산타 크루스 아토약(Santa Cruz Atoyac), 우이풀코(Huipulco), 이달고 주의 우이차판(Huichapan), 카르도날(Cardonal)이다(Toussaint 1962, 27). 모레노 비야(José Moreno Villa)는 아콜만, 아차코알코(Atzcoalco), 산 펠리페 데 로스 알사테스(San Felipe de los Alzates), 힐로테펙(Jilotepec), 우안코(Huanco), 테페아풀코(Tepeapulco)의 앞마당 십자가를 16세기 작품으로 꼽는다(Moreno Villa, 2004: 17~19).

7) 수도원 구조에 대한 이 문단의 설명은 베르날레스 바예스테로스를 참고했다

수도원 건물의 외양은 수도회에 따라서 약간의 차이를 보이고 있으나 기본 구조는 유사하다. 수도원 경내는 사방을 담으로 둘러싸 앞마당을 만들었으며, 각 모서리에는 멕시코 푸에블라 주의 산 안드레스 칼판(San Andrés Calpan) 수도원에서 보듯이 망루처럼 생긴 안치소(capilla-posa)가 있었다. 이 앞마당 안쪽에 건물을 세우고, 교회당(iglesia), 수사들의 공간인 수도원, 원주민 예배당(capilla),[8] 부엌 등의 생활공간을 배치했다. 현재의 수도원과는 다르게 일종의 종교 복합건물이었다. 이러한 건물 구조의 원형은 스페인 안달루시아 지방의 고딕 수도원이다. 그러나 누에바 에스파냐의 수도원은 현지 사정에 적합하게 변형되었는데, 그 대표적인 예가 안치소[9]와 앞마당의 규모이다. 앞마당이 스페인의 수도원에서는 예를 찾을 수 없을 정도로 넓은 이유는, 적은 비용으로 가능하면 많은 원주민을 수용하여 교리를 가르치고, 강론하고, 미사를 올리는 공간을 확보하고자 했기 때문이다. 이처럼 수도원 앞마당은 야외 예배당으로서 기능했다. 수사와 원주민이 직접적으로 대면하는 이 공간에 단을 쌓고 그 위에 세워 놓은 십자가, 즉 안마당 십자가는 의례의 중심점을 나타내는 상징일 뿐만 아니라 예수의 죽음과 부활이라는 가톨릭 교리의 핵심을 원주민이 직관적으로 파악할 수 있는 교육 수단으로서 기능했다.

(Bernales Ballesteros, 1987: 40~43).

8) 원주민 예배당은 지붕은 있었으나 신도석(nave)은 없는 야외 예배당이었다. 산 니콜라스 톨렌티노(San Nicolás Tolentino) 수도원처럼 독립적인 경우노 있고, 아콜만 수도원처럼 건물 정면에 통합된 경우도 있다(Donahue-Wallace, 2008: 7). 후자의 경우는 앞마당이 예배당이다.
9) 안치소가 어떤 목적으로 세워졌는지는 논란이 분분한데, 원주민 남자, 여자, 소년, 소녀를 분리하여 교리를 가르쳤다는 설과 함께 안치소 내부에 기독교 상징이나 제단을 안치하여 수도원 경내, 즉 앞마당을 성스러운 공간으로 만드는 역할을 했다는 설이 있다.

멕시코에 현존하는 16세기 앞마당 십자가의 기둥은 사각형, 팔각형, 원통형으로 다양하지만 예수의 수난을 표현하고 있다는 점에서는 공통적이다. 구체적으로 아콜만 수도원의 앞마당 십자가는 원통형으로 높이가 약 2.2미터에 달한다. 이 십자가는 우리가 일상적으로 접하는 십자가와는 많이 다르다. 십자가 제일 위에는 'INRI'라는 글자가 새겨져 있으나 십자가에 매달려 대속하는 예수의 고통스러운 모습은 찾을 수 없다. 그 대신 십자가의 가로축과 세로축이 교차하는 정중앙에 예수의 얼굴만 르네상스 양식으로 부조되어 있다. 십자가의 가로축은 잎사귀와 꽃이 화려하게 뒤덮고 있으며 양끝은 백합 문양이다. 세로축 하단에는 갖가지 문양이 빼곡하게 조각되어 있다.

양식의 면에서 보면, 이러한 유형의 십자가, 즉 정중앙에 예수 얼굴을 위치시키고 양 끝을 백합 문양으로 장식하고, 세로축 하단에 여러 가지 문양을 새겨 넣은 십자가는 매우 이례적인 형태이다. 앞마당 십자가를 디자인한 사람은 스페인에서 건너온 수사가 분명했으므로 유럽의 전통과 관련이 있다고 상정하는 것이 타당하다. 모레노 비야의 연구에 따르면, 아콜만 수도원의 앞마당 십자가는 13세기에 목재로 제작된 휴대용 십자가와 유사하다. 휴대용이라서 누에바 에스파냐로 반입하기도 용이했을 것이므로 원형이라고 추정한다(Moreno Villa, 1986: 23~24).

이렇듯 아콜만 수도원의 앞마당 십자가는 당시의 유럽 예술 경향과 괴리가 있다. 유럽에서 예수의 책형을 그린 그림은 중세 말 이후 점점 예수의 고통을 극적으로 표현하고, 르네상스에 이르면 그뤼네발트(Grünewald)의 아이젠하임 제단화에서 잘 드러나듯이 십자가에 매달린 예수의 고통을 사실적으로 강조했다. 그럼에도 16세기 앞마당 십자가는 피 흘리고 고통 받는 예수의 전신상 대신에 마치 아스테카의 그림문자를 돌에 새겨놓은 듯이 다양한 모티브로 장식했는데, 이러한 선택은 다음

두 가지를 고려한 때문으로 보인다.

첫째, 넓은 의미의 정치적인 고려이다. 스페인 정복자들은 아스테카 인신공희를 빌미로 삼아 원주민을 무력으로 굴복시키는 것이 정당하다고 주장했고, 탁발수도회 수사를 비롯하여 가톨릭교회 사제는 아스테카의 종교를 야만적인 미신으로 폄훼했는데, 뜻밖에도 가톨릭의 십자가 또한 찢긴 상처에서 피를 흘리며 고통스러워하는 예수그리스도를 담고 있었다. 십자가에 못 박힌 예수상은 종교적 의미야 어떻든 원주민의 눈에는 또 다른 형태의 인간 희생으로 비칠 수 있었다. 따라서 수사들은 이런 모순을 피하려고 추상적인 형태의 모티브로 십자가를 장식했다.10)

둘째는 종교적·교육적 고려이다. 문자를 모르는 원주민에게 그림을 통해서 십자가의 의미를 교육하고자 한 것이다. 사실 앞마당 십자가에 새겨진 모티브는 성서의 이야기를 전달하고 있다. 십자가 상단 가로축에 새겨진 백합, 종려나무 가지, 꽃은 예수 수난의 시발점이 되는 종려주일 (Domingo de Ramos)을 의미한다. 세로축 하단에서 제일 위쪽에 있는 주머니는 예수를 몇 푼에 팔아넘긴 유다의 돈주머니이며, 수탉은 닭이 울기 전에 세 번이나 부인한 베드로의 일화이고, 올가미, 사람 얼굴, 기둥은 예수를 모욕한 사람들과 십자가 고행이다. 사다리와 못은 십자가에 못을 박았다는 것이며, 양옆의 잎사귀는 마태복음 27장 48절에 나오는 '갈대'를 나타낸다.11) 그리고 가장 아래의 해골은 죽음을 뜻한다.12) 한편 기단

---

10) 세르주 그루진스키(Serge Gruzinski)도 식민 시대의 성화를 논하면서 이와 동일한 견해를 피력하고 있다(Gruzinski, 1993: 65).
11) 마태복음 27장 48절은 다음과 같다. "그리고 그 중의 한 사람은 곧 달려가 해면을 신 포도주에 적시어 갈대 끝에 꽂아 예수께 목을 추이라고 주었다"
12) 이상은 십자가의 의미를 설명하는 전형적인 모티브로, 앞마당 십자가에서 공통적으로 나타난다.

부에는 죽음(해골)과 악(뱀)을 물리친 성모자상, 황금, 몰약을 담은 병을 양각함으로써 탄생 또는 부활을 표현하고 있다. 한마디로, 예수 수난의 이야기를 그림으로 표현한 것이다.

여기서 주목할 사항은 아콜만 수도원의 앞마당 십자가에 사용된 모티브는 모두 서양 전통에 속하며, 아스테카 전통과는 관련이 없는 점이다. 그럼에도 십자가 가로축 하단과 기단부의 해골은 원주민 전통의 촘판틀리(tzompantli)[13]를 연상시킨다. 또 기단부의 투박한 성모상은 르네상스 양식으로 정교하게 조각한 예수의 얼굴상과 비교할 때 "너무나 원시적이어서 기독교상이라기보다는 차라리 우상이라고 생각할 정도이다"(Toussaint, 1962: 27). 이 말의 의미는 가톨릭 예술 작품 속에 아스테카 원주민 전통이 존속하고 있다는 것이다. 이와 동일한 맥락에서 모레노 비야도 16세기 앞마당 십자가에는 아스테카 우상의 흔적이 남아 있다고 보고, 이러한 예술적 혼합을 가리켜 '공납예술(tequitqui)'이라고 불렀다(Moreno Villa, 2004: 19). 콘스탄티노 레예스 발레리오(Constantino Reyes Valerio) 역시 원주민 전통의 지속을 얘기한다.

수도원에서 수사를 위해 일하던 원주민 예술가는 의식적이든 무의식적이든 이전에 만든 고유의 예술작품, 특히 정복 당시 고도로 발전한 메시카(mexica) 전통의 작품에 나타난 형태에 의지해야만 했다. 비록 삶의 방식과 제도가 무너졌다고 할지라도 인간이 사고와 삶은 중단될 수 없기 때문이다(Reyes-Valerio, 2000: 264).

---

[13] 인신공희로 희생된 사람들의 두개골을 막대기에 꿰어 걸어놓은 것을 의미한다. 치첸이사에서는 제단 기단부 장식으로 사용되고 있다.

이러한 견해와 정반대로 호르헤 알베르토 만리케는 식민 시대 예술 작품에 나타나는 원주민의 영향이란 식민본국과 식민지 사이에 개재(介在)된 문화적 시간 차의 산물이라고 주장한다.

많은 사람들이 16세기 예술에서 '원주민의 영향'을 논하고 있다. 이른바 '공납예술'이라는 것이다. 그러나 내가 보기에는 16세기 예술과 당대 유럽 예술 사이의 차이에 지나지 않는다. [예술사가들이] 누에바 에스파냐의 작품을 주관적으로 해석한 것이 명명백백하다. 이른바 아스테카 특성의 지속이란, 문헌 증거에서 유래한 견해라기보다는 모델의 오독에서 비롯된 것이다(Manrique, 1982: 57).

양측의 견해를 혼혈문화담론과 유럽중심주의 문화담론의 차이라고 단순화시키면 16세기 문화 혼합을 이해하는 데는 전혀 도움이 되지 않는다. 앞서 살펴보았듯이, 아콜만 수도원 정면의 플라테레스코 양식이나 아스테카 그림문자의 르네상스 양식 조각은 당시 스페인에서 유행하던 양식이었으므로, 당대의 유럽 예술과 누에바 에스파냐 예술의 차이를 강조하는 만리케의 주장은 과장된 것이다.[14]

한편 아콜만 수도원 정면의 그림문자와 같은 아스테카 모티브는 16세

---

14) 그렇더라도 민리게가 제기한 문제의 핵심은 여전히 미해결의 상태로 남는다. 앞마당 십자가로 예를 들면, 예수의 얼굴처럼 르네상스 양식은 분명하게 확인할 수 있지만, 성모 마리아는 경우는 논란의 여지가 있다. 투상이나 모레노 비야 등은 아스테카 전통을 '환기' 또는 '흔적의 존속'이라고 주장하는 데 반해서 만리케는 원주민 예술가의 서투 솜씨 탓이라고 암시하기 때문이다. 이런 논란은 시각의 차이에서 기인한 것일 뿐, 논증의 문제가 아니므로 여기에서는 더 이상 언급하지 않겠다.

기 누에바 에스파냐 건축물 곳곳에서 발견된다. 레예스 발레리오에 의하면, 166개 건물에서 약 170개 이상의 아스테카 모티브가 나타나는데, 이러한 숫자는 동일 모티브의 반복을 제외한 것이다(Reyes Valerio, 2000: 264~265). 아스테카 모티브는 지명을 나타내는 그림문자, 독수리와 같은 동물, 꽃문양과 같은 식물이 주를 이루고 있다.

이 지점에서 유의할 사항은 아스테카 연원의 모티브는 대부분 유럽 연원의 모티브와 병존하고 있다는 점이다. 다시 말해서, 작품에 통합되어 제거나 변경이 불가능한 요소라기보다는 다른 모티브로 얼마든지 대체 가능한 장식적인 요소로서 등장한다. 이처럼 16세기 누에바 에스파냐 예술에서 이질적인 문화 요소는 작품 전체와 유기적인 관계를 지니는 부분이 아니라 각기 독자성을 유지하고 있으므로 이런 방식의 혼합을 가리켜 '짜깁기 혼합' 또는 '모자이크 혼합(mezcla mosaica)'이라고 부를 수 있을 것이다. 이러한 모자이크 혼합은 16세기 누에바 에스파냐 사회와 깊은 관계가 있기 때문에 다음 장에서는 수도원이라는 공간의 형성, 탁발수도회와 기타 식민지배세력과 관계, 원주민의 참여를 중심으로 문화 혼합의 맥락을 살펴볼 것이다.

3. 문화 혼합의 사회 조건

수도원은 16세기 누에바 에스파냐에서만 310여 곳에 신축되었는데,[15]

---

15) 16세기 누에바 에스파냐에서 활동한 멘디에타 수사는 따르면 310개라고 언급하고 있으나 엘레나 바스케스 바스케스(Elena Vázquez Vázquez)는 1965년 연구에서 323개라고 밝히고 있다(Kubler, 2012: 9).

기본 설계는 수사가 제공했고, 실제 건축 작업에는 원주민이 참여했다. 당시 누에바 에스파냐에서 수도원은 전대미문의 새로운 건물이었으므로 스페인인의 지휘와 지도는 불가피했다. 게다가 스페인으로부터 건축가와 물자를 전부 도입할 수 없었기 때문에 현지의 물자와 원주민 노동력을 동원했다는 점에서는 예술사가들의 의견이 일치한다. 여기서 논란이 되는 부분은 원주민의 참여 정도이다. 스페인 출신으로 라틴아메리카 바로크예술의 권위자로 인정받는 앙굴로 이니게스의 견해에 따르면, "[16세기 누에바 에스파냐 예술에서] 원주민의 기여는 기본적으로 장식적인 요소에 국한된다. …… 건축 전문 인력의 부족으로 작업이 어려웠으며, 도상 정보에 근거하여 건축할 수밖에 없었다"(Angulo Iñiguez, 1945: 139). 실제로 식민 시대 초기의 상황을 고려할 때 수도원의 설계나 건축 양식의 결정에 원주민이 참여했다고 보기는 어렵기 때문에 원주민의 기여는 극히 제한적이라는 앙굴로 이니게스의 주장은 비록 원주민의 기여를 과소평가하는 어투이기는 하지만 역할 분담이라는 측면에서 보면 크게 잘못된 견해라고 볼 수는 없을 것이다.

콘스탄티노 레예스 발레리오도 수사와 원주민의 역할분담에 대한 견해는 대동소이하다. 다만 강세의 위치가 다르다.

이 [원주민] 기독교도 예술은 처음부터 사제의 지도와 원주민의 손으로 이루어졌다. 이런 이유로 나는 '원주민 기독교도 예술'이라고 부르고자 한다. 기독교인이 주제를 제시하고 원주민이 실현한 것이다. 사제와 원주민이 고통 속에서도 서로 협력하지 않았다면 헤로니모 데 멘디에타 수사가 언급한 310곳의 수도원을 건축하지 못했을 것이며, 수백 개의 작은 성전도 불가능했을 것이다(Reyes Valerio, 2000: 140).

레예스 발레리오는 건물의 설계라는 추상적 기획보다는 이를 실체적으로 구현한 원주민을 부각시켜 문화와 예술 창조에서 원주민의 기여를 강조한다. 이로써 라틴아메리카 문화와 예술은 애초부터 유럽 문화와 아메리카 대륙의 원주민 문화가 뒤섞였다고 주장하는 것이다. 따라서 레예스 발레리오는 수도원 건물 자체보다는 건축에 참여한 원주민의 문화 전통과 학습 능력에 주목한다. 이를 증언하는 기록 가운데 하나가 16세기 누에바 에스파냐에서 선교활동을 전개한 멘디에타 수사의 『인디아스 교회사(Historia eclesiástica indiana)』이다.

누에바 에스파냐에서 최초이자 유일하게 모든 종류의 직업과 일을(교회에 봉사하는 일뿐만 아니라 세속적인 용도에 필요한 일까지 포함) 가르치는 학교는 멕시코시티의 산 프란시스코 수도원과 교회당에 붙어 있는 산 호세16)라고 부르는 예배당이었다. 그곳에서 수년 동안 거주하면서 하느님의 종으로서 자신의 직분에 충실한 페드로 데 간테 수사는 최초의 선생이자 중요한 선생이었고, 부지런한 원주민 교육자였다. 이 수사는 원주민 아동에게 기독교 교리와 쓰기, 읽기, 노래를 가르치는 학교가 있다는 것만으로 만족할 수가 없어서 원주민 청년에게 스페인인의 직업과 기술(부모와 할아버지가 알지 못한 직업과 기술)을 가르치고, 또 〔원주민 조상이〕 전에 사용하던 기술을 완전하게 만들 수 있도록 했다(Mendieta, 1971: 407~408).

수도원 건축에 참여한 원주민은 단순한 일용노동자가 아니라 스페인인으로부터 교육을 받은 노동자이다.17) 이러한 원주민이 사용한 작업

---

16) 누에바 에스파냐 최초의 학교라고 부르는 '산 호세 원주민학교(San José de los Naturales)'를 가리킨다.

도구도 혁신적이었다. 이전 아스테카 시대에는 철기를 사용하지 않았기 때문에 돌로 조각을 했으나 "정과 망치 등, 쇠로 만든 연장을 가지고 우리들[스페인인들]이 만든 작품을 보고 많은 장점을 습득했다"(Mendieta 1971, 410). 멘디에타는 마지막으로 이렇게 일반화하고 있다.

결국 이런 것이 일반적이었다. 즉, 훌륭하고 멋있는 작품은 모두 모든 직업이나 예술 분야에서 이 인디아스 땅에서 만들어진 것은 원주민이 행하고 작업한 것이다. 그리고 그 분야의 스페인인 장인은 원주민이 너무 일을 잘하기 때문에 원주민에게 작품을 주고 그대로 만들라고 말했을 뿐이다. 그러면 원주민은 완전하게 만들었고, 더 이상 손 볼 데가 없었다(Mendieta, 1971: 410).

원주민이 이처럼 빠르게 유럽의 기술을 습득할 수 있었던 이유로 예술사가들은 원주민의 타고난 눈썰미와 아스테카 전통의 조각술을 든다. 원주민은 미개한 사람이 아니라 스페인인과 동등한 지성과 학습 능력 갖추었으며,[18] 유럽인만이 돌을 능숙하게 다룬 것이 아니라 원주민도

---

17) 스페인 출신의 장인 역시 수도원 건축에 참여했는데, 어느 정도까지 간여했는지는 알 수 없다. 앞마당 십자가에서 르네상스 양식의 예수 얼굴은 스페인 장인이 담당하고 나머지는 원주민이 담당했다는 추정도 가능하다.
18) 16세기 원주민의 기술 습득 능력을 보여주는 일화 가운데서도 말안장 이야기는 유명하다. 어느 날 말안장을 만드는 스페인 사람이 식사를 하러 들어간 틈을 타서 원주민이 말안장을 가져갔다가 주인이 돌아오기 전에 제자리에 갖다 놓았다. 이렇게 밥 먹을 시간에 잠깐잠깐 말안장을 가져갔는데, 드디어 이 사실을 알게 된 스페인인은 원주민이 만들어서 팔지 않을까 걱정했다. 아니나 다를까 그로부터 6~7일 후에 그 원주민은 말안장을 팔고 다녔다고 한다(Motolinía, 1903: 183).

유럽인의 연장을 사용함으로써 전래의 조각술이 눈에 띄게 향상되었을 뿐만 아니라 유럽인에게 전혀 뒤지지 않는 예술적 감각을 발휘했다고 주장한다. 오늘날 이러한 원주민의 지적 능력, 학습 능력, 예술적 감각과 창조 능력을 부정할 사람은 아무도 없으며, 스페인에서 수입된 예술작품을 보고 느끼는 바를 자신의 문화 전통에 의거하여 재해석할 능력이 있었다. 이와 동시에 16세기 수도원 건축에 원주민의 참여가 제한적이었고, 예술적 표현 또한 건축주인 수사의 감독 아래 진행되었기 때문에 자유로운 표현이나 창조력의 발휘에 제한을 받은 것도 사실이다.[19]

한편 수도원 바깥으로 눈을 돌려보면, 16세기는 아직도 원주민에 대한 정복 전쟁이 지속되고 있었고, 원주민 문명에 대한 파괴와 약탈이 진행되었으며, 스페인 왕실이 주도하는 식민 지배체제 구축은 정복자 세력과 갈등을 빚고 있었다. 게다가 정복 이후 누에바 에스파냐의 사회상을 연구한 제임스 록하트(James Lockhart)에 따르면, 에르난 코르테스가 아스테카에 입성한 1519년에서 스페인 왕실에 의한 식민통치가 본격적으로 시작된 1545~1550년까지의 기간은 주목할 만한 상호 문화 교섭이 거의 없었으며, 1545~1550년에서 1640~1650년에 이르는 이른바 2단계에 들어서야 비로소 언어, 친족, 음악, 기록, 예술, 종교 등 문화영역에서 혼합이 나타나기 시작한다(Lockhart, 1992: 428). 이처럼 식민 시대 문화 혼합은 매우 느리고 더디게 진행된 점진적인 과정이었으므로 정복 직후에 우후죽순처럼 건축된 수도원 건물에서 혼합 예술이 가능하게 된 데는 특수한 여건이 개재했다고 가정하는 것이 타당하다.

---

19) 하나의 예로, 1585년에 열린 제3차 멕시코 종교회의에서는 성자와 함께 동물과 악마를 그리지 못하게 금지하면서 원주민이 '이전처럼' 미신을 숭배한다고 비판했다(Gruzinski, 1993: 189).

이와 관련하여 먼저 살펴볼 사항은 수도원이라는 공간의 특수성이다. 앞서 얘기했듯이, 1524년에 누에바 에스파냐에 첫발을 디딘 탁발수도회는 구체적인 선교 방법은 상이하지만 그리스도 공동체 설립이라는 동일한 이상을 추구했다. 이들은 누에바 에스파냐 각지에 수도원을 건설하여 선교에 매진하는 한편, 바르톨로메 데 라스 카사스 신부의 고발이 웅변으로 예증하고 있듯이 엔코미엔다를 통해서 과도하게 착취하는 농장주로부터 원주민을 보호하려고 노력했다. 이러한 탁발수도회의 활동은 16세기 전반에는 왕실의 원주민 보호 정책과 동일한 궤를 유지하고 있었으므로 영향력에서 재속성직자(사제)를 압도했다. 그러나 십일조 징수와 성사 문제로 수도성직자인 탁발수도회 수사와 재속성직자인 주교가 갈등을 빚고 있을 때인 1557년 스페인 왕실은 성직자 임면권(Patronato Real)에 의거하여 식민지에 교구를 설치하고, 1574년부터 수도성직자는 부왕과 교구의 통제를 받도록 조치했다. 이로써 탁발수도회는 전성기를 마감하고 16세기 말에 이르면 재속성직자가 대부분의 수도원을 차지하게 되었다(Kubler, 2012: 64~65). 이와 같은 상황을 고려할 때, 16세기 누에바 에스파냐의 수도원은 스페인 정복자, 재속성직자, 원주민 저항세력의 영향력이 배제된 중립지대와도 같았다. 말을 바꾸면, 현실의 다양한 권력에 등을 돌리고 오로지 그리스도 공동체라는 탁발수도회의 유토피아적 이상을 실현하기 위한 제3의 공간이었다.

수도원은 물리적으로 제3의 공간이었을 뿐만 아니라 정신적으로도 제3의 공간이었다. 탁발수도회는 원주민의 언어와 문화를 이해하고 또 기록으로 남겼으며, 원주민의 곤궁한 처지에 공감하고 이를 감싸 안으려고 노력했다. 이러한 탁발수도회 노력의 근본 목적이 원주민이 믿는 '미신'의 발본색원이라고 할지라도[20] 교육과 설교라는 평화적 방법을 통해서 원주민을 교화시키려는 선교 전략은 정복자의 수탈 때문에 육체적으로나 정신적으로 피폐해진 원주민에게는 현실적인 안식처로 기능했다. 한편 제아무리 평화적인 방법을 동원했다고 한들 모든 원주민이 탁발수도회에 자발적·적극적으로 협력했다고 말하기는 어렵다. 특히 '산호세 원주민학교'처럼 수도원에서 실시하는 교육에 참여한 원주민은 스페인 정복자에게 동조적이거나 적어도 저항적이지 않은 원주민 엘리트, 즉 카시케(cacique)의 자제였다.21) 이처럼 수도원은 교육을 제공하는 수사나 교육을 받는 원주민 모두 상대방의 문화를 수용할 준비가 되어 있었으며, 이러한 수도원 공간적·정신적 특수성이 16세기 누에바 에스파냐에서 혼합 예술이 등장할 수 있는 토양이었다.

---

20) 16세기 누에바 에스파냐의 원주민 문화를 채록하여 '라틴아메리카 최초의 인류학자'라는 별명을 얻은 베르나르디노 데 사아군(1499~1590)은 『누에바 에스파냐 문물 일반사(Historia General de las cosas de Nueva España)』 서문에서 이렇게 얘기했다. "이런 [원주민의] 문물에 반대하는 설교를 하려면, 이런 문물이 있다는 사실이라도 알려면, 저들이 우상숭배 시기에 문물을 어떻게 이용했는지 알 필요가 있다. 이를 알지 못하기 때문에 우리들 면전에서 수많은 우상숭배 행위를 하는데도 그것이 우상숭배라는 것조차 깨닫지 못한다"(Sahagún, 1956: 27).
21) 호르헤 알베르토 만리케에 따르면, "16세기의 거의 모든 건축, 조각, 미술은 극히 해당 분야에 조예가 없는 극소수의 유럽인의 지도로 개종한 원주민이 만든 작품이었다. 일부에서는 아스테카의 화가(tlacuilo)를 동원했다고 하나 사제들은 아스테카 세계에서 예술과 종교 사이의 긴밀한 관계를 잘 알고 있었으므로 신학을 가르칠 때도 현자(tlamatini)를 이용하지도 않았고, 아스테카 예술가에게 부탁하지도 않았다. 그 대신 그들이 교육하고 있는 카시케의 자제를 동원했다"(Manrique, 1982: 56).

4. 결론

16세기 누에바 에스파냐처럼 이질적인 문화가 급격하게 충돌하고, 정복자가 피정복자의 문화를 말살하고 자신의 문화를 일방적으로 강제하는 경우, 문화 혼합은 예외적인 경우에 속한다. 우리는 이러한 예외로서 수도원에 주목했다. 수도원은 16세기 후반까지 식민 지배체제 외곽에 위치해 있었으며, 잠재적인 원주민 저항 세력과도 거리를 유지함으로써 정복자의 문화와 피정복자의 문화가 교섭할 수 있는 공간을 만들어냈다. 수도원 건축에 원주민의 참여가 가능하고 또 양적으로 근소하나마 원주민 전통의 요소가 도입될 수 있었던 것은 수도원이 식민 시대의 다른 어떤 영역과도 비교할 수 없을 정도로 피정복자인 원주민에게 개방적이고 호의적이었기 때문에 가능한 일이었다.

그러나 이런 영역에서도 가톨릭 교의라는 엄격한 잣대는 항시 작동하고 있었으므로 원주민의 자유로운 창조는 물론이고 창의성의 발휘도 제한을 받을 수밖에 없었다. 비록 탁발수도회가 식민권력과 일정한 거리를 유지했다고 할지라도 결국은 정복자의 일원이며, 가톨릭이라는 이질적인 문화의 이식에 혼신의 노력을 기울였다는 점을 고려할 때, 원주민의 예술적 기여 또는 원주민 전통의 존속이란 수도회가 요구하고 허용하는 범위로 제한될 수밖에 없었다. 이런 한계로 인해, 16세기 조형예술은 이질적이고 다양한 요소가 혼재하는 모자이크 혼합을 보여준다.

참고문헌

칸클리니, 네스토르 가르시아. 2011. 『혼종문화』. 이성훈 옮김. 그린비.

바바, 호비. 2002. 『문화의 위치』. 나병철 옮김. 소명.

Aguilar Moreno, José Manuel. 1999. *Tequitqui Art of Sixteenth-Century Mexico: An Expression of Transculturation*. Doctoral Dissertation, University of Texas at Austin.

Angulo Iñiguez, Diego. 1945. *Historia del arte hispanoamericano*. Tomo I. Barcelona: Salvat.

Berdan, Frances F. and Patricia Rieff Anawalt. 1992. *Codex Mendoza*, vol. 2. Berkeley: University of California Press.

Bernales Ballesteros, Jorge. 1987. *Historia del arte hispanoamericano 2 Siglos XVI a XVIII*. Madrid: Editorial Alhambra.

Burke, Marcus. 2006. "The Parallel Course of Latin American and European Art in the Viceregal Era." Joseph J. Rishel and Suzanne Stratton-Pruitt. *The Arts in Latin America, 1492-1820*. New Haven: Yale University Press.

Donahue-Wallace, Kelly. 2008. *Art and Architecture of Viceregal Latin America 1521-1821*. Albuquerque: University of New Mexico Press.

Escalante Gonzalbo, Fernando. 2010. *Los códices mesoamericanos antes y después de la conquista española*. México: Fondo de Cultura Económica.

Gruzinski, Serge. 1993. *La colonización de lo imaginario*. México: Fondo de cultura económica.

Kubler, George. 2012. *Arquitectura mexicana del siglo XVI*. México: Fondo de Cultura Económica.

Lockhart, James. 1992. *The Nahuas After the Conquest*. Stanford: Stanford University Press.

Manrique, Jorge Alberto. 1982, "La estampa como fuente del arte en la Nueva España." en *Anales del Instituto de Investigaciones Estéticas* 50, pp. 55~60.

Mendieta, Jerónimo de. 1971. *Historia eclesiástica indiana*. México: Editorial Poma.

Moreno Villa, José. 1986. *Lo mexicano en las artes plásticas*. México: Fondo de Cultura Económica.

_____. 2004. *La escultura colonial mexicana*. México: Fondo de Cultura Económica.

Motolinía, Toribio. 1903. *Memoriales de fray Toribio de Motolinía*. México: En casa del editor.

Peñafiel, Antonio. 1985. *Nombres geográficos de México: catálogo alfabético de los nombres de lugar pertenecientes al idioma "nahuatl": estudio jeroglífico de la matrícula de los tributos del Códice Mendocino*. México: Oficina Tip. de la Secretaría de Fomento.

Reyes Valerio, Constantino. 2000. *Arte Indocristiano, escultura y pintura del siglo XVI en México*. México: Instituto Nacional de Antropologia e Historia.

Sahagún, Benardino de. 1956. *Historia General de las Cosas de Nueva España*. México: Porrúa.

Toussaint, Manuel. 1962. *Arte colonial en México*. México: UNAM.

제12장

바로크와 혼혈*
빈 공간에 대한 공포의 의미

박원복 단국대학교 포르투갈(브라질)어과 교수

1. 들어가면서

당신도 알지만 이곳[브라질]엔 마술적인 것과 리얼한 것 사이에 그리 큰 차이가 없죠.[1]

이 말은 1999년 12월 9일 자, ≪뉴욕타임스≫에 실린 브라질 작가 파울루 코엘류(Paulo Coelho)의 인터뷰 내용이다. ≪뉴욕타임스≫ 기자가 그의 작품들 중 아무것도 브라질을 배경으로 한 것이 없다고 한 말에

---

* 이 글은 ≪중남미연구≫ 33권 1호(2014)에 발표된 필자의 기존 논문을 총서의 취지에 맞게 수정·보완한 것이다.
1) 원문보기: "You know that here there is not so much separation between what is magical anda what is real."
http://www.nytimes.com/1999/12/09/books/arts-abroad-brazil-wizard-makes-books-disappear-from-stores.html?pagewanted=all&src=pm(2013년 11월 2일 접속)

대한 답변으로 실렸다. 필자는 파울루 코엘류의 이 주장에 많은 것들이 함축되어 있다고 본다. 그의 말에 담긴 일차적인 뜻은 브라질이라는 나라가 마술과 현실이 공존하는 나라라는 뜻이다.

그런데 이 표현을 접하면서 연구자에겐 여러 가지 의문이 제기되었다. 예를 들면 과연 브라질만이 그러한가? 마술적인(magical) 것과 현실적인(real) 것의 차이는 무엇인가? 그런데 과연 구분이 가능한가? 가능하다면 어떤 기준으로 분리되고 정의될 수 있는가? 그리스 철학 이후 서구의 사상이 기반하고 있는 가톨릭의 성경 내용은 과연 현실일까 마술일까?[2] 그런데 현실이 객관적인 상황을 표현하는 데 사용되는 일상의 표현이라면 마술은 그것에 대응하는 표현으로써 결국 '비현실적, 비논리적'인 세계를 표현한다고 볼 수 있는가? 우리가 살고 있는 이 세계와 우주는 과연 서구 과학의 논리로 모두 설명 가능한가 등등.『연금술사』를 통해 세계적인 베스트셀러 작가로 발돋움하고 있던 코엘류 작품 전반에 마술적인 것과 현실적인 것을 넘나드는 장면들이 곳곳에서 엿보이는 점을 고려할 때 그의 말은 임시방편적인 즉흥적 답변이 아니라 평소의 지론임이 분명하다.

좌우간 그의 표현 속에 있었던 두 개의 단어, 마술과 현실은 그가 작가임을 고려할 때, 곧바로 중남미 문학의 한 특징으로 대변되곤 하는 '마술적 사실주의(magic realism)'[3]라는 표현을 떠올리게 한다. 그리고 그

---

2) 물론 여기서 성경이 비과학적이거나 비현실적 혹은 주술적이라고 말하려는 것은 아니다. 단지 종교에 문외한인 평범한 필자의 입장에서 볼 때 "빛이 있으라 하시매 빛이 있었다"라든지 인간의 나이가 900세를 넘어가는 표현을 접할 때 단순히 떠오를 수 있는 의문이라는 관점에서 말하고 있을 뿐이다. 또한 '마술적'이라는 의미 역시 엄밀하게 정의를 내려야겠지만 코엘류의 인터뷰 내용으로 보았을 때는 어쨌든 real의 대응개념으로 쓰였던 것으로 판단된다.

마술적 사실주의는 다양한 관점에서 바로크 정신과 양식으로 연결되어 논의되고 있다. 『마술적 사실주의』(우석균·박병규 외 공역)에 실린 글들이 그 좋은 예이다. 특히 에우헤니우 도르스(Eugenio d'Ors)가 바로크를 '인간 정신의 상수(常數)'로 규정한 것을 바탕으로, 바로크가 중남미를 비롯하여 전 세계 인류 사회에 스며 있는 경이로운 현실을 대변하는 정신이라며 "공생의 대륙, 변화의 대륙, 역동적인 대륙, 혼혈의 대륙인 아메리카는 애초부터 바로크적이었습니다"(『마술적 사실주의』, 60쪽)라고 한 알레호 카르펜티에르(Alejo Carpentier)의「바로크와 경이로운 현실」이라는 글을 접하면 바로크, 마술적 사실주의 그리고 혼혈이 매우 밀접하게 상호 연결되어 있음을 알게 된다. 그리고 여기에 바로크의 또 다른 특징이라면서 그가 말한 것, 즉 "빈 공간에 대한 공포, 헐벗은 표면에 대한 공포 그리고 조화로운 기하학적 선에 대한 공포"가 추가되면 대략 다음과 같은 사고의 연결고리가 형성될 수 있다: 바로크 - 마술과 현실 - 빈 공간에 대한 공포 - 혼혈.

이 글에서는 이 연결고리를 구성하는 요소 간의 상호관계 문제를 비롯하여 바로크라는 어원에 대한 인식론적 분석, 그리고 '빈 공간에 대한 공포'을 논함에서 그 '빈 공간'의 의미와 공포의 주체 등에 대한 연구가 구체적으로 이루어진 점이 없다는 점을 고려하면서, 『마술적 사실주의』에 실린 알레호 카르펜티에르의 글「바로크와 경이로운 현실」을 중심으로 바로크와 관련된 몇 가지 의문점들을 분석하고자 한다. 그리고 바로크

---

3) 이미 잘 알려졌다시피 지금까지 '마술적 사실주의'라는 용어의 의미와 정의에 대하여 많은 논쟁이 있었다. 그 예가 『마술적 사실주의』(우석균·박병규 외 공역)에 실린 글들일 것이다. 이 글에서는 그 논쟁을 재개하려는 것이 아니라 마술적 사실주의가 바로크 양식 및 정신과 밀접하게 연계되어 논의되고 있다는 점을 지목하고자 한다.

라는 개념을, 어느 특정 시대에 한정된 정신이거나 문예 양식으로 보기보다는 도르스의 정의처럼 "인간 정신의 상수"4)라는 개념으로 이해하고 접근할 것이다.

2. 어원의 문제점

바로크라는 말의 기원에 대하여 많은 주장이 있으나 일반적으로 통용되는 것은 포르투갈어에서 나왔다는 설이다. 빅토르-L. 타피에(Victor-L. Tapié)가 쓴 『바로크(O Barroco)』라는 책은 바로크라는 용어의 기원과 의미에 대하여 다음과 같이 설명하고 있다.

만일 우리가 그 용어 [barroco]를 명명한 퓌레티에르(Furetière)의 1690년 첫 프랑스어 사전을 참고한다면 거기에 분명하고 확실한 의미로 정의된 그 용어를 만날 것이다: "금은세공술의 용어 가운데 하나로써 불완전한 원 모양을 지닌 보석들을 지칭한다."

---

4) 바로크를 일컬어 "인간 정신의 상수"라고 하는 것은 바로크 정신이 인간 고유의 정신으로써 인간에게 언제나 내재되어 있는 속성 중 하나임을 의미한다. 이 정의가 지나치게 광범위하다고 생각할 수도 있다. 하지만 예술이라는 것 자체가 인간 정신활동이 외면화된 것인 만큼, 예술로 표현된 것, 그것도 적지 않은 세월과 광범위한 지역에서 풍미한 예술이라면 분명 인간의 보편적인 정신 중 하나라고 보아도 큰 무리는 아닐 것이다. 따라서 그 정신이 어느 특정 시기에 그리고 어느 지역에서 예술로 등장한 것은 그 시대와 지역의 특정한 시대적, 사회적 환경에 의한 것일 것이다. 이 글에서도 분석 대상인 소재들이 어느 시대와 지역에 국한되어 나타난 보편적인 인간 정신의 일부 양상들과 밀접한 관계를 맺고 있다고 판단되기에 이 정의를 택하고자 한다.

그 이후 바로크라는 단어의 기원에 대하여 많은 논쟁이 있었으며 그 결과 오늘날에는 의심할 것 없이 불규칙한 보석(pérola irregular)을 지칭하기 위해 사용된 포르투갈어 바호쿠(barroco)로 그 기원이 거슬러 올라간다. 그 의미는 가르시아 다 오르타(Garcia da Orta)가 쓴 『인도의 약초들과 의약품들에 대한 이야기(Colóquios dos Simples e Drogas da Índia)』(Goa, 1563)가 부여한 것이다. 그 보석에 대해 이 책이 언급하고 있는 부분을 옮겨보면 다음과 같다: "잘 완성되지 못한(mal afeiçoados), 둥글지 않은(não redondos), 그리고 불투명한(com águas mortas) 몇몇 보석들"(Tapié, 1983: 3).[5]

위의 기원과 정의에서 보이는 몇 가지 표현들, "불규칙한, 잘 완성되지 못한, 둥글지 않은, 불투명한"은 한결같이 부정적인 표현임을 알 수 있다. 문제는 그와 같이 '불규칙적'이고, '잘 완성되지 못한', '둥글지 않은', '불투명한' 것들로써 바로크를 지칭했을 때 그 바로크는 '규칙적'이고 '잘 완성된', '둥근', '투명한' 것들과는 대비되는 것을 의미한다고 볼 수 있다. 그렇다면 바로크로 지칭되는 것은 그 시대에 '맞지 않는', '수용될 수 없는' 그 무엇으로서 당시의 가치관과 규범에 어긋나는 '낯선' 것들을 통칭한 것이라고 볼 수 있다.

이러한 기원에서 엿볼 수 있는 것, 즉 '규칙 / 불규칙'이고 '완성 / 미완

---

[5] 이어 빅토르-L 디이페는 "barroco의 의미와 같은 가스텔라이 berrueco라는 어휘가 16세기 2/3분기 시점에 금은세공술의 통속적인 기술적 용어로 편입되었다. *Tesoro de la lengua castellana*(1611)의 저자인 Covarrubia은 barrueco라는 말이 불규칙한 진주에 적용되는 말로써 berrueco는 화강암을 의미한다. 그리고 이 말은 높이 솟아오른 일련의 큰 바위들을 뜻하는 바로크들로 가득한 거친 땅이며 거기에서 결정구조가 잘못된 몇몇 보석들 사이에 있음으로 인하여 그 유사성으로 인해 barrocos라고 불렸다"라고 말한다(Tapié, 1983: 3).

성', '완전무결성('둥근') / 비완전무결성('둥글지 않은')', '투명(혹은 명료한, 객관적인, 논리적인) / 불투명한(혹은 불명료한, 비객관적인, 비논리적인)' 것들의 구분과 부정에서 엿볼 수 있는 이항 대립적 사고에는 조화와 균형을 미덕으로 한 고딕양식과의 대비, 신성과 이단의 논쟁이 중심에 섰던 종교개혁과 반종교개혁 등 고딕양식에 빗대어 정의된 바로크 양식과 정신의 특징이 그대로 담겨 있다.

나아가 바로크라는 어휘의 기원에서 보면, 바로크가 '비정상적인, 이상한' 것을 지칭하는 것으로서,6) 그것의 존재를 부정할 수 없음에도 당대 사회에서 배척되고 배제되며 부정되는 것들을 지칭한 용어였음을 알 수 있다. 게다가 '불규칙한 결정을 지닌 보석(pérola irregular)'은 포르투갈이 동양의 인도와의 교역에서 거래되던 현지의 보석을 지칭한 것이었던 만큼 이것은 더 큰 의미에서 동양에 대한 서양의 우월적·자기중심적 사고가 깔려 있는 것으로 볼 수 있다.7) 물론 자아의 인식과 정체성은

---

6) 빅토르-L. 타이페는 또 바로크라는 어휘의 의미가 본래의 '불규칙적'이라는 의미를 떠나 생 시몽(Saint Simon)의 글에서는 충격적인 놀라움과 경멸의 의미로 쓰였음을 전하고 있다. 생시몽은 "1711년, 자신의 『회고록(Mémoires)』에서 낯설고 충격적인 생각을 정의하는 데 이 용어를 사용하고 있다: '그 자리들이 가장 훌륭한 주교들을 위한 것이었는데 수도원장 비뇽으로 하여금, 노용의 백작 주교인 드 토네르의 자리를 잇도록 하는 것은 지나치게 바로크적이었다'"(Tapié, 1983: 4). 즉, 바로크는 '비상식적인', '비합리적인' 의미로 쓰이기도 한 것이다.

7) 에드워드 사이드(Edward W. Said)는 그의 저서 『오리엔탈리즘』에서 다음과 같이 말하고 있다. 이 책에서 언급하는 동양은 서구 이외의 세계 전체를 의미한다: "동양 대 서양이라고 하는 커다란 구분은 더욱더 세밀한 구분을 낳는다. 문명이 가진 정상적인 패기에 촉발되어 여행이나 정복이나 새로운 경험이라는 외향적 활동이 행해질 때에 특히 그것은 현저해진다. 고대 그리스와 로마에서 지리학자, 역사가, 카이사르와 같은 공인(公人), 웅변가, 시인이 여러 인종, 지방, 민족, 정신을 서로 나누기 위한 분류학적인 지식의 축적에 공헌했다. 그 대부분은 자기중심

타자를 통해 가능하기에 누구나 자기중심적 시각에서 벗어날 수 없다. 하지만 서구의 여타 지역에 대한 지배 이데올로기를 대변하는 '야만'이라는 단어의 기원과 그 의미의 변화를 보면 바로크라는 어휘의 기원에 담긴 의미 역시 결코 간과할 문제가 아니라고 본다.

'야만적'이라는 포르투갈의 말 바르바루(bárbaro)의 기원은 그리스어의 바르바로스(bárbaros)와 라틴어의 바르바루스(barbarus)이며 그 본래의 의미는 "그리스인들과 로마인들 사이에서는 이방인(estrangeiro)을 지칭하던 것"[8]이었다. 그러니까 야만적이라는 표현의 기원은 그리스와 로마를 알지 못하는, 혹은 그리스와 로마의 사고체계 외부에 있는 사람들을 지칭하면서 자기들 세계 밖의 사람들을 계몽의 대상으로 바라본 출발점이었다. 결국 이러한 기원을 가진 '야만적'이라는 표현이 신세계를 타자화하며 야만의 세계로 몰았던 서구 유럽의 계몽주의적 지배이데올로기를 대변하는 용어로 탈바꿈한 것에서 엿볼 수 있듯이 바로크라는 용어의 어원에서도 헤게모니적 위치를 점하고 있는 세력들의 판단기준과 사고체계에서 벗어나는 존재에 대한 배제와 배척 그리고 부정의 논리가 포착된다고 할 것이다.

흥미로운 것은 이러한 사고체계와 정신문화가 바로크 양식이라는 사조로 제일 먼저 나타났던 곳이 유럽에서 먼저 대항해시대를 열면서 신대

적인 것이었고, 로마인과 그리스인이 다른 모든 종족보다 우월하다는 것을 증명하기 위하여 존재했다"(사이드, 2000: 111).

8) 『아우렐리우 신 포르투갈어 사전(Novo Dicionário Aurélio da Língua Portuguesa)』에 따른 것으로 원문을 보면 다음과 같다: "〔Do gr. bárbaro, pelo lat. barbaru〕 Adj. 1. Entre os gregos e romanos, dizia-se daquele que era estrangeiro." 이것을 해석하면 "〔그리스어의 bárbaro 라틴어의 barbaru에서 기원된 어휘〕, 형용사. 1. 그리스인들과 로마인들 사이에서는 이방인을 가리키곤 했다."

룩을 지배하게 되었던 포르투갈과 스페인이었다는 사실이다.

3. 빈 공간에 대한 공포의 의미

바로크 양식의 특징을 설명하는 거의 모든 자료들에서 빠지지 않는 것이 있다면 바로 '빈 공간에 대한 공포'라는 표현이다. 그런데 라틴어로 *horror vacui*라는 이 표현을 바로크 양식(특히 건축)의 주요 특징으로 꼽는 대다수의 연구들은 그 빈 공간이라는 것이 고딕양식의 건축물들에서 엿볼 수 있는 공간을 뜻한다고 말할 뿐, 정작 그 '빈 공간'이라는 것이 정신적·철학적 차원에서는 무엇을 뜻하는지 논하고 있지 않다. 예술이 인간 정신의 표현이고 또 에우헤니오 도르스(Eugenio d'Ors)의 말대로 바로크가 인간 정신의 상수라면, 그 '빈 공간'이라는 것이 무엇인지에 대해 철학적·인식론적 논의가 이루어져야 하는데도 말이다.

먼저 알레호 카르펜티에르가 「바로크와 경이로운 현실」이라는 글에서 언급한 내용을 보자.

> 베르사유 궁전이나 엘 에스코리알 궁전이나 파르테논 신전에는 매우 중요한 것이 있습니다. 다시 말해서 빈 공간, 헐벗은 공간, 아무런 장식도 없는 공간이 장식된 공간이나 홈이 파인 기둥만큼 중요한 가치가 있습니다. 파르테논 신전이나 베르사유 궁전에는 열주 사이에 거대하고 헐벗은 평면이 있습니다. 이 평면은 건물에 비례를 부여하며, 일종의 기하학적 조화를 만들어냅니다. …… 그리스 신전이나 엘 에스코리알 궁전의 구조에서 보면 건물은 빈 공간으로, 장식 없는 공간으로 채워집니다. 이 아름다움은 바로 에워싸여 있다는 데 있습니다. **모든 군더더기가 배제된 엄정한 위엄과**

더불어 우리에게 어떤 감동을, 아름답다는 인상을 줍니다. 일종의 선형기하라고 할 수 있습니다.

반면에 인간 정신의 상수, 바로크는 빈 공간에 대한 공포, 헐벗은 표면에 대한 공포 그리고 조화로운 기하학적 선에 대한 공포가 특징입니다(『마술적 사실주의』, 53쪽. 강조는 필자).

알레호 카르펜티에르가 언급하는 '빈 공간에 대한 공포'를 자세히 음미해보면 그 공간은 균형과 조화 그리고 절제를 최대의 미로 간주하는 고딕 양식의 핵심요소라는 것인데, 그것은 어디까지나 건축을 중심으로 한 문예사조적 측면에서 분석한 것일 뿐, 정작 그 '빈 공간'에 대한 정신적, 철학적 해석을 시도하지 않고 있다. 분명한 것은 보는 이들로 하여금 감동과 미적 인상을 주는 그 '빈 공간'이란 것이 '모든 군더더기가 배제된' 공간이라는 것이다. 그런데 여기서 군더더기는 그리스의 건축과 조각을 모범으로 삼았던 고딕 양식에서 '배제된' 것인 만큼, 그리스의 교리문답적 논리에 기초한 서구의 사상에서 응당 배제되고 부정되었던 '불분명하고 괴이한', 즉 바로크적인 것을 의미할 것이다.9) 그렇다면 카르펜티에르가 말한 그 '빈 공간에 대한 공포'를 말할 때 과연 그 공포의 주체는 누구인가라는 문제가 제기된다.

먼저 카르펜티에르는 아스테카 문명의 조각에 대해 언급하면서 "아스테카 조각은 결코 고전주의 조각이라고 볼 수가 없습니다. 왜냐하면 아스테카 건축은 바로크적이기 때문입니다. 테오티우아칸에 있는 케찰

---

9) 나아가 서구의 건축에서 모두 배제된 '군더더기'는 또, 색의 경계가 '모호하고 불분명한' 혼혈도 포함될 것이다. 카르펜티에르가 "혼혈의 대륙인 아메리카는 애초부터 바로크적이었습니다"라고 말한 것도 이러한 맥락인 것으로 판단된다. 이 부분은 마지막 장에서 다시 논하기로 한다.

코아틀의 거대한 머리와 신전의 장식을 생각해보십시오. 곡선과 기하학적 모양을 많이 사용함으로써 텅 빈 표면에 대한 공포를 드러내고 있으므로 바로크적입니다. 아스테카 신전에서는 단 1미터의 빈 공간도 찾아볼 수가 없습니다"(『마술적 사실주의』, 60~61쪽)라고 말한다.

다시 말하면 카르펜티에르는 빈 공간에 대한 공포를 가지고 있는 사람으로서 원주민을 지목하고 있다. 하지만 필자의 입장에서 볼 때 그 공포라는 것은 단지 유럽인들의 시각에서 본 공포이자, 그들이 신세계에서 그리고 신세계에 대해 느꼈던 공포이다. 신세계 자체가 그들에겐 '빈 공간'이었기 때문이다. 카르펜티에르의 말처럼 "단 1미터의 빈 공간도 찾아볼 수 없다"고 해서 과연 그것이 빈 공간에 대한 원주민들의 공포에서 비롯된 것이라고 볼 수 있을까? 어쩌면 아스테카 인들이 "곡선과 기하학적 모양을 많이 사용"하여 그 공간을 채우고 있다는 사실은 그들이 세상을 바라보는 시각을 단순히 표출한 것 이상도 이하도 아닐 수 있다. 그러니까 그들이 빈 공간을 가득 채울 때 그것이 그들의 세계관이나 그들이 살고 있던 세계의 존재 모습을 자연스럽게 표현한 것일 수 있다는 말이다. 흔히 바로크를 얘기할 때 미로와 같은 수수께끼 등의 표현이 자주 등장하는데 그것은 그들이 일상에서 접하는 세계가 숲과 나무들, 나뭇잎들 그리고 온갖 종류의 동식물들이 가득한 충만의 세계이기에 그렇게 조각에도 무의식 속에 표출된 것은 아닐까?[10]

---

10) 카르펜티에르는 그 '빈 공간에 대한 공포'의 또 다른 실마리로 다음과 같은 말을 한다: "공생의 대륙, 변화의 대륙, 역동적인 대륙, 혼혈의 대륙인 아메리카는 애초부터 바로크적이었습니다. 아메리카의 우주발생론부터가 그렇습니다. 『포폴 부(Popol vuh)』를 보거나 『칠람 발람(Chilam balam)』을 보거나 지금까지 발견된 것들을 보거나 앙헬 가리바이(Angel Garibay)나 아드리안 레시노스(Adrián Recinos)의 연구를 통해 최근 밝혀진 사실들을 보더라도, 모든 시간

해답의 실마리는 바로 카르펜티에르가 제시하고 있다. 그는,

고딕 양식도 낭만주의도 아메리카에 상륙한 적이 없습니다. 다시 말해서 이 두 역사적 양식은 구대륙의 조형문화 발전에 중요한 역할을 했지만 우리 아메리카인은 전혀 모르고 있었습니다. 1920년대 이상한 취향을 가진 건축가가 어느 도시에 사이비 고딕 성당을 짓겠다고 했습니다만, 이것이 곧 아메리카에 고딕양식이 들어왔다는 의미는 아닙니다. **낭만주의든 고딕 양식이든 라틴아메리카에 들어온 적이 없습니다. 물론 플라테레스코 양식은 들어왔으나 이는 바로크의 일종입니다. 추리게라 양식보다 분위기가 더 있다고나 할까요. 참, 스페인 플라테레스코 양식을 잘 알던 건축사가 정복자의 배를 타고 아메리카에 왔을 때 무엇을 발견했을까요? 고유의 바로크 정신으로 무장한 원주민 일손이었습니다. 이들은 스페인 플라테레스코 양식에 자신들의 바로크주의를 첨가했습니다. 특히 신세계의 동식물 모티브, 화훼 모티브 등 소재의 바로크주의를 첨가했습니다. 이리하여 열정적인 바로크 건축을 낳았습니다. 이것이 바로 아메리카의 바로크입니다** (『마술적 사실주의』, 62~63쪽. 강조는 필자).

주기는 다섯 개의 태양의 순환으로 결정됩니다. (고대 아스테카 신화에 의하면, 현재 우리는 게칠고이틀 대양의 시기에 살고 있습니다). 이메리기 대륙, 언제나 위대합니다만, 이 대륙의 우주발생론과 관련된 것은 모두 바로크에 포함됩니다" (『마술적 사실주의』, 60쪽). 우리는 인신공양을 통해 태양제를 올리는 잉카인의 모습에서 다섯 개의 태양이 지속적으로 순환해주기를 기대하는 열망을 엿볼 수 있는데 바로 거기에서 그 순환이 멈출까 봐 두려움을 가졌을 수도 있다는 추론이 가능해진다. 이 부분에 대해서는 혼혈과 식인주의 정신에서 다시 살펴볼 것이다.

그러니까 카르펜티에르의 말에 따르면 17~18세기에 유럽에서 꽃을 피운 바로크 양식은 이미 아메리카 대륙에 오래전부터 자연스럽게 존재하던 정신문화의 표출이었을 뿐이다. 왜냐하면 "고딕 양식도 낭만주의도 아메리카에 상륙한 적이 없"으며 "이 두 역사적 양식은 구대륙의 조형문화 발전에 중요한 역할을 했지만 우리 아메리카인은 전혀 모르고 있었"기 때문이다. 또한 "스페인 플라테레스코 양식을 잘 알던 건축사가 정복자의 배를 타고 아메리카에 왔을 때 무엇을 발견했을까요? 고유의 바로크 정신으로 무장한 원주민 일손이었습니다"라는 언급에서 알 수 있는 것은 빈 공간에 대한 공포로 대변되는 유럽의 바로크가 중남미에서 영감과 영향을 받은 것임을 암시하고 있다. 실제로 카르펜티에르는 스페인 플라테레스크 양식에서 엿보인 빈 공간에 '고유의 바로크 정신으로 무장한 아스테카인들'이 자신들의 정신문화 혹은 세계관을, 유럽인들에게는 경이로우나 중남미인들에게는 일상에서 볼 수 있는 동식물들과 화훼 모티브의 소재들을 첨가했을 뿐이라고 했다.

그렇다면 과연 "빈 공간에 대한 공포"의 주체는 누구인가? 서구 유럽은 중남미에서 자신들의 잃어버린 혹은 망각 속에 묻혀버린 세계 혹은 그들의 이분법적인 논리 체계에서 배제하고 배척하고 부정해온 세계의 모습을 보고 공포를 느꼈으며 그것을 자신들의 바로크 양식으로 표현했던 것은 아닐까? 그렇다면 빈 공간에 대한 공포를 가졌던 주체는 정작 바로크 양식이 제일 먼저 꽃을 피운 포르투갈과 스페인 사람들일 수 있다는 의구심을 지울 수 없다.

우선 중남미에 먼저 도착한 포르투갈과 스페인 사람들이 그 신대륙에 대해 어떤 시각을 가졌는지 살펴보자. 대표적으로 라스 카사스 신부가 필사본으로 남긴 크리스토발 콜론의 『항해록』의 내용을 보면 다음과 같은 내용들이 나온다. 처음 두 개는 크리스토발 콜론의 얘기이며 마지막

것은 라스 카사스 신부의 얘기이다.

    섬(에스파뇰라 섬 - 옮긴이) 어디를 둘러보아도 나무들이 안달루시아의 4월처럼 푸르고 무성하기만 했습니다. 또 작은 새들이 지저귀는 소리가, 누구든 이곳을 떠나고 싶지 않으리라는 생각이 들 정도로 너무나 아름다웠습니다. 떼 지어 날아오르면 어둑어둑해질 정도로 앵무새가 많고, 또 놀랄 정도로 우리나라 것과 다른, 크고 작은 여러 종류의 새들이 날아다니고 있었습니다. 그리고 천여 종에 가까운 나무가 있는데, 하나같이 저마다의 특성을 나타내는 과일이 매달려 있고, 또 놀랄 정도로 향기로웠습니다. 저는 그 나무들에 대해 잘 모르는 것이 너무나 한탄스러웠습니다. 어느 것 하나 귀중하지 않은 것이 없다고 확신했기 때문입니다(카사스, 2000: 105~108쪽. 강조는 필자).

    (1943년) 1월 9일, 수요일
    제독은 전날 리오 데 오로로 가다가 물 밖으로 높이 날아오르는 인어(바다소를 가리키는 것이리라) 세 마리를 보았는데,[11] 그림처럼 아름답지는 않았지만 어쩐지 얼굴이 사람과 비슷해 보였다고 말하고, 또 언젠가 기네아의 마네게타(리베리아의 말라게타) 해안에서도 같은 것을 몇 마리 보았다고 덧붙였다(카사스, 2000: 242).

    제독은 결론적으로 다음과 같이 말하고 있다. 즉, 존경할 만한 신학자와 현명한 철학자들이 지상의 낙원은 동양의 끝에 있고 그곳은 기후가 더할 나위 없이 좋다고 말했는데, 그것은 아주 지당한 말이며[12] 이번에 자신이

---

11) 인어 세 마리를 보았다.

발견한 땅이야말로 동양의 끝이라는 것이다(카사스, 2000: 281. 강조는 필자).

첫 번째 인용문에서 우리가 볼 수 있는 것은 카리브 해의 빽빽하게 우거진 숲과 그 속에 존재하는 각 동식물들을 언급하면서 "놀랄 정도로 우리나라 것과 다른, 크고 작은 여러 종류의 새들이 날아다니고 있었습니다. 그리고 천여 종에 가까운 나무가 있는데, 하나같이 저마다의 특성을 나타내는 과일이 매달려 있고, 또 놀랄 정도로 향기로웠습니다. 저는 그 나무들에 대해 잘 모르는 것이 너무나 한탄스러웠습니다"고 말하는 점에 주목하자. 그러니까 본토인 스페인에서 거의 볼 수 없는, '놀랄 정도로' 스페인의 것과는 다른, 다양한 종의 나무들과 새들이 '빈 공간'이 없을 정도로 가득 차 있는 세계였으며 그 나무들에 대하여 잘 모르는 것이 너무 아쉬웠다고 토로하고 있다. 그리고 이어진 '언어'와 '지상의 낙원'이라는 표현을 분명 크리스토발 콜론뿐만 아니라 유럽인들에게는 카르펜티에르의 말처럼 진정 '경이로운 현실', 즉 바로크의 세계였다. 이러한 세계를 본 유럽은 그로부터 100여 년이 지난 17세기에 라틴아메리카의 바로크 양식과 정신을 수용하여 자신들의 것으로 표출한 것이다.

콜롬버스에 이어 코르테스의 신세계에 대한 기록은 더욱 극적이다. 카르펜티에르가 인용하고 있는 내용을 보자.

나는 에르난 코르테스가 카를로스 1세(카를 대제)에게 보낸 『보고서』 어느 구절에서 비극적인 사실을 발견했습니다. 코르테스는 멕시코에서

---

12) 알폰소 현왕(Alfonso X de Castilla, 1221~1252 재위)은 그 『연대기(Cronica General)』 속에서 "에덴이라 불리는 땅이 동양에 있고, 이곳이 아담에 의해 조성된 낙원이다"라고 말하고 있다.

본 것을 이야기한 뒤에 스페인어로는 수많은 새로운 사물을 지칭하기에는 역부족이라면서 카를로스 1세에게 이렇게 말합니다. "나는 이 사물들을 무어라고 불러야할지 모르기 때문에 표현하지 않습니다." 그리고 원주민 문화에 대해 다음과 같이 말합니다. "원주민 문화의 특이함과 장려함을 설명할 수 있는 인간의 언어는 없습니다." 그러므로 이 신세계를 이해하고 해석하려면 새로운 어휘가 필요하며, 또 새로운 시각이 필요합니다. 한쪽이 없이는 다른 쪽도 있을 수 없기 때문입니다(『마술적 사실주의』, 70쪽).

다시 크리스토발 콜론의 『항해록』으로 되돌아가보자. 이전의 두 번째 인용문에서 콜론은 인어 세 마리를 보았다고 적고 있는데 이 모든 '경이로운 현실'에 대하여 라스 카사스 신부는 "존경할 만한 신학자와 현명한 철학자들"이 오래전부터 얘기해온 에덴동산이 바로 그곳이라고 크리스토발 콜론이 믿었다고 전한다.13)

빽빽한 숲과 하늘을 뒤덮는 온갖 새들, 인어와 에덴동산, 그리고 코르테스가 뭐라고 불러야 할지 모르기 때문에 표현하지 못한 그것들의 공통점은, 크리스토발 콜론이나 에르난 코르테스의 말을 빌리면, 15~16세기 당시의 유럽에서는 거의 볼 수 없는 세계, 시간적으로 과거의 세계에 또는 상상 속이나 성경 속에 존재했으나 더 이상 볼 수 없는 세계를 대변한다. 즉, 중남미 신대륙은 그들이 잃어버린 혹은 더 이상 가지고 있지 않는 세계를 간직하고 있었다는 의미이다. 그것이 유럽의 바로크

---

13) 크리스토발 콜론이 에덴동산이라고 믿었다는 것은 역으로 볼 때 당시의 서구 유럽인들은 자신들이 가톨릭 성경에 나오는 에덴동산을 잃어버렸다고, 아니면 그 에덴동산에서 주방당했다고 생각했음을 의미할 수 있다. 그러므로 그 동산을 찾는 것은 절대자인 아버지에게도 되돌아가려는 회귀본능이자, 어버이의 사랑을 갈구하는 욕망의 또 다른 표현이기도 하다.

양식에서 표출된 '빈 공간'인 것이다. 중남미에서 그처럼 경이로운 것은 일상적인데도 말이다.

내가 주장하는 경이로운 현실이란 우리 라틴아메리카의 경이로운 현실입니다. 온갖 라틴아메리카적인 것에 두루 깃들어 있는 본래 그대로의 현상을 발견하는 것이 곧 경이로운 현실입니다. **라틴아메리카에서 생소한 것은 일상적입니다.** 늘 그랬죠(『마술적 사실주의』, 69쪽. 강조는 필자).

그저 생소하기에 놀라울 뿐입니다. 생소한 것, 놀라운 것, 기존의 규범에서 벗어나는 것은 모두 경이로운 것입니다(『마술적 사실주의』, 64쪽).

이제 '빈 공간에 대한 공포'로 되돌아가자. 왜 스페인과 포르투갈에서 처음, 바로크라는 문예 양식, '빈 공간에 대한 공포'로 특징지어지는 그 바로크 양식이 발생했을까? 그 빈 공간을 조화와 균형 그리고 절제의 미학을 대변하는 것으로 여기던 고딕양식에서 왜 스페인과 포르투갈 사람들, 이어 이탈리아, 독일, 프랑스 등 거의 모든 유럽 국가들이 그 빈 공간을 채우는 바로크 양식에 빠져들었을까? 그렇다면 그 '빈 공간'이란 서구가 가지고 있지 않았던, 어쩌면 애써 배제하고 배척하면서 부정했던 또 다른 세계, 중남미에서 보고 깨달은 어떤 모습이 아닐까? 그리스 철학 이후 이성과 논리 그리고 객관성을 모토로 삼아온 그들 유럽인들에게 '마술적 사실', '경이로운 현실'의 중남미는 더 이상 환상의 비이성적·비논리적인 세계가 아닌, 엄연히 현존하는, 그들 자신이 눈으로 본 현실의 세계였다.

그들이 배제하고 배척하며 부정했던 타자의 모습이 엄연히 존재하고 있음을 발견(discover)한 뒤 그들의 기존 가치체계와 세계관은 요동을 쳤고 그 결과가 바로크라는 '빈 공간에 대한 공포'로 표출된 것이다. 이것이 옳다면, 유럽인들이 채웠던 '빈 공간'이란 다름이 아니라, 이성과 논리, 합리성에 기초한 그들의 사회가 '비이성적이고 비논리적이며 비합리적'이라며 배제하고 배척하며 부정해온 자아의 일부분일 것이다.

그러므로 '빈 공간에 대해 공포'를 느낀 주체는, 중남미 토착민들이 아닌, 바로 중남미인들에게서 자신이 배제하고 배척하고 부정해온 모습을 발견한 유럽인들인 것이다. 결국 중남미는 유럽인들이 스스로 부정해온 자아의 일부를 일깨워준 거울이었던 셈이다. 그런 의미에서 스코트 심킨스가 말한 것은 매우 날카로운 지적이다.

『백년동안의 고독』에서는 많은 마술적 사건(하늘을 나는 돗자리, 살아 있는 망자(亡者), 정확히 들어맞는 예감, 염력 등등)이 일어나지만, 가르시아 마르케스는 "이성주의자나 스탈린주의자들이 현실을 좀 더 이해하기 쉽게 한다는 명목으로 오랜 세월 강요해온 각종 규제를 도외시하고, 우리의 현실을 있는 그대로 바라봄으로써 책을 쓸 수 있었다"고 주장한다. **결국 그는 마술적 텍스트가 비현실적 요소들을 삽입함으로써 역으로 현실을 드러내고, 이를 통해 사실상 전통적인 미메시스 범주를 교정하는 역할을 한다고 주장하는 셈이다.**(『마술적 사실주의』, 129쪽. 강조는 필자)

"마술적 텍스트가 비현실적 요소를 삽입함으로써 역으로 현실을 드러내"었다는 말을 확대 해석한다면 중남미의 '비현실적 요소'가 서구 유럽에 삽입, 전염됨으로써 역으로 그 서구 유럽이 스스로 은폐해온 자기의 모습 일부가 드러났던 것이며 그것이 유럽의 바로크 양식이 탄생한 배경이자 내용이었다고 할 것이다. 다시 말하면, 서구 유럽이 자신들의 기준으로 보아 '비논리적이고 괴이하며 불규칙적이고 선명하지 않고 주술적이며 야만적'이라고 규정했던 것이 그들 자신의 가려지고 억눌려진, 비논리적이고 괴이하며 불규칙적이고 선명하지 않고 주술적이며 야만적인 자아의 모습 일부를 드러내 준 것이며 그 모습이 바로 '빈 공간'이자 '공포'였던 것이다. 즉, 빈 공간에 대한 공포가 아니라 그 빈 공간 자체가 공포였던 것이다.

나아가 포르투갈과 스페인에서 제일 먼저 바로크 양식이 탄생한 것 자체가 그들이 여타 유럽과는 달리 먼저 새로운 바로크의 세계, 즉 신대륙을 접했기 때문이며 그 접촉을 통해 자기와 다른 세계의 존재에 충격을 받았기 때문이다. 그 충격이 바로 그들로 하여금 자아의 내면과 현실 세계, 즉 유럽 세계를 재성찰하게 만든 동인이 되었던 것이며 그 성찰의 결과가 바로 그들의 바로크 양식이었던 것이다. '빈 공간에 대한 공포'는 바로 그것이었다.

그런데 이 시점에서 우리에겐 17~18세기에 꽃을 피운, 예술양식으로서의 중남미 바로크 양식은 어떻게 이해해야 할 것인가라는 문제가 남는다. 스페인의 플라테레스크 양식이 내포하고 있던 빈 공간을 중남미 원주민들이, 자신들의 고유한 바로크주의로 채웠던 것이 중남미의 열정적인 바로크 양식(특히 18세기 브라질의 바로크 양식)이라면, 그 빈 공간에 대하여 공포를 느낀 또 다른 주체는 중남미의 원주민일 수 있다는 것이다. 각주 10)에서 언급했듯이 5개 태양의 순환이 멈출지도 모른다는 것에 대한 공포와 더불어, 모든 것이 꽉 차고 충만한 자신들의 세계와는 다른 '빈 공간'이 아름다움으로 추앙받는 서구세계의 모습을 본 중남미인들이 역으로 그 서구의 세계를 '괴이하고 불완전한' 것으로 보고 불안과 공포를 느껴 그 공간을 채워나간 것은 아닐까? 그리고 그것이 17~18세기의 중남미 바로크 양식을 잉태한 것은 아닐까라는 말이다. 왜냐하면 서론에서 언급했듯이 바로크는 인간의 정신에 항상 내재하고 있는 속성이며 또 자아는 타자라는 거울을 통해 더 선명히 드러나기 때문이다. 그렇다면 결국 서구 유럽과 중남미의 바로크는 서로를 일깨우고 또 궁극적으로는 정신적으로나 문화적으로 서로를 풍요롭게 한, 서로의 접촉과 소통의 상호작용이 낳은 결과물로 이해될 수 있을 것이다. 이에 대한 구체적인 해답의 실마리는 혼혈과 식인주의 정신에서 찾을 수 있다.

4. 바로크와 혼혈 그리고 식인정신

서두에서 언급했듯이 브라질을 위시한 중남미 지역의 사회와 문화를 이해하는 데 혼혈의 문제에 대한 이해가 매우 중요하다고 본다. 코엘류의 경우 외에도 중남미 국가 중에 혼혈의 대명사인 브라질14)에 대해 이 나라의 많은 학자들이 이 문제를 거론해왔다.15) 하지만 바로크와 관련하여 혼혈을 거론함에 가장 정곡을 찌른 표현이 있다면 그것은 아마도

---

14) 2010년 현재 브라질 지리통계원이 발표한 브라질의 인종분포도를 보면 백인 47.73%, 흑인 7.61%, 혼혈 43.13%, 황인종 1.09%, 원주민 인디오 0.43% 등의 순이다. 물론 인구조사를 할 때 자세한 의학적 검사를 통한 인종 구분을 하는 것이 아니라 응답자의 답변에 의존하는 방식이므로 그 정확성이 떨어지지만 어쨌거나 수적으로 보았을 때 브라질은 백인이 다수인 나라이며 혼혈 역시 그에 못지않게 많은 나라임을 알 수 있다.

15) "모든 브라질 사람은 메스티소이다. 피가 혼혈이 아닐 때라도 사고에서 그렇다"(Romero, 1902: 4). 또한 브라질의 인류학자인 지우베르투 프레이리(Gilberto Freyre) 역시 같은 맥락의 말을 하고 있다. 이 주장으로 인하여 사람들은 그가 브라질의 '인종민주주의'를 탄생시켰다고 주장한다: "모든 브라질 사람은 금발의 백인이라고 할지라도 영혼과 육체가 아닐 경우 영혼 속에 인디오나 흑인의 그림자 혹은 최소한의 흔적을 간직하고 있다. — 브라질에는 몽골족의 푸른 반점이나 혼혈의 표시를 몸에 간직하고 있는 사람들이 있다"(Freyre. 1933: 283).

세베로 사르두이(Severo Sarduy)의 표현이 아닌가 한다.

쿠바 사람들의 말이 요동을 칠 때면 언제나 다양한 언어들(다양한 문명들)이 표출된다. 그리고 그 중심은 어디에도 없다(Sarduy, 1988: 11).

사르두이의 책 『바로크(Barroco)』의 서문을 쓴 주제 마누에우 지 바스콩셀루스(José Manuel de Vasconcelos)가 저자의 표현이라고 인용한 위의 글은 그 출처를 정확히 밝히고 있지 않아서 어떤 문맥에서 나온 것인지는 알 수 없지만 쿠바인들이 열을 내어 말을 할 때면 '다양한 문명'과 '언어들'이 튀어나온다고 한 점에서 볼 때 그것은 분명히 혼혈과 관계된 것이라고 본다.16)

그러니까 1492년 크리스토발 콜론이 중미에 도착한 이래 100여 년이 지난 시점인 1601년, 바로크 양식이 포르투갈에서 먼저 나타나기 시작했다는 점을 염두에 둔다면, 그 100여 년 사이에 벌어진 다양한 피부색의 혼혈과 그 결과로 나타나고 있던 정신문화적 현상들이 — 그것이 무엇인지는 차후에 논하겠지만 — 이 서구인들에게 또 다른 '경이로운 현실'로 충격과 놀라움을 준 것은 아닌가 한다.

우선 스페인과 포르투갈에서 당시의 중남미처럼 다양한 피부색을 가진 혼혈과 그에 따른 사회문화적 제 현상들이 백인만이 모든 것의 중심이던 그 서구인들에게 충격으로 받아들여졌을 것이라고 상상하는 것은 그리 어려운 일이 아니다. 검은 피부에 파란 눈을 가진 사람, 하얀 피부에

---

16) 가장 최근에 쿠바 정부가 조사 발표한 공식 인구조사(2002년)에 따르면 백인이 727만 1,926명 흑인이 112만 6,894명 그리고 메스티소가 277만 8,923명으로 나타났다.

검은 머리카락을 가진 사람, 곱슬머리에 갈색 피부를 가진 인디오들을 상상해보라. 그리스 시대의 교리문답식 교육을 통해 수많은 세월 동안 이분법적인 논리의 사고체계를 고집해왔으며 그러한 사고체계 위에 구축된 유럽사회에 흑도 아니고 백도 아닌, '불분명하고 불투명한(barroco)' 피부색의 인종들이 만연한 중남미 사회는 어떻게 보였을까? 알레호 카르펜티에르는 바로크와 혼혈을 다음과 같이 연결하며 설명하고 있다.

그렇다면, 왜 라틴아메리카가 선택받은 바로크 땅일까요? 공생, 혼혈이 바로크주의를 낳기 때문입니다. 아메리카 바로크주의의 성장 요인은 크리오요 정신, 크리오요의 의미, 아메리카인이라는 의식입니다. 시몬 로드리게스가 잘 파악하고 있듯이, 유럽에서 건너온 백인의 자식이든 아프리카 흑인의 자식이든 인디오의 자식이든 상관없이 모두 라틴아메리카인이라고 느낍니다. 다른 것이라는 의식, 새로운 것이라는 의식, 더불어 산다는 의식 그리고 크리오요라는 의식과 더불어 라틴아메리카 바로크는 성장합니다. 크리오요 정신이 바로 바로크 정신입니다. …… 시몬 로드리게스는 이렇게 말합니다. 이제 스페인 사람이 아니면서도 스페인어를 사용하는 크리오요 이외에도, "우리들 주변에는 와소, 치노, 타노, 모레노, 물라토, 삼보, 원주민, 유색인, 흰둥이, 노란둥이, 그리고 혼혈 3세, 4세, 5세, 이처럼 거슬러 올라가는 혼혈들이 있습니다." 현존하는 이러한 요소들은 각자 **나름내로 바로크주의에 기여를 하고 있으며, 내가 '경이로운 현실'**이라고 부른 것과 직접적인 관련이 있습니다(『마술적 사실주의』, 63~64쪽. 강조는 필자).

알레호 카르펜티에르가 말하고 있는 것은 첫째, 어느 피부색을 가진 인종이든 라틴아메리카에 들어오면 그들은 그 땅의 풍토에 흡수되어 자신의 본래 정체성을 잃고는 곧바로 라틴아메리카인으로 탈바꿈한다는 것이며 그 점이 바로 바로크 정신이라는 것이다. 둘째, 현존하는 형형색색의 혼혈요소들이 '각자 나름대로 바로크주의에 기여'하고 있으며 그것이 '경이로운 현실'과 직접 관련되어 있다는 것이다.

그런데 라틴아메리카에 들어오는 어떤 피부색의 인종이든 모두 자신의 본래 정체성을 잃고 라틴아메리카인으로 탈바꿈한다는 점을 강조하면서, 알레호 카르펜티에르는 그러한 현상의 발생 원인이 '공생과 혼혈'[17])에 있다고 말한다. 그러면서도 그는 그 공생과 혼혈의 의미를 구체적으로 설명하지 않은 채 단지 그것을 바로크 정신이 가지고 있는 역동성의 근원으로 제시한다.

첫째, 필자도 우선, 어느 누구든 라틴아메리카로 들어오면 모두 라틴아메리카인이 된다는 것은 역시 혼혈 때문이라고 본다.[18]) 혼혈이 일어나기 시작했던 1500년대 초기에는 다소 약했을지언정 세월이 흐르면서 많은 인종과 민족 간의 혼혈이 벌어졌는바, 그것은 라틴아메리카에 거주하던 사람들의 핏속에 점점 다양한 DNA가 모여 융합되어갔다는 뜻이다. 문화접변 관점에서 볼 때 다양한 DNA를 소유하기 시작했다는 것은 그만큼 나든 타자든 서로 간에 친밀감을 느낄 만한 인종과 민족의 스펙트럼이 넓어지고 다양화되었다는 의미이며 이것은 결국 타 인종 혹은 민족에 대한 친화력과 융화력이 강해졌다는 것을 의미한다. 따라서 세월이 흐르면서 어떤 인종이든, 민족이든 라틴아메리카에서 친밀감을 느끼고 동화

---

17) 여기서 '공생'은 모든 피부색을 가진 인종들의 공존을 의미할 수도 있겠지만 다른 한편으로는 코엘류가 말한 magical과 real의 공존도 의미할 수 있을 것이다.
18) 물론 브라질의 경우는 원주민 인디오들의 식인 풍습에서 이질적인 문화에 대한 친화력과 융화력을 찾는다. 그것이 부당한 논리는 아니지만 혼혈 역시 이질 문화에 대한 친화력과 융화력의 핵심요소인 것은 부인할 수 없다.

되는 것은 자연스러운 현상이 되는 것이다. 그리하여 라틴아메리카에서의 혼혈 그 자체는 레사마 리마(Lezama Lima)가 말한 '동화의 변환 용광로(forno transmutativo da assimilação)'(Lima, 1988: 90)인 셈이다.

둘째, '빈 공간에 대한 공포'에서 엿볼 수 있듯이 혼혈이 유럽인들, 특히 포르투갈인들과 스페인인들이 애써 배척하고 부정해온 자신의 일부분이라는 것이다. 왜냐하면 피부색만 크게 다르지 않았을 뿐 스페인인들과 포르투갈인들은 장구한 세월 동안 타 인종 혹은 민족과 공존해온 역사를 가지고 있기 때문이다. 철기 시대였던 기원전 10세기에 이베리아 반도 북부로 들어온 켈트족, 지중해 해상권을 둘러싸고 세 차례의 전쟁(포에니 전쟁)을 치르면서 유입된 그리스, 카르타고, 로마인들, 그들에 이어 서기 5세기 게르만족이 지배했으며 8세기 초부터 크리스토발 콜론이 신대륙으로 떠나던 1492년까지 이베리아 반도는 이슬람 아랍인들의 지배하에 있었다.[19]

셋째, 혼혈이 바로크 정신에 기여한다는 것에 대해 필자는 혼혈이 바로크의 역동성을 보장하는 요소로 이해한다. 왜냐하면 우선 혼혈은 흑도 아니고 백도 아닌 존재이다. 즉, 흑과 백의 경계에 있는 존재이며 경계에 있다는 것은 한편으로는 정체성이 모호한 존재라는 것을 의미하면서도 다른 한편으로는 항시 변화할 수 있는 가변적 상태의 유동적 존재라는 것을 의미한다. 어느 한 쪽에 정착된, 고착된 존재가 아니고 유동적이기에 문화적인 관점에서 볼 때 그만큼 역동성을 지닌 존재인 것이다. 카르펜티에르가 혼혈을 바로크와 연결시켰던 것은 바로 이 점 때문인 것으로

---

[19] 물론 타 인종 또는 민족과의 오랜 공존 경험이 중남미에서의 혼혈 확산에 직간접적인 영향을 주었던 것 역시 분명하다. 어쩌면 그것이 스페인과 포르투갈인들로 하여금 다른 유럽국에 비해 먼저 바로크를 실현할 수 있도록 한 동력일지도 모른다.

판단된다. 그리고 사르두이가 '중심이 어디에도 없다'고 한 것 역시 그 많은 인종과 민족들이 공존을 하면서 단순한 집합이 아닌 혼혈을 통해 융합을 하고 있으므로 그 중심이 누구인지, 어디에 있는지 확연히 드러나지 않을 뿐이다. 다시 말하면 그 지역을 구성하는 각 인종과 민족이 중심이기에, 즉 중심이 곳곳에 산재하고 있으면서 혼혈을 통해 서로 긴밀히 융합하기에 큰 중심이 없는 것으로 보일 뿐이다.

넷째, 혼혈은 타자의 피가 어느 한 사람의 피에 섞여 공존하고 있다는 것이지 결코 그 타자가 소멸되어 존재하지 않게 되는 것을 의미하지 않는다. 혼혈을 통해 나의 핏속에 다양한 역사와 문화를 가진 인종이나 민족, 즉 타자가 내 안에 공존하게 되기에 그만큼 나는 문화적으로 더 풍요로운 존재가 되는 것이며, 또 그렇기에 혼혈이 앞서 말한 친화력과 융화력 그리고 역동성의 원천이 될 수 있는 것이다. 그러한 맥락에서 혼혈은 타자를 잡아먹는 식인 풍습[20]에 내재된 의미와도 상통한다. 왜냐하면 브라질 원주민 인디오들의 식인 풍습을 관찰한 레비스트로스(Claude Lévi-Strauss)에 따르면 (브라질 원주민 인디오들의 경우) "조상의 신체 일부분이나 적의 시체의 살점을 먹음으로써 식인종은 죽은 자의 덕을 획득하려 하거나 또는 그 힘을 중화시키고자" 하는데 이것은 "즉, 식인

---

20) 브라질의 식인 풍습 경우는 1928년, 당시 모더니즘의 기수 가운데 한 명이었던 오스바우지 지 안드라지(Oswald de Andrade)의「식인선언문(Manifesto Antropófago)」을 통해 본격적으로 연구되기 시작했는데 그는 브라질 사회와 문화의 정체성 상당 부분을 본래 브라질의 주인이었던 원주민 인디오들의 식인 풍습에서 찾고자 했다. 식인 풍습은 유럽이 여타 세계를 지배할 때 앞세운 가톨릭 계몽주의적 이분법, 즉 문명과 야만이라는 지배이데올로기에 대표적인 명분이 되어주었던 것으로서 오스바우지 지 안드라지는 오히려 그 식인 풍습을 타자에 대한 배척과 부정이 아닌 수용과 융화라는 브라질 사회와 문화의 핵심 키워드로 간주하고 이를 고양함으로써 탈식민주의의 기초를 마련한 것으로 평가받고 있다.

풍습을 실행하는 사회에서는 어떤 무서운 힘을 지니고 있는 사람들을 중화시키거나 또는 그들을 자기네에게 유리하도록 변모시키는 유일한 방법은 그들을 자기네의 육체 속으로 빨아들이는 것이라고 믿"기 때문이다(레비스트로스, 1991: 356~357). 그러므로 식인 풍습에 담겨 있는 진정한 의미는 타자의 가시적인 제거를 넘어 정신적인 '적극적 혼혈'이다. 즉, 혼혈과 식인 풍습, 그리고 그것이 근저에 흐르는 바로크는 바로 소통이자 통섭(transculture)인 셈이다.

결국 앞 절에서 언급한 빈 공간에 대한 공포의 주체는 중남미의 '경이로운 현실'에서 은폐되었던 자아와 그 세계를 재발견한 서구 유럽인들이자 다른 한편으로는 '군더더기'가 제거된 서구의 '빈 공간'에서 호기심을 끄는 새로운 세계를 발견한 중남미인들이었다. 그 통섭과 상호 '식인'을 통해 양 지역의 바로크 문화는 더욱 열정적이고 풍요로워진 것이다.

5. 나가면서

이제까지 우리는 바로크라는 용어의 기원과 정의 문제, '빈 공간에 대한 공포' 그리고 혼혈과 식인을 분석함으로써 바로크 정신을 이루는 핵심 개념이 무엇인지를 살펴보았다. 세 가지 분석을 통해 공히 확인할 수 있었던 것은 바로크라는 용어이든 빈 공간에 대한 공포이든 혼혈/식인이든 모두 우선적으로 유럽의 자기중심적·이분법적 사고체계가 안고 있는 문제점들을 드러내고 있었다는 사실이다.

특히 바로크의 어원과 정의에서 우리는 그들의 자기중심주의, '논리적·합리적·이성적' 사고체계에 따른 이분법적인 시각이 스며 있음을 확인할 수 있었고 이어 '빈 공간에 대한 공포'에서는 그 빈 공간이라는 것이,

선과 악 등 그리스의 교리문답에 스며 있는 철학과 가톨릭 사상, 즉 논리적이고 합리적인 구분과 분리에 익숙함으로 인하여 그동안 배제되고 배척되고 부정되었던 서구 유럽사회 자체와 그 구성원들 자아의 일부분이라는 점을 밝혔다. 그 결과 '빈 공간에 대한 공포'의 주체는 먼저, 꽉 찬 중남미를 통해 보았던 바로 유럽인들 자신의 일면이며 그러한 의미에서 그들이 공간의 미학을 핵심으로 하던 고딕 양식을 넘어 바로크를 수용한 것 역시 그들 스스로의 합리주의적 사고와 이분법적 세계관에 의해 배제되고 배척되고 부정되었던 자아의 일부분을 인식하고 회복하려는 갈망과 시도로 이해했다. 따라서 그들에게 빈 공간은 곧 공포를 의미했고 급기야 '증식하는 세포들'로 가득한, '라이프니츠의 주름들'로 가득한 바로크를 탄생시킨 것이었다(이정우, 2001; 들뢰즈, 2004).

결국 중남미는 서구 유럽으로 하여금 잊히고 잃어버린 그들 자아의 일부를 발견하고 되찾게 해준 반면거울이었다. 하지만 바로크가 인간 정신의 상수이고 자아란 타자와의 대면과 비교에서 더 선명히 드러나기에, 정도와 입장(지배자와 피지배자)은 달랐어도 서구인들의 그 '빈 공간'은 결국 라틴아메리카 인들에게도 자신들의 세계가 '꽉 찬' 세계라는 것을 새삼 인식시켜준 반면거울이었다고 할 것이다. 중남미의 혼혈은 바로 그러한 맥락에서 이해할 수 있을 것이다. 혼혈은 흑도 아니고 백도 아닌 중간지대, 혹은 경계지대에 존재하기에 서구의 이분법적 사고체계에 근거하여 정체성의 부재나 혼돈으로 볼 것이 아니라 흑과 백의 양극과 그 사이의 '빈 공간'을 메움으로써 바로크의 역동성을 보장하는 경계선상의 유동적인 존재로 인식할 필요가 있다.

그런데 그 혼혈은 타자의 가시적인 소멸일 뿐 정신적으로는 공존을 의미하며 그러한 맥락에서 식인 풍습과도 밀접하게 연결되어 있다. 혼혈과 식인 풍습에서 볼 수 있는 타자와의 공생과 공존이 관련 사회와 문화의 역동성을 보장하는 만큼, 사조로서의 유럽 바로크와 중남미의 바로크는 결국 상호 소통한 통섭(transculture)의 결과로 보아야 할 것이다. 왜냐하면 바로크 전반에 나타난 '빈 공간에 대한 공포'의 주체는 궁극적으로 양 지역 모두이며 자아인식의 차원에서 서로가 서로에게 반면거울이었기 때문이다.

참고문헌

카사스, 라스. 2000. 『콜럼버스 항해록』. 박광순 옮김. 서울: 범우사.
레비스트로스, 클로드. 1991. 『슬픈 열대』. 박옥줄 옮김. 서울: 삼성출판사.
사이드, 에드워드. 2000. 『오리엔탈리즘』. 박홍규 옮김. 서울: 교보문고.
이정우. 2001. 『주름, 갈래, 울림: 라니프니츠 철학』. 서울: 기획출판.
들뢰즈, 질. 2004. 『주름, 라이프니츠와 바로크』. 이찬웅 옮김. 서울: 문학과 지성사.
카르펜티에르, 알레호. 2001. 「바로크와 경이로운 현실」. 『마술적 사실주의』. 2001. 우석균·박병규 외 공역. 서울: 한국문화사.

Freyre, Gilberto. 1933. *Casa Grande and Senzala*. Rio de Janeiro: Record.
Lima, José Lezama. 1988. *A Expressão Americana*(trad. Irlemar Chiampi). São Paulo: Brasiliense.
Orta, Garcia de. 1563. *Colóquios dos simples e drogas da India*. Goa: n/d.
Romero, Sílvio. 1902. *História da Literatura Brasileira*, vol. I. Rio de Janeiro: H. Garnier.
Sarduy, Severo. 1988. *Barroco*. (trad.) Maria de Lurdes Júdice e José Manuel de Vasconcelos. Lisboa: Vega.
Taipé, Victor-L. 1983. *O Barroco*. (trad.) Armando Ribeiro Pinto. São Paulo: Cultrix/EDUSP.
Zamora, Lois Parkinson and Wendy B. Faris. 편저. 2001. 『마술적 사실주의』. 우석균·박병규 외 공역. 서울: 한국문화사.

제13장

칠레 국민국가 형성 시기의 논쟁에 나타난 내셔널리즘*

이성훈 서울대학교 라틴아메리카연구소 HK교수

1. 들어가면서

　19세기 초반 라틴아메리카 각 지역에서 진행된 독립운동은 일련의 신생국 탄생으로 이어졌지만, 이들의 운명은 그리 순탄한 것만은 아니었다. "선거는 단지 전쟁에 불과하고, 자유는 무정부 상태이고, 살아 있다는 것은 고문이다"라는 시몬 볼리바르의 비관적인 표현은 독립 이후 라틴아메리카의 신생 공화국들이 겪고 있던 사회적 혼란을 잘 드러내 준다(Keen and Haynes, 2009: 193). 대부분의 신생 독립국들은 당시 유럽의 자유주의 이데올로기를 받아들여 공화주의 정부와 의회제도를 채택했다. 그러나 이러한 형식적인 민주주의제도 이면에는 군사적 실권을 장악한 카우디요의 독재나 과두제라는 엄혹한 현실이 존재하고 있었고, 물리력을 지닌

---

* 이 글은 ≪이베로아메리카 연구≫ 23권 1호(2012)에 발표된 필자의 기존 논문을 총서의 취지에 맞게 수정·보완한 것이다.

몇몇 카우디요 세력들이 정치와 경제를 전제적인 방식으로 지배하고 있었다. 따라서 공화국의 형식을 띤 신생국에서도 갈등은 '정치적인' 방식으로 진행되어 해소된 것이 아니라, 물리적인 방식으로 진행되면서 독립 이후 공화국이 꿈꾸었던 이상과는 다른 현실에 봉착해야만 했다. 벤자민 킨(Benjamin Keen)은 이 시기의 이러한 격렬한 대립의 이면에는 자유주의 대 보수주의 그리고 연방주의 대 통합주의(unitarismo) 등의 사회적이고 이데올로기적인 대립의 맹아가 숨어 있다고 말하고 있다(Keen, 2009: 195). 보수주의가 기존의 질서를 유지하려는 이해관계를 드러내는 방식이라면, 자유주의는 식민 시대가 남긴 유산을 제거하고 새로운 질서를 건설하고자 했다. 이는 여러 세력들이 자신들의 이익과 이해관계를 보장하는 방식으로 공화국의 정치지형을 구성하려는 데서 시작한 대립 과정이라고 할 수 있다.

베르나르도 오이긴스(Bernardo O'Higinns)가 독립을 쟁취한 후 일련의 개혁조치를 밀어붙인 칠레의 경우에도 이런 정치적 대립으로 인해 혼란을 경험했다. 오이긴스는 대토지 소유 계층과 교회의 세력을 제어하기 위해 과감한 개혁 조치를 펼쳤는데, 이것이 보수파의 반발뿐만 아니라 자유주의 세력 내에도 반대 세력을 만들어내는 결과를 가져왔다. 결국 오이긴스는 1823년 아르헨티나로 망명하게 되고, 1830년 선거에서 보수파인 호아킨 프리에토(Joaquín Prieto)가 승리하면서 칠레 정치는 다소간 안정을 되찾는다. 프리에토의 집권기 동안 정치를 지배한 인물은 그의 각료 중 한 명인 디에고 포르탈레스(Diego Portales)였다. 1937년 암살될 때까지 그는 대지주와 소수 과두계층의 이익에 중점을 둔 정책을 펼쳤고, 교회를 자신들의 이익을 지키기 위한 정치적 수단으로 이용했다. 이 시기 보수주의 세력은 과두층의 이익을 극대화하는 1833년 헌법을 통해 집권을 항구화하고자 했고, 자유주의 세력은 점차 폭력적인 방식으로 이에 대항했다(Keen, 2009: 214).

　이런 칠레의 혼란한 정치 지형은 1841년 마누엘 불네스(Manuel Bulnes)가 대통령이 되고, 1846년 재선되면서 변화를 겪게 된다. 페루-볼리비아 연합 전쟁(1836~1839)을 승리로 이끌었던 보수 세력은 전쟁승리와 국내의 정치적 안정을 바탕으로 일련의 유연정책을 채택했다. 이 시기에는 또한 상업과 광업, 농업의 유례없는 확장으로 경제성장이 이뤄졌다. 이 시기의 경제 활성화의 주된 수혜자들은 가파른 땅값 상승으로 이익을 본 대지주들이었다는 한계에도 불구하고, 전통적인 농업 부문이 아닌 새로운 경제영역의 확대로 인해 새로운 경제주체가 성장했다. 결과적으로 광산, 무역, 금융, 농업과 여타 산업 분야에서 신흥 자본 세력이 등장했고, 이들은 정치를 포함한 사회 전 영역에서 자신들의 이익을 보장하는 방식으로 자유주의적인 사고를 실현하려고 했다. 또한 자본주의의 급격한 성장에 두려움을 느낀 대토지 귀족들로 인해 구시대적인 잔재 역시 공존했다(Keen, 2009: 212~213).

　이런 공존에도 불구하고 자본가 계층의 강화에 기반한 자유주의 지식인들이 성장하게 되면서 독립 이후 칠레의 정체성을 모색하는 지적인 고민이 나타나기 시작한다. 이 흐름이 직접적으로 칠레의 정체성을 염두에 두고 진행된 것은 아니지만, 스페인의 문화유산을 어떻게 할 것인가, 라틴아메리카의 지역성을 어떻게 바라볼 것인가 등의 문제의식을 보여주고 있다는 점에서 연관성이 있다고 할 수 있다. 국민 국가의 형성이 국가 정체성을 만들어가는 일종의 상상의 공동체 만들기라는 베네딕트 앤더슨의 입장에 따르면, 독립 이후 국가 정체성을 만들어가는 이 과정 역시 내셔널리즘이 작동하는 과정이라고 할 수 있다. 독립 이후 국가 형성 과정에 개입하고 있는 지식인들이 정치의 영역뿐만 아니라 문화의 영역에서 타자와 구별되는 '우리'의 모습을 모색하는 과정이 내셔널리즘의 작동 과정이라면, 1840년대 칠레에서 벌어진 일련의 논쟁은 이를 보여주는 구체적인 사례라고 할 수 있다. 이 글에서는 이 시기 등장했던 논쟁들 중에서 언어 논쟁과 낭만주의 논쟁을 중심으로 새로운 국가 정체성이 형성되어가는 과정을 살펴보고자 한다.

2. 논쟁의 배경

칠레 역사에서 1840년대는 앞에서 설명한 물적인 기반을 배경으로 문화적으로 가장 풍요로운 시기 중의 하나였다(Stuven V., 1990: 229). 칠레 대학 설립과 같은 다양한 교육 및 문화 기구의 설립, 문학잡지 창간 등에서 볼 수 있듯이, 이 시기는 안정된 정치·경제를 기반으로 하여 다양한 문화 활동이 전개되던 시기였고, 지식인들의 역할과 활동 공간 또한 그만큼 확대된 시기였다. 국가 형성과 관련하여 이 시기 지식인들의 입장과 활동을 가장 잘 보여주는 사례가 바로 일련의 논쟁이라고 할 것이다. 이 논쟁을 통해 지식인들은 자신들의 정치적 입장에 따라, 칠레의 정체성이 구성되는 나름의 방식을 드러낸다. 1840년대에는 '언어 논쟁', '낭만주의 논쟁' 그리고 '역사기술 논쟁'이 칠레'의' 지식인들 사이에 진행된다.[1] 국가 운영을 둘러싼 자유주의와 보수주의 이데올로

[1) 언어 논쟁은 1842년 5월부터 6월 사이에 진행되었고, 베요(Andrés Bello)가 논쟁에 직접적으로 참가한 것은 이 논쟁이 유일하다. 두 번째 논쟁은 같은 해 7월부터 8월 사이에 진행되었다. 주된 참여자는 사르미엔토(Domingo F. Sarmiento)와 비센테 피델 로페스, 그리고 살바도르 산푸엔테스와 호타베체(Jotabeche)라는 필명으로 알려진 후안 호아킨 바예호(Juan Joaquin Vallejo) 등이다. 세 번째 논쟁은 같은 해 11월에서 다음해 1월까지 진행된다. 이 논쟁의 축을 이루는 사람은 사르미

기의 대립을 배경으로 하여, 지식인들의 논쟁은 문화의 영역에서 국가 정체성 혹은 내셔널리즘을 어떻게 구현할 것인가라는 주제를 중심으로 진행되었다. 지배 엘리트 계층은 독립 이후 공화제 국가가 만들어지는 과정이 야기한 혼란 속에서 자신들의 이상적인 정치체제를 세우기 위해 투쟁했고, 같은 맥락에서 지식인들은 국민 국가의 내용을 채우기 위해 문화의 영역에서 다양한 논쟁을 진행했던 것이다(Stuven, 1990: 230).

앞에서 말한 것처럼 칠레 사회에서 지식인들이 독립된 칠레의 모습에 대한 구체적인 고민을 시작한 것은 1840년대로, 정확하게는 마누엘 불네스(Manuel Bulnes)가 정권을 장악하고 난 후부터이다. 따라서 논쟁을 통해 드러난 다양한 논점은 국민 국가의 형성이라는 맥락에서 당대 지식인들이 어떠한 고민을 하고 있는지를 잘 보여준다.

1840년대 진행된 논쟁을 이해하기 위해서는 여기에 적극적으로 참여하여 논쟁을 이끌어갔던 두 세대를 이해하는 것이 필요하다. 아르헨티나의 이른바 1837년 세대와 칠레의 1842년 세대이다. 아르헨티나의 1837년 세대는 "아마도 라틴아메리카에서 가장 다변적이고 자의식을 갖춘 세대"라는 평가에서 알 수 있듯이 아르헨티나뿐만 아니라 라틴아메리카 각국의 지적인 영역에 많은 영향을 끼쳤다(Velleman, 2004: 35). 후안 바우티스타 알베르디(Juan Bautista Alberdi), 에스테반 에체베리아(Esteban Echeverría), 도밍고 F. 사르미엔토 등으로 구성된 이 세대는 리오 데 라플라타 지역의 독립 움직임이 활발해지는 시기에 태어났다. 따라서 이들은

엔토와 베요라고 할 수 있는데, 이들이 칠레인들이 아니라는 점에서 칠레의 정체성 문제가 본격적으로 다뤄지지 않은 측면이 있다. 그렇지만 호세 빅토리노 라스타리아(José Victorino Lastarria)의 칠레 국민 문학에 대한 요구에서 보듯이 국가 정체성 문제는 이 논쟁의 큰 흐름을 형성하고 있는 것이 사실이다(Fitzgerald, 1966: 4~5).

독립 이후 아르헨티나에서 벌어지는 다양한 형태의 갈등들을 직접 체험하고, 그들의 지적 활동의 자양분으로 삼은 세대라고 할 수 있다. 독립 이후 아르헨티나는 연방주의 대 통합주의라는 내부의 정치적인 입장 차이 외에도, 스페인의 전통적인 가치를 옹호하는 입장과 유럽의 자유주의적인 이상을 수용하려는 입장이 서로 대립했다. 이 과정에서 1837년 세대의 지도자격인 에체베리아가 유럽 체류 과정에서 학습한 사회주의 이념과 내셔널리즘을 가지고 귀국하면서 아르헨티나에 새로운 지적 경향이 만들어지게 된 것이다(Vellemen, 2004: 36). 에체베리아를 중심으로 한 1837년 세대와 이상주의적인 젊은 지식인들은 1830년대 내내 로사스(Juan Manuel de Rosas)의 권위주의 정권에 대항하여 싸우기 시작했다. 로사스 정권과 그의 폭압성은 그들 세대의 논리를 따르면 '문명과 야만'의 대립 속에서 야만에 속하는 것이다. 로사스 정권에 저항했던 이들 세대는 결국 몬테비데오나 칠레로 망명의 길을 떠나야 했다. 칠레로 망명한 사르미엔토는 칠레 청년 지식인들과 교류하고 칠레 내부의 논쟁에 적극적으로 개입하면서 칠레의 국민국가 형성과 내셔널리즘 확장에 기여하게 된다. 물론 사르미엔토가 구체적으로 칠레의 정체성이라는 맥락보다는 라틴아메리카라는 맥락 속에서 지적 활동을 한 측면은 있지만, 이런 '독립주의적'인 태도가 향후 칠레의 젊은 지식인들의 칠레성(chilenidad) 모색에 많은 영향을 준 것은 자명하다.

 1837년 세대의 입장에 따르면 한 나라의 제도나 특정 영역의 수준은 전체 사회의 발전의 상태나 단계를 반영해야 한다는 것이다. 따라서 아르헨티나가 독립 이후 국가로서 체계를 갖추기 위해서는 정치적 독립에 그치는 것이 아니라, 그에 상응하는 문화적인 측면이나 지적인 영역의 독립을 가져와야 한다고 주장한다. 이것은 스페인의 지적 문화적 전통과의 단절을 의미하는 것으로, 스페인의 문학적·언어적 유산에서 벗어나는 것이야말로 정치적 독립의 완성으로 간주되는 것이다. 이런 맥락에서 에체베리아는 "문학에서 스페인적이 되고, 정치적으로 아메리카적이 된다는 것은 우리에게 부조리해 보인다. 아르헨티나의 언어는 스페인의 언어가 아니다"라고 주장하게 되는 것이다(Velleman, 2004: 37).

사르미엔토 역시 같은 맥락에서 논지를 전개하는데, 당시 아르헨티나의 로사스 정권이 보여주고 있는 폭력성을 스페인의 문화적 유산과 연결시켜 설명한다. 즉, 스페인의 종교재판이 보여주었듯이, 로사스 정권이 보여주는 야만은 스페인 유산의 반영이라는 것이다. 그는 이처럼 스페인의 문화적 유산이 라틴아메리카 신생국들의 진정한 발전을 막는 장애물로 작동하고 있으며, 아르헨티나의 국민국가 형성을 위해서는 이와 단절하는 것이 필요하다는 것이다. 이와 같은 맥락에서 스페인어 역시 근대적인 사상들을 표현하기에 적절하지 않은 죽은 언어라는 입장을 보여준다. "스페인은 우리들을 교육할 수 있는 단 한 명의 작가도, 우리들에게 유용한 책들도 갖고 있지 않다"고 주장한다(Velleman, 2004: 38).

앞서 언급한 것처럼 1840년대 초반은 칠레 지식인들의 변화에 특별한 의미가 있다. 1820년대와 1830년대에 독립이라는 대의에 자신의 열정을 쏟아 부었고 독립 이후에는 정치적인 혼란에 휩쓸렸던 칠레의 젊은 지식인들은 1840년대에 이르러 상대적인 정치적 안정을 얻게 된다. 이 시기가 되어서야 비로소 그들은 문학과 예술이라는 지식인 본연의 지적 도구를 발견했다(Torrejón, 1989: 535). 이들이 문학적 입장을 통해 자신의 정치적 입장을 표명했던 1840년대 논쟁의 주인공들로, 이들의 논쟁은 칠레 국민 문학과 칠레 문화의 형성에 중요한 의미를 갖는다. 이 젊은 지식인들은 대부분 당시 강력한 지적 영향력을 발휘했던 안드레스 베요(Andrés Bello)의 제자들로, 이들의 주된 관심은 독립 이후의 칠레 사회와 문화였다. 당대 자유주의 이데올로기의 세례를 받은 이들은 자신들의 지적 능력을 의식의 해방 및 지식과 정치 분야의 발전을 위한 중요한 수단으로 인식했다. 따라서 문학, 교육, 예술, 정치, 사회 조직 등 지적인 영역뿐만 아니라 사회 전반에 걸쳐 변화가 진행된 1840년대에 이들 지식인들의 역할이 지대했다.

이들 세대의 태도를 가장 잘 보여주는 것이 칠레 국민 문학의 필요성을 강조한 1842년 호세 빅토리노 라스타리아의 문인협회(Sociedad Literaria) 창립선언문이다. 1842년 세대 구성원 대부분이 속해 있던 문인협회의 창립선언문을 기점으로 칠레 고유의 것을 이해하고 표현하기 위한 열망이 나타나기 시작했는데, 이것이 자연스럽게 칠레 사회의 정체성에 대한 고민으로 이어졌다(Stuven V., 1987: 62). 이제 이들은 정치 공간뿐만 아니라, 교육, 문화, 정체성 등의 주제를 가지고 새로운 공적 공간을 만들어낸 것이다. 이런 문제의식을 통해 일련의 논쟁들이 진행되었고, 이 논쟁을 통해 칠레 정체성에 대한 지식인들의 고민이 구체화되었다.

3. 언어 논쟁과 스페인 스페인어의 유산

언어와 철자법을 둘러싼 논쟁은 독립 이후 정치 영역에서 나타나고 있는 변화가 문화 영역에서 어떻게 변주되고 있는지를 잘 보여주는 대표적인 예라고 할 수 있다.[2] 국민국가 형성 시기는 두 가지 태도의 대립으로 간주된다. 친스페인적인 입장과 반스페인적인 입장의 대립이 그것이다. 즉, 라틴아메리카 독립국가들이 스페인의 흔적을 지우는 것은 불가능

---

[2] 언어 논쟁은 아르헨티나와 멕시코에서도 나타난다. 아르헨티나의 논쟁과 관련해서는 박병규, 「19세기 말에서 20세기 초의 아르헨티나 언어 논쟁」(2010)을 참고하시오.

하고 바람직하지 않다는 입장과 스페인이 아닌 다른 유럽 국가들의 모델을 지향하면서 스페인의 문화유산과 단절하려는 입장이 그것이다. 이러한 스페인주의(hispanismo)와 반스페인주의(anti-hispanismo)는 라틴아메리카 국가 형성기의 결정적인 대립요인이었다(Dávila, 2003: 8).

19세기 초반 라틴아메리카 지역의 독립이 구체화하면서 자유주의 성향의 젊은 지식인들을 중심으로 문화적 층위에서도 독립에 대한 요구가 본격화되었다. 언어 논쟁의 중심 주제라고 할 수 있는 '스페인에서 사용하는 스페인어'(이하, 스페인 스페인어)의 규범을 따를 것인가, 아니면 라틴아메리카의 지역적인 언어가 갖는 특징들을 인정할 것인가라는 갈등 또한 스페인 문화유산과의 단절이라는 맥락에서 이해될 수 있다. 즉, 스페인 스페인어에 대한 언어적 충성도는 라틴아메리카에서 지역적인 언어 관습이 일정하게 확산되어 가면서 점차 약화되거나 변화를 요구받고 있었던 것이다. 이러한 상황에서 독립 이후 라틴아메리카에서 '새로운' 언어에 대한 지식인들의 욕구는 신생국들의 개별적인 언어 규범에 대한 요구로 나타났다. 1842년 칠레에서 진행된 언어를 둘러싼 논쟁은 그 배경에 이처럼 스페인 스페인어에 대한 언어적 충성도를 둘러싼 인식의 차이가 있었고, 부분적으로 이러한 충성도를 해체하는 데 기여했다(Torrejón, 1989: 541).

스페인 스페인어가 갖는 단일성과 규범성을 옹호했던 입장과 스페인 스페인어와 차별되는 라틴아메리카적인 언어 관습이 적법성을 주장했던 입장의 차이는 어찌 보면 식민 유산을 어떻게 바라보고 국민국가 건설 과정에서 개별 국가의 정체성이 어떻게 구성되어야 하는가라는 문제와 연결된다고 할 수 있다. 베요로 대표되는 지식인들은 주로 스페인의 고전적인 작품들에 의존한 범스페인어권 언어 규칙을 지지했다. 이에 반해 사르미엔토로 대표되는 반대 입장은 유럽 문화의 영향을 적극적으

로 수용하는 라틴아메리카 나름의 언어 규범을 제안하면서 스페인 문화와의 차별성을 강조했다.3)

'언어 논쟁'의 시작은 1842년 국립학교(Instituto Nacional)의 라틴어 교사였던 페드로 페르난데스 가르피아스(Pedro Fernández Garfías)가 "스페인어의 대중적인 사용(Ejercicios Populares de la Lengua Castellana)"이라는 제하의 글을 발표하면서부터이다. 이 글에서 가르피아스는 오늘날 일반적으로 사용되지 않지만 교육 수준이 높지 않은 칠레 서민들이 주로 사용하는 단어들을 나열했다. 그는 이러한 말들이 칠레의 언어를 황폐하게 하고 있다면서, 이를 막기 위해서 올바른 언어 규칙이 필요하다는 점을 강조했다. 이런 가르피아스의 견해를 처음 비판한 사람은 사르미엔토였다. 그는 민중이 역사적으로 만들어온 언어적 전통과 관습을 막는 것은 보수적인 태도라는 입장을 취하는데, 그 배경에는 스페인과의 문화적 단절을 통해 새로운 국가 문화를 만들어야 한다는 그의 목표가 놓여 있었다. 이런 태도는 새로운 언어적 현상들을 수용하지 못하고, 기존의 규범에 집착하는 문법학자들에 대한 비판으로 이어졌다.4)

구어와 문어를 포함하여 우리 언어에서, 우리 역시 속해 있는 민중이 형성해 우리에게 전해준 매우 표현적인 이런 변화나 관용적인 표현들을

---

3) 베요가 스페인 스페인어로 대표되는 식민 문화유산의 일방적인 수용을 강조했던 것은 아니라는 관점도 존재한다. 스페인의 문화유산에 기반하여 아메리카적인 문화를 만들어나가자는 점진적인 입장으로, 스페인 유산과의 단절이 아니라 나름의 방식을 통한 완성이자 스페인 유산의 극복이라는 것이다(Dávila, 2003: 7).
4) 이런 문법학자들에 대한 비판은 그의 의도와는 상관없이 당대 칠레 사회에서 지배적인 영향력을 행사하고 있던 베요에 대한 비판으로 이해되고 있다(Fitzgerald, 1966: 26).

제거해야 하는지를 판단해야 한다. 또한 동시에 스페인 작가들이 그들이 살고 있는 민중에게서 받아들여 사용하고 있는 말들을 모범으로 받아들여야 할지를 결정해야 한다. 민중의 주권은 전적인 가치를 지니고 있으며, 언어에서 지배적인 위치를 차지하고 있다. 문법학자들은 민중들의 공격을 막고, 관행과 전통을 지키기 위해 만들어진 보수적인 귀족원 같다. 거친 표현을 빌린다면 그들은 언중의 정체되고 보수적인 집단이다.[5]

그는 스페인의 문화적 유산이라 할 수 있는 스페인 스페인어를 하나의 역사적인 구성물로 간주하고, 독립 이후 라틴아메리카에서는 민중들의 요구를 수용한 일정한 변화가 필요하다고 본다. 이처럼 사르미엔토는 페르난도 가르피아스의 글로 인해 시작된 논쟁을 확장하여 정치의 영역으로 의미를 확장하고 있으며, 더 나아가 철자법 또한 민중들의 음성학적 발음에 나타나는 변화를 충실하게 적는 방식으로 변화해야 한다고 주장한다. 이런 사르미엔토의 입장과 가장 대조되는 경우가 바로 안드레스 베요라고 할 것이다. 이에 대해 안드레스 베요는 키담(Quidam)이라는 필명으로 자신의 의견을 개진한다.

정치에서처럼 언어에서도 학자들의 조직이 존재해야 한다는 것은 필수불가결하다. 이렇게 해야 마치 말하기 규칙처럼 필요에 부합하는 규칙들을 만들 수 있는 것이다. 그리고 이러한 규칙의 결정을 민중에게 맡기는 것은 언어의 형성에서 민중에게 권위를 부여하는 것만큼이나 우스운 일이다(≪메

---

[5] ≪메르쿠리오(El Mercurio)≫, 1842년 4월 27일 자. Torrejón(1989: 550)에서 재인용. 언어 논쟁에 등장하는 문헌들은 원문 자료에 대한 접근성 제약으로 인해 2차 문헌을 이용했다.

르쿠리오》, 1842년 5월 12일 자).

인용문에서 보는 것처럼 라틴아메리카에서 나타나는 언어적 현상들을 어떻게 바라봐야 하는가라는 문제는 이제 이러한 변화들을 기술하고 규범을 정하는 역할을 누가 할 것인가라는 '정치적인' 문제로 확장된다. 다시 말해 베요는 이러한 변화들을 인정하는 데 있어 소극적일 뿐만 아니라 변화를 만들고 결정하는 사람은 민중이 아니라 지식인이라는 입장을 취하는 것이다. 언어 논쟁은 단순하게 언어의 규범을 누가 어떻게 정할 것인가에 한정되는 것이 아니라, 독립 이후 라틴아메리카에서 나타나는 변화 전체를 어떻게 바라볼 것인가라는 층위의 담론으로 해석될 수 있다.

베요의 입장은 그의 교육 환경과 연관성을 갖고 있다. 어린 시절 식민 시기 베네수엘라 카라카스에서 스페인과 라틴어 고전 작품들을 읽으면서 성장했던 베요는, 이후 런던에 체류하면서 스페인과 라틴아메리카 출신 지식인들, 그리고 영국의 지식인들과의 교류 속에서 자신의 지적인 경험을 확대했다. 이후 칠레에 정착한 베요는 제도 안팎에서 다양한 젊은이들에게 자신의 지적인 경험을 전수하면서, 문인으로뿐만 아니라 행정가로도 활동했다. 이 시기 그의 입장을 가장 잘 보여주는 사례가 『스페인어 문법(Gramática de la lengua castellana destinada al uso de los americanos)』이라고 할 수 있다(del Brutto, 2008: 310~311).

언어학자로서 라틴아메리카의 언어적 혼란을 막기 위한 나름의 기준을 세우기 위해 저술한 이 책은 독립 이후 라틴아메리카 문화가 가야 할 방향에 대한 그의 태도를 상징적으로 드러낸다. 즉, 베요는 기본적으로 스페인어의 전체적인 통합성을 강조하고, 사전에서 보듯이 고전주의 작가들과 17, 18세기 스페인 작가들의 스타일에 기초한 범스페인권 언어 규범을 마련하고자 한다(Moré, 2004: 67). 이런 맥락에서는 그는 다음과 같이 주장한다.

우리 모두의 가장 큰 잘못은 …… 아메리카에서 쓰이고 있는 것의 많은 부분을 침범하고 탁하게 만드는, 만들어지고 있는 신조어들의 탄생이다. 이것들은 스페인어의 구조를 바꾸고 있으며, 스페인어를 수많은 비정상적이고 야만적인 지방언어들로 변화시키고 있다.[6]

이런 태도는 더 나아가 스페인 스페인어의 순수한 보존을 주장하는 것으로 이어진다.

나는 우리 조상들의 언어를 가능한 한 순수하게 보존하는 것이 중요하다고 판단한다. 신이 주신 소통의 수단이자 두 대륙 위에 자리 잡은 스페인 기원의 수많은 국가들 사이의 형제애적인 결합의 수단으로서 말이다.[7]

즉, 그의 주장은 스페인 스페인어가 범스페인어권에서 유일한 규범이 되어야 하고, 이를 통해 모든 스페인어 사용자들이 분열되지 않고 하나의 공동체를 이루자는 것이다(Torrejón, 1989: 544). 이를 위해 그는 라틴아메리카 각 지역의 언어적 관습을 조절하고, 고전적인 스페인어 규범에 따라 언어 활동을 할 수 있도록 하기 위해 사전을 편찬한 것이다. 물론 그의 입장이 라틴아메리카에서 사용되는 지역적 언어 관습들을 맹목적

---

6) Andrés Bello, *Gramática de la lengua castellana*, 9. Torrejón(1989: 543)에서 재인용.
7) Andrés Bello, *Gramática de la lengua castellana*, 8. Torrejón(1989: 543)에서 재인용.

으로 거부하고 스페인 스페인어를 독점적인 모델로 삼자는 것은 아니라는 반론이 가능하지만, 그가 스페인어의 해체와 분열을 막고 스페인 스페인어의 규범성을 유지하고자 한 점은 명확하다.

언어의 규범성과 관련해 사르미엔토는 베요의 입장과 매우 다른 입장을 취한다. 베요가 언어와 관련해 보수적이고 귀족적인 태도를 보여준다면, 사르미엔토는 민중적이고 민주주의적인 입장을 취한다. 그에 의하면 규범을 만들고 완성해가는 것은 문법학자들이 아니라 민중이라는 것이다. 따라서 사르미엔토는 스페인 스페인어가 그랬듯이 스페인어의 라틴아메리카적인 변주들 역시 라틴아메리카의 주권을 가진 민중들이 역사적 과정을 통해 만들어낸 문화적 산물로 마땅히 존중받아야 할 것이라는 입장을 취한다(Torrejón, 1989: 550).

그의 이러한 태도는 철자법과 관련해 더욱 과감한 주장을 하는 것으로 이어진다. 문어 형식과 구어 형식 사이에 존재하는 차이를 잘 이해했던 그는 문어의 우월성을 주장하는 문법학자들의 태도를 비판했다.

문법 학자들에게 문자는 단어를 구성하는 소리의 재현적인 기호가 아니다. 반대로 우리들이 말하면서 발화하는 소리들이 문자들의 재현자이다. …… 이렇게 해서 누군가가 examen이라고 발화할 때 나는 소리를 알려고 하면, 그의 귀에 주목하는 것이 아니라, 책을 들고 문자가 쓰인 곳을 보아 하는 현상이 벌어지는 것이다.[8]

그는 교육 기회가 적은 민중들이 사용하는 구어들 중 상당수는 그것이

---

8) Domingo Faustino Sarmiento, *Memoria sobre ortografía americana*, 101. Torrejón(1989: 550)에서 재인용.

재현하는 문어 형식과의 음성학적 일치를 잃어버릴 정도로 많은 차이가 있다고 본다. 따라서 사르미엔토는 베요로 대표되는 '고전적인' 문법학자들의 과도한 형식주의를 비판한다. 1843년 칠레 대학의 인문학부에 제출한 "아메리카 철자법에 대하여(Memoria sobre Ortografía Americana)"에서 이런 그의 입장은 더 분명해지는데, 여기에서 그는 칠레의 독립성을 표현해내는 수단으로 스페인 스페인어와 차별적인 다른 철자법을 제안한다. 그의 제안에는 발음되지 않는 글자들을 문어에서 과감하게 제거하는 방안이 포함되었는데, 이는 칠레 민중들의 발음과 표현 방식을 존중한 것이다.

이런 맥락에서 그가 주장하는 음성법 체계에서는 단지 /b/만을 허용했는데, 이는 문어 규범에 따른 /s/와 /θ/ 사이, 그리고 /b/와 /v/ 사이의 인위적인 구별을 없애는 것이다. 또한 음성법 체계에서 세세오(seseo) 현상은 잘못된 것이 아니라, 아메리카 스페인어의 특수성을 표현하고 있다는 입장을 취한다. 사르미엔토와는 달리 베요는 음성학적인 측면에서 세세오 현상과 예이스모(yeismo)의 사용을 부정적으로 생각했으며, /b/와 /v/를 구별하도록 제안했다. 또한 x 발음에 대해서도 texto(téhto), explicar(ehplikár) 같은 발음을 비판했다. 이런 이유로 해서 사르미엔토가 제안한 x를 s로 대체하는 것에도 반대했으며, 보세오(voseo) 현상에도 반대했다(Stuven V., 2000: 186~187).

이처럼 베요는 스페인의 왕립학술원(Real Academía)이 규범에 신뢰를 부여하는 반면, 사르미엔토는 이것을 스페인어 절대주의의 도구로 간주한다. 베요가 신조어들이 어떤 특정한 조건에서만 수용 가능하다고 주장하면서 신조어들에 대한 비판적인 입장을 내보였다면, 사르미엔토는 반대로 라틴아메리카의 개별 국가 언어들은 이것들을 받아들일 수밖에 없다는 입장을 취한다. 이는 스페인이 아니라 유럽의 좀 더 발전한 나라들의 문화와 새로운 사유들을 받아들이는 것이 필요하다는 사르미엔토의 평소 논리와 부합하는 것으로, 신생 국가들은 자신들의 언어에 유럽 국가 문물들을 수용하는 과정에서 생겨난 새로운 언어적 형식들을 포함해야 한다고 주장하는 것이다(Torrejón, 1989: 553).

베요는 개혁의 점진성과 혼란을 막기 위해 스페인 스페인어에 기반한 형식의 지속성을 주장한 반면에, 사르미엔토는 언어의 형식과 정치적 변화 사이의 연관성을 주장한다. 즉, 정치적 독립을 문화적으로 표현하기 위해 언어도 일정한 변화가 필요하다는 것이다. 결국 사르미엔토가 말하고 싶은 것은 스페인 스페인어로 대표되는 식민 유산에서 벗어나는 것이 일상에서 독립을 현실화하는 하나의 방식이라는 것이다. 사르미엔토의 이런 입장은 독립 이후 칠레가 국가 정체성을 만들어나가는 과정에서 내셔널리즘이 작동하고 있음을 보여준다. 또한 칠레 민중들의 언어 관습을 적극적으로 받아들이고, 스페인 스페인어와의 차별성을 주장하는 그의 태도는 아메리카 주의에서 내셔널리즘 단계로 나아가는 입장을 보여준다고 할 수 있다. 이처럼 언어뿐만 아니라, 문화 전반에서 스페인과의 차이를 강조하는 입장은 많은 부분 칠레 지식인 사회를 관통하고 있는 내셔널리즘의 성장과 밀접한 관련을 가지고 있다.

4. 낭만주의 논쟁과 식민 유산의 극복

1842년 5월에 진행된 낭만주의 논쟁 역시 언어 논쟁과 비슷한 양상을 보여준다. 낭만주의가 라틴아메리카에 실질적인 문예 사조로 존재했는지, 그리고 개별 국가 층위가 아니라 라틴아메리카 대륙 차원의 동질적인 흐름이었는지에 대해서는 부정적인 견해가 많은 것이 사실이다(Crovetto y Crisafio, 1999: 91). 그러나 낭만주의가 식민 유산을 극복하고 라틴아메리카의 정체성을 모색하기 위한 수단으로 등장했다는 평가 역시 존재한다. 즉, 낭만주의가 정치적이고 문화적인 층위의 독립을 완성하기 위한 목적에 부합했다는 것이다(Grillo Cuello, 2006: 24).

이 글에서는 낭만주의의 구체적인 내용보다는 담론적인 측면에서 이 논쟁을 살펴보면서 당대의 지적인 갈등관계에 주목하고자 한다. 이 논쟁은 언어 논쟁과 마찬가지로 아르헨티나 망명객인 비센테 피델 로페스(Vicente Fidel López)가 자신이 편집장으로 있던 ≪레비스타 데 발파라이소(Revista de Valparaíso)≫의 1842년 5월호에 게재한 "고전주의와 낭만주의(Clasicismo y Romanticismo)"라는 글에서 시작된다. 이 글에서 피델 로페스는 각각의 사조는 그것이 만들어진 시기의 시대정신을 담고 있는 것으로, 지금 상황에서 고전주의를 따르는 것은 형식을 모방하는 것에 불과하다는 입장을 피력했다.9) 피델 로페스와 사르미엔토가 낭만주의를 지지하는 입장을 취했고, 안드레스 베요의 지지하에 살바도르 산푸엔테스를 위시한 그의 제자들이 낭만주의에 반대하는 입장을 취했다.10) 이 논쟁에서 베요는 직접적인 개입을 하지는 않았지만 젊은 세대의 스승으로서 자신의 존재감을 드러냈다.11)

---

9) 로베르토 피니야에 따르면 피델 로페스의 글은 상당 부분 명확하지 않은 논지를 가지고 있다. 또한 낭만주의에 대한 논의를 충분하게 전개시키지 못했으며 완성된 형태의 글이 아니라고 지적한다(Pinilla, 1943: 32).
10) 이들은 대부분 문인협회(Sociedad Literaria)의 구성원들이었고, ≪세마나리오 데 산티아고(Semanario de Santiago)≫라는 잡지를 통해 자신들의 의견을 개진했다(Torrejón, 1898: 534).
11) 베요가 낭만주의에 대해 반대되는 입장을 취했다는 섬에 대해서는 논란의 여지가 많다. 모네갈의 경우가 대표적으로 그는 베요를 신고전주의적으로 보는 태도는 잘못되었다고 지적하고 베요를 아메리카의 1세대 낭만주의자로 간주한다

낭만주의 논쟁의 기본적인 내용은 언어 논쟁과 마찬가지로 스페인의 문화적 유산에 대해 어떤 입장을 취할 것인가의 문제였다(Fitsgerald, 1966: 5). 즉, 낭만주의를 옹호하는 입장은 칠레의 문화적 독립을 위해, 낭만주의를 통해 기존의 문학적 전통과 결별해야 한다는 것이다. 아르헨티나의 경우에서처럼 낭만주의 운동은 그 시작에서 과거와의 단절이라는 태도를 취했고, 사르미엔토는 정신적인 해방이라는 관점에서 낭만주의의 문제 제기를 공유했다. 이런 낭만주의 움직임은 당시의 스페인 작품들을 정전화하던 고전주의적인 태도에서 벗어나, 라틴아메리카 각국의 국가 문학을 진작해야 했던 독립 이후의 문화 흐름과 밀접한 상관관계가 있다. 이런 국가 문학에 대한 요구는 칠레의 경우에도 예외가 아니어서, 앞에서 말한 라스타리아의 창립 선언문이 이를 잘 표현하고 있다(del Brutto, 2008: 317). 이런 칠레 지식인들의 태도는 민중의 언어현상을 적절하게 표기하려는 새로운 철자법의 모색과 과거 역사를 통해 국가 역사를 구성하려는 일련의 흐름 속에서 일관되게 나타나고 있다.

낭만주의를 통해 지식인들이 표현한 스페인 문학 전통과의 단절, 정치적·문화적 독립의 의지, 진보적 교리, 국가적 정체성 모색 등은 당대 라틴아메리카 전역에 퍼져 있던 자유주의 이데올로기와 유사했다(Stuven V., 1990: 237). 자유주의자들은 유럽 낭만주의의 내용을 차용하여, 기존의 스페인 문학 전통과 단절하고 독립 이후 크리오요 계층의 이해에 기반한 새로운 국가 정체성을 구성하고자 했다. 물론 1842년 문학 논쟁이 시작했을 때 유럽에서 낭만주의는 이미 쇠퇴했고, 칠레에서 낭만주의를 지지

(Monegal, 1953). 제임스 G. 피츠제럴드(James G. Fitzgerald)는 1842년 사르미엔토가 보여준 낭만주의에 대한 이해는 그전에 베요가 보여준 것보다 수준이 낮다는 평가를 내리고 있다(Fitzgerald, 1966: 15).

했던 사람들 역시 낭만주의는 문학적 흐름으로는 소멸되었다고 간주했다. 그럼에도 불구하고 칠레의 낭만주의 옹호자들은 프랑스 낭만주의를 모델로 삼았는데, 이는 언어 논쟁과 마찬가지로 스페인과의 단절에 대한 열망과 연결된다(Stuven V., 1990: 238). 라스타리아는 다음과 같이 선언하면서 이러한 동기부여를 인정하고 있다.

우리들을 지배해왔던 사람들이 세워두었던 스페인의 과거를 단호하게 거부한다. 또한 우리의 스승들과 모든 문학인들이 국가 문학으로 간주하고 모델로 삼기를 원해왔던 스페인 문학은 우리 것이 아닐 뿐만 아니라 길잡이로 작동해서는 안 된다(Stuven V., 1990: 238에서 재인용).

독립 이후 새로운 국가에 어울리며 구체제적인 과두층과 차별되는 자유주의적인 정치인과 국민을 만들기 위해서는 스페인으로 대표되는 모든 과거에 대해 맞서 새로운 국가 정체성을 모색해야 한다는 것이다. 이런 맥락에서 프랑스의 낭만주의는 이러한 민주적인 사상들을 통해 지배 엘리트의 문화적 전통에 균열을 내고자 하는 전략으로 채택된 것이다.

결국 낭만주의 논쟁은 문학적 권위 문제와 함께 정치적인 맥락에서 이해될 가능성이 높다. 이 논쟁을 시작했던 비센테 피델 로페스는 "낭만주의는 문법적이고 수사적인 규칙의 우스꽝스러운 전제주의를 파괴했다"라는 표현을 통해, 이 주제가 갖는 첫 번째 의미를 정리했다. 즉, 낭만주의는 고전주의로 대표되는 문학작품의 규율을 거부하는 것이다. 이어서 라틴아메리카에서 낭만주의가 의미하는 바를 사회적 질서와 관련하여 설명한다. "하나의 새로움은 의심, 반성, 각성을 유발한다. 이 모든 것은 동시에 낡은 체제가 유지해온 평온한 지배에 대해서 치명적인 증상이다"라고 말하면서, 낭만주의가 목표로 하는 것이 궁극적으로는 식민 지배의 유산과 구체제적인 사회질서의 혁파임을 보여준다(Stuven V., 1990: 238~239).

피델 로페스의 글에 대해 살바도르 산푸엔테스는 ≪세마나리오 데 산티아고≫ 7월 21일 자에 낭만주의의 과도함을 비판하는 글을 게재한다. 그는 엄격한 의미에서 신고전주의자가 아니며 스페인에서 생산되는 신고전주의적인 작품들에 대한 비판적인 견해를 드러낸다. 그러나 빅토르 위고의 『루이 블라스』에 대한 조롱 섞인 비판이 보여주듯이, 당대 낭만주의가 보여주는 과도한 변화에 대한 욕구에 대해서도 비판적인 거리를 보여주고 있다. 제임스는 이러한 그의 태도를 과도함에 대한 거부로 읽어내고 있다. 즉, 특정 진영에 속한 것이 아니라 어느 진영이든지 양식에 대한 과도한 집착을 비판하고 있다는 것이다(Fitzgerld, 1966: 45). 살바도르 산푸엔테스 역시 낭만주의를 직접적으로 급진적인 사회적 변화와 연결시키고 있는데, 『루이 블라스』에 대한 비판적인 해석에도 잘 드러나 있다.

> 우리가 아무리 빅토르 위고를 존경한다고 할지라도, 그의 작품에서 최고의 질서가 주는 아름다움이 아무리 많다고 해도, 여왕과 미친 듯이 사랑에 빠지고 스페인의 가장 자존심이 있는 위대한 사람들이라면 누구도 정신 속에 담을 수 없는 생각과 열망으로 가득 찬 루이 블라스라는 사람을 통해, 정말 평민에 불과한 한 평민에 우리를 연결시킬 때, 우리들은 그에 대해 거부감을 표현하지 않을 수 없다(Stuven V., 1990: 239에서 재인용).

빅토르 위고의 작품 속에 등장하는 여왕과 사랑에 빠진 루이 블라스에 대한 비판적인 이 진술은, 사회의 규범들을 정하고 사회적 계층관계를 만들어온 전통적인 가치와 질서를 전복하려는 태도에 대한 거부를 드러내고 있다. 즉, 낭만주의가 야기하는 단절과 체제 전복적인 사유에 대해 거부감을 드러내는 것이다.

호타베체 역시 낭만주의를 "사회주의적 정신"이라고 비난한다. 이처럼 칠레의 보수적인 지식인들은 낭만주의가 기존의 사회질서를 흔들고 있으며, 정치적으로 민주주의나 사회주의와 같은 의미를 갖고 있다고 받아들였다. 또한 예문에서 보는 것처럼, 당대의 낭만주의가 명확한 개념 없이 혼란스럽게 사용되는 것에 대해서 풍자적으로 비판한다.

사랑에 빠졌다구요? 당신은 낭만주의적이네요. 사랑에 빠지지 않으셨다구요? 낭만적이시네요. 유행에 맞춰 사신다구요? 정말 낭만적이네요. 그냥 막 사신다구요? 마찬가지죠(≪메르쿠리오≫, 7월 23일 자).

이에 반해 사르미엔토는 산푸엔테스의 글이 실린 이후에 7월 25일부터 9개의 글을 통해 피델 로페스의 입장을 옹호한다. 그는 고전주의 엄격함과 낭만주의의 과도함을 비판하고 있다는 산푸엔테스에게 다음과 같이 답한다.

작가가 곧장 자신은 엄격한 고전주의의 기치를 맹목적으로 추종하는 것을 좋아하지 않는다고 말하는 것은 쓸모없는 일이다. 낭만주의를 비판하는 것 또한 쓸모없는 일이다. 왜냐하면 이들 작가들은 낭만주의자들도 아니고 문학인들도 아니고 작가들도 아닌 아무런 의미 없는 사람들이기 때문이다(≪메르쿠리오≫, 7월 26일 자)

그는 산푸엔테스가 보여주는 것 같은 태도, 즉 낭만주의의 과도함을 비판하는 행위는 낭만주의에서 창조성과 과도함을 혼동하는 잘못된 입장이라고 비판한다(Fitzgerald, 1966: 47). 유럽의 낭만주의가 만들어진 역사적 배경을 통해 라틴아메리카적인 맥락에서의 적극적인 수용이 갖는 의미를 설명하고 있다. 낭만주의는 중세 기사도에 주목하면서 가톨릭적인 세계관이 지배하던 사회 내에서 제도적이고 문화적인 단절을 유발하는 의미를 갖는다는 것이다(Stuven V., 1990: 240). 이런 현실에 대한 전복적 기능은 라틴아메리카 당대 사회에서 의미를 가질 수 있는데, 이에 대해 사르미엔토는 다음과 같이 적고 있다.

낭만주의 드라마는 문학적 프로테스탄티즘이다. 전에는 의심할 수 없는 유일한 법이 존재했다. 오랜 세기 동안의 처벌에 의해 유지되어온. 그러나 캘빈과 루터가 종교의 영역에서 등장했고, 드라마에서 뒤마와 빅토르 위고가 등장했으며 나중에 이신론과 무신론이 태어나게 된 분파와 이단이 야기되었다(≪메르쿠리오≫, 1841년 8월 29일 자).

이 낭만주의 논쟁은 이제 지배계층 내에 서로 다른 두 개의 대립적인 입장이 출현하고 있다는 것을 보여준다. 과두층으로 대표되는 기존의 질서가 약화되고, 자본가 계층의 성장에 따라 새로운 질서가 모색되고 있다는 것이다. 낭만주의는 문학 영역에서 기존의 문학 전통을 부정하고 새로운 문학을 모색했다는 점에서 기존의 질서를 부정하고 새로운 질서를 추구했던 신흥 세력의 정치적 입장을 드러내는 방식이라고 할 수 있다. 이처럼 낭만주의 논쟁은 칠레의 정치 사회적인 상황을 반영하면서 "진보와 혁신, 그리고 현상유지와 전통주의자" 사이의 치열한 대립을 표현한다(Stuven V., 1990: 240).

안드레스 베요가 직접적으로 이 논쟁에 참가하지는 않았지만, 다음과 같이 표현할 때 문학과 정치의 영역이 결합되어 있음을 인정하고 있다.

그리고 낭만주의자들이 기존의 질서를 전복하고자 한다는 점을 지적하고 있다. 그러나 낭만주의자들의 주어진 질서를 전복하려는 태도를 방종과 연결시켜 설명함으로써 사르미엔토와 차별성을 보여준다.

문학에서 고전주의자들과 낭만주의자들은 정치 영역의 전통주의자들과 자유주의자들과 같은 유사성을 가지고 있다. 전통주의자들에게 과거의 봉인을 갖고 있는 규범들과 관행들의 권위는 훼손할 수 없는 어떤 것이고, 또한 이런 익숙한 길 밖으로 한 걸음을 내딛는 것은 건전한 원칙들에 반하는 것인 반면, 두 번째 사람들은(자유주의자들) 쓸모없는 따라서 위해한 장애물 장치에서 벗어나려는 노력 속에서 자주 자유를 방종과 헛갈리고 있다. 고전주의 학파는 전통주의 세력들이 다양한 사회적 계층관계를 나누고 분리했던 것과 같은 마찬가지의 세심함으로 장르를 나누고 분리했다. …… 반대로 낭만주의자들은 이러한 조건들에 다가가 이것들을 흩트려놓고자 했다(Stuven V., 1990: 241에서 재인용).

결국 낭만주의 논쟁은 독립 이후 문화와 사회를 전체적으로 관통하고 있는 일련의 변화들을 어떻게 바라볼 것인가의 문제라고 할 수 있다. 사회적 변화를 원하지 않는 보수주의자들은 낭만주의가 갖고 있는 변화에 대한 시도를 부정적으로 평가했다. 반대로 낭만주의자들은 문학에서의 사유로움을 표현하면서 정치적인 영역에서의 자유로움을 동시에 달성하고자 했다. 이처럼 낭만주의 논쟁은 고전주의 세력과 낭만주의 세력 사이의 갈등이자 귀족주의적인 정신과 자유주의적인 정신 사이의 갈등을 드러낸다고 할 수 있다. 그러나 이런 낭만주의를 둘러싼 갈등이 '국적' 문제로 치환되면서 낭만주의 논쟁이 가진 생산적인 성격은 상당히 훼손되고, 칠레 사회의 미래에 대한 문제 제기 성격을 잃게 된다.[12] 즉, 낭만주의를 반대했던 몇몇 참여자들이 외국인들이 칠레의 문학이나 정치에 개입하는 것은 부조리하다는 주장을 개진했다. 다시 말해 그들 사이의 내적인 적대감을 공동의 적, 즉 사르미엔토로 대표되는 아르헨티나인이라는 외부의 대상으로 돌리면서 갈등의 수위를 조정한 것이다. 이렇게 되면서 초기의 낭만주의 논쟁이 가지고 있던 문제의식은 그 영향력을 상실하게 된다.

또한 이 논쟁은 낭만주의와 고전주의라는 개념을 가지고 시작되었지만, 문학 논쟁의 측면에서 보면 그리 성공적이지는 못했다는 평가도 가능하다. 많은 부분 칠레 지식인들은 아르헨티나 낭만주의가 갖는 문제의식을 제대로 받아들이지 못했고, 주로 낭만주의가 갖는 과도한 표현과 사회적 질서의 전복에 주목하면서 그 한계를 드러냈다는 것이다(Fitzgerald, 1966: 51).

그럼에도 스페인 문학적 전통의 극복과 현실 정치에서 지배질서를 어떻게 전복할 것인가라는 문제를 던졌다는 점에서 향후 국민국가 형성과 관련한 토대를 마련했다고 할 수 있다.

5. 결론

독립국가 건설과 관련하여 식민 시기에 이미 내셔널리즘이 형성되어 있어서 독립과 이후 독립국가 형성에 결정적인 역할을 수행했다는 베네

---

12) 호세 마리아 누녜스(José María Nuñez)의 경우가 대표적이다. 그는 아르헨티나의 경우를 칠레에 대입시키는 것은 부적절하다고 지적하면서 사르미엔토의 국적 문제를 제기한다(Fitzgerald, 1966: 36~38).

딕트 앤더슨의 입장은 일정한 한계를 가지고 있다는 평가가 일반적이다. 오히려 내셔널리즘은 독립 이후 크리오요 계층에 의해 가공되고 내면화된 기제라는 평가가 더 합리적이다. 이처럼 국가를 구성하는 내재적인 본질은 주어지는 것이 아니라 구성되는 것이라고 한다면, 자유주의 지식인들이 독립 이후 공간에서 진행해온 언어와 낭만주의를 둘러싼 논쟁은 '국가적인 것'을 어떻게 구성할 것인가를 둘러싼 갈등으로 내셔널리즘이 작동하는 과정인 것이다(이성훈, 2008: 111~115). 즉, 독립시기 'patria'라는 이름으로 자신들이 태어난 곳에 대한 귀속감을 갖고 있던 라틴아메리카 각국이 'nación'을 만들어가는 과정이 바로 내셔널리즘의 구현 과정이라는 것이다.

라틴아메리카에서 내셔널리즘이 강화된 시기가 독립 이전이나 독립 시기가 아니라, 오히려 산업 발전에 따른 자본가 계층의 성장과 이에 기반한 자유주의 지식인이 등장했던 시기라고 한다면, 칠레에서 살펴본 언어와 낭만주의 논쟁 역시 같은 맥락에서 이해할 수 있을 것이다. 물론 명백하게 칠레라는 문맥을 사용하지는 않았지만, 유럽의 문화적 유산에서 벗어나 아메리카가 갖고 있는 다양한 조건들을 긍정적으로 해석하는 데서 출발하고 있기 때문이다. 언어 논쟁에서 칠레의 구체적인 음성학적 조건들을 통해 스페인과 다른 규범을 만들려는 시도는 이런 현상을 가장 잘 보여주는 구체적인 사례라고 할 것이다. 낭만주의 논쟁 역시 기존의 사회질서를 전복하고 새로운 질서를 모색했다는 점에서 새로운 국가 형성을 꿈꾸던 지식인들의 태도와 밀접한 상관관계가 있다고 할 수 있다.

참고문헌

박병규. 2010. 「19세기 말에서 20세기 초의 아르헨티나 언어 논쟁」. ≪스페인어문학≫, 54호, 215~236쪽.

이성훈. 2008. 「라틴아메리카 국민국가와 정체성 형성과정 연구 시론」. ≪이베로아메리카연구≫, 19권, 1호, 103~123쪽.

Canedo, Alfredo. 2004. "Bello y Sarmiento: discusión en torno a la Lengua." *Espéculo*, No.28. http://www.ucm.es/info/especulo/numero28/bellosar.html

Crovetto, Pier Luigi y Raúl Crisafio. 1999. "España en la polémica entre Domingo Faustino Sarmiento y Andrés Bello sobre el idioma." *Lingua e letteratura ispanoamericana*. Universidad de Génova, pp. 91~99.

Dávila, Luis Ricardo. 2003. "Fronteras intelectuales en la formación del pensamiento hispanoamericano del siglo xix", *Bitácora-e*. http://www.saber.ula.ve/handle/123456789/18345

del Brutto, Bibiana Apolonia. 2008. "La fundación de una lengua: las polémicas en Chile: Andés Bello, José V. Lastarria y D. F. Sarmiento." en Horacio González(comp.). *Beligerancia de los idiomas: Un siglo y medio de discusión sobre la lengua latinoamericana*. Buenos Aires:Ediciones Colihue. pp. 310~311.

Fitzgerald, James G. 1966. *Bello, Sarmiento, and the Polemic of 1842*. Tesis de Maestría, University of Wyoming.

Grillo Cuello, Andrés David. 2006. *Las bellas artes y la academia en Chile:Itinerario de una disidencia(1842-1928)*, Tesis de Licenciado, Facultad de Artes, Univ. de Chile.

Keen, Benjamin and Keith Haynes. 2009. *A History of Latin America*, 8th ed., New York: Houghton Mifflin Harcourt Publishing Company.

Monegal, Emir Rodríguez. 1953. "Andrés Bello y el Romanticismo." *Número*, No. 23/24, http://letras-uruguay.espaciolatino.com/ermonegal/andres_bello_y_el_

romanticismo.htm

Moré, Belford. 2004. "La Construcción ideológica de una base empírica: selección y elaboración en la gramática de Andrés Bello." en José del Valle y Luis Gabriel Stheeman(eds.). *La batalla del idioma: la intelectualidad hispánica ante la lengua.* Frankfurd/Madrid: Verveuert/Iberoamericana.

Pinilla, Noberto. 1943. *La polémica del romanticismo.* Buenos Aires: Editorial Americalee.

Stuven V., Ana María. 1987. "La generación de 1842 y la conciencia nacional chilena." *Revista de ciencia política,* Vol. IX, No. 1, pp. 61~80.

_____. 1990. "Polémica y cultura política chilena, 1840-1850." *Historia,* Vol. 25, pp. 229~253.

_____. 2000. *La seducción de un orden: Las elites y la construcción de Chile en las polémicas culturales y políticas del siglo xix.* Santiago de Chile: Univ. Católica de Chile.

Torrejón, Alfredo. 1989. "Andrés Bello, Domingo Faustino Sarmiento y el castellano culto de Chile." *Thesaurus,* Vol. XLIV, No. 3, pp. 534~558.

Velleman, Barry L. 2004. "Antiacademicismo lingüístico y comunidad hispánica: Sarmiento y Unamuno." en José del Valle y Luis Gabriel-Stheeman(eds.). *La batalla del idioma: la intelectualidad hispánica ante la lengua.* Madrid: Iberoamericana-Vervuert.

한울아카데미 1688
라틴아메리카의 형성: 교환과 혼종(상)

ⓒ 서울대학교 라틴아메리카연구소, 2014

엮은이 ǀ 서울대학교 라틴아메리카연구소
지은이 ǀ 김윤경·우석균·강성식·조영현·강정원·김달관·김은중·최해성
　　　　박병규·박원복·이성훈
펴낸이 ǀ 김종수
펴낸곳 ǀ 도서출판 한울

편집책임 ǀ 김현대
편집 ǀ 조수임

초판 1쇄 인쇄 ǀ 2014년 5월 15일
초판 1쇄 발행 ǀ 2014년 5월 30일

주소 ǀ 413-756 경기도 파주시 광인사길 153 한울시소빌딩 3층
전화 ǀ 031-955-0655
팩스 ǀ 031-955-0656
홈페이지 ǀ www.hanulbooks.co.kr
등록번호 ǀ 제406-2003-000051호

Printed in Korea.
ISBN 978-89-460-5688-6 94950(양장)
ISBN 978-89-460-4873-7 94950(반양장)

* 가격은 겉표지에 있습니다.
* 이 책은 강의를 위한 학생판 교재를 따로 준비했습니다.
　강의 교재로 사용하실 때에는 본사로 연락해주십시오.